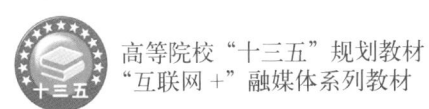

高等院校"十三五"规划教材
"互联网+"融媒体系列教材

U0753986

财务管理实验

——基于金蝶 EAS

傅素青 伍绍平／主编
刘明玺 杨佰霖／副主编

立信会计出版社
LIXIN ACCOUNTING PUBLISHING HOUSE

图书在版编目(CIP)数据

财务管理实验：基于金蝶 EAS / 傅素青,伍绍平主编.—上海:立信会计出版社,2021.8
ISBN 978-7-5429-6722-0

Ⅰ.①财… Ⅱ.①傅… ②伍… Ⅲ.①财务软件-高等学校-教材 Ⅳ.①F232

中国版本图书馆 CIP 数据核字(2021)第 159071 号

策划编辑　　　郭　光
责任编辑　　　郭　光
封面设计　　　南房间

财务管理实验——基于金蝶 EAS

CAIWU GUANLI SHIYAN——JIYU JINDIE EAS

出版发行	立信会计出版社			
地　　址	上海市中山西路 2230 号		邮政编码	200235
电　　话	(021)64411389		传　　真	(021)64411325
网　　址	www.lixinaph.com		电子邮箱	lixinaph2019@126.com
网上书店	http://lixin.jd.com			http://lxkjcbs.tmall.com
经　　销	各地新华书店			
印　　刷	上海万卷印刷股份有限公司			
开　　本	787 毫米×1092 毫米	1/16		
印　　张	18.25			
字　　数	456 千字			
版　　次	2021 年 8 月第 1 版			
印　　次	2021 年 8 月第 1 次			
印　　数	1—2100			
书　　号	ISBN 978-7-5429-6722-0/F			
定　　价	52.00 元			

前　言

随着经济的发展、信息化技术的广泛应用，管理信息系统在财务管理中的作用日显突出。为了培养符合社会需求的高级应用型人才，我国高校在教育管理部门的指导下积极探索并全力推动建立、健全信息化财务人才的培养机制。财务管理实验课程建设既要充分体现数字化、智能化的现代信息化特征，又要适应"业财税一体"的时代要求；在教学内容设计上要"宽厚适度"和"难度适中"，深入浅出地引导学生掌握财务管理的基本理论、基本知识和基本技能，塑造学生的财务管理思维，并提高其综合素质，从而达到财务管理实验课程的教学目的。鉴于此，我们以金蝶精一信息科技服务有限公司"集团管理会计实验教学平台——金蝶EAS"为基础，依托平台中的教学资源，对集团型企业财务管理业务与内部控制流程设计进行理论解读，为实验项目提供流程指引及要点分析。本书每一章节先将教学资源进行理论梳理，再用理论引导实验项目处理，改善实验流程处理与理论应用相脱节的现象，帮助学生更好地将理论与实践相结合。

本书与同类财务管理实验教材相比，主要特点表现为以下三点。

1. 适用面广。金蝶EAS集团财务管理信息系统被广泛应用于集团型企业中，EAS的多层级架构帮助集团型企业解决组织扩张、层次增加、信息倍增、内部控制复杂化、管理难度提高等问题，应用场景广，市场占有率高，可以帮助学生更好地了解软件的使用细节。

2. 实务性强。本书依托实验案例，侧重实验引导，通过实验流程处理展示各种应用场景，能帮助学生更好地使用平台完成相关项目实验。

3. 易于理解。本书在实验项目设计与安排上，比较重视企业管理与财务相关的内部控制流程实验。我们在实验项目设计和教学安排上尽可能将复杂的内容简单化处理，并与实务操作充分结合，在降低学习难度的同时提高学生的学习兴趣。

本书由广州新华学院财务与会计实验教学中心傅素青、伍绍平任主编，云南工商学院刘明玺、广州新华学院杨佰霖任副主编，广州新华学院蔡宝蓉提供技术支持，广州新华学院会计学院李安兰、罗箫娜等教师为本书的编写提出了不少宝贵意见，最后由伍绍平总纂定稿。由于我们能力所限，软件功能的教学应用也在不断深化与推广中，本书稿难免存在错漏之处。读者如有发现本书存在的问题，请反馈至邮箱513105489@qq.com，以便我们再版时进一步改进和完善。

编者

2021年6月

目 录

第一章　财务管理信息系统应用

知识导航

财务管理信息系统应用
├ 财务管理信息系统的应用价值 ┤ 集团财务管理信息系统的实际应用
│   └ 集团财务管理信息系统的教学应用
├ 集团财务管理信息系统 ┤ 集团财务管理信息系统概述
│   ├ 集团财务管理信息系统知识储备
│   └ 财务管理实验课程设计
└ 集团基础信息维护与初始化 ┤ 搭建集团组织结构
                          ├ 职员新增与用户管理
                          ├ 会计科目分配
                          ├ 新增内外部客户及供应商
                          ├ 新增金融机构
                          ├ 新增内部账户
                          ├ 新增内部银行账户及外部银行账户
                          ├ 设置系统参数
                          ├ 总账初始化
                          ├ 内部账户初始化
                          └ 出纳管理初始化

学习目标

◇　了解财务管理信息系统的内容
◇　了解财务管理信息系统对集团企业的重要性
◇　了解学习集团财务管理信息系统操作的重要性
◇　初步了解金蝶 EAS 集团管理信息系统,熟悉集团搭建业务操作流程

第一节　财务管理信息系统的应用价值

在网络化、信息化、数字化技术浪潮的推动下,企业财务管理信息系统的开发和使用成为各行各业推行现代化、高效能管理的必要手段。集团型企业的规模较大、人员较多,内部管理控制流程也较为复杂,日常交易与业务处理活动频繁,传统的信息管理系统不足以满足集团企业的高效运作的管理需要。同时,社会主义经济发展进程不断加快,企业追求规模化效应带来的效益增长,越来越多的企业通过组织架构的搭建、资源的整合、供应链系统的完善而组建成为集

团型企业。因此,集团财务管理信息系统应运而生,并且迎来了广泛的应用场景,具备极高的应用价值。

集团财务管理是基于集团财务管理控制机制而设计的针对集团型企业的财务管理模式,包括财务监管、预算监控、内部控制和内部审计、资产监管、经营业务分析、税收筹划。集团管控模式一般分为集权、半集权和分权三种模式;企业集团针对不同的企业发展规模与经营范围,会采用不同的管控模式,与其相适应的集团财务管理的体系建设和应用也会有所不同。

一、集团财务管理信息系统的实际应用

在互联网、云计算技术的应用环境下,支持企业集团创建全集团统一、打破空间与人员限制共享的 IT 环境,企业集团各种组织结构都嵌入统一的 IT 环境中,各种业务产生的经济信息也被存放在共享的 IT 环境中;信息系统自动将一个数据源的信息按照不同的组织结构进行归集,形成不同的组织管理和决策信息,突破传统组织界限,跨越时空组建并承担其服务和管理职能。

在集团财务管理系统的 IT 环境下,财务管控的流程趋于规范化,层级化,有序化,效率化。从组织、制度、流程、模型等核心管控要素出发,设计相应的管控策略,构建管控信息系统与实施信息系统,最终形成企业集团财务管控体系框架,有效解决传统集团财务模式下的各种管控难题。

(一)提高财务信息质量的管控策略:财务集中核算与共享服务

财务核算是最基础的财务管理活动,直接影响企业集团财务信息质量及战略的落实。它依托 IT 环境,围绕财务集中核算与共享服务的目标,制定实现财务集中核算、财务信息实时传递、实时共享和集中管理的解决方案,保障全集团财务核算信息的真实、准确、完整、有效,实现集团总部对下属子公司财务核算的集中监控,并为信息使用者提供财务报告。

(二)优化资金配置和金融资源管控策略:资金集中管理解决方案

资金是企业的血液,健康的资金流对于企业的生存和发展至关重要。然而,传统的分散资金管理模式已经制约了企业集团的健康发展。随着信息技术的发展和商业网上银行业务的推进,很多企业集团通过制定资金集中管理解决方案,有效控制资金的流量、流速、提高企业集团资金使用效率,降低资金成本,合理配置资金资源,支持企业集团的健康发展。

(三)防范风险的管控策略:风险管理解决方案

风险管理决策方案是企业集团战略安全的保障,依托 IT 环境,围绕风险管理的目标,从风险管理的组织、制度、流程、模型等核心管控要素出发,将风险管理决策方案转化成相应的信息系统,即对系统软件资源进行规划设计,配置风险识别信息收集模块,风险计量与评估模块,情景分析、压力测试、风险展现、风险预警、分析和报告等软件功能模块,从而减少企业外部金融环境、市场环境、政策环境对企业集团现金流带来的损失,提高集团整体风险管理的科学性和有效性。

(四)评价绩效的管控策略:绩效管理与决策支持解决方案

绩效管理与决策支持是企业按照统一评价标准对企业绩效进行分析与管控的策略。集团财务管控系统依托 IT 环境,将绩效管理与决策支持解决方案转化成相应的信息系统,设计软件配套模块,如数据挖掘模块、评价体系模块、规则制定模块、仪表盘展示模块、决策支持模块等,提高企业集团战略评价的科学性。

随着全球化市场的冲击,经济社会不断发展,信息技术不断推进,企业集团管控业务将更

加精细化、复杂化,IT 技术与管理融合将更加密切,集团财务管控系统在企业管理过程中发挥着不可替代的作用;不断完善与发展的管理理念、技术手段,不断推动集团财务管控系统各项功能的完善与发展。

二、集团财务管理信息系统的教学应用

追溯会计行业发展历程,从传统账房先生到会计电算化的普及、财务共享中心的推广,再到现代智能"财务机器人"代替财务人员完成做账工作。中央财经大学刘俊勇教授曾断言:"未来十年内,会计行业的人才结构将发生巨大的转变。中低级财务会计人员将被管理会计师等高端财会人才取代,初步预计有 2/3 的普通财务会计将被迫面临失业或转行"。现代普遍存在大学应届毕业生能力缺失而导致的社会职位空缺与失业共存的结构性失衡状态。严峻的就业形势推动高校对传统教育模式进行改革、创新。

截至 2018 年,我国注册的集团公司占全国注册公司总数的比例约为 15%。随着我国经济发展,企业管理模式升级转变,社会资源协同整合趋势越来越明显,互联网大数据下的规模效应为企业带来的突出贡献推动集团公司的形成与发展。高校财会教育体系也应以培养社会需求人才为出发点,进行课程体系建设与研究,不断改善实验教学环境、提升实验教学水平;高校财会专业使用的教材与案例、实验教学软件也应根据人才培养需要的转变而不断改进、更新,使之更好地支撑财会教育工作者传道、授业、解惑。

第二节 集团财务管理信息系统

一、集团财务管理信息系统概述

本书以金蝶精一信息科技有限公司开发的 EAS 集团财务管理信息系统(以下简称 EAS 信息系统)为教学载体,全面地阐述系统基本原理与教学应用。EAS 集团财务管理信息系统作为国内较早基于集团财务管理信息系统的教学平台,案例业务涵盖集团组织架构搭建、预算管理、费用管理、资金结算管理、现金池管理、投融资管理、出纳管理、总账管理、报表管理、合并报表及财务报表分析,围绕管理会计的多个模块展开集团财务管理控制的实验操作。EAS 集团财务管理信息系统针对教学应用开发了集团财务管理实践教学平台和集团财务管理 EAS 教学版客户端(以下简称 EAS 客户端),并提供教学阶段实操练习资料及实验阶段系统考核功能,让学生体验到集团财务管理,并熟悉财务管理控制相关的账务处理和业务流程。

二、集团财务管理信息系统知识储备

集团财务管理信息系统是训练财会专业学生综合运用管理会计、财务内部控制知识的实验教学平台。在学习应用该信息系统进行相关财务管理实验前,学生需要具备会计基础、预算管理、资金管理、投融资管理、合并报表、财务报表分析等相关理论知识。

三、财务管理实验课程设计

集团财务管理信息系统实验教学设计包含十一个业务实验项目;案例集团下设集团本部及三个子公司;各会计主体的财务部门分别由四个财务岗位构成,共十六个实验岗位角色,组织架构及

业务模块如图1-1所示。实验过程中,学生分组、分岗展开集团财务管理业务实验操作。

财务管理实验课程要借助集团管控实验平台与集团财务管理 EAS 客户端实现。图1-2为金蝶 EAS 客户端登录界面,实验项目处理在 EAS 客户端中完成。图1-3为集团财务管理实验平台登录界面,教学资源与实验项目内容在平台中查看,实验结果在该平台中提交。教师通过集团财务管理实验平台对学生的实验项目处理结果、实验总结报告进行评分与统计。

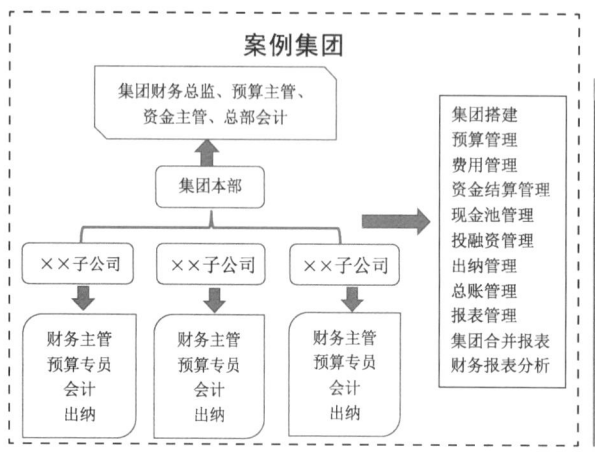

图1-1 集团财务管理信息系统实验架构图　　　图1-2 EAS 客户端登录界面

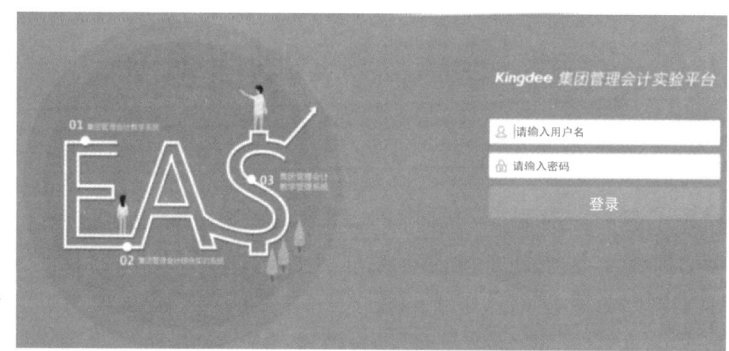

图1-3 集团财务管理实验平台登录界面

第三节　集团基础信息维护与初始化

一、搭建集团组织结构

在默认的管理单元下新建组织单元,严格按照图1-4中的组织架构进行搭建。操作流程如图1-4所示,实验人员以系统管理员的身份在信息系统中组建组织单元,根据集团企业的组织架构进行层次管理与组织信息维护。

在管理信息系统中,可以同时添加并处理多个集团企业的财务管控业务。根据层级关系,系统可建立多个管理单元,各个管理单元下建立多个组织单元,集团及旗下的各个会计主体以组织单元的形式进行建立。管理单元作为虚拟概念来代表公司整体,用来对所有公司层面的跨领域的业务政策负责;管理单元还可以用作代表一切企业内部具有业务和管理独立性的组织整体,如"行业""业态""事业部"等,而组织单元是用于区别各核算主体的个体关系,明确每一种业务活动的业务类型、业务边界、业务权限、业务流向、上下游环境等。

二、职员新增与用户管理

实验人员以管理员身份登录系统,对平台用户进行具体的信息维护与权限管理。在 EAS 信息系统中,用户管理需要严格按照流程图 1-5 所示步骤进行操作。

实验人员在系统中建立并完善个人的信息及权限后,即可用自行组建的用户名及密码登录系统进行相应的业务操作。

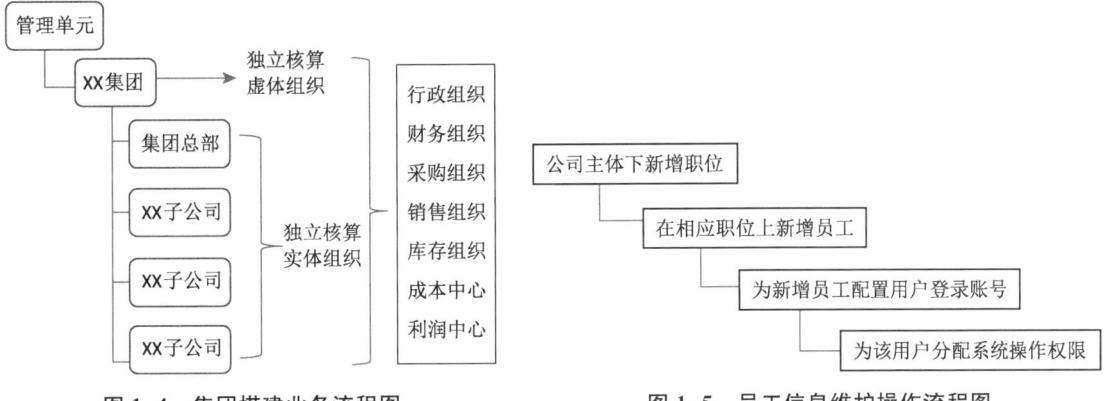

图 1-4　集团搭建业务流程图　　　　　　图 1-5　员工信息维护操作流程图

三、会计科目分配

学生使用自己新建的用户账号及密码登录 EAS 客户端,将已有的会计科目分配给集团、集团本部及三个子公司,操作流程如图 1-6 所示。

由于科目数量较多,对科目进行分配时,尽量做到每个核算主体单独进行勾选及分配,不要同时勾选多个核算主体,避免数据冗余造成分配不成功或科目内容不完整。

四、新增内外部客户及供应商

在系统中建立并维护内外部客户及供应商的信息,并对客户及供应商的信息进行核准,为后期业务往来的账务处理做准备,操作流程如图 1-7 所示。

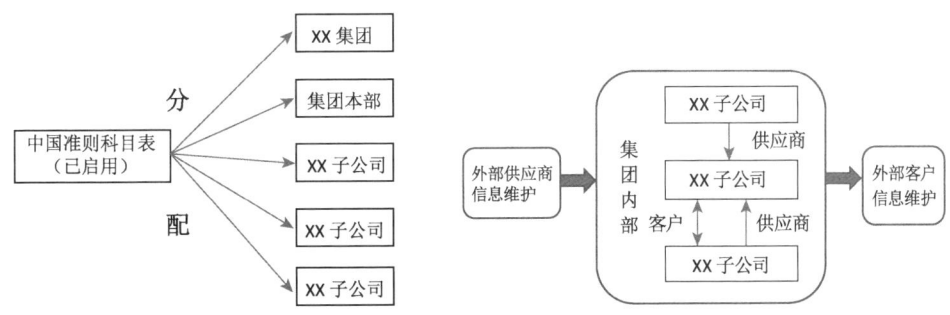

图 1-6　会计科目分配业务流程图　　　　图 1-7　客户及供应商信息维护业务流程图

新增客户时一定要先选中"外部客户""内部客户",再点击"新增"。编辑好客户信息之后一定要对客户进行"核准",未经核准的客户信息不可用;核准完成后,要检查客户状态是否显示"核准",若显示"未核准"说明核准不成功,需要重新点击进行核准。

实验人员新增客户/供应商操作失误时,点击左上角的"删除"按钮;要彻底删除已生成的客户/供应商记录时,可在客户/供应商新增界面左上角的"编辑—回收站"中找到该记录再次进行删除,这样客户/供应商记录才真正从系统中删除。

五、新增金融机构

由于集团各个会计主体所在区域不同,基本账户注册所在的银行金融机构也就各不相同,集团在维护基本信息时,需要将各个金融机构的编号及名称设置好。

为了强化财务管控机制,集团本部对集团内各个会计主体进行统一资金划拨和调配,以控制资金风险,降低资金成本,提高整体效益。因此集团本部需要设立"结算中心",担任内部银行的角色,对各个会计主体的资金往来进行管理。

新增集团结算中心时,一定要勾选"集团内部金融机构",并选择对应公司为"集团本部_学号";在信息维护界面,找到结算中心的启用日期,将其设置为"2019-01-01",点击"保存"后退出。此处结算中心的启用日期决定了企业内各会计主体进行账户新增、账务初始化以及各项会计业务处理的开始时间,影响后续各项操作,因此必须设置正确的启用日期。

六、新增内部账户

结算中心作为内部银行机构,为下属子公司开设内部账户,下属子公司将存于结算中心的存款作为结算中心的"吸收存款"记录(吸收存款属于负债类科目,此处结合银行会计知识有助于理解)。由于集团结算中心对下属子公司进行资金统筹管理,因此各下属子公司必须开设内部账户以实现资金的统一划拨(可理解为企业管理银行存款,必须先在银行机构开设账户)。

内部账户是资金结算中心为成员单位开设的,用于记录资金中心与成员单位之间由于资金归集和划拨而产生的资金往来及其明细的账户。内部账户包括内部活期户、内部定期户、内部贷款户、内部票据户。参与资金集中结算的公司必须先有对应的内部账户。内部账户用以记录成员单位与结算中心的资金存取、借贷、结算等业务账务情况。

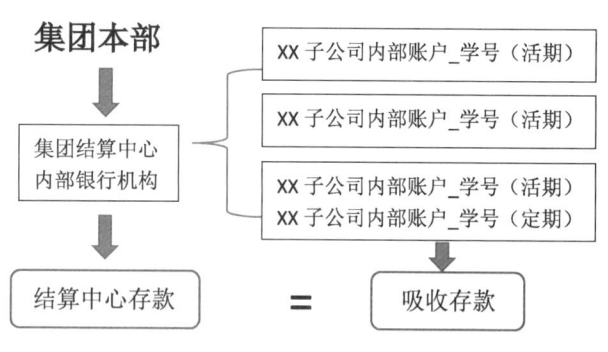

图 1-8 建立内部账户业务流程图

维护内部账户档案时,一定要切换组织为"集团本部_学号",由于集团结算中心由集团本部进行资金管理,各公司存放于内部账户的金额作为集团结算中心的吸收存款。如果组织出错,会导致后续账务处理时找不到相应的内部账户而无法完成初始化,操作流程及顺序如图1-8所示。

七、新增内部银行账户及外部银行账户

内部银行账户是集团结算中心作为集团的内部银行机构,其为下属成员单位设置的在结

算中心开立的银行账户,内部银行账户应用于内部资金往来,不对外进行收付款处理,存入内部银行账户的资金,进入"结算中心存款"科目。

外部银行账户是集团各下属子公司在外部银行机构开设的银行账户,用于与外部供应商及客户的资金往来,处理外部收付款业务。存入外部银行账户的资金,进入"商业银行存款"科目。具体账户内容如图 1-9 所示。

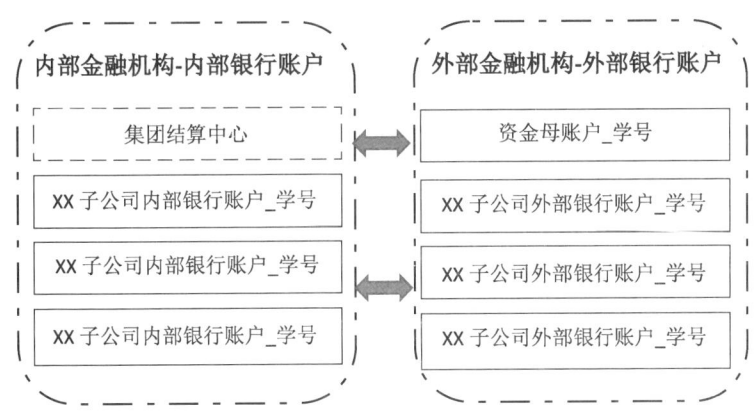

图 1-9　建立内部银行账户业务流程图

维护内外部银行账户时,一定要切换组织为"集团本部_学号",在新增每一个银行账户时,务必检查相应的"金融机构""对应内部账户",如新增公司内部银行账户时,其"金融机构"框内显示"××集团结算中心_学号","对应内部账户"框内为该公司的内部账户名称。新增公司外部银行账户时,其"金融机构"框内显示该公司基本账户注册的外部银行名称,"对应内部账户"框内为该公司的内部账户名称。

新增完成后,刷新银行账户列表,检查并确保内外部银行账户与内部账户的一一对应。此处若出现填写有误,无法直接进行修改,需要切换组织到对应公司才能进行删除并新增正确的银行账户。账户信息出错会导致后续账务初始化工作无法开展,实验人员必须反复检查,确保无误。

八、设置系统参数

系统参数的设置决定了软件应用系统的内部控制机制,规范了业务操作流程,规避操作失误风险,决定了软件自动化处理方式,反映企业财务处理内部控制流程。实验人员可通过修改系统参数来了解集团账务处理在信息系统中是如何实现管理和控制的。因此系统参数的设置对集团财务管理控制活动至关重要。

在参数列表中找到需要修改的对应参数后,需要单击选中后点击"修改"按钮。如果直接双击对应参数进入,则只能查看该参数。

九、总账初始化

初始化工作相当于在系统启用前将期初余额录入系统,结束初始化后,才可以进行正常的账务业务处理工作,因此期初余额的明细账和总账科目,都必须完成初始化工作。由于总账数据来自明细账,在对科目期初余额进行初始化录入时,先做辅助账科目初始余额录入(明细账)再做科目初始余额录入(总账),因为辅助账科目初始余额可以引入到科目初始余额,实现辅助账和总账期初数据一致。操作流程如图1-10所示。

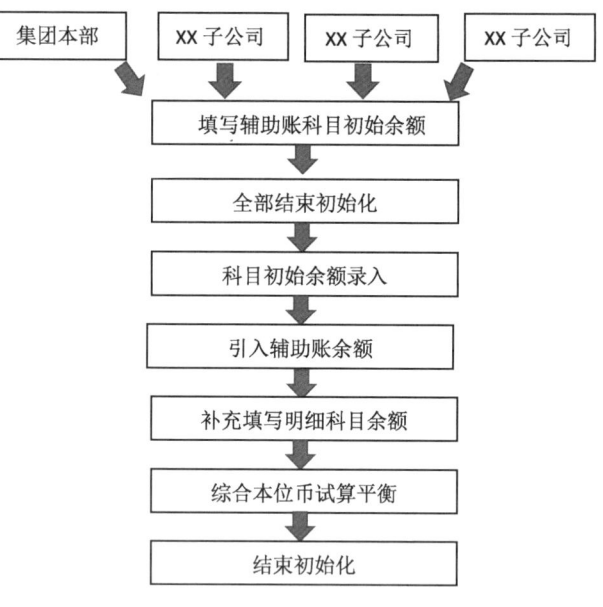

图 1-10　总账初始化操作业务流程图

先进行辅助账科目初始余额录入,具体数据录入完毕后,点击"全部结束初始化"之后,再进行总账科目初始余额录入。有辅助账初始余额的科目数据会自动关联到总账科目,对无辅助账科目余额进行补充录入,切换到"综合本位币",点击试算平衡,确保试算平衡后,点击"结束初始化"。如果试算不平衡,检查错误数据,点击"反初始化",完成修改工作,再重新点击"结束初始化"。只有总账初始化完成,才能进行内部账户初始化及出纳管理初始化工作。

十、内部账户初始化

内部账户是集团结算中心开设的子公司的存款账户。内部账户初始化,要求在账套启用时对内部账户进行期初余额录入,录入完毕,结束初始化。初始化完成后,存款账户才可以进行正常的资金收、付、转应用。

由于各个子公司存于内部银行机构(即集团结算中心)的资金记入子公司科目"结算中心存款",同时也是集团本部计入结算中心的"吸收存款",因此,内部账户数据来源于总账,内部账户初始化必须是在完成了辅助账科目及总账科目初始余额录入并全部结束初始化之后才能进行,在录入内部账户具体数据时,可以通过"导入总账"的功能完成数据录入。

十一、出纳管理初始化

出纳管理初始化要求将会计主体中与货币资金相关的所有科目进行期初余额录入,出纳管理初始化在总账初始化之后完成,可以直接导入总账数据再与对账单数据进行对比。出纳人员需要确保银行存款对账平衡之后进行初始化。完成初始化后,出纳系统才可以进行资金流通工作的会计业务处理。

本 章 小 结

本章主要介绍了集团财务管理信息系统的各大模块及其应用,及其在集团型企业的财务管理工作发挥的重要作用;介绍了金蝶 EAS 客户端及集团财务管理实验教学平台的功能与教学应用;介绍了如何使用金蝶 EAS 搭建集团组织架构、完成初始信息录入与各大模块初始化处理。

第二章 集团预算监管

学习目标

◇ 了解全面预算管理理论体系与应用场景
◇ 了解金蝶 EAS 信息系统中不同预算表的编制流程
◇ 掌握金蝶 EAS 信息系统中固定预算表的编制方法

第一节 预算管理理论体系

一、预算的概念

预算是企业在预测、决策的基础上,以数量和金额的形式反映企业未来一定时期内经营、投资、财务等活动的具体计划,是为实现企业目标而对各种资源和企业活动做出的详细安排。预算是将企业活动导向预定目标的有力工具。

二、预算的特征

(一)预算与企业的战略和目标保持一致

企业的主要目标是盈利。企业目标通过预算被分解成各级、各部门的具体目标,各级、各部门通过预算安排各自的活动,努力达成各自的目标,则企业的总体目标也有了保障。

(二)数量化和可执行性是预算最主要的特征

企业年度预算的起点是编制销售预算,根据"以销定产"的原则确定生产预算,同时确定所需要的销售费用;生产预算的编制,考虑计划销售量,同时考虑现有存货和年末存货;根据生产预算再确定材料、人工和制造费用;产品成本预算及现金预算是对以上预算的汇总;利润表和资产负债表预算是全部预算的综合。所有预算项目以可量化、可执行为标准,自上而下再自下而上地进行,使预算具备业务引导作用,并可作为期末绩效考核的标准。

三、预算的作用

1. 预算通过引导和控制经济活动,使企业经营达到预期目标

企业预算作为各级、各部门工作的奋斗目标、协调工具、控制标准、考核依据,在经营管理中发挥着重要作用。

2. 预算是企业的协调工具

企业内部各个部门必须协调一致,才能最大限度地实现企业的总目标。各级、各部门因职责各不相同,往往会出现互相冲突的现象。例如,企业的销售、生产、财务部门根据自身的业务需求编制的预算,在与其他部门合作时不一定行得通。销售部门的销售计划过于庞大,可能超过生产部门的生产标准或生产能力;生产部门的产量过大,销售部门无法销售出去也会导致库存增长,占用资金;生产部门计划扩大产能,可能财务部门无法筹集到充足资金与之匹配。企业预算运用货币度量来表达,通过自下而上提交各部门预算,预算委员会、预算主管对各部门预算进行合理的综合协调,再自上而下的推行预算,确保预算的合理性,平衡各部门的工作计划,促使各部门形成协调合作机制,从而实现企业的总体目标。

3. 预算可以作为企业业绩考核的标准

预算工作完成,进入具体实施阶段,企业管理工作的重心则转入预算控制。预算是控制各部门活动的依据,是衡量各项活动的标准,当实际发生的业务活动与预算产生差异时,需要分析产生差异的原因,并以此作为员工业绩考核的依据,实施奖惩计划或人事任免,从而促使员工更好地工作。

四、预算的分类

全面预算的编制,涉及经营管理的各个部门,由于预算的复杂性、业务的全面性,编制预算需要遵循一定的流程,如表 2-1 所示,根据预算编制流程对预算内容进行分类。

表 2-1   预算的分类表

类别		含义	具体内容
业务预算(经营预算)	辅助预算 -分预算	与企业日常经营活动直接相关的经营业务的各种预算	销售预算、生产预算、直接材料预算、直接人工预算、制造费用预算、产品成本预算、销售费用预算、管理费用预算
专门决策预算		企业不经常发生的、一次性的重要决策预算	资本支出预算、内外部融资预算
财务预算	总预算	企业在计划期内反映有关预计现金收支、财务状况和经营成果的预算	全面预算环节体系中的最后一环,现金预算、资产负债表预算和利润表预算

五、预算的编制方法

企业全面预算的构成比较复杂,编制预算需要采用适当的方法。常见的预算方法主要包括增量预算法与零基预算法、固定预算法与弹性预算法、定期预算法与滚动预算法,这些方法广泛应用于营业活动有关预算的编制,预算编制方法分类表如表 2-2 所示。

表 2-2　　　　　　　　　　　　预算编制方法分类表

种类	含义	特点
增量预算法	以基期成本费用水平为基础,结合预算期业务量水平及有关降低成本的措施,通过调整有关费用项目而编制预算的方法	优点:编制工作最小。 缺点:可能导致无效费用开支项目无法得到有效控制;可能使原来不合理的费用继续开支而得不到控制,造成不必要的浪费
零基预算法	不考虑以往会计期间所发生费用项目或数额,从零出发,根据实际需要逐项审议预算期内各项费用的内容及开支标准是否合理,在综合平衡的基础上编制费用预算	优点:不受现有费用项目的限制;不受现行预算的束缚;能够调动各方面节约费用的积极性;有利于促进各基层单位精打细算,合理使用资金。 缺点:编制工作量大
固定预算法	在编制预算时,只根据预算期内正常、可实现的某一固定业务量,如生产、销售水平来作为唯一基础进行预算编制	优点:预算效率高 缺点:适应性差,可比性差
弹性预算法	在成本性态分析的基础上,根据业务量、成本和利润之间的联动关系,按照预算期内可能的一系列业务量水平编制预算	优点:扩大了预算的适用范围;便于预算执行的评价与考核。 特点:主要用于编制成本预算、费用预算和利润预算
定期预算法	以不变的会计期间作为预算期的编制基础	优点:预算期间与会计期间对应,便于实际数与预算数进行比较,有利于对预算执行结果的评价与分析。 缺点:缺乏长远打算,可能导致短期行为的发生,造成资源浪费
滚动预算法	预算期与会计期间脱节,预算期始终保持一个固定的长度,期间内对预算数据进行不断的调整与补充	优点:保持预算的持续性,有利于结合企业近期目标和长期目标的达成,考虑到未来活动,使预算与实际情况更贴近,充分发挥预算的指导和控制作用

第二节 | 集团预算管理业务流程

一、集团预算管理基础设置

(一)预算管理基础资料的查看

集团预算主管在预算编制之前要检查集团预算要素、币别、计量单位、预算期间、预算维度、预算模板分组。这些资料是预算管理开始需要维护好的重要资料。

预算要素用于区分预算数据的类型,如金额、数量、单价、比率等,作为预算编制过程中必须使用到的维度,在预算模板编制、预算编制、实际数据维护、业务规则制定前,根据集团企业具体情况进行预算要素维护。预算要素要与预算维度结合使用。

预算维度是针对预算数据的编制和观察的角度。例如,根据业务员、产品分类进行预算编制时,业务员和产品分类就是一个维度;编制某个期间内的预算数据时,期间划分也是一个维度。预算维度需要在预算模板、预算表、预算数据录入之前进行维护。预算组织、预算期间、预算要素等都属于预算维度。

（二）新增预算组织

集团预算主管新增预算组织,搭建集团预算体系,将集团本部与各个子公司纳入预算管理的范畴。只有预算组织才能进行预算表的新增、上报和审批。

（三）新增预算模板

集团确定了以销售为起点的预算管理模式,集团内部各成员单位分工明确,同时,集团费用的开支受销售业务量影响,与销售收入挂钩。集团预算专员根据集团预算管理工作的需要,分别新增固定预算模板集团统一收入预算表模板、集团统一生产预算表模板、集团统一采购预算表模板、集团统一费用预算表模板后导入 EAS 信息系统。

编辑预算模板时,务必检查内容及格式是否正确,模板一旦分配执行,则无法再做修改。下属单位引用错误的模板进行预算表的制作,会影响预算表编制的合理性,影响整体预算工作的效率。

编制费用预算模板时,务必认真根据教学任务要求进行设置,任何一个环节出错,都会导致后续导入初始月预算数时出现无法导入的情况而影响后续操作。当发现个别内容设置有误时,可重新进入"工具-批量填充项目公式"进行编辑设置,不要在原表上另做修改。

（四）新增预算方案

集团在预算管理过程中仅需要一套预算方案,预算方案包含预算模板及各项预算维度的设置。预算方案和预算模板是绑定在一起的,通过新增预算方案后进行预算模板的选择才能在预算方案保存后进行模板的分配。

以集团预算主管的身份进行预算方案的新增,将新增的预算模板作为预算方案的执行要素分配给下属单位四个会计主体,再执行该预算方案。

在设置预算方案时,点击"选择预算模板",勾选上一步已新增的四个预算模板表。进行"明细维度组合"设置,点击"模板维度提取",勾选费用预算的模板维度,点击上方的"生成"按钮,完成维度组合的设置。进行模板维度的提取主要是针对有预算项目的,而费用预算模板是跟预算项目绑定在一起的,可以根据不同的费用项目在业务发生的时候进行实时的控制和调整,因此此处的模板维度提取主要是对费用预算模板的维度进行提取,与后期进行费用预算控制的业务进行关联对应。

对设置好的预算方案进行"模板分配",分配对象勾选集团下的四个会计主体,系统弹出预算模板分配报告,显示成功则可对该预算方案进行"执行"操作。若分配失败则需要查看失败原因做出相应修改。

下属单位的预算专员收到集团本部分配的预算模板,根据预算模板进行预算表的制作,提交上报,并由集团预算主管进行审批或打回处理;集团本部预算专员所做的预算表由本级预算主管直接审批或打回。下属单位自行编制的预算模板所做的预算表不支持上报集团。

二、预算表制作

集团预算主管完成预算管理基础设置工作,由下属各个会计主体的预算专员在预算模板的基础上编制预算表。在 EAS 信息系统中,预算表分为固定预算表和动态预算表,动态预算表应用于新增滚动预算表;固定预算期限的预算表则通过新增固定预算表功能实现。常规固定预算表包括销售收入预算、采购与产品生产成本预算、资金预算、费用预算等。

三、费用控制相关的参数设置

费用预算表新增完成之后,集团本部要在日常业务处理过程中做到费用预算控制,实现系统自动化费用控制,需要提前设置与费用预算控制相关的系统参数。

四、控制方式及控制策略新增

集团本部需要对费用进行控制,对于集团本部的差旅费的控制方式为当期控制,并不允许超预算,预算专员需要在系统内维护好控制方式以便预算控制能够按照集团本部想要的方式控制。

控制方式设置完毕后再设置控制策略,控制方式及控制策略新增时要确保成本中心为设置正确,避免费用控制无效。控制方式及控制策略的设置决定了费用控制业务操作的有效性,务必将每一个选项设置准确,避免影响后续操作。

五、费用预算控制业务

企业发生费用时,相关人员新增费用报销单,根据金额是否超出费用明细科目余额判断是否需要进行预算表调整或新增预算调整单,如图 2-1 所示,一般情况下,费用报销需要至少两级领导审批,金额较大时,设置三级领导审批;超预算下的费用报销,需要先调整预算金额

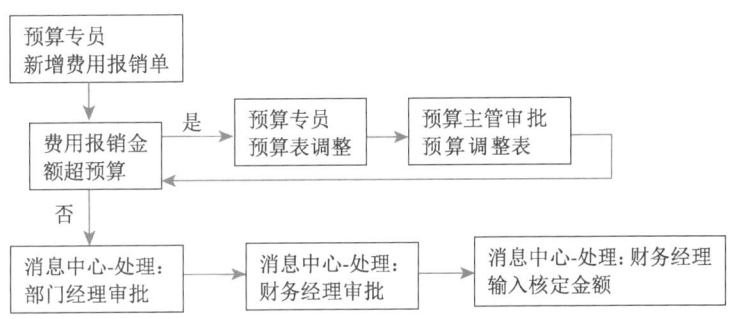

图 2-1　费用预算控制业务流程图

或者填写预算调整单由相关领导审批后,才能进入费用报销单的审批流程。企业根据实际部门分工或管理层级设置费用预算控制与审批流程。

在新增费用报销单时,填写完费用清单信息后,要切换到收款信息处,进行收款人信息的填写和设置;费用支付部门和费用支付公司默认为新增费用报销单时的当前组织。消息中心显示需要审批的费用销售单,在经过最后一级审批时,要求需要输入原币核定金额,此处必须填写完整,因为核定金额是该笔业务最终由出纳支付给费用报销人员的金额,也是最终生成付款单的金额,原币申请金额不能作为付款依据。

第三节 │ 预算管理综合实验案例

实验一　预算专员编制收入预算报表

(一)房产公司预算专员编制收入预算表

每个月月底,预算专员会对下一个月的收入预算进行初步编制,在 1 月 31 日,房产公司的预算专员编制下个月的收入预算表,项目要求根据附件提供的房产公司预算案例信息模拟编

制收入预算后提交预算表到集团本部的预算主管进行审核,案例数据如表2-3所示。

表2-3　　　　　　　　　　房产公司1—4月的收入预算表数据表

销售情况	1月	2月	3月	4月
预计销售面积(平方米)	26 100	30 000	25 000	30 000
预计销售单价(元/平方米)	23 100	23 100	23 100	23 100

(1)公司预算专员在集团管控实验平台的实验案例任务中,查看相关实验要求。在相关票据下载处,单击"房产公司预算案例"文档链接,下载预算表基础数据及计算要求,如图2-2所示。

假设打开第一个预算报表题目下载不了,可以点击下一题,在下一题同一处地方下载。同一个公司下载一次该文档,文档中包含四个预算表的内容。

图2-2　实验平台答案录入界面

(2)预算专员根据实验项目要求的用户名、数据中心登录EAS客户端。进入应用中心-战略管理-预算编制平台-预算编制-预算编制,操作结果如图2-3所示。

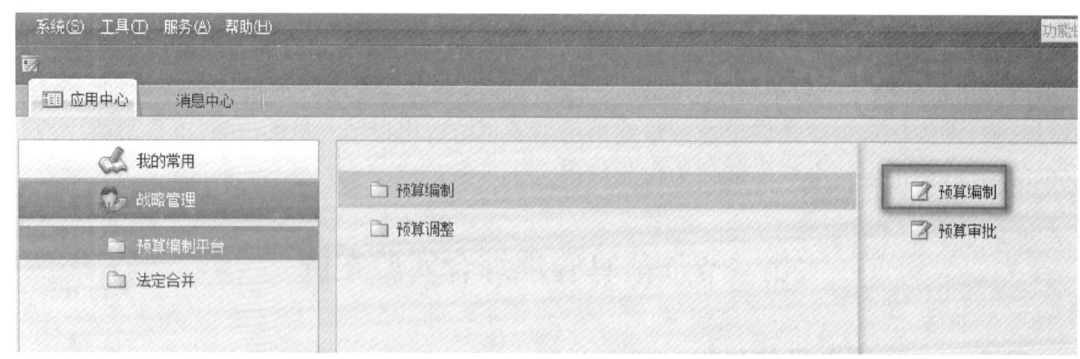

图2-3　预算编制登录界面

(3)双击预算编制,在条件查询对话框中,成本中心为房产公司,双击选中系统预设的Y001预算方案,点击确定进入预算编制序时簿,操作结果如图2-4所示。

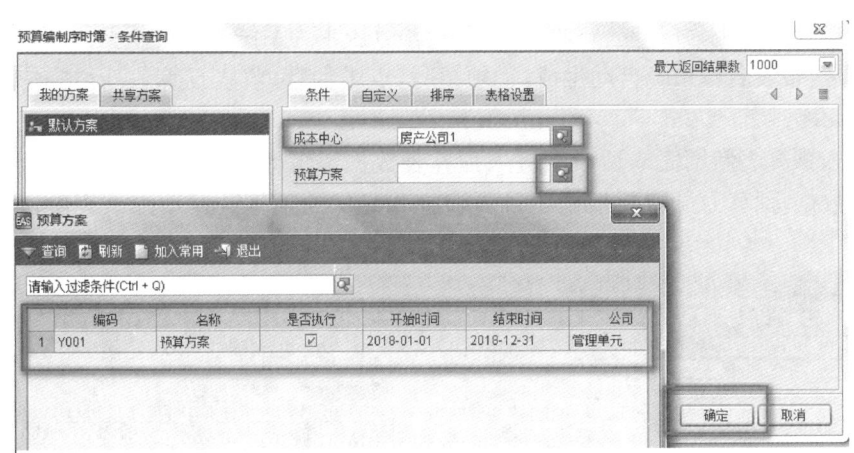

图 2-4 预算编制登录条件设置

（4）进入预算编制序时簿，可以查看到 2018 年 1 月编制的四个预算表，如图 2-5 所示。

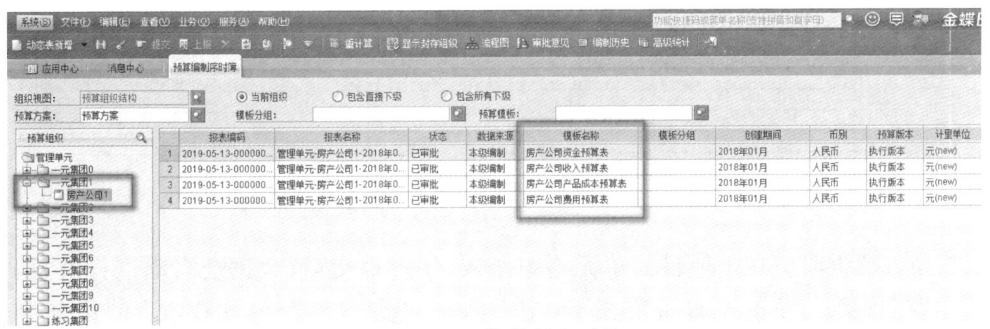

图 2-5 预算编制序时簿

（5）预算专员需要在 1 月底编制 2 月份的收入预算表。单击左上角的"动态表新增"倒三角位置，选择"固定表新增"，如图 2-6 所示。

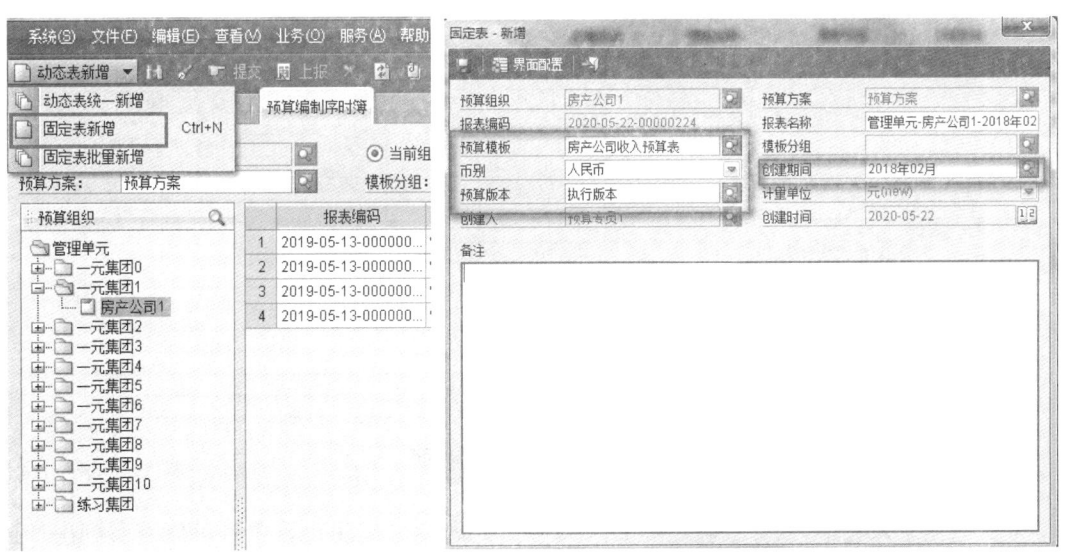

图 2-6 固定表新增   图 2-7 固定表新增条件设置

(6) 选择预算模板为房产公司收入预算表，预算版本为系统预设的执行版本，创建期间为2018年02月，报表名称系统自动生成，无须填写，点击保存，收入预算表新增完毕，操作结果如图2-7所示。

(7) 收入预算表新增完毕后自动进入预算表数据编辑界面，如图2-8所示，可以查看到1月的预算数据，预算专员需要根据题目要求将2月份的预算数据填入该表中，点击保存并提交。

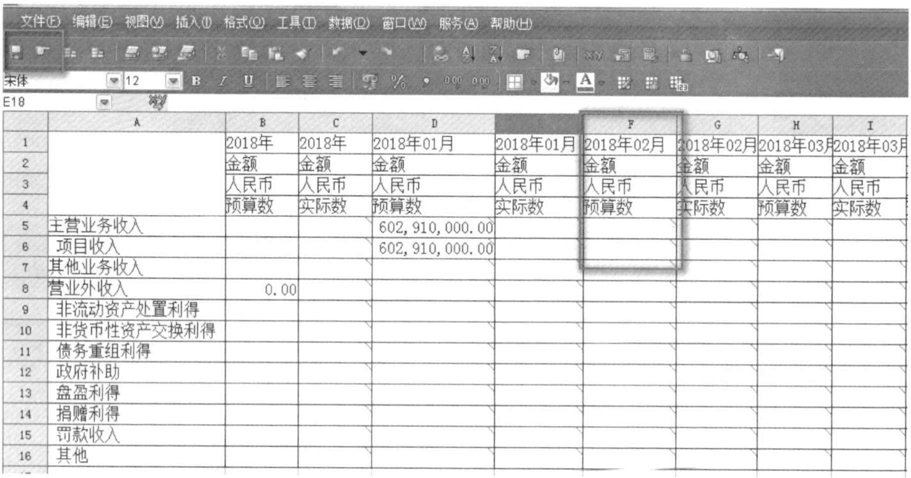

	A	B	C	D	E	F	G	H	I
1		2018年	2018年	2018年01月	2018年01月	2018年02月	2018年02月	2018年03月	2018年03月
2		金额	金额	金额	金额	金额	金额	金额	金额
3		人民币	人民币	人民币	人民币	人民币	人民币	人民币	人民币
4		预算数	实际数	预算数	实际数	预算数	实际数	预算数	实际数
5	主营业务收入			602,910,000.00					
6	项目收入			602,910,000.00					
7	其他业务收入								
8	营业外收入	0.00							
9	非流动资产处置利得								
10	非货币性资产交换利得								
11	债务重组利得								
12	政府补助								
13	盘盈利得								
14	捐赠利得								
15	罚款收入								
16	其他								

图2-8　预算表编辑界面

(8) 录入数据时应在子项目的单元格中录入，保存提交后，数据会自动进行汇总，如图2-9所示，在预算表编辑界面需要在F6中录入2月份的收入预算数，F5的数据会自动生成。

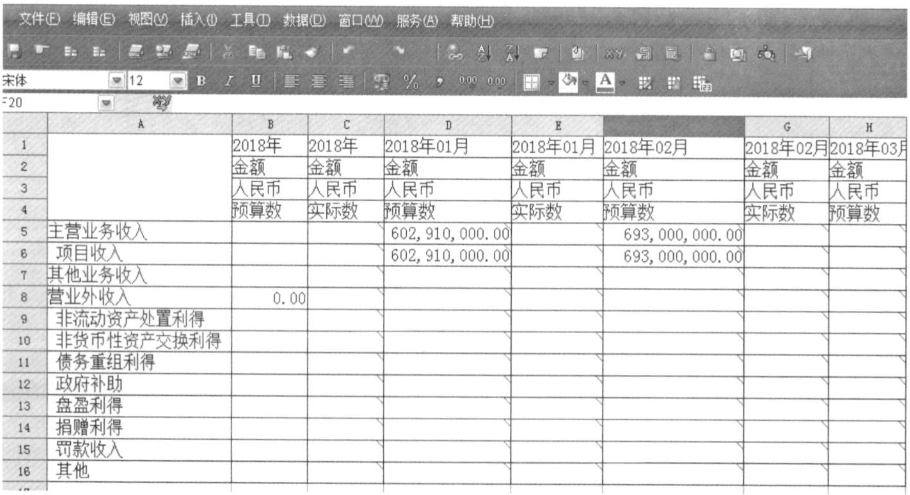

	A	B	C	D	E	F	G	H
1		2018年	2018年	2018年01月	2018年01月	2018年02月	2018年02月	2018年03月
2		金额	金额	金额	金额	金额	金额	金额
3		人民币	人民币	人民币	人民币	人民币	人民币	人民币
4		预算数	实际数	预算数	实际数	预算数	实际数	预算数
5	主营业务收入			602,910,000.00		693,000,000.00		
6	项目收入			602,910,000.00		693,000,000.00		
7	其他业务收入							
8	营业外收入	0.00						
9	非流动资产处置利得							
10	非货币性资产交换利得							
11	债务重组利得							
12	政府补助							
13	盘盈利得							
14	捐赠利得							
15	罚款收入							
16	其他							

图2-9　预算表编辑界面

(9) 数据录入完毕，预算表确定提交，如图2-10所示。集团预算主管可以查看到房产公司提交的收入预算表。返回预算编制序时簿，查看报表编码，如图2-11所示。

图 2-10　预算表提交审批

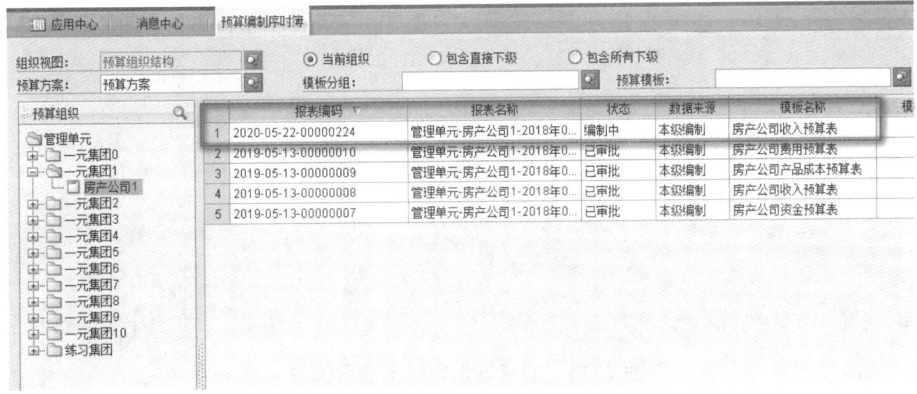

图 2-11　预算编制序时簿

（10）预算专员把预算表报表编码抄写到集团管控实验平台中，点击保存，收入预算表新增业务操作完成。

（二）集团预算主管审核预算表

1月31日，集团本部的预算主管查看房产预算专员提交的收入预算表，对预算表数据进行综合平衡后予以通过预算并审批预算表。

（1）集团预算主管根据题目要求的用户名、数据中心登录 EAS 客户端。进入应用中心-战略管理-预算编制平台-预算编制-预算审批，如图 2-12 所示。

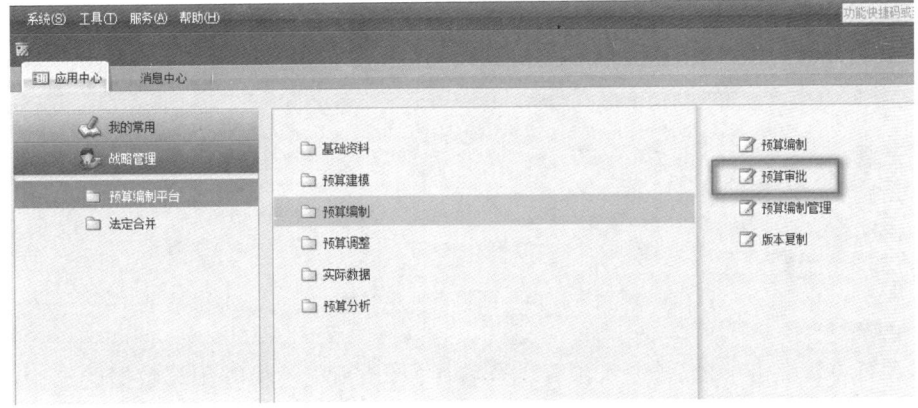

图 2-12　预算审批登录界面

双击预算审批,在条件查询对话框中,成本中心为集团本部,预算方案选择系统预设的 Y001 预算方案,点击确定进入预算审批序时簿,如图 2-13 所示。

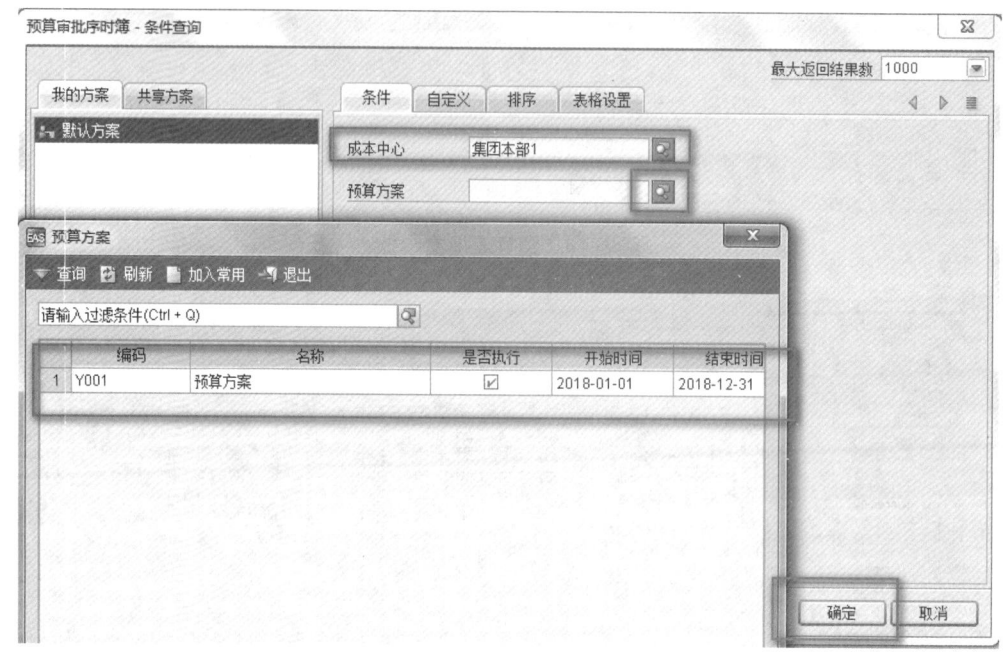

图 2-13　预算审批序时簿登录设置

(2) 在预算审批序时簿中,选择所在的集团及公司名称,可以查看到提交的预算表状态为 "编制中",单击选中后,可以看到左上角的审批按钮,预算主管点击审批,操作界面如图 2-14所示。

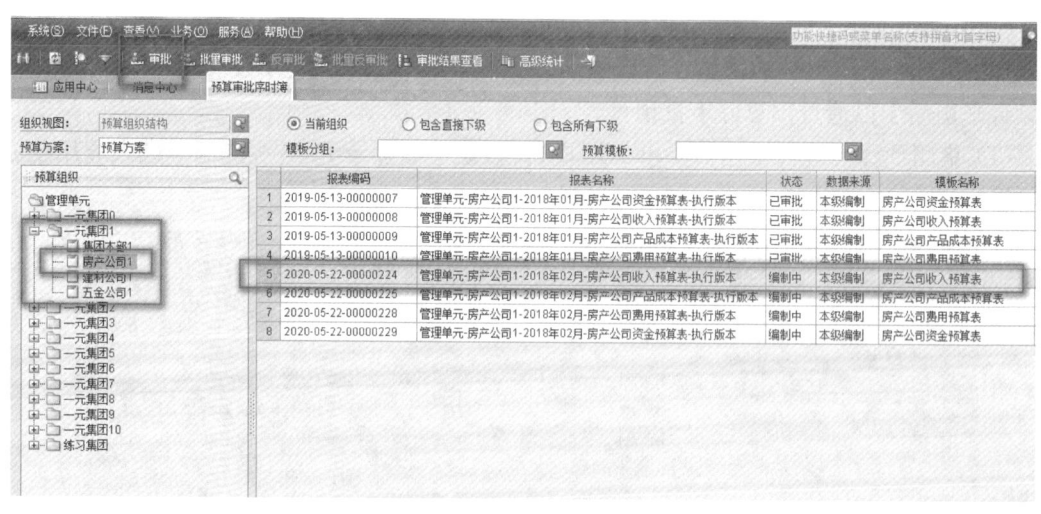

图 2-14　预算审批序时簿

(3) 预算主管点击审批后,进入预算表查看界面,预算主管检查预算数据的编制,如果对 2月份预算数据有异议,提醒公司预算专员修改后再重新提交审批,如图 2-15 所示。

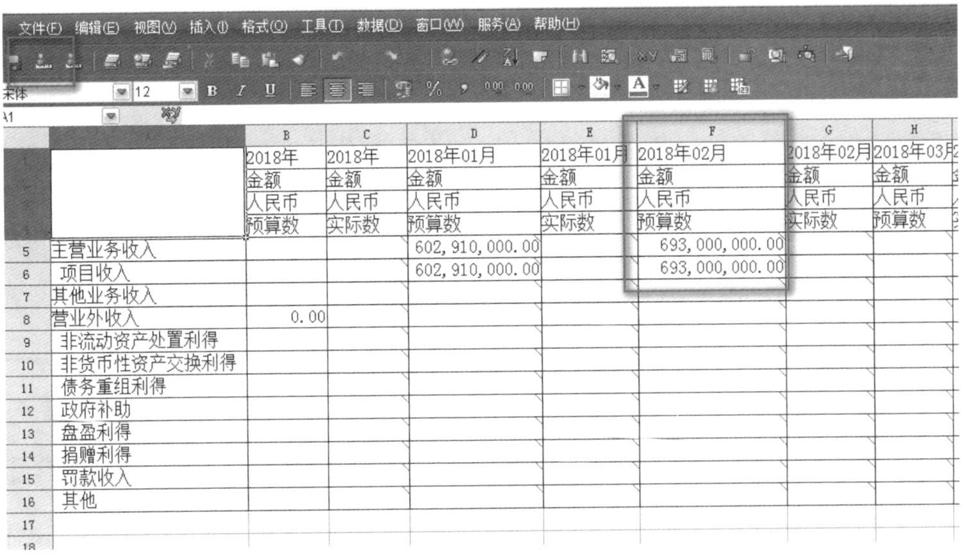

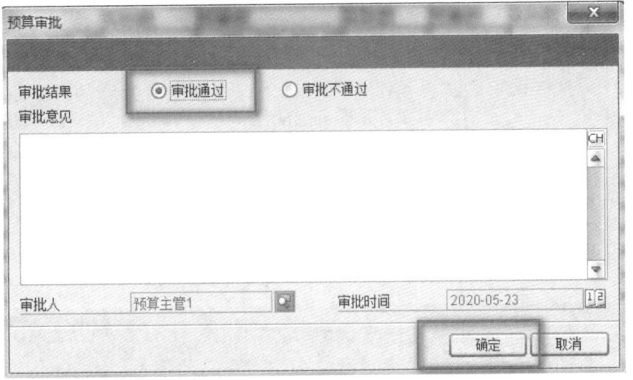

图 2-15 预算审批界面

确认无误后，再次点击"审批"按钮，选择审批结果为审批通过，点击确定，预算表审批完成，如图 2-16 所示。

返回预算审批序时簿查看预算表状态为已审批，如图 2-17 所示。

（4）预算主管把预算表报表编码抄写到集团管控实验平台中，点击保存。收入预算表审批业务操作完成。

图 2-16 预算审批通过对话框

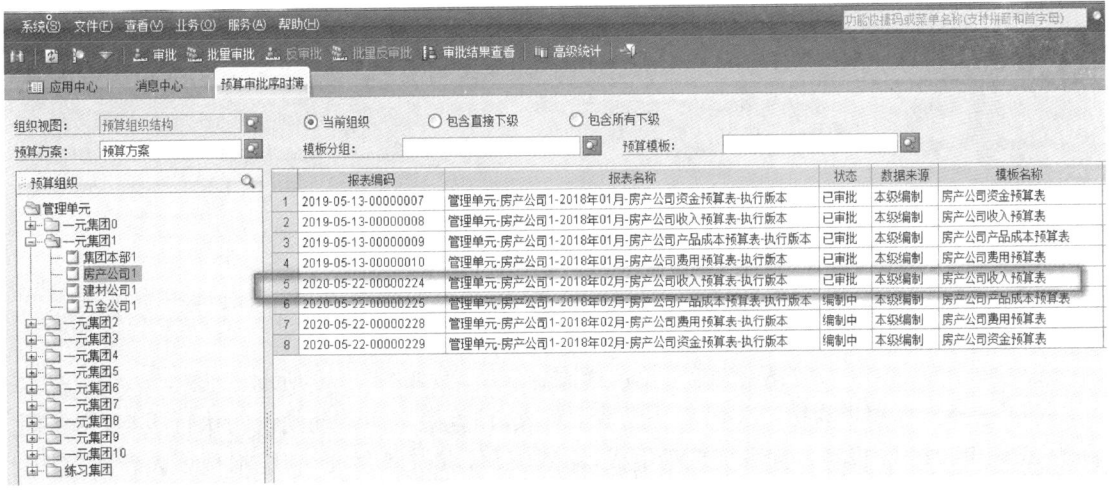

图 2-17 预算审批序时簿

实验二　预算专员编制成本预算报表

(一)公司预算专员编制成本预算表

根据集团全面预算管理制度,要求集团各下级公司细化月度预算,在 1 月 31 日房产公司的预算专员根据业务发展需要编辑下个月的成本预算表,模拟数据参见房产公司预算案例文档,编制完成后提交预算表到集团本部预算主管进行审核。此处以房产公司为例,公司成本预算如表 2-4 所示。

表 2-4	房产公司 1—4 月的成本预算表
项目名称	预算数据
锦绣花园	1 月预算,支付建筑安装工程款 3 300 000 元 2 月份预计支付基础设施费 3 000 000 元,完成所有房产验收,面积20 200平方米,结转剩余成本费用
恒立花园	1 月预算,支付工程款 2 000 000 元,领用购入的原材料 2 月预算,支付工程款 2 000 000 元,绿化工程款 300 000 元、基础设施费 400 000 元,领用购入的原材料 3 月预算,支付工程款 2 000 000 元,通信工程款 200 000 元,领用购入的原材料 4 月预算,支付工程款 2 000 000元,领用购入的原材料
原材料采购	每月采购原材料全部结转到恒立花园的建安工程里 1 月预计采购五金配件 38 276 000 元,采购零星建材 21 684 206 元 2 月预计采购五金配件 38 276 000 元,采购零星建材 22 427 710 元 3 月预计采购五金配件 44 800 000.6 元,采购零星建材 18 432 956.53 元 4 月预计采购五金配件 54 464 325.5 元,采购零星建材 21 768 469.75 元

(1)预算专员根据题目要求的用户名、数据中心登录 EAS 客户端。进入应用中心-战略管理-预算编制平台-预算编制-预算编制,如图 2-18 所示。

图 2-18　预算编制登录界面

(2)双击预算编制,在条件查询对话框中,成本中心为房产公司,双击选中系统预设的Y001 预算方案,点击确定进入预算编制序时簿,如图 2-19 所示。

(3)单击左上角的动态表新增,下拉选择固定表新增,如图 2-20 所示。

(4)选择预算模板为房产公司产品成本预算表,预算版本为系统预设的执行版本,创建期间为 2018 年 02 月,报表名称系统自动生成,无须填写,点击保存,产品成本预算表新增完毕,如图 2-21 所示。

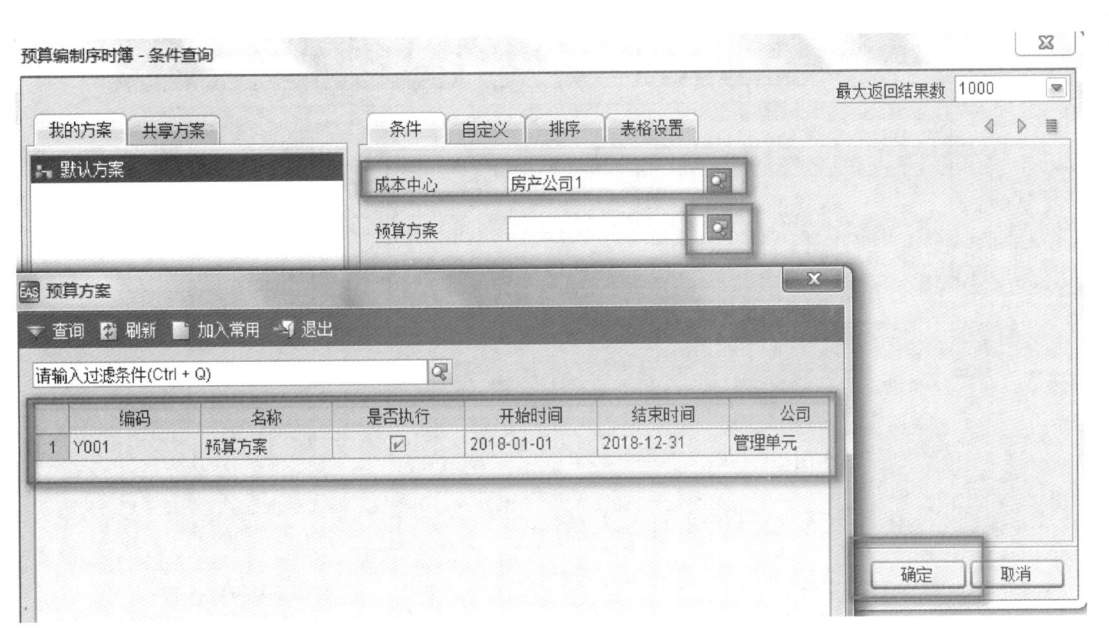

图 2-19　预算编制登录条件设置

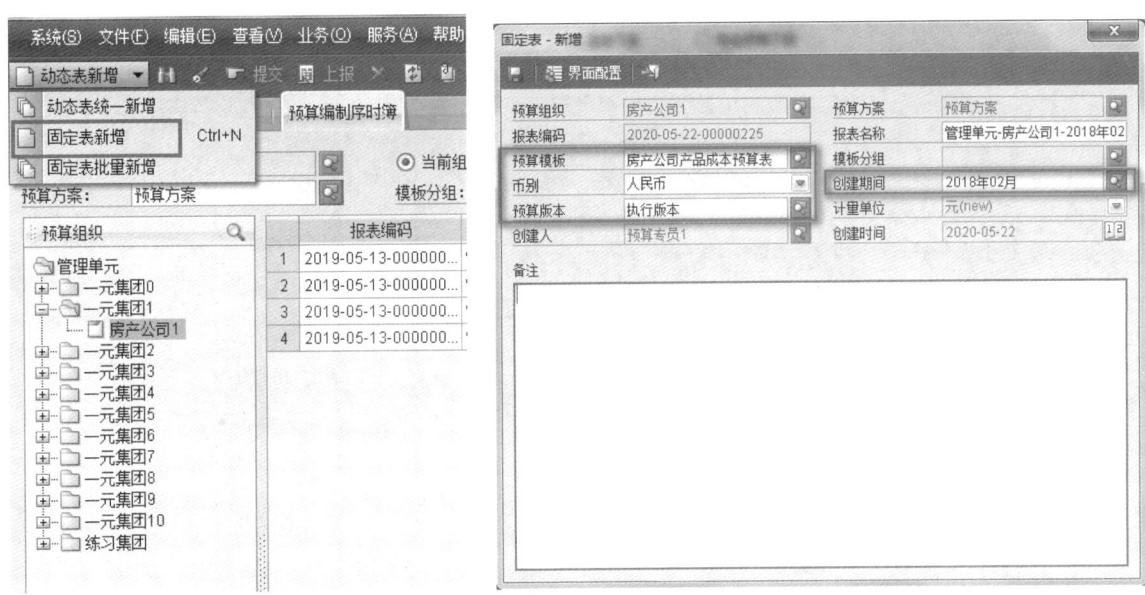

图 2-20　固定表新增　　　　　　　　图 2-21　预算表新增条件设置

　　（5）产品成本预算表新增完毕后自动进入预算表数据编辑界面,可以查看到1月的预算数据,预算专员需要根据题目要求将二月份的预算数据填入该表中,点击保存并提交,如图2-22所示。

　　（6）录入数据时应在子项目的单元格中录入,保存提交后,数据会自动进行汇总,如图2-23所示。

		未结转费用	2018年 金额 人民币 预算数	2018年 金额 人民币 实际数	2018年01月 金额 人民币 预算数	2018年01月 金额 人民币 实际数	2018年02月 金额 人民币 预算数	2018年02月 金额 人民币 实际数
锦绣花园	项目成本	36,036,800.00	0.00		3,300,000.00			
	土地费用	6,565,000.00						
	前期工程费	22,725,000.00						
	建筑安装工程费	5,272,200.00			3,300,000.00			
	基础设施费	1,171,600.00						
	公共配套设施费	303,000.00						
	开发间接费用							
恒立花园	项目成本	580,078,152.00	0.00		61,960,206.00			
	土地费用	511,849,127.00						
	前期工程费	35,229,025.00						
	建筑安装工程费	20,000,000.00			61,960,206.00			
	基础设施费	10,000,000.00						
	公共配套设施费	3,000,000.00						
	开发间接费用							
汇总	项目成本	616,114,952.00	0.00	0.00	65,260,206.00	0.00	0.00	0.00
	土地费用	518,414,127.00	0.00	0.00	0.00	0.00	0.00	0.00
	前期工程费	57,954,025.00	0.00	0.00	0.00	0.00	0.00	0.00
	建筑安装工程费	25,272,200.00	0.00	0.00	65,260,206.00	0.00	0.00	0.00
	基础设施费	11,171,600.00	0.00	0.00	0.00	0.00	0.00	0.00
	公共配套设施费	3,303,000.00	0.00	0.00	0.00	0.00	0.00	0.00
	开发间接费用	0.00	0.00	0.00	0.00	0.00	0.00	0.00

图 2-22 预算数据编辑界面

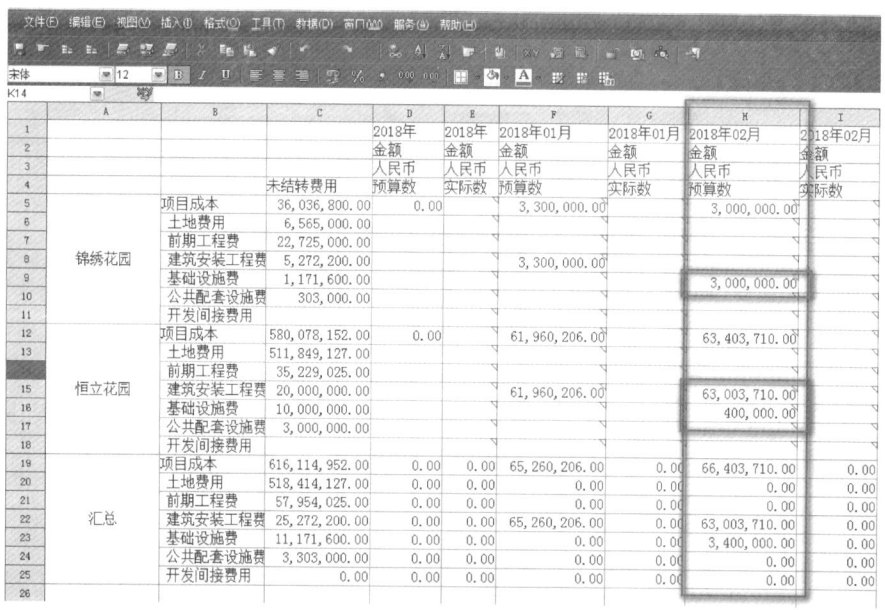

图 2-23 预算数据编辑界面

（7）数据录入完毕，预算表确定提交，如图2-24所示。集团预算主管可以查看到房产公司提交的产品成本预算表。返回预算编制序时簿，查看报表编码，如图2-25所示。

（8）预算专员把预算表报表编码抄写到集团管控实验平台中，点击保存，产品成本预算表新增业务操作完成。

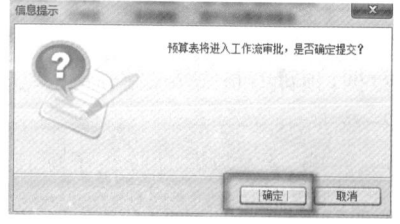

图 2-24 预算审批通过对话框

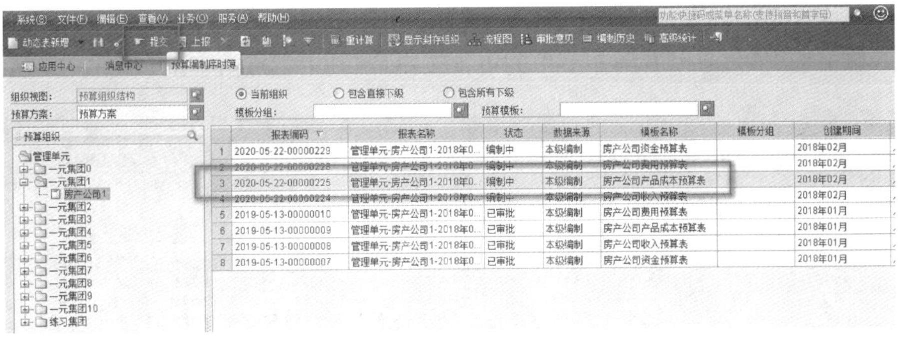

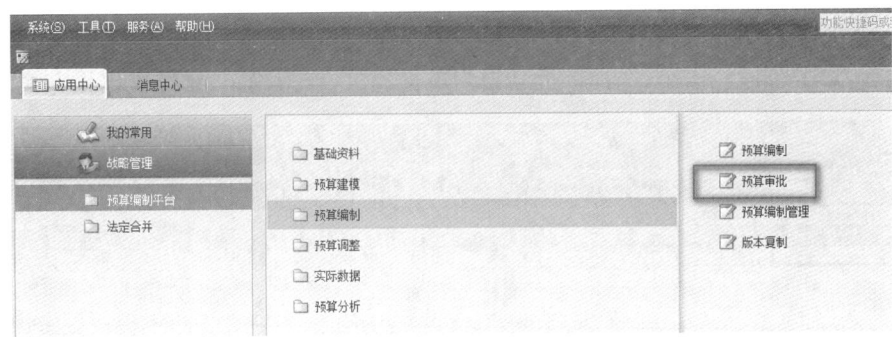

图 2-25　预算编制序时簿

(二)集团预算主管审核预算表

集团本部的预算主管在 1 月 31 日收到房产预算专员提交的关于成本的预算表,通过与收入预算表的数据进行结合审查,符合公司的收入成本配比,予以审核预算表。

(1)集团预算主管根据题目要求的用户名、数据中心登录 EAS 客户端。进入应用中心-战略管理-预算编制平台-预算编制-预算审批,如图 2-26 所示。

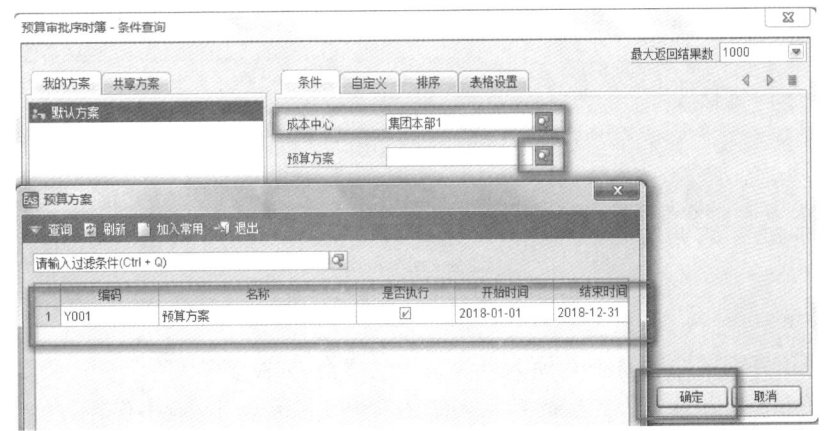

图 2-26　预算审批登录界面

(2)双击预算审批,在条件查询对话框中,成本中心为集团本部,预算方案选择系统预设的 Y001 预算方案,点击确定进入预算审批序时簿,如图 2-27 所示。

图 2-27　预算审批登录条件设置

（3）在预算审批序时簿中，选择所在的集团及公司名称，可以看到提交的预算表状态为"编制中"，单击选中后，可以看到左上角的审批按钮，预算主管点击审批，如图2-28所示。

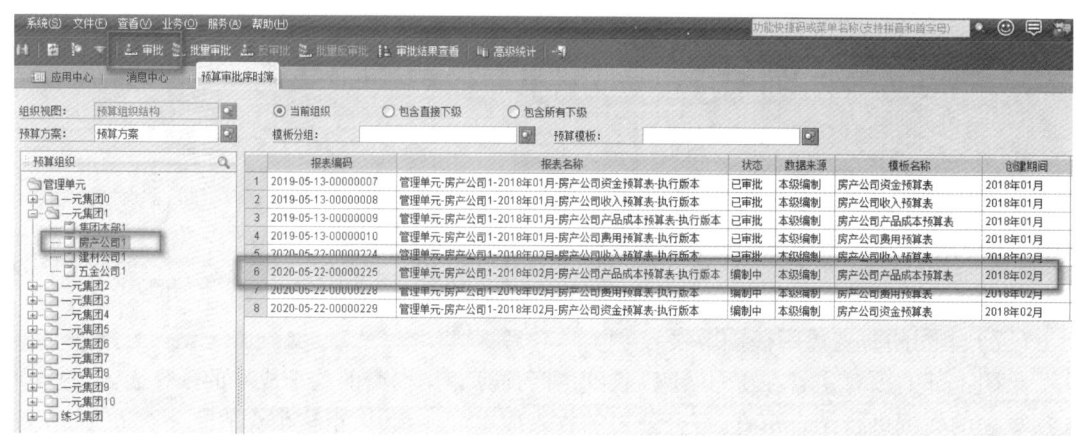

图 2-28　预算审批序时簿

（4）预算主管点击审批后，进入预算表查看界面，预算主管检查预算数据的编制（如果对2月份预算数据有异议的，提醒公司预算专员修改后再重新提交），如图 2-29 所示。预算主管确认无误后，点击"审批"按钮，选择审批结果为审批通过，点击确定，预算表审批完成。

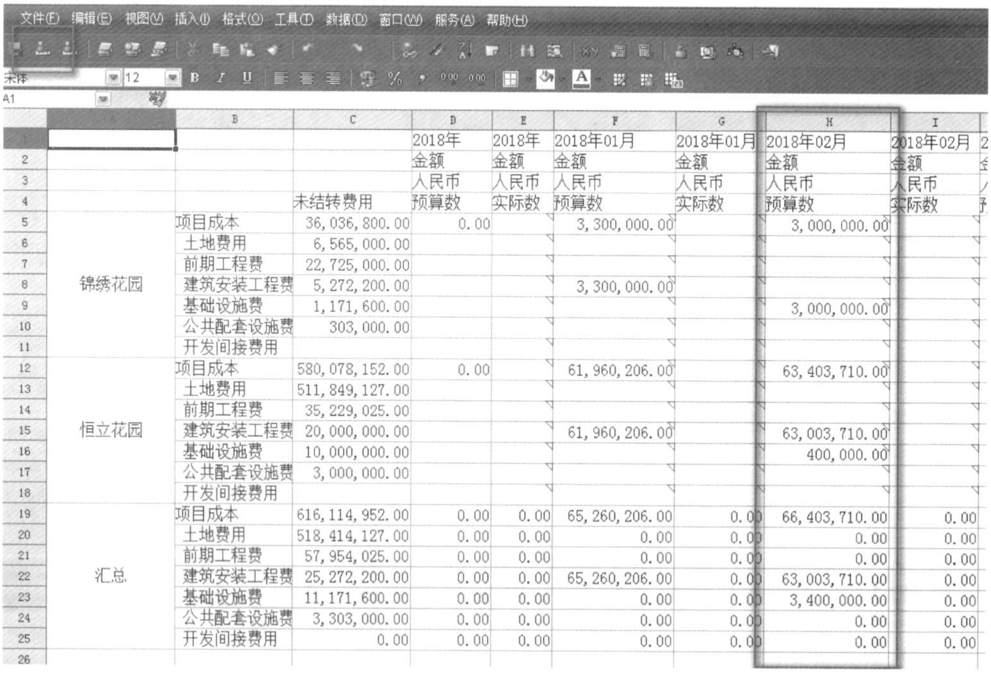

图 2-29　预算表审批界面

（5）返回预算审批序时簿查看预算表状态为已审批，如图 2-30 所示。

（6）预算主管把预算表报表编码抄写到集团管控实验平台中，点击保存，产品成本预算表审批业务操作完成。

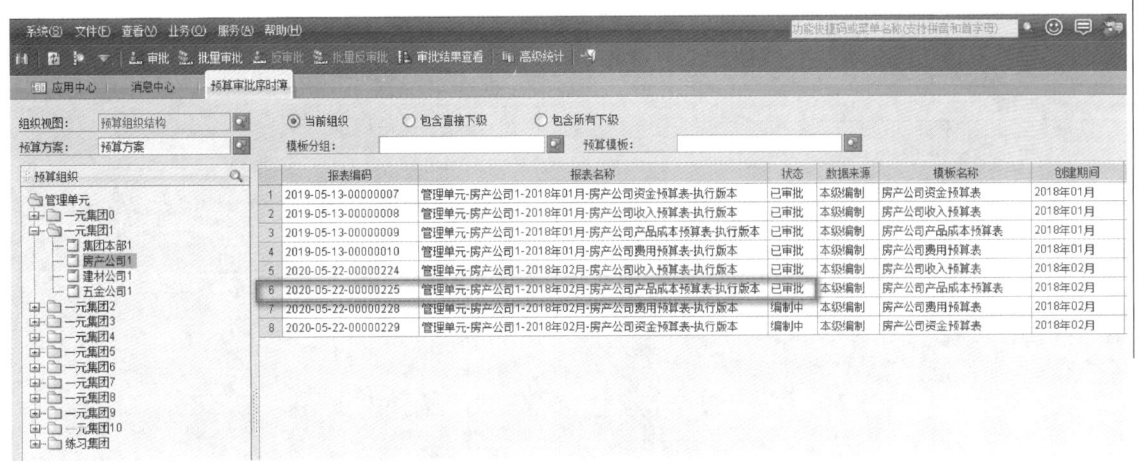

图 2-30　预算审批序时簿

实验三　预算专员编制费用预算报表

（一）公司预算专员编制费用预算表

为遵循"有预算才开支、先预算后列支、预算额度内开支、无预算部列支"等原则,需要每个月根据业务情况预计下月费用发生情况,因此在 1 月 31 日,房产公司的预算专员需要编制下个月的费用预算表,并将编制预算的结果交由集团本部预算主管审核,如表 2-5 所示,以房产公司为例,编制费用预算表,计算 2—4 月费用预算表数据。

表 2-5　　　　　　　　　　房产公司 2—4 月费用预算数据表

2 月费用预算预计比上月增长 4%
3 月费用预算预计比上月增长 5%
4 月费用预算预计比上月增长 9%
折旧费和无形资产摊销费用与 1 月一致

（1）预算专员根据题目要求的用户名、数据中心登录 EAS 客户端。进入应用中心-战略管理-预算编制平台-预算编制-预算编制,如图 2-31 所示。

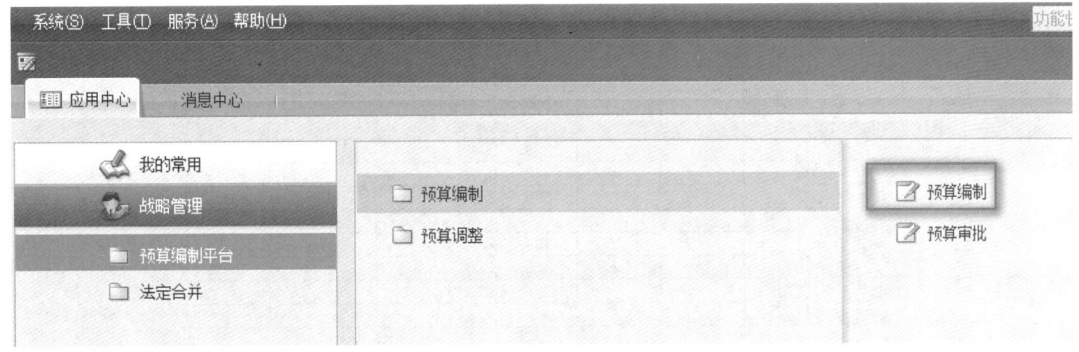

图 2-31　预算编制登录界面

（2）双击预算编制，在条件查询对话框中，成本中心为房产公司，双击选中系统预设的 Y001 预算方案，点击确定进入预算编制序时簿，如图 2-32 所示。

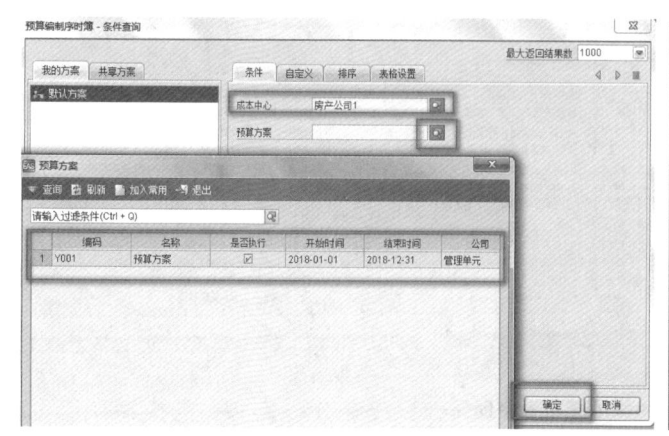

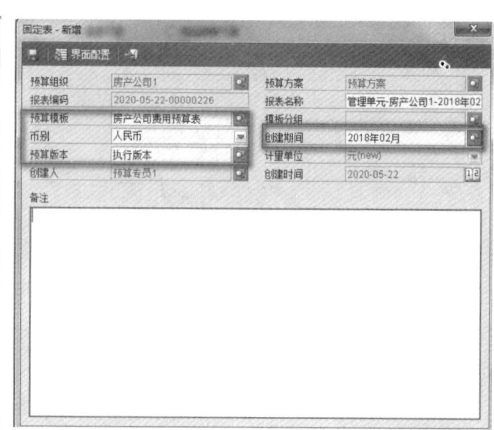

图 2-32　预算编制登录条件设置　　　　图 2-33　固定预算表新增条件设置

（3）单击左上角的固定表新增。选择预算模板为房产公司费用预算表，预算版本为系统预设的执行版本，创建期间为 2018 年 02 月，报表名称系统自动生成，无须填写，点击保存，费用预算表新增完毕，如图 2-33 所示。

（4）费用预算表新增完毕后自动进入预算表数据编辑界面，可以查看到 1 月的预算数据，预算专员需要根据题目要求设置 2 月份的费用预算数据计算公式，如图 2-34 所示。

	A	B	C	D	E	F	G
1			2018年	2018年	2018年01月	2018年01月	2018年02月	2018年02月
2			金额	金额	金额	金额	金额	金额
3			人民币	人民币	人民币	人民币	人民币	人民币
4			预算数	实际数	预算数	实际数	预算数	实际数
5	销售费用	0.00		1,423,391.25			
6	职工薪酬			591,398.68		=D6*1.04	
7	运杂费			0.00			
8	差旅及房租费			13,643.57			
9	业务招待费			32,377.75			
10	办公费			72,552.00			
11	折旧费			65,323.25			
12	广告费			648,096.00			
13	销售佣金						
14	管理费用	0.00		1,616,583.98			
15	职工薪酬			136,326.72			
16	研发支出			0.00			
17	办公费			329,375.47			
18	房租费			0.00			
19	折旧费			370,692.40			
20	无形资产摊销						
21	差旅费			144,136.20			
22	业务招待费			308,639.38			
23	中介费用			327,413.81			
24	信息披露费						

图 2-34　预算数据编辑界面

（5）录入数据时应在子项目的单元格中录入，保存提交后，数据会自动进行汇总，如该表中，从 F6 开始设置公式，由于 2 月份的费用预算数据比 1 月份的增长 4%，2 月份的预算数为 1 月份预算＊1.04，公式设置完成后按确定，将鼠标放在单元格右下方，当鼠标箭头变成十字号时，按住鼠标下拉，将公式复制到下方的其他单元格中，之后，根据题目要求，折旧费用及无形资产摊销数据，2 月与 1 月数据相同，则针对该两个科目，重新设置单元格公式。设置公式 F11＝D11，F19＝D19，F20＝D20，如图 2-35 所示。

	A	B	C	D	E	F
1		2018年	2018年	2018年01月	2018年01月	2018年02月
2		金额	金额	金额	金额	金额
3		人民币	人民币	人民币	人民币	人民币
4				预算数	实际数	预算数
5	销售费用	0.00		1,423,391.25		
6	职工薪酬			591,398.68		
7	运杂费			0.00		
8	差旅及房租费			13,643.57		
9	业务招待费			32,377.75		
10	办公费			72,552.00		
11	折旧费			65,323.25		=D11
12	广告费			648,096.00		
13	销售佣金					
14	管理费用	0.00		1,616,583.98		
15	职工薪酬			136,326.72		
16	研发支出			0.00		
17	办公费			329,375.47		
18	房租费			0.00		
19	折旧费			370,692.40		
20	无形资产摊销			0.00		
21	差旅费			144,136.20		
22	业务招待费			308,639.38		
23	中介费用			327,413.81		
24	信息披露费					

图 2-35　预算数据编辑界面

（6）将所有有数据的单元格公式设置好后，点击预算表上方工具栏中的"数据—报表计算"，如图 2-36 所示。

（7）系统自动根据公式计算出结果，进一步检查数据的正确性，如图 2-37 所示。

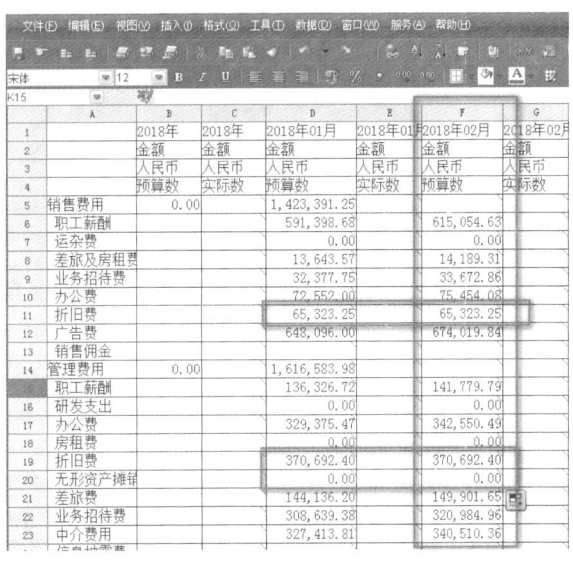

图 2-36　预算表数据计算　　　　图 2-37　预算表数据计算结果

（8）确保无误后，点击保存，汇总单元格的数据会在预算表保存后自动显示汇总结果，点击提交，在弹出对话框点击确定提交，确定提交审批成功。

（9）预算表确定提交，集团预算主管可以查看到房产公司提交的费用预算表。返回预算编制序时簿，查看报表编码，如图 2-38 所示。

（10）预算专员把预算表报表编码抄写到集团管控实验平台中，点击保存，费用预算表新增业务操作完成。

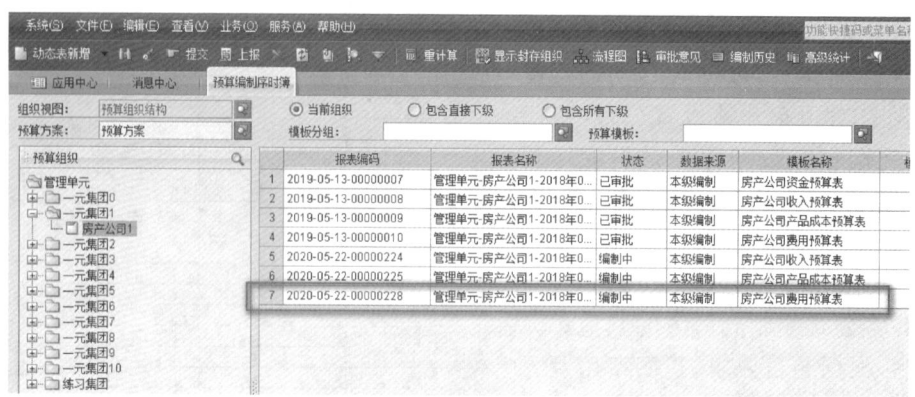

图 2-38　预算编制序时簿

（二）集团预算主管审批预算表

1月31日，结合前期审批过的收入预算表，根据集团颁发的《全面预算管理制度》严格要求费用预算不能脱离收入预算，集团本部的预算主管审核房产预算专员提交的费用预算表。

（1）集团预算主管根据题目要求的用户名、数据中心登录EAS客户端。进入应用中心-战略管理-预算编制平台-预算编制-预算审批，如图 2-39 所示。

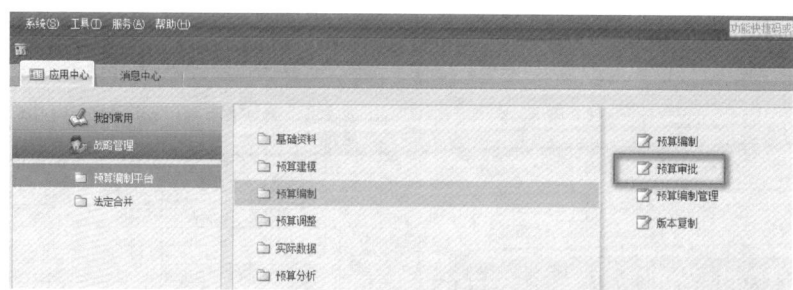

图 2-39　预算审批登录界面

（2）双击预算审批，在条件查询对话框中，成本中心为集团本部，预算方案选择系统预设的 Y001 预算方案，点击确定进入预算审批序时簿，如图 2-40 所示。

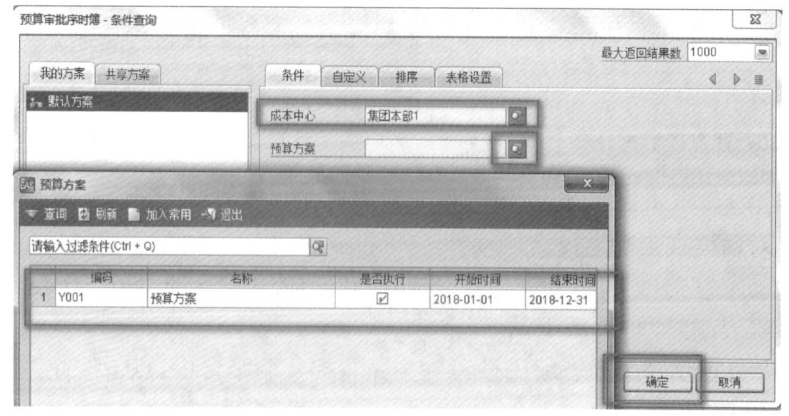

图 2-40　预算审批登录条件设置

（3）在预算审批序时簿中，选择所在的集团及公司名称，可以查看到提交的预算表状态为“编制中”，单击选中后，可以看到左上角的审批按钮，预算主管点击审批，如图 2-41 所示。

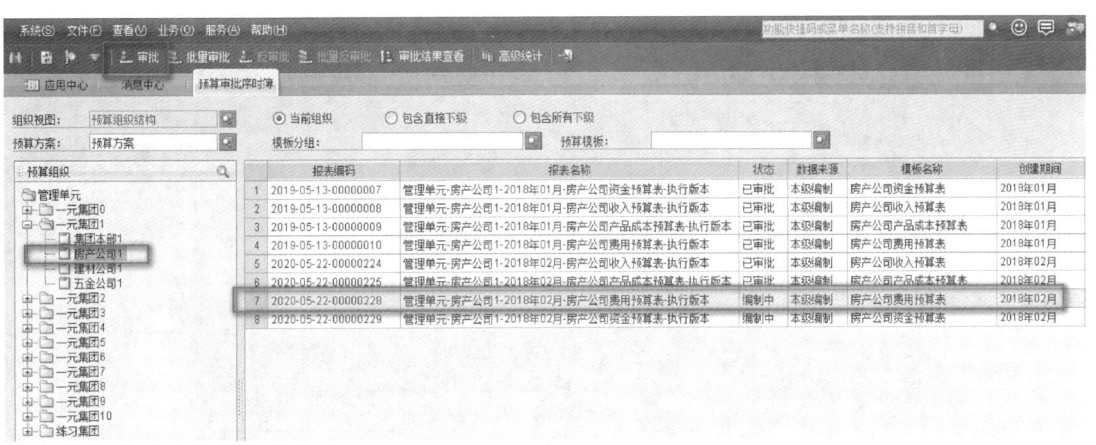

图 2-41 预算审批序时簿

（4）预算主管点击审批后，进入预算表查看界面，预算主管检查预算数据的编制，如果对 2 月份预算数据有异议，提醒公司预算专员修改后再重新提交审批，如图 2-42 所示。

	A	B	C	D	E	F	G
1		2018年	2018年	2018年01月	2018年01月	2018年02月	2018年02月
2		金额	金额	金额	金额	金额	金额
3		人民币	人民币	人民币	人民币	人民币	人民币
4		预算数	实际数	预算数	实际数	预算数	实际数
5	销售费用	0.00		1,423,391.25		1,477,713.97	
6	职工薪酬			591,398.68		615,054.63	
7	运杂费			0.00		0.00	
8	差旅及房租费			13,643.57		14,189.31	
9	业务招待费			32,377.75		33,672.86	
10	办公费			72,552.00		75,454.08	
11	折旧费			65,323.25		65,323.25	
12	广告费			648,096.00		674,019.84	
13	销售佣金						
14	管理费用	0.00		1,616,583.98		1,666,419.64	
15	职工薪酬			136,326.72		141,779.79	
16	研发支出			0.00		0.00	
17	办公费			329,375.47		342,550.49	
18	房租费			0.00		0.00	
19	折旧费			370,692.40		370,692.40	
20	无形资产摊销			0.00		0.00	
21	差旅费			144,136.20		149,901.65	
22	业务招待费			308,639.38		320,984.96	
23	中介费用			327,413.81		340,510.36	
24	信息披露费						
25	财务费用	0.00					
26	利息收入						

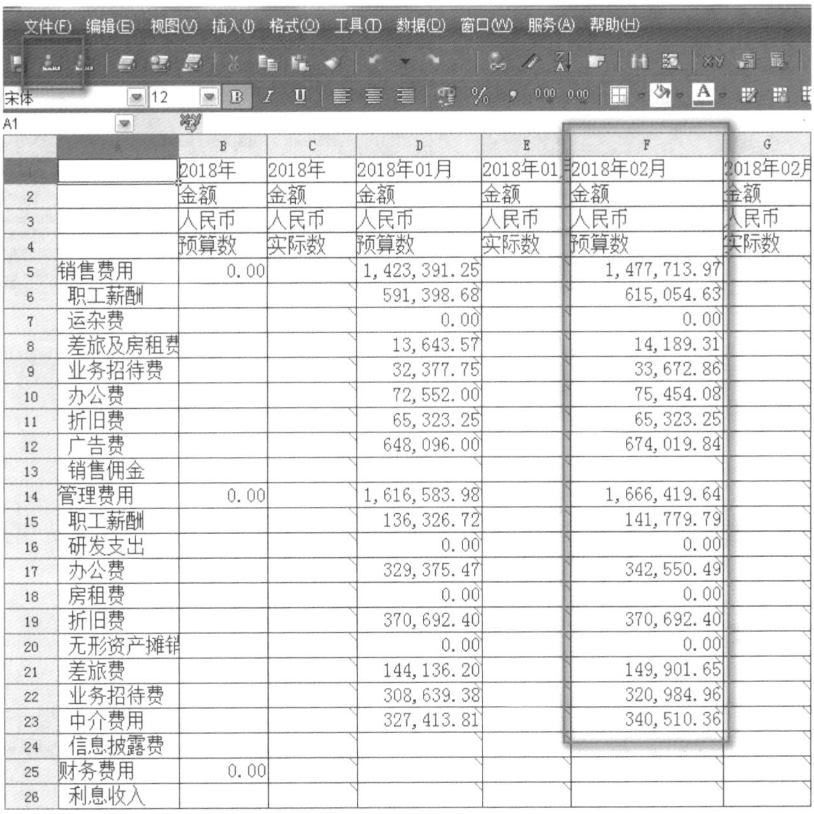

图 2-42 预算表审批界面

确认无误后,再次点击"审批"按钮,选择审批结果为审批通过,点击确定,预算表审批完成,如图 2-43 所示。

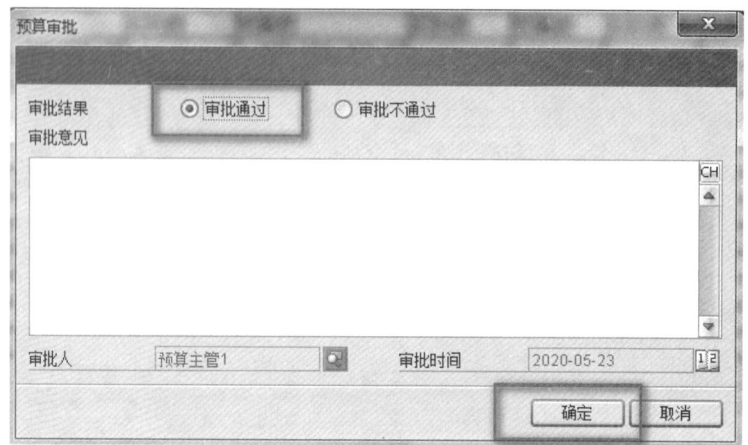

图 2-43 预算表审批通过界面

(5)返回预算审批序时簿查看预算表状态为已审批,如图 2-44 所示。

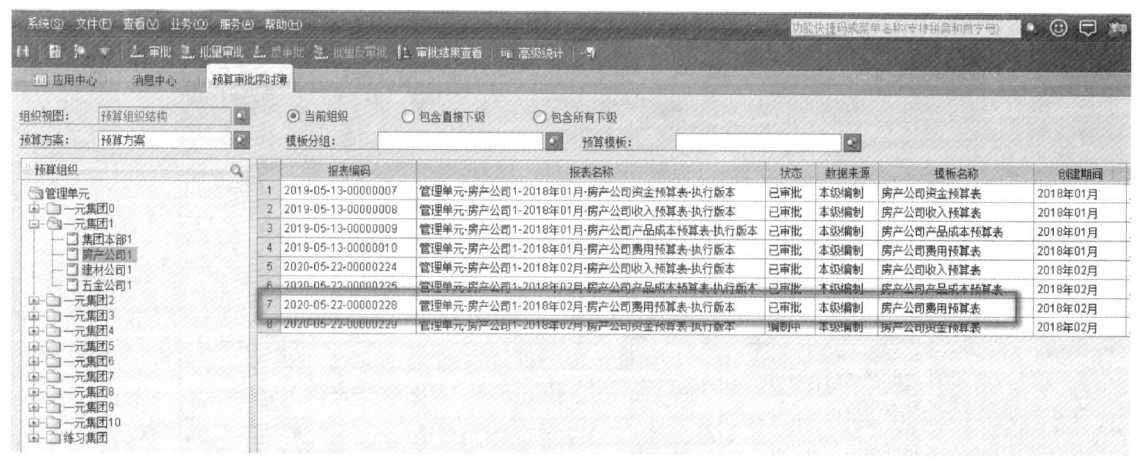

图 2-44 预算审批序时簿

(6)预算主管把预算表报表编码抄写到集团管控实验平台中,点击保存,费用预算表审批业务操作完成。

实验四 预算专员编制资金预算报表

(一)公司预算专员编制资金预算表

全面预算按照预算期间要求,除了需要编制三年规划预算、年度预算外需要编制月度预算,因此在 1 月 31 日房产公司的预算专员需要根据预估下月业务情况来编辑下个月的资金预算表,编制完成后将资金预算表提交给集团本部预算主管审核。以房产公司为例,新增资金预算表,如表 2-6 所示。

表 2-6	房产公司 2 月资金预算数据表	单位：元
业务描述	金额	
销售商品、提供劳务收到的现金	199 091 242.35	
购买商品、接受劳务支付的现金	72 160 816.00	
支付给职工以及为职工支付的现金	756 834.42	
支付的各项税费	119 409 890.43	
支付的其他与经营活动有关的现金	1 951 283.55	
收回投资所收到的现金	72 160 816.00	
取得投资收益所收到的现金	756 834.42	
处置固定资产、无形资产和其他长期资产而收回的现金净额	119 409 890.43	
处置子公司及其他营业单位收到的现金净额	1 951 283.55	
收到的其他与投资活动有关的现金	199 091 242.35	

（1）预算专员根据题目要求的用户名、数据中心登录 EAS 客户端。进入应用中心-战略管理-预算编制平台-预算编制-预算编制，如图 2-45 所示。

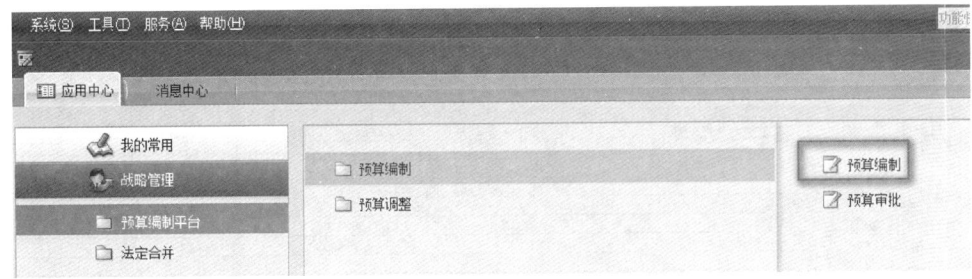

图 2-45 预算编制登录界面

（2）双击预算编制，在条件查询对话框中，成本中心为房产公司，双击选中系统预设的 Y001 预算方案，点击确定进入预算编制序时簿，如图 2-46 所示。

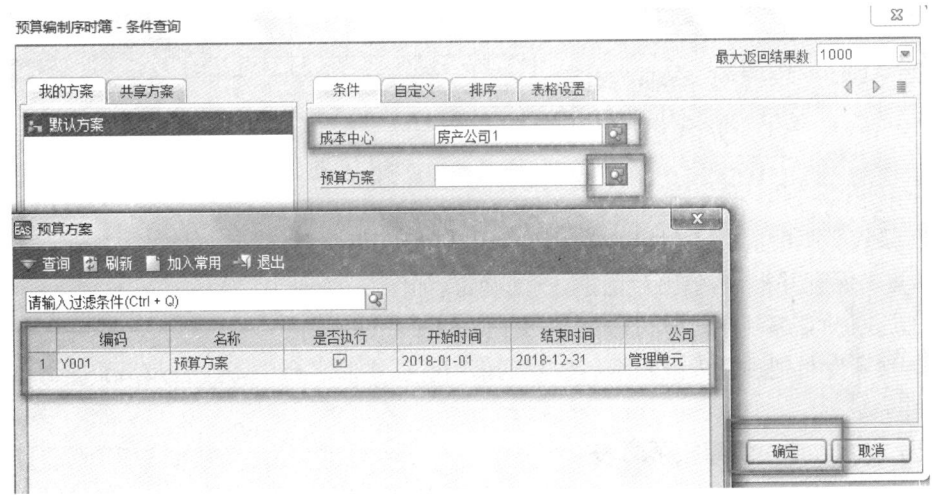

图 2-46 预算编制登录条件设置

（3）单击左上角的固定表新增，选择预算模板为房产公司资金预算表，预算版本为系统预设的执行版本，创建期间为2018年02月，报表名称系统自动生成，无须填写，点击保存，资金预算表新增完毕，如图2-47所示。

（4）资金预算表新增完毕后自动进入预算表数据编辑界面，可以查看到1月的预算数据，预算专员需要根据题目要求将2月份的预算数据填入该表中，点击保存并提交，如图2-48所示。

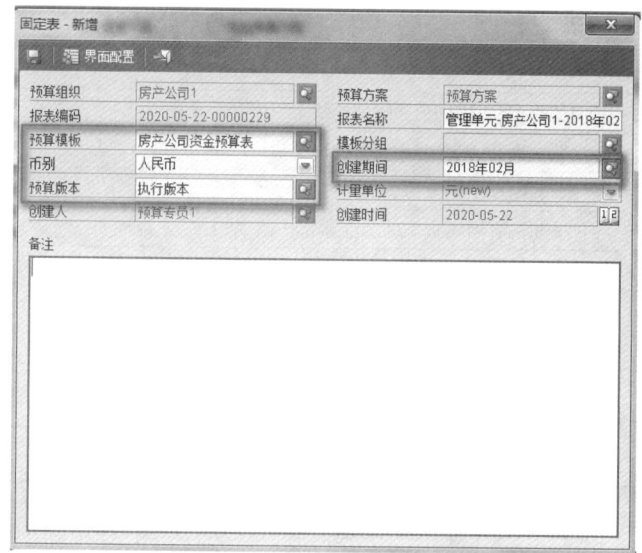

图 2-47　固定预算表新增条件设置

图 2-48　预算表数据编辑界面

（5）录入数据时应在子项目的单元格中录入，保存提交后，数据会自动进行汇总。数据录入完毕，点击保存并提交，弹出对话框，点击确定，如图2-49所示。

（6）返回预算编制序时簿，查看报表编码，如图2-50所示。

（7）预算专员把预算表报表编码抄写到集团管控实验平台中，点击保存，资金预算表新增业务操作完成。

（二）集团预算主管审核预算表

1月31日，集团本部的预算主管在收入预算前提下对房产预算专员提交的资金预算情况进行审核通过。

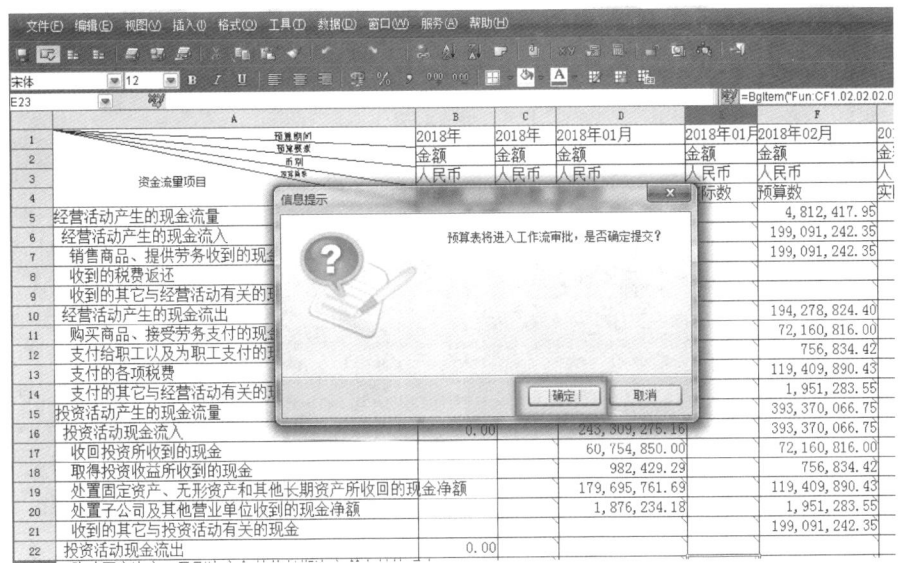

图 2-49　预算数据提交审批

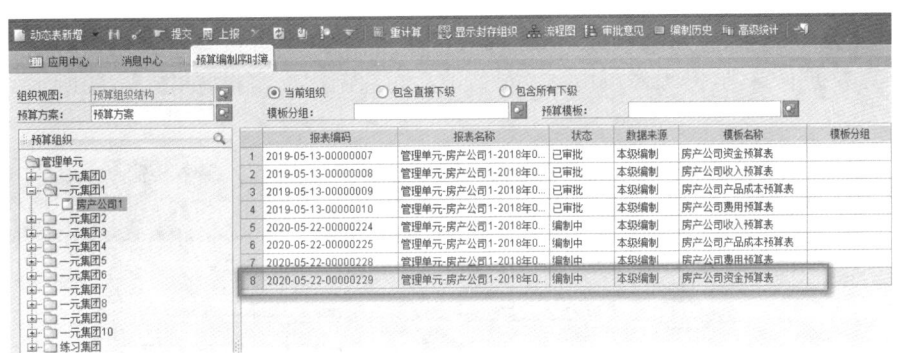

图 2-50　预算编制序时簿

（1）集团预算主管根据题目要求的用户名、数据中心登录 EAS 客户端。进入应用中心-战略管理-预算编制平台-预算编制-预算审批，如图 2-51 所示。

（2）双击预算审批，在条件查询对话框中，成本中心为集团本部，预算方案选择系统预设的 Y001 预算方案，点击确定进入预算审批序时簿，如图 2-52 所示。

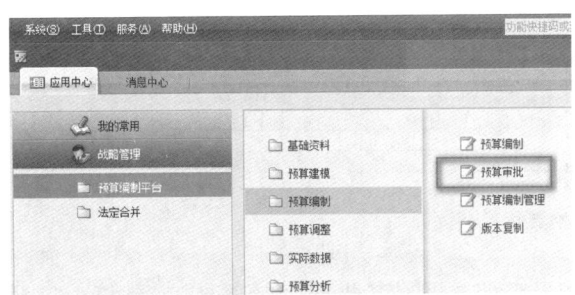

图 2-51　预算审批登录界面

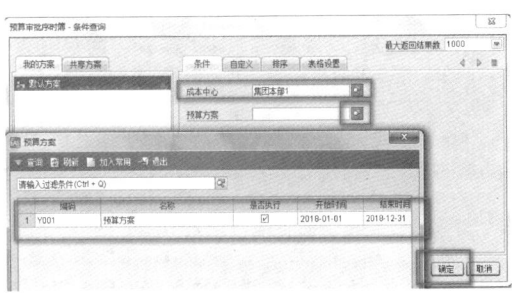

图 2-52　预算审批条件设置

（3）在预算审批序时簿中，选择所在的集团及公司名称，可以查看到提交的预算表状态为"编制中"，单击选中后，可以看到左上角的审批按钮，预算主管点击审批，如图 2-53 所示。

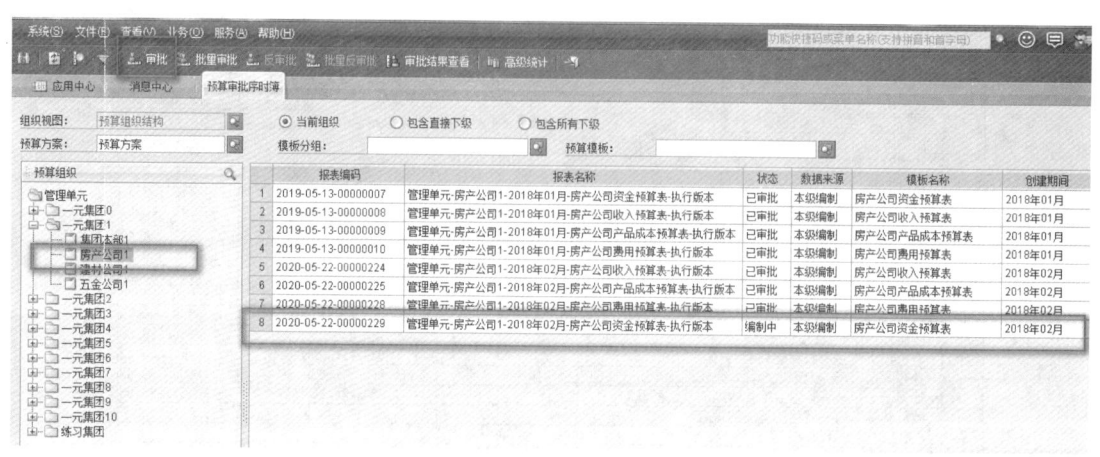

图 2-53　预算审批序时簿

（4）预算主管点击审批后，进入预算表查看界面，预算主管检查预算数据的编制，如果对 2 月份预算数据有异议，提醒公司预算专员修改后再重新提交审批，如图 2-54 所示。

预算期间 预算表类 别 资金流量项目	B 2018年 金额 人民币 预算数	C 2018年 金额 人民币 实际数	D 2018年01月 金额 人民币 预算数	E 2018年01月 金额 人民币 实际数	F 2018年02月 金额 人民币 预算数	G 2018年02月 金额 人民币 实际数
5 经营活动产生的现金流量	0.00		-102,774,280.56		4,812,417.95	
6 经营活动产生的现金流入	0.00		140,534,994.60		199,091,242.35	
7 销售商品、提供劳务收到的现金			140,534,994.60		199,091,242.35	
8 收到的税费返还						
9 收到的其它与经营活动有关的现金						
10 经营活动产生的现金流出	0.00		243,309,275.16		194,278,824.40	
11 购买商品、接受劳务支付的现金			60,754,850.00		72,160,816.00	
12 支付给职工以及为职工支付的现金			982,429.29		756,834.42	
13 支付的各项税费			179,695,761.69		119,409,890.43	
14 支付的其它与经营活动有关的现金			1,876,234.18		1,951,283.55	
15 投资活动产生的现金流量	0.00		243,309,275.16		393,370,066.75	
16 投资活动现金流入	0.00		243,309,275.16		393,370,066.75	
17 收回投资所收到的现金			60,754,850.00		72,160,816.00	
18 取得投资收益所收到的现金			982,429.29		756,834.42	
19 处置固定资产、无形资产和其他长期资产所收回的现金净额			179,695,761.69		119,409,890.43	
20 处置子公司及其他营业单位收到的现金净额			1,876,234.18		1,951,283.55	
21 收到的其它与投资活动有关的现金					199,091,242.35	
22 投资活动现金流出	0.00					
23 购建固定资产、无形资产和其他长期资产所支付的现金						
24 投资支付的现金						
25 取得子公司及其他营业单位支付的现金净额						

图 2-54　预算审批界面

（5）确认无误后，再次点击"审批"按钮，选择审批结果为审批通过，点击确定，预算表审批完成。返回预算审批序时簿查看预算表状态为已审批，如图 2-55 所示。

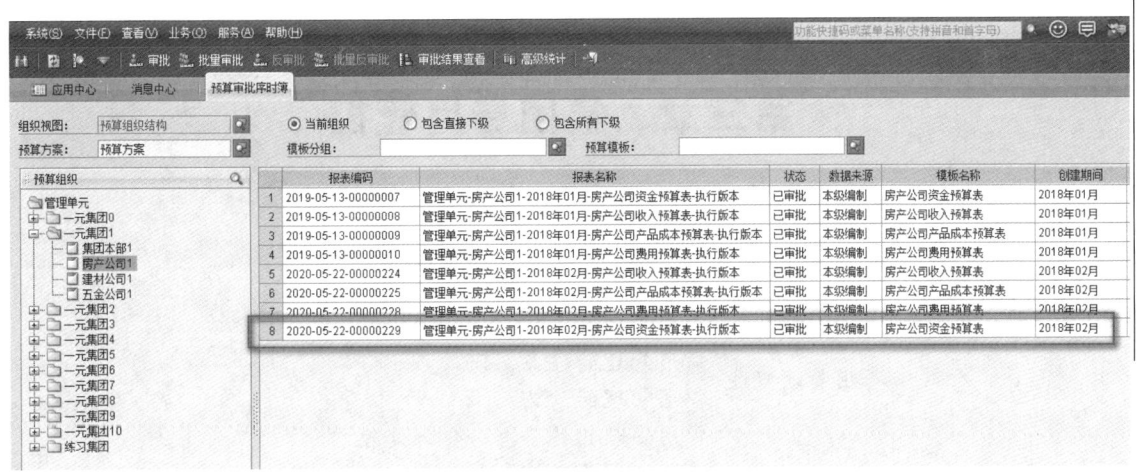

图 2-55　预算审批序时簿

（6）预算主管把预算表报表编码抄写到集团管控实验平台中,点击保存,资金预算表审批业务操作完成。

本章小结

本章主要介绍了全面预算管理的相关概念与内容,以及其对企业发展的重要性,预算表分类及编制方法;介绍了在金蝶 EAS 信息系统中如何搭建预算管理系统,如何实现预算控制与费用管理;介绍了预算专员编制业务预算表的操作方法与流程。

第三章 集团费用管控

学习目标

◇ 了解集团企业费用的构成与费用管理的重要性

◇ 了解金蝶 EAS 信息系统中费用管理业务的操作流程

◇ 熟悉金蝶 EAS 信息系统中费用申请到费用报销业务全流程的具体操作

◇ 熟悉金蝶 EAS 信息系统中费用金额超预算时的具体业务操作

第一节 费用管理概述

一、费用管理的含义

集团费用管理是集团管控的重要组成部分,费用管理围绕企业生产、销售、财务、行政管理等费用进行管理。费用管理是集团企业进行战略决策的必不可少的环节,为整个集团企业现金流的健康运作奠定了基础。

二、费用管理的任务

集团费用管理的任务包括费用预算、支出计划、费用控制、费用核算、成本控制考核、费用结果分析。集团费用管理可以达到规范集团整体各项费用开支标准、费用控制及报销流程的目的,从而降低集团费用支出,控制成本,提高利润,提升企业整体效益。

三、费用管理的意义

集团建立费用管理制度,需要细化各项费用开支标准,严格费用控制流程,考核费用控制成效,定期进行费用分析,及时发现并纠正费用超支,控制无效等执行漏洞,避免不必要的费用支出造成企业资源的浪费。有效的费用管理机制可以提高集团企业整体的竞争力。

四、费用管理相关单据与会计处理

在 EAS 系统中,费用管理模块主要为集团企业中日常费用开支的申请、借款、报销等业务提供便捷性操作。费用模块提供了 8 种表单:借款单、费用报销单、出差借款单、差旅费报销单、费用申请单、出差申请单、物品采购费用报销单、还款单,为日常业务的各种费用开支场景提供表单依据,提高了费用控制活动的针对性。表单之间提供"关联生成"功能,审批通过的表单,系统可以关联生成收付款单,完成收付款操作的收付款单可以关联生成记账凭证,实现费用开支业务审批与账务处理的无缝链接,极大的提高账务处理操作的效率与费用控制的有效性。

EAS 集团费用管理模块借助信息化手段,统一整个集团的费用管理体系,统一制定审批标准、报销标准和流程,更有效地规避费用控制风险,强化控制力度,形成便捷、高效、准确的费用控制体系,达到费用预算控制的目的,从而保障企业的整体效益。

第二节 │ 集团费用管理业务流程

一、基础信息维护

费用管理基础信息维护在 EAS 集团财务管理信息系统中的应用中心-财务会计-费用管理-基础设置中。

(一)业务类别的维护

业务类别相当于费用损益科目的一级科目,用于核算各个成本中心的整体费用开支情况。维护费用类型之前,需要先维护好业务类别,方便对各项费用支出归类统计。

(二)费用类型的维护

费用类型相当于费用损益类一级科目下的明细科目,与记账凭证生成时的会计科目相对应,用于明细企业日常的各项开支业务,方便企业追溯各明细费用支出数据。企业进行费用管理,需要提前维护好费用类型,尽可能细化各项费用类型的名称,以提高费用控制的有效性。

(三)出差类型的维护

由于企业员工出差产生的差旅费为费用开支的重要组成部分,对出差的情况进行分类,有助于后期差旅费开支数据统计。系统默认设置国内出差及国外出差两种类型,企业应根据实际销售业务情况对出差类型进行细化分类,以提高费用数据统计的效率。

(四)收款信息的维护

企业进行费用收支处理之前,需要对收款信息进行维护,各项费用表单中需要填写收款人信息以确定具体收款人,也是费用报销关联生成的收付款单据中收款或付款的对象。

二、企业员工借款业务

企业允许员工在一定金额范围内向企业借款,借款人可填写借款单,图3-1为员工借款的流程图。

在输入借款人信息时,借款单会(红字)显示借款人的备用金余额,此处与该员工的备用金辅助账余额是否设置有关,并且与辅助账与总账是否已全部结束初始化有关。实验人员在填写借款单时若显示借款人备用金余额为0,则需要对应地检查辅助账备用金科目维护情况以及辅助账及总账是否已结束初始化,如实验人员经过刷新界面仍看不到借款单信息,可以检查该借款单新增保存后是否已提交,提交后的借款单才能进行审批,如实验人员审批过程中发现信息录入有误,申请金额或核定金额填写有误,可以对该借款单进行打回处理,被打回的借款单,可以重新做修改并提交,再重新进入消息中心进行审批。

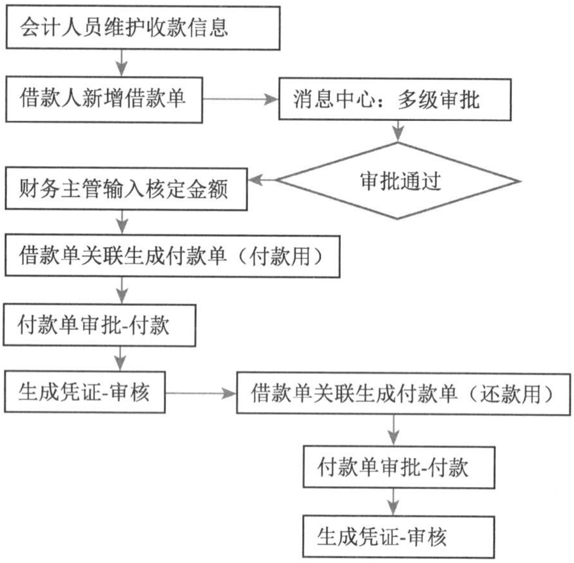

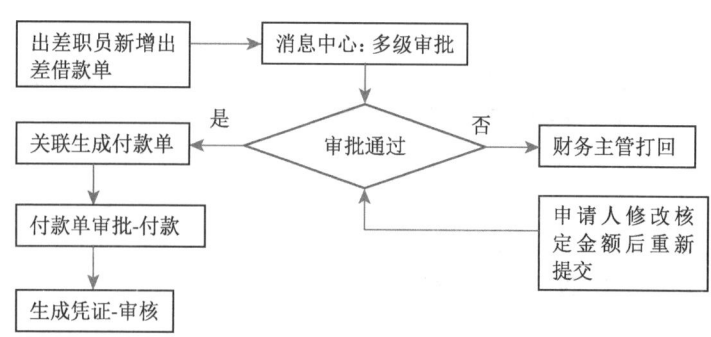

图 3-1 员工借款业务流程图

借款单关联生成的两张付款单,一张由公司付款给借款人,一张由借款人还款给公司时使用,注意区分收款账户和对方核算项目的不同,最后生成的记账凭证,现金科目方向相反。同时,在单据转换规则设置中,先是由借款单转换为付款单(付款用),后是由借款单转换为付款单(还款用),两张收付方向相反的付款单都是由借款单关联生成,单据转换规则的设置界面在应用中心-业务规则-单据转换规则-单据转换规则配置。在单据转换平台中找到财务会计-费用管理-借款单,可以查看到借款单的转换规则设置,如实验人员在做借款单关联生成付款单时,发现找不到相应的转换目标单据,可以查看相应的单据转换规则配置是否已正确启用。

三、差旅费申请(超预算)

员工差旅费用申请的具体流程如图3-2所示。员工填写出差借款单提交后,提交领导审批确认,当申请的差旅费金额超出公司差旅费报销额度,可对其进行"打回"处理。申请人对出差借款单申请金额及核定金额进行修改并重新提交,修改后的出差借款单审批通过

图 3-2 差旅费申请业务流程图

后,出纳根据出差借款单关联生成付款单并付款给申请人,会计对已付款的付款单进行生成凭证,财务主管对该凭证进行审核。

四、业务招待费申请及报销(超预算)

员工业务招待费申请及报销流程如图 3-3 所示。员工根据业务招待费支出填写费用报销单并提交审批,当发现所申请的费用支出金额超过公司业务招待费的预算范围,审批人在填写核定金额时直接修改报销单上的原币核定金额,出纳根据完成审批流程的费用报销单上的核定金额付款给申请人,会计对已付款的付款单进行生成凭证,财务主管对凭证进行审核。

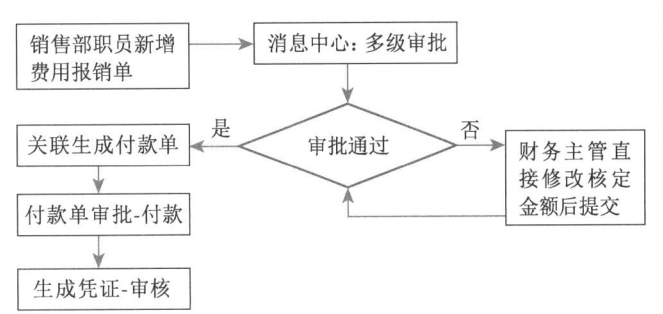

图 3-3　费用报销业务流程图

五、广告费申请

企业发生广告费支出时,员工申请广告费用流程如图 3-4 所示。相关人员填写费用申请单并提交审批,当领导认为所申请的费用较高,审批人直接修改核定金额并提交,即员工可以在核定金额开支范围内开展广告活动。待广告活动结束后,员工凭相关的费用开支凭据到公司出纳处进行费用报销。

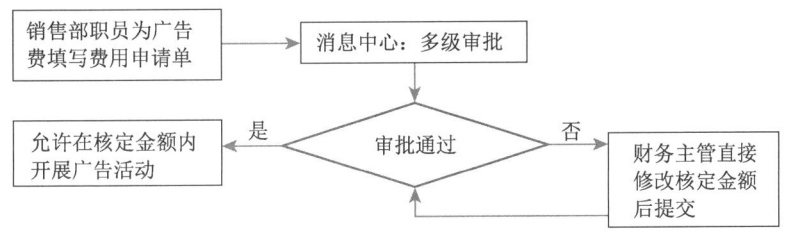

图 3-4　费用申请业务流程图

六、差旅费申请及报销全流程

员工出差的差旅费申请及报销流程如图 3-5 所示。员工出差前填写出差申请单,提交审批通过,即可根据已通过审批的出差申请单向公司借款,关联生成出差借款单,并提交审批,经过多级审批流程后,审批人根据员工个人备用金余额及公司的差旅费预算修改其核定金额并提交,出纳根据核定金额关联生成付款单,并付款给申请人,会计对已完成付款的付款单生成凭证,财务主管对凭证进行审核。员工出差后返回公司,再办理差旅费报销,由出差借款单关联生成差旅费报销单,根据出差活动中的实际支出进行出差借款,提交领导审批,通过多级审批流程,会计根据已完成审批的差旅费报销单进行生成凭证处理,财务主管对凭证进行审核。

应了解出差申请单、出差借款单以及差旅费报销单的不同之处,结合企业费用控制中实际业务流程进行操作。出差申请单只填写申请金额，不填写核定金额，填写申请人，不填写收款信息，在审批流程中，出差申请单经过二级审批之后，财务主管无须填写核定金额，即可完成审批流程；而出差借款单中，则需要填写申请人及收款人信息，填写原币核定金额，在审批流程中，财务主管需要对核定金额进行检查/修改/审计，在差旅费报销单中，需要进行"冲借款"操作，如果申请金额与实际支出金额有差额，还需要维护收款信息，并进行收付款处理。

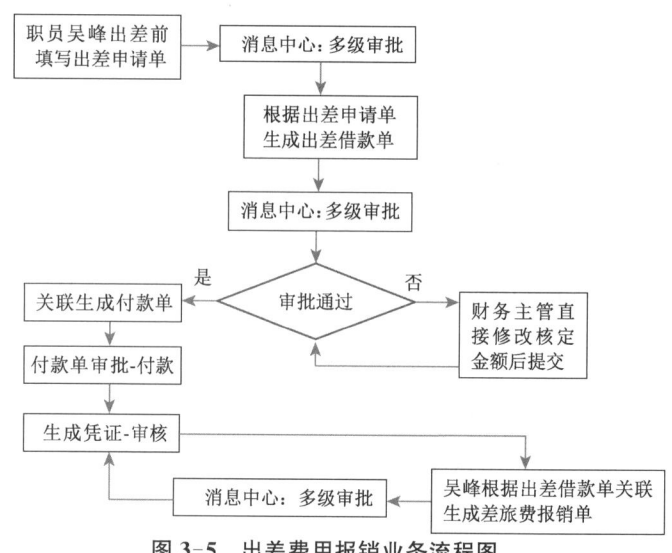

图 3-5　出差费用报销业务流程图

第三节 ｜ 费用管理综合实验案例

实验一 报销本月营销办公费

（一）预算专员新增费用报销单

1 月 30 日，房产公司的房产预算专员汇总本月所有营销所支付的办公费，在月底进行统一报销，总报销金额为 71 964.70 元，经核查，均在预算范围内。房产预算专员提交费用报销单，打开消息中心，对提交的费用报销单通过工作流完成审批并填写费用报销单的原币核定金额为 71 964.70 元，审批并核定金额后，告知房产出纳进行付款处理。

（1）公司预算主管根据题目要求的用户名、数据中心登录 EAS 客户端。进入应用中心-财务会计-费用管理-费用报销-费用报销单，如图 3-6 所示。

设置好业务日期，点击确定进入，如图 3-7 所示。

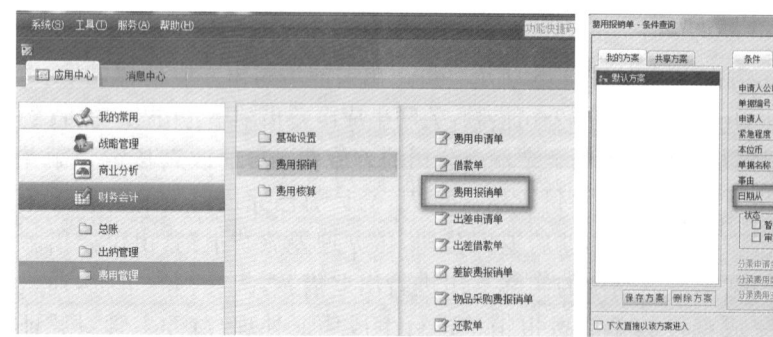

图 3-6　费用报销单登录界面

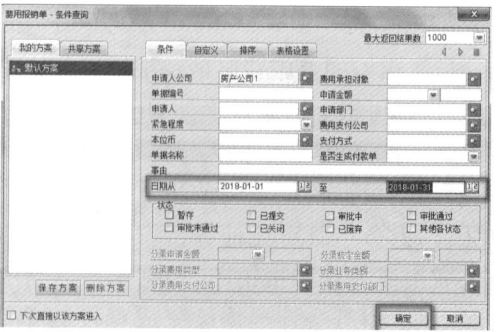

图 3-7　费用报销单登录条件设置

（2）点击新增按钮，根据题目要求填写费用报销单信息，如图 3-8 所示。

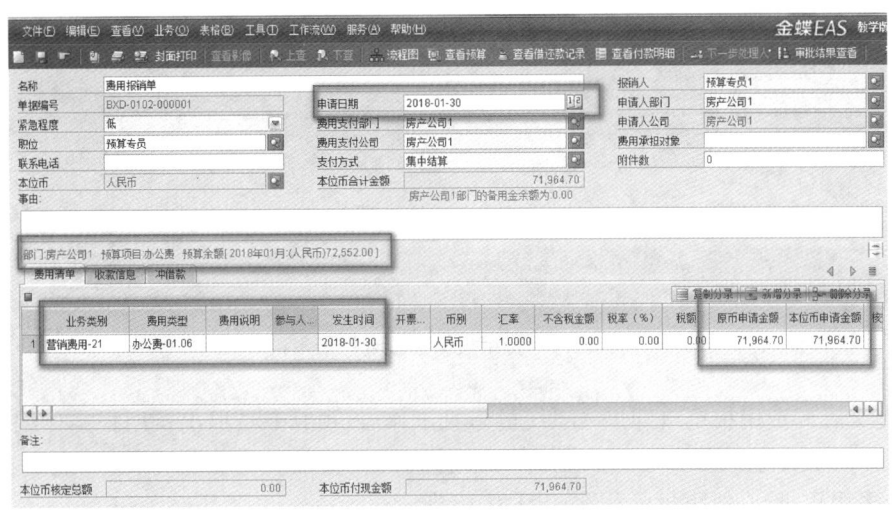

图 3-8 费用报销单信息编辑界面

（3）修改申请日期，业务类别为"营销费用"，费用类型为"办公费"，输入发生时间及申请金额，系统会自动将预算余额显示在费用报销界面。核查预算数也可以通过查看核算按钮进行查看，如图 3-9 所示。预算数大于报销金额，则不属于超预算报销。

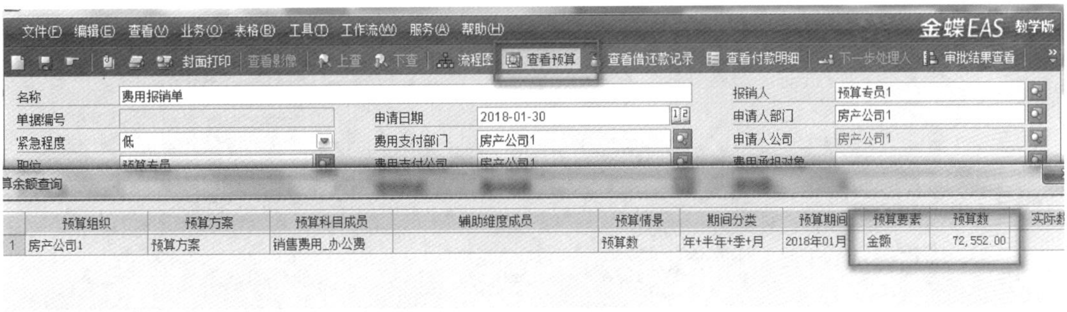

图 3-9 费用报销预算数查询

（4）核查申请金额在预算范围内，即可输入收款信息，点击收款信息-新增分录，选择收款人为个人，选中系统设置好的收款人信息，点击确定，如图 3-10 所示。

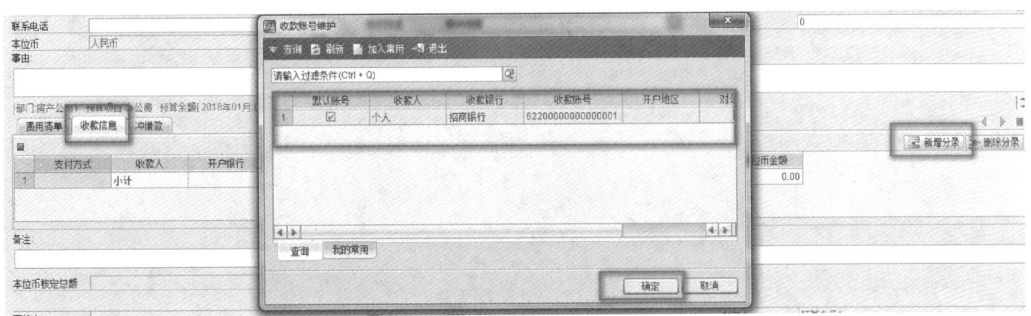

图 3-10 费用报销收款人信息设置

（5）在收款信息处输入原币金额，费用报销单信息输入完毕，点击保存并提交，如图3-11所示。

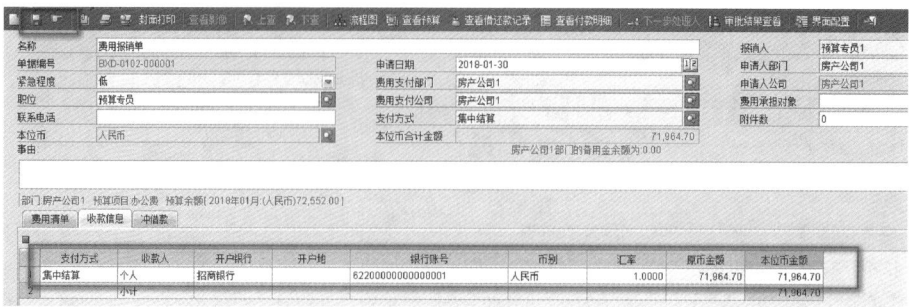

图 3-11　费用报销收款金额录入

（6）提交后的费用报销单即进入系统的审批工作流，预算专员退出费用报销单编辑界面。预算专员进入消息中心-任务-未处理，即可查看到已提交的费用报销单，选中行后点击"处理"，进入"多级审批--一级审批流程"，如图 3-12 所示。

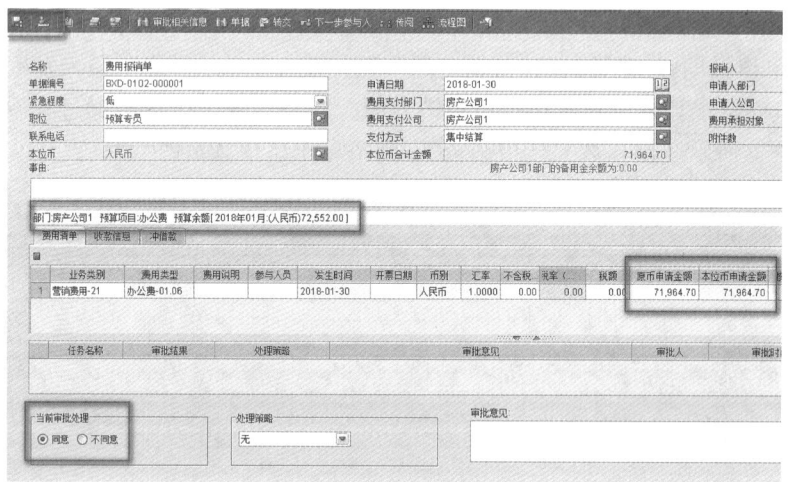

图 3-12　费用报销单审批界面

（7）在当前审批处理处点击同意，保存并审批。返回消息中心，未处理任务变更为"请填写报销单核定金额"，选中行并点击处理，如图 3-13 所示。

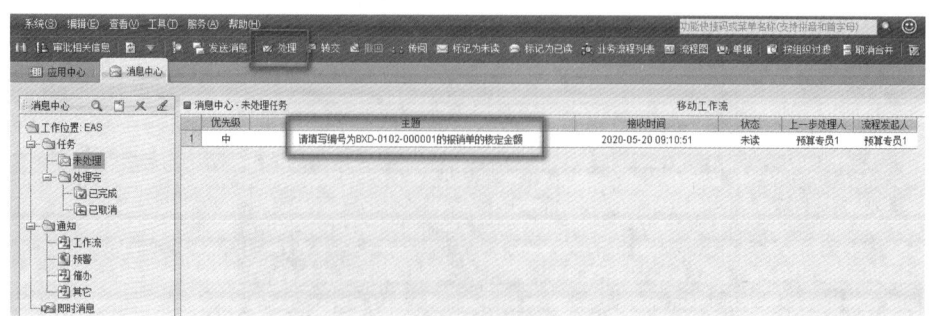

图 3-13　消息中心审批流程提示

(8) 在费用报销单的原币核定金额处填写金额"71 964.70",点击提交,即费用报销单审批任务完成。核定金额相当于审批人员对费用报销具体金额的确定,决定了该笔费用可报销的具体金额,在企业中,该金额是出纳后续付款给报销人的具体额度,如图 3-14 所示。

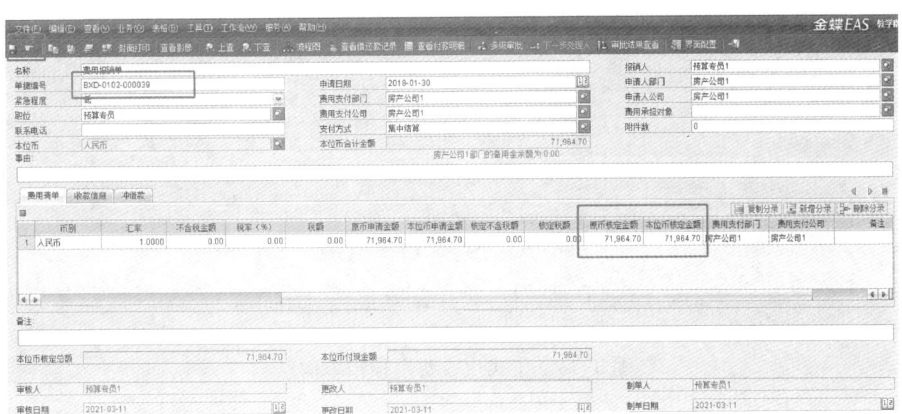

图 3-14 核定报销费用金额填写并审批

(9) 此时返回费用报销单查看界面,在条件查询中勾选"审批通过"点击确定进入,单据状态变更为审批通过。预算主管将费用报销单的单据编号抄写到集团管控实验平台,点击保存答案,费用报销单新增业务处理完毕。

(二) 出纳关联生成付款单

1 月 30 日,本月营销办公费用报销单审批通过后,房产公司的房产出纳根据办公费的费用报销单关联生成付款单,根据房产公司付款账户付款 71 964.70 元,录入销售费用办公费对应的对方科目,提交审批,并完成付款,付款成功后,告知房产会计进行会计处理。

(1) 公司出纳根据题目要求的用户名、数据中心登录 EAS 客户端。进入应用中心-财务会计-出纳管理-收付款处理-付款单新增,如图 3-15 所示。

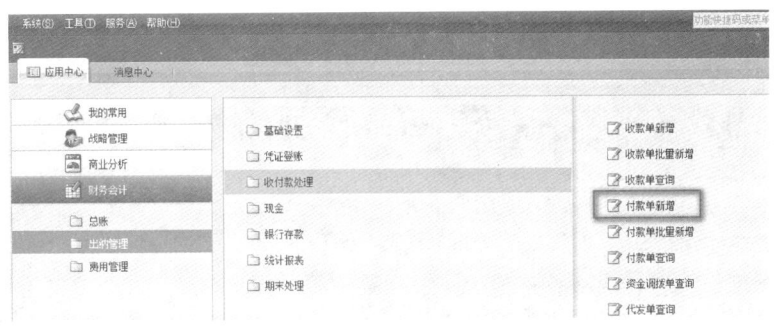

图 3-15 付款单新增登录界面

(2) 双击进入付款单新增界面,点击"拉式生成"源单据类型为费用报销单,转换规则为报销单到付款单(按核定金额付款),点击确定,如图 3-16 所示。

(3) 系统自动生成付款单信息,出纳补充录入付款账户为房产公司付款账户,对方科目为"销售费用—办公费",检查无误后,点击保存并提交,如图 3-17 所示。

(4) 提交后即可对付款单进行审批及付款处理,如图 3-18 所示。

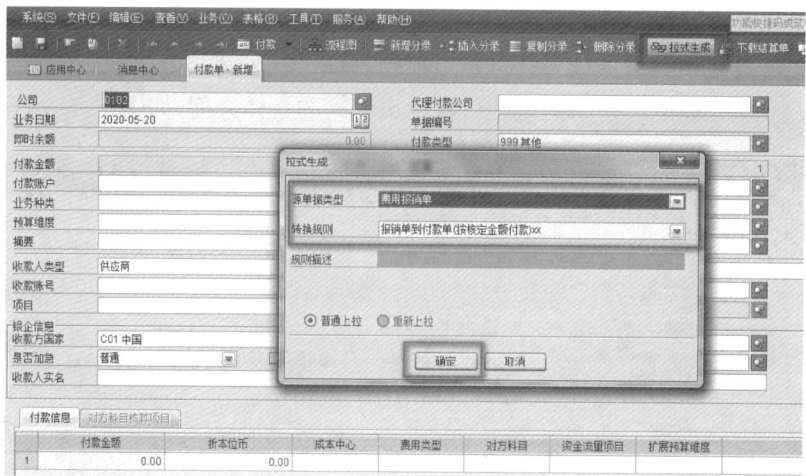

图 3-16　拉式生成费用报销单信息

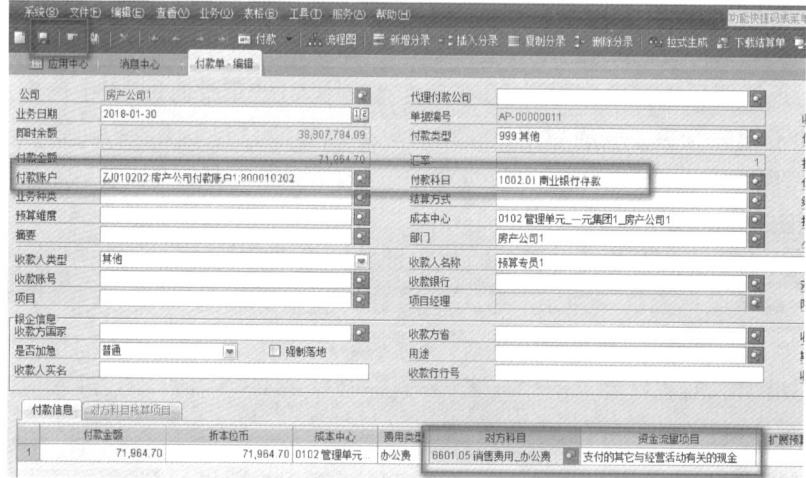

图 3-17　调整付款单信息并提交

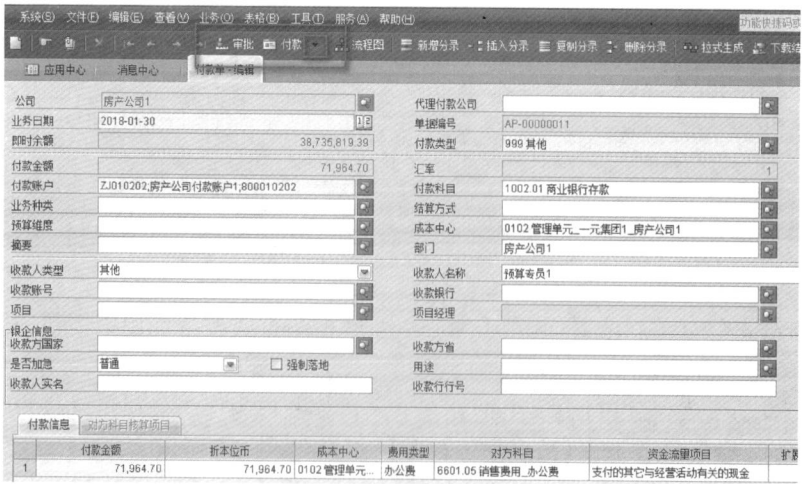

图 3-18　付款单付款

（5）出纳完成付款单付款处理，返回查看付款单状态，双击"付款单查询"进入付款单序时簿，如图 3-19 所示。

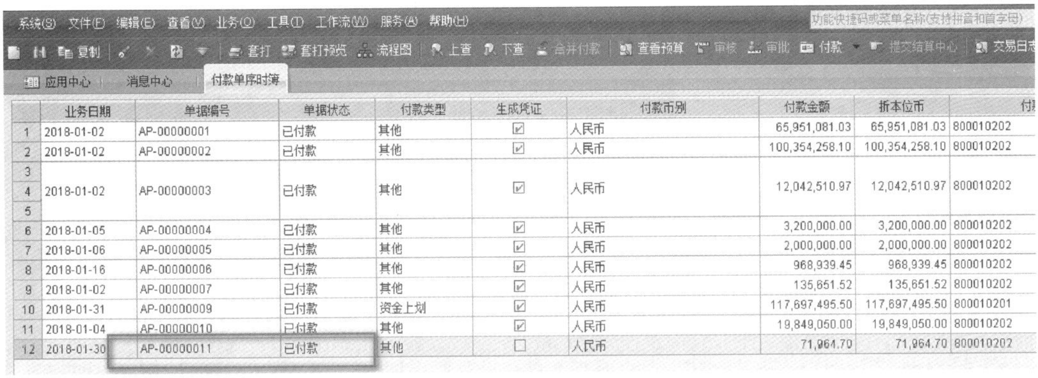

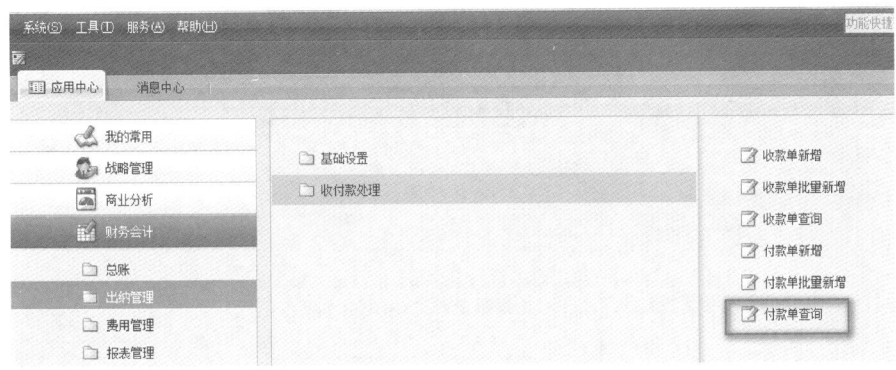

图 3-19　付款单序时簿

（6）查看单据状态为已付款。出纳将付款单编号抄写到集团管控实验平台，点击保存答案，付款单生成业务操作完成。

（三）会计根据付款单生成凭证

1 月 30 日，房产公司的房产出纳支付本月营销办公费报销款 71 964.7 元后，房产会计根据付款单生成凭证，确认金额、科目等信息无误后（如果生成的凭证有误，告知房产出纳核对付款单），提交凭证，并告知财务主管审核。

（1）公司会计根据题目要求的用户名、数据中心登录 EAS 客户端。进入应用中心-财务会计-出纳管理-收付款处理-付款单查询，如图 3-20 所示。

图 3-20　付款单查询

（2）设置付款单查询条件，核对公司名称及业务日期范围，点击确定进入付款单序时簿，如图 3-21 所示。

（3）在付款单序时簿中，查找到对应业务的付款单，选中已付款的付款单，点击"生成凭证"，如图 3-22 所示。

（4）系统根据付款单内容自动生成机制凭证，会计检查凭证内容，确认无误后，点击保存并提交，如图 3-23 所示，凭证提交后生成唯一凭证号。

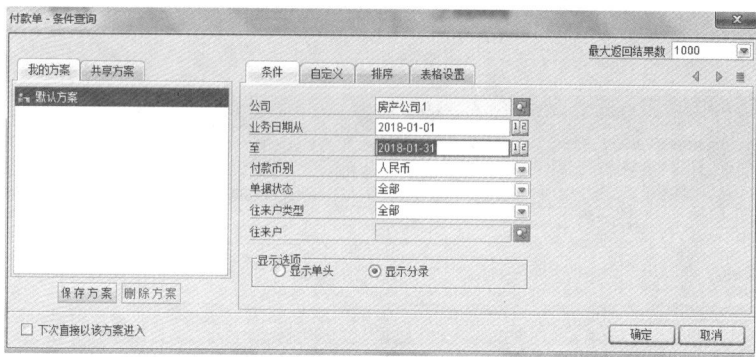

图 3-21　付款单查询条件设置

图 3-22　付款单生成凭证

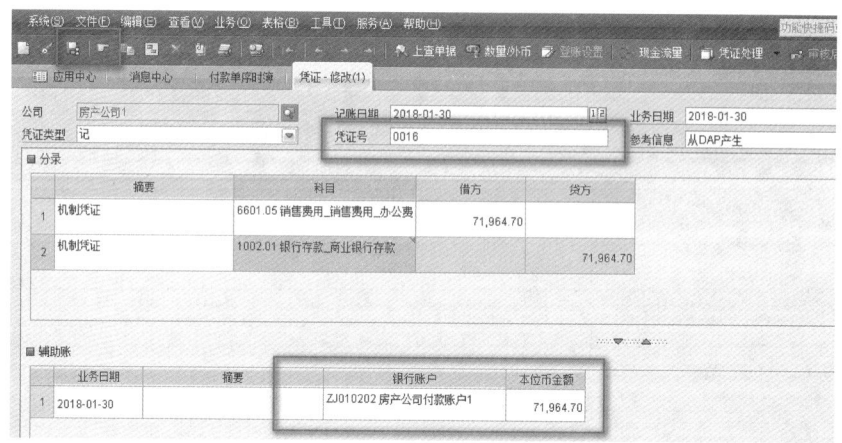

图 3-23　凭证生成并提交

（5）会计把生成的记账凭证的凭证号抄写到集团管控实验平台的题目要求中，点击保存答案，生成凭证业务处理操作完成。

（四）财务主管审核凭证

1 月 30 日，房产公司的房产会计提交支付本月营销办公费 71 964.70 元的凭证后，财务主管核对付款凭证，核对金额、科目等信息无误后，审核通过（如果凭证有误，告知房产会计修改并重新提交）。

（1）财务主管根据题目要求的用户名、数据中心登录 EAS 客户端。进入应用中心-财务会计-凭证处理-凭证查询，如图 3-24 所示。

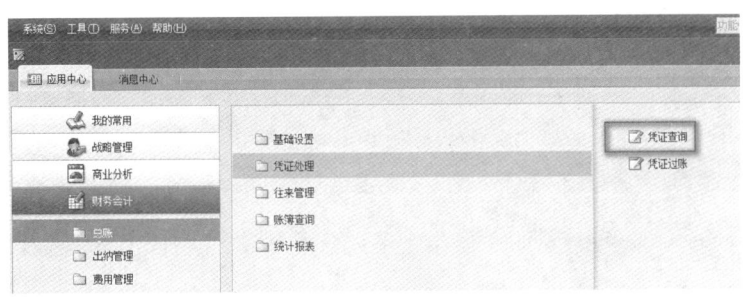

图 3-24　凭证查询登录

（2）检查业务日期及单据状态，点击确定进入，如图 3-25 所示。

（3）双击打开会计生成的凭证，进入凭证查看界面，点击"凭证处理-审核"，提示凭证审核成功，点击确定，如图 3-26 所示。

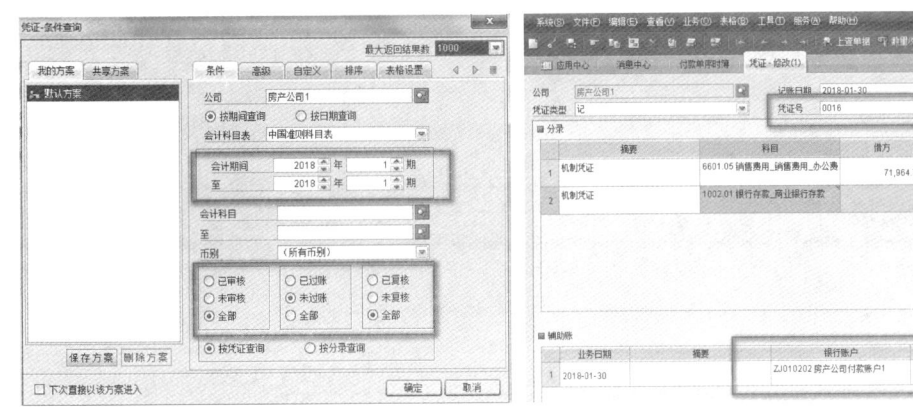

图 3-25　凭证查询条件设置　　　　　　图 3-26　凭证审核

（4）财务主管把审核通过的凭证号抄写到集团管控实验平台中，点击保存，凭证审核业务操作完成。

实验二　报销本月营销广告费

（一）预算专员新增费用报销单

1月份，房产公司两个新楼盘即将开售，为此陆续投入广告费进行宣传。月底，房产公司的房产预算专员汇总本月营销所支付的广告费。1 月 30 日，房产预算专员进行报销，报销金额为 647 937.80 元，经核对在预算范围内。预算专员提交费用报销单，打开消息中心，对提交的费用报销单通过工作流完成审批并填写费用报销单的原币核定金额为 647 937.80 元，审批并核定金额后，告知房产出纳支付报销款。

（1）公司预算主管根据题目要求的用户名、数据中心登录 EAS 客户端。进入应用中心-财务会计-费用管理-费用报销-费用报销单，如图 3-27 所示。

（2）设置业务日期范围，点击确定进入费用报销单新增界面，点击新增按钮，根据题目要求填写费用报销单信息,如图3-28所示。

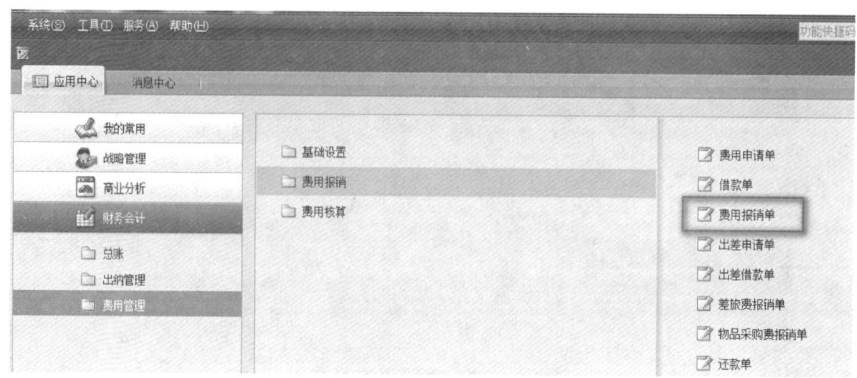

图 3-27 费用报销单登录界面

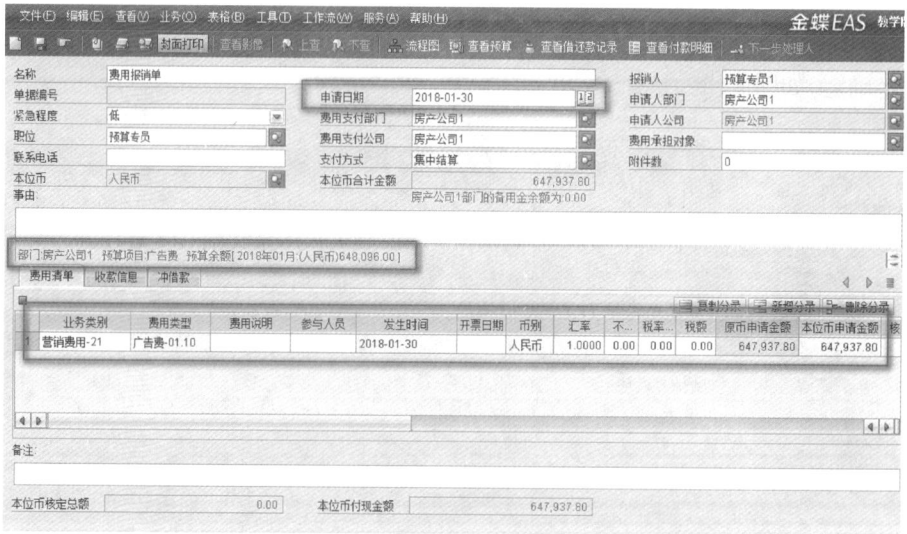

图 3-28 费用报销单信息编辑界面

(3) 修改申请日期,业务类别为营销费用,费用类型为广告费,输入发生时间及申请金额,系统会自动将预算余额显示在费用报销界面。核查申请金额在预算范围内,即可输入收款信息,点击收款信息-新增分录,选择收款人为个人,选中系统设置好的收款人信息,点击确定,操作界面如图3-29所示。

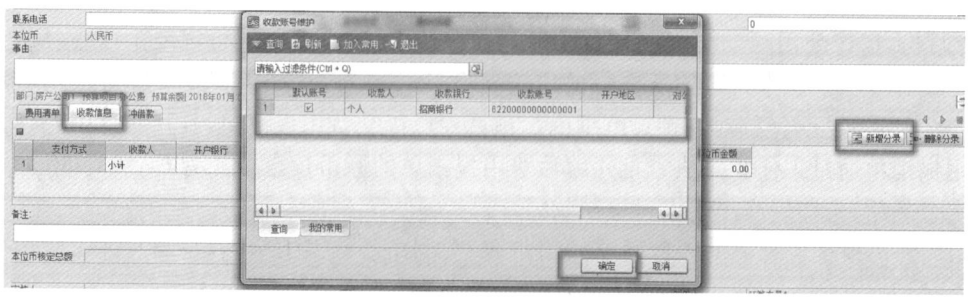

图 3-29 费用报销收款人信息设置

（4）在收款信息处输入原币金额，费用报销单信息输入完毕，点击保存并提交，如图3-30所示。

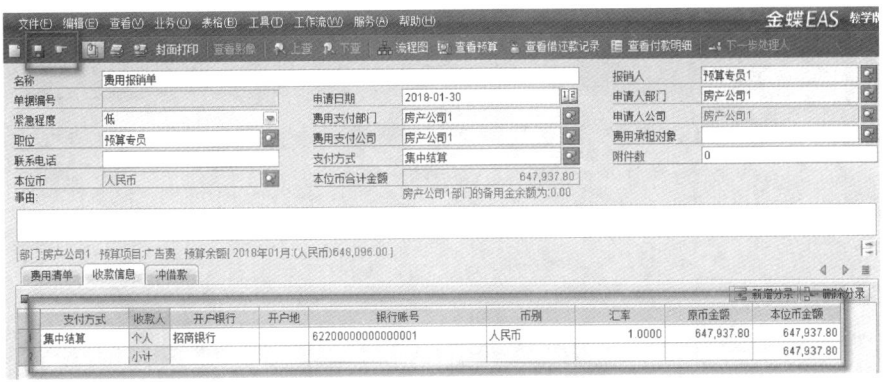

图 3-30 费用报销收款金额录入

（5）提交后的费用报销单即进入系统的审批工作流，预算专员退出费用报销单编辑界面。进入消息中心-任务-未处理，如图3-31所示。

图 3-31 消息中心审批流程提示

（6）查看已提交的费用报销单，选中行后点击"处理"，进入"多级审批--一级审批流程"，如图3-32所示。

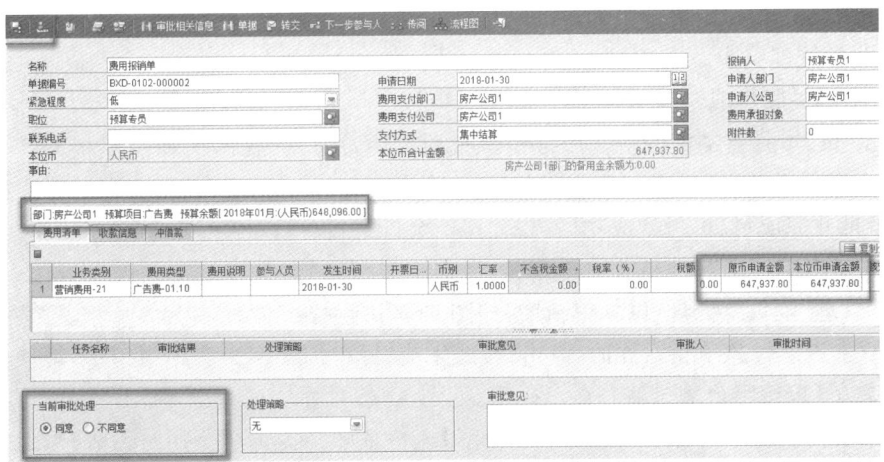

图 3-32 费用报销单审批界面

（7）在当前审批处理处点击同意，保存并审批。返回消息中心，未处理任务变更为"请填写报销单核定金额"，选中行并点击处理，如图 3-33 所示。

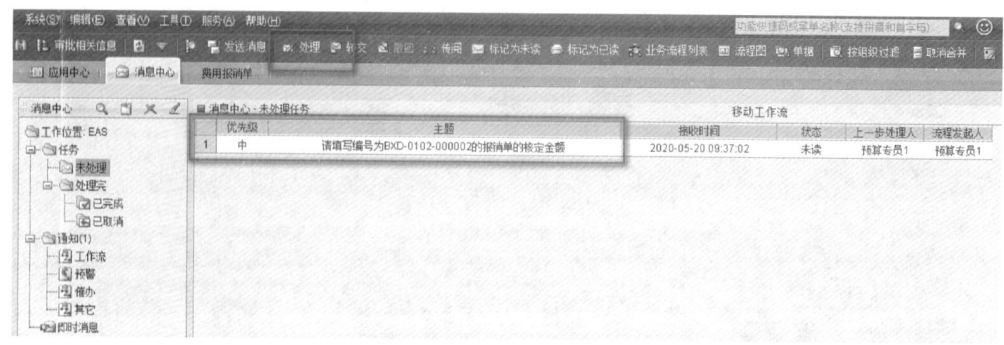

图 3-33　消息中心审批流程提示

（8）在费用报销单的原币核定金额处填写金额 647 937.80，点击提交，即费用报销单审批任务完成，如图 3-34 所示。

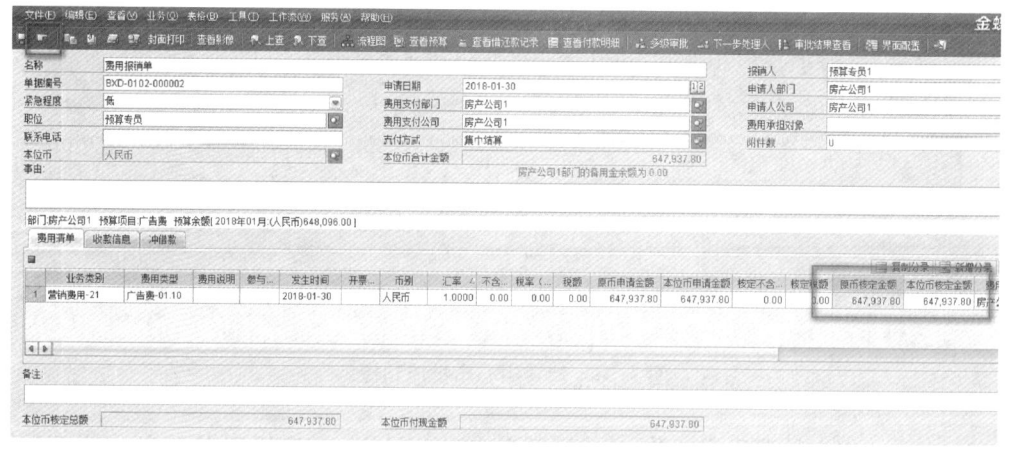

图 3-34　核定报销费用金额填写并审批

（9）预算专员将费用报销单的单据编号抄写到集团管控实验平台，点击保存答案，费用报销单新增业务处理完毕。

（二）出纳关联生成付款单

1 月 30 日，本月营销广告费费用报销审批通过后，房产公司的房产出纳根据广告费的费用报销单生成付款单，通过房产公司付款账户付款 647 937.80 元，录入广告费对应的对方科目，提交审批并完成付款，付款成功后，告知房产会计进行会计处理。

（1）公司出纳根据题目要求的用户名、数据中心登录 EAS 客户端。进入应用中心-财务会计-出纳管理-收付款处理-付款单新增，如图 3-35 所示。

（2）双击进入付款单新增界面，点击"拉式生成"源单据类型为费用报销单，转换规则为报销单到付款单（按核定金额付款），点击确定，如图 3-36 所示。

（3）系统自动生成付款单信息，出纳补充录入付款账户为房产公司付款账户，对方科目为"销售费用—广告费"，检查无误后，点击保存并提交，如图 3-37 所示。

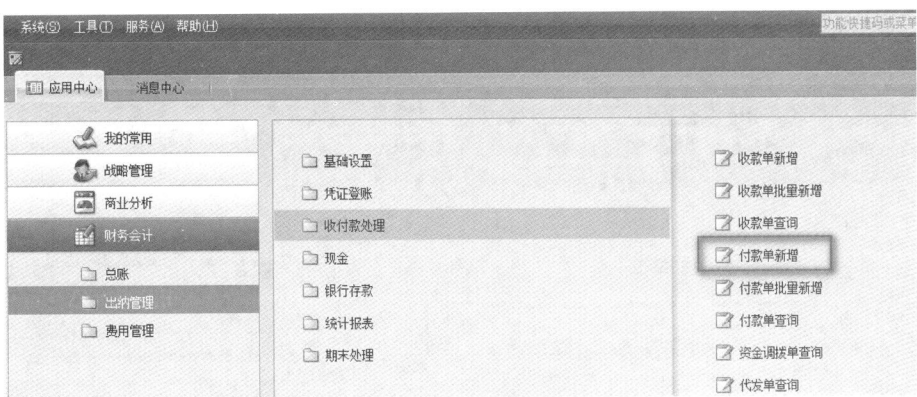

图 3-35 付款单新增登录界面

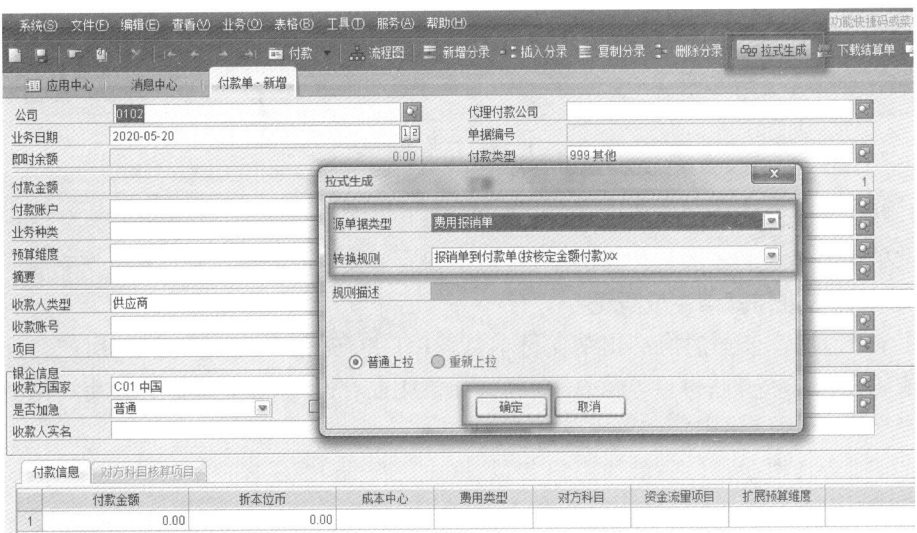

图 3-36 拉式生成费用报销单信息

图 3-37 调整付款单信息并提交

（4）提交后即可对付款单进行审批及付款处理,如图 3-38 所示。

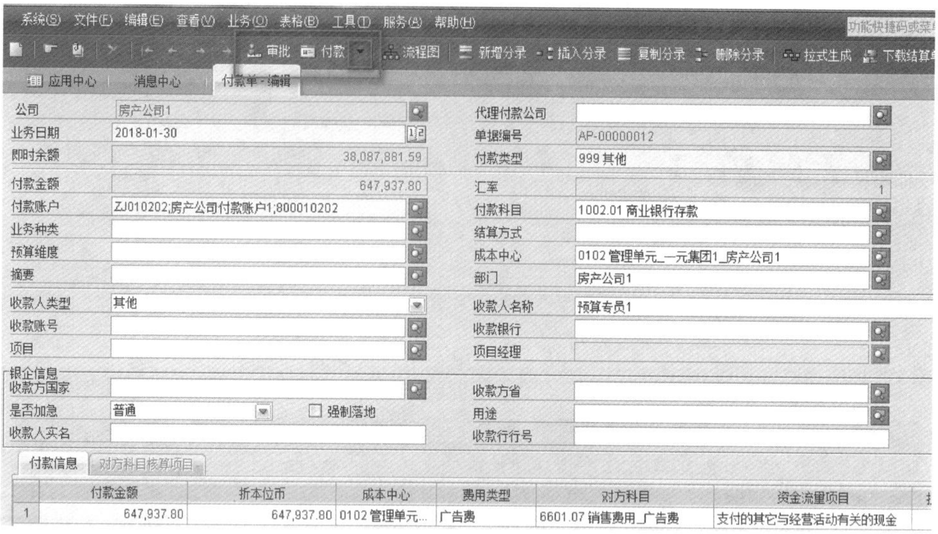

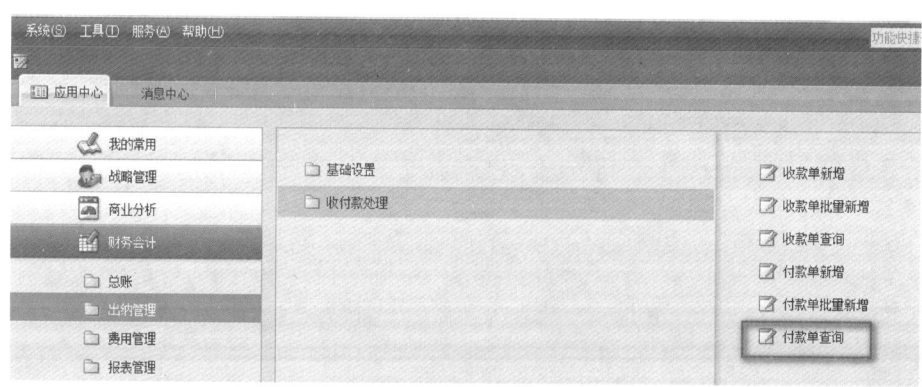

图 3-38　付款单付款

（5）出纳完成付款单付款处理,可以通过付款单查询查看到付款单状态为"已付款"。出纳将付款单编号抄写到集团管控实验平台,点击保存答案,付款单生成业务操作完成。

（三）会计根据付款单生成凭证

1 月 30 日,房产公司的房产出纳支付本月营销广告费 647 937.80 元后,房产会计根据付款单生成凭证,确认金额、科目等信息无误后(如果凭证有误,删除凭证后告知房产出纳核对付款单),提交凭证,并交由财务主管审核。

（1）公司会计根据题目要求的用户名、数据中心登录 EAS 客户端。进入应用中心-财务会计-出纳管理-收付款处理-付款单查询,如图 3-39 所示。

图 3-39　付款单查询

（2）选择业务日期,点击"确定"进入付款单序时簿。选中已付款的付款单,点击"生成凭证",如图 3-40 所示。

（3）系统根据付款单内容自动生成机制凭证,会计检查凭证内容,确认无误后,点击保存并提交,如图 3-41 所示。

图 3-40 付款单生成凭证

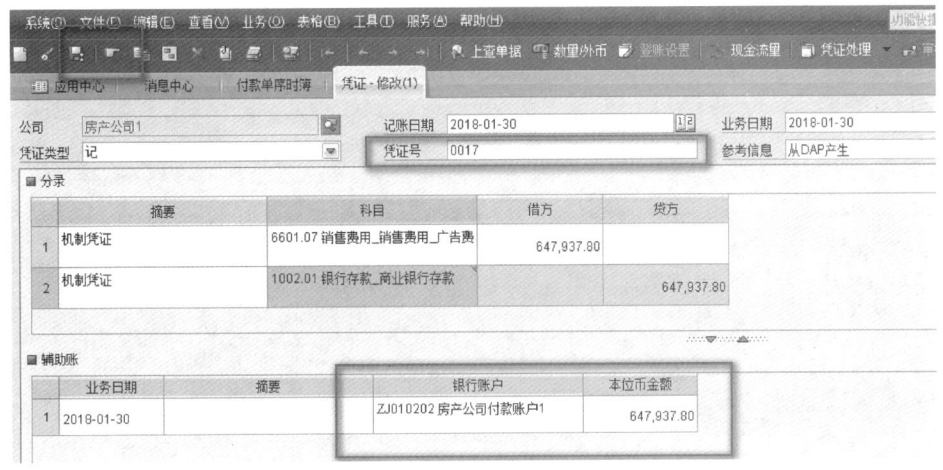

图 3-41 凭证生成并提交

（4）会计把生成的记账凭证的凭证号抄写到集团管控实验平台中,点击保存答案,生成凭证业务处理操作完成。

（四）财务主管审核凭证

1 月 30 日,房产公司的房产会计提交支付本月营销广告费 647 937.80 元的凭证后,财务主管核对付款凭证的金额、科目等信息,无误后,审核通过(如果凭证有误,告知财务会计修改并重新提交,凭证无误后再审核通过)。

（1）财务主管根据题目要求的用户名、数据中心登录 EAS 客户端。进入应用中心-财务会计-凭证处理-凭证查询,如图 3-42 所示。

（2）检查业务日期及单据状态,点击确定进入凭证查看界面。双击打开会计生成的凭证,进入凭证查看界面,点击"凭证处理-审核",提示凭证审核成功,点击确定,如图 3-43 所示。

（3）财务主管把审核通过的凭证号抄写到集团管控实验平台中,点击保存,凭证审核业务操作完成。

实验三　报销本月营销差旅费

（一）预算专员新增费用报销单

房产公司销售人员频繁出差,为避免重复性的工作并降低经营成本,公司规定当月发生的

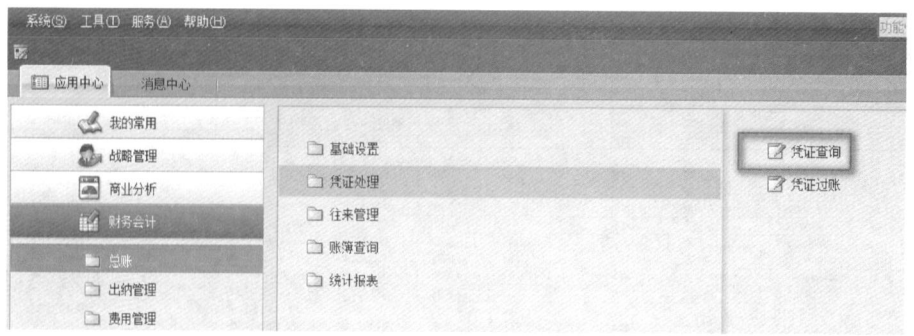

图 3-42　凭证查询登录

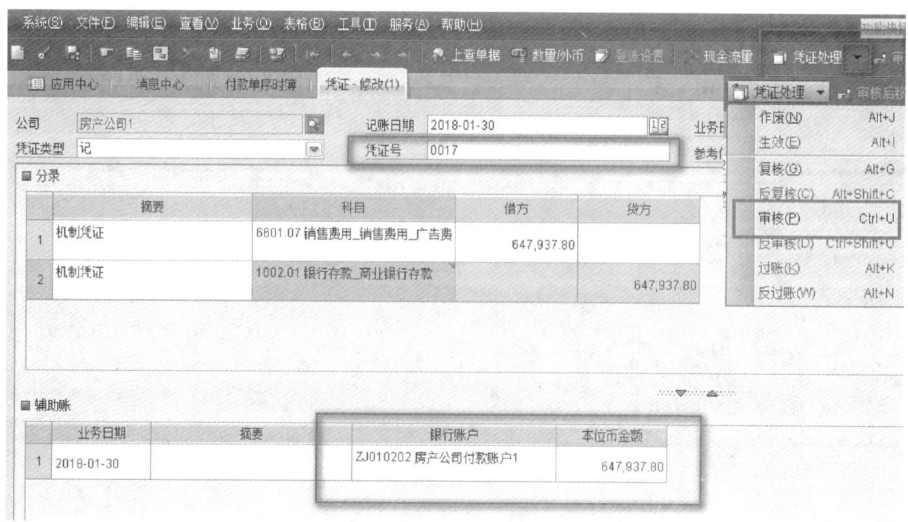

图 3-43　凭证审核

差旅费,均汇总至月底统一报销。1 月 30 日,房产公司的房产预算专员汇总本月营销所支付的差旅费,并进行报销处理,报销总金额为 13 015.37 元,经核对在预算范围内。预算专员提交费用报销单后,打开消息中心,对提交的费用报销单通过工作流完成审批并填写费用报销单的原币核定金额为 13 015.37 元,审批并核定金额后,告知房产出纳支付本月营销差旅费报销款。

（1）公司预算主管根据题目要求的用户名、数据中心登录 EAS 客户端。进入应用中心-财务会计-费用管理-费用报销-费用报销单,如图 3-44 所示。

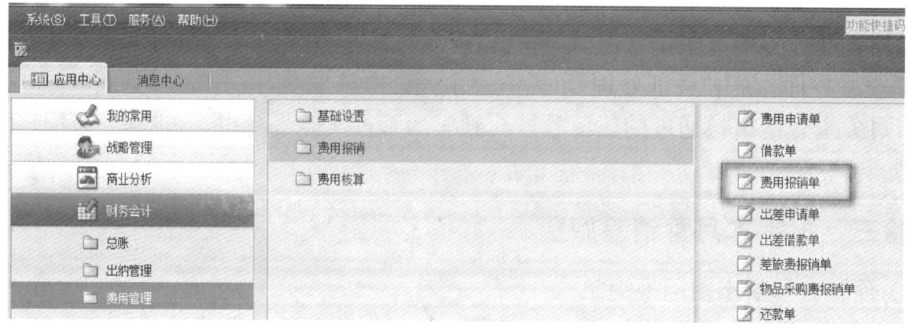

图 3-44　费用报销单登录界面

（2）设置好业务日期，点击确定进入费用报销单新增界面。点击新增按钮，根据题目要求填写费用报销单信息，如图 3-45 所示。

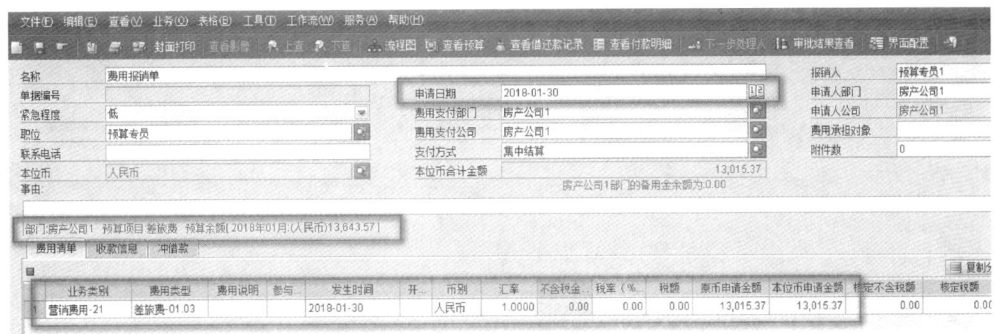

图 3-45 费用报销单信息编辑界面

（3）修改申请日期，业务类别为"营销费用"，费用类型为"广告费"，输入发生时间及申请金额，系统会自动将预算余额显示在费用报销界面。核查申请金额在预算范围内，即可输入收款信息，点击收款信息-新增分录，选择收款人为个人，选中系统设置好的收款人信息，点击确定，如图 3-46 所示。

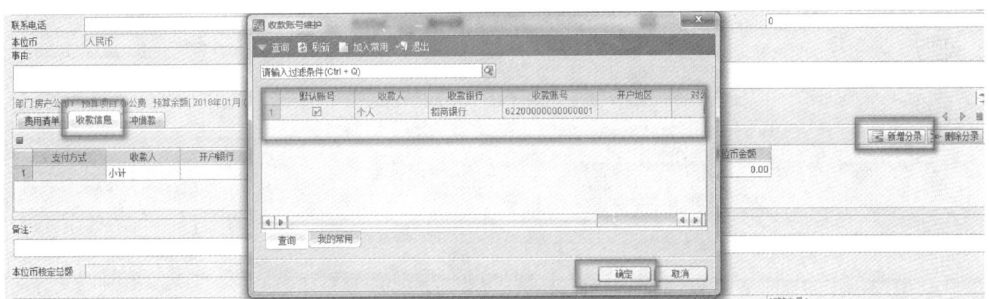

图 3-46 费用报销收款人信息设置

（4）在收款信息处输入原币金额，费用报销单信息输入完毕，点击保存并提交，如图3-47所示。

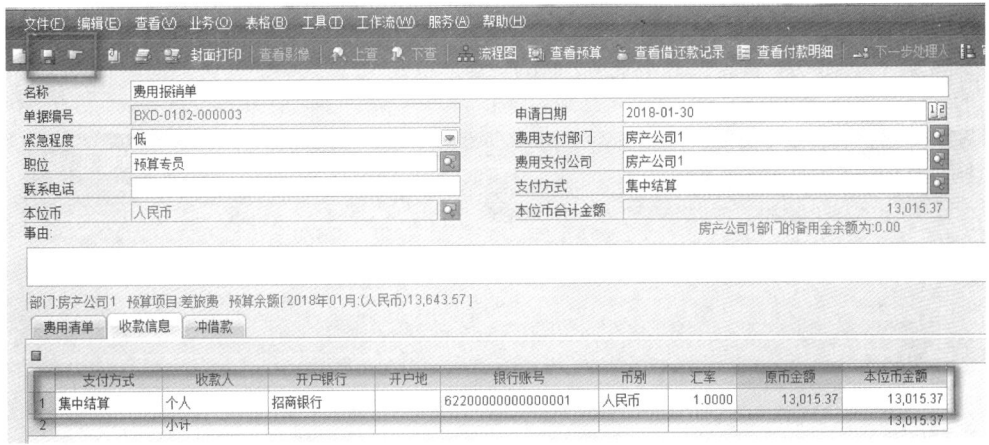

图 3-47 费用报销收款金额录入

（5）提交后的费用报销单即进入系统的审批工作流,预算专员退出费用报销单编辑界面,进入消息中心-任务-未处理,如图 3-48 所示。

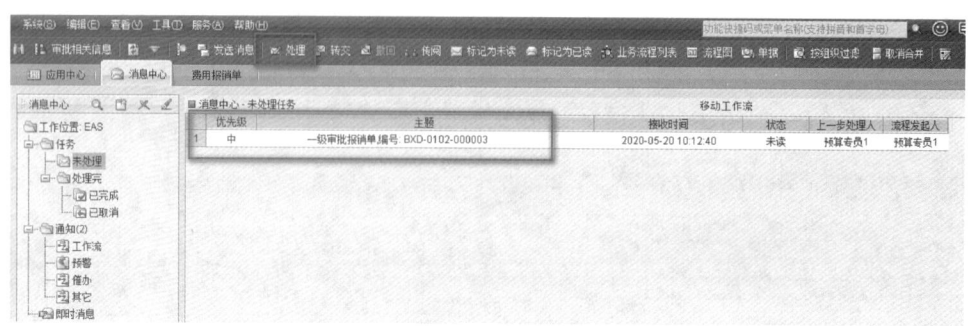

图 3-48　消息中心审批流程提示

（6）查看已提交的费用报销单,选中行后点击"处理",进入"多级审批--一级审批流程",如图 3-49 所示。

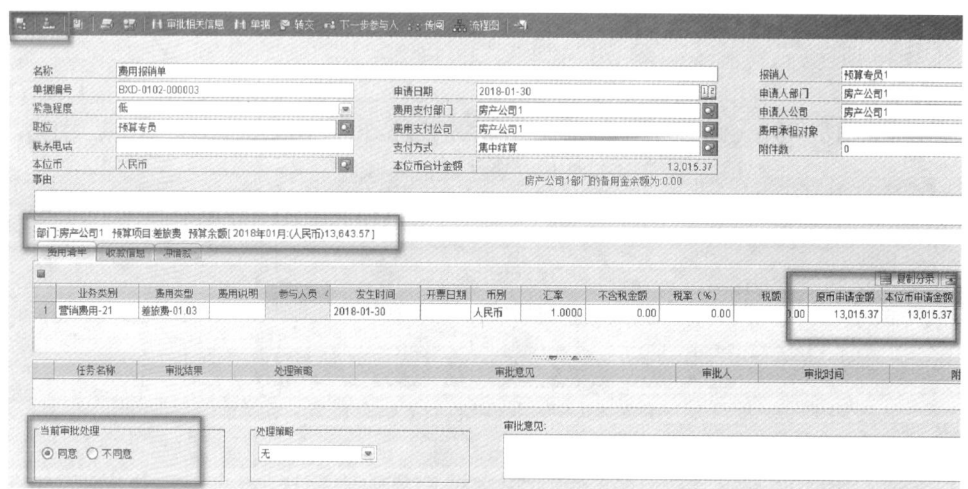

图 3-49　费用报销单审批界面

（7）在当前审批处理处点击同意,保存并审批。返回消息中心,未处理任务变更为"请填写报销单核定金额",选中行并点击处理,如图 3-50 所示。

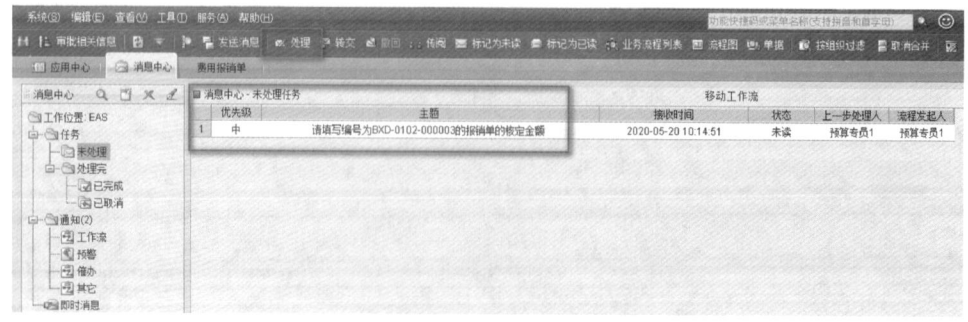

图 3-50　消息中心审批流程提示

（8）在费用报销单的原币核定金额处填写金额 13 015.37，点击提交，即费用报销单审批任务完成，如图 3-51 所示。

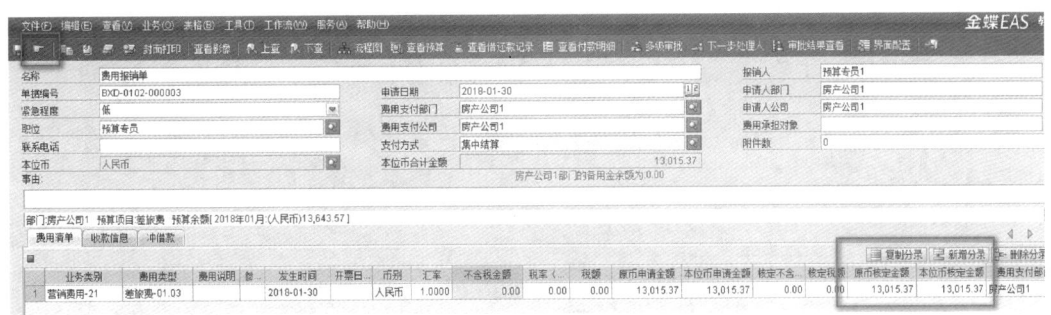

图 3-51 核定报销费用金额填写并审批

（9）预算专员将费用报销单的单据编号抄写到集团管控实验平台中，点击保存答案，费用报销单新增业务处理完毕。

（二）出纳关联生成付款单

1 月 30 日，本月营销差旅费报销审批通过后，房产公司的房产出纳根据差旅费的费用报销单关联生成付款单，通过房产公司付款账户付款 13 015.37 元，录入销售费用差旅费对应的对方科目，提交审批并完成付款，付款成功后，告知房产会计进行会计处理。

（1）公司出纳根据题目要求的用户名、数据中心登录 EAS 客户端。进入应用中心-财务会计-出纳管理-收付款处理-付款单新增，如图 3-52 所示。

（2）双击进入付款单新增界面，点击"拉式生成"源单据类型为费用报销单，转换规则为报销单到付款单（按核定金额付款），点击确定，如图 3-53 所示。

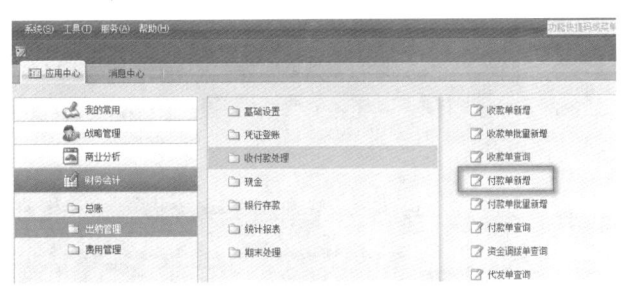

图 3-52 付款单新增登录界面

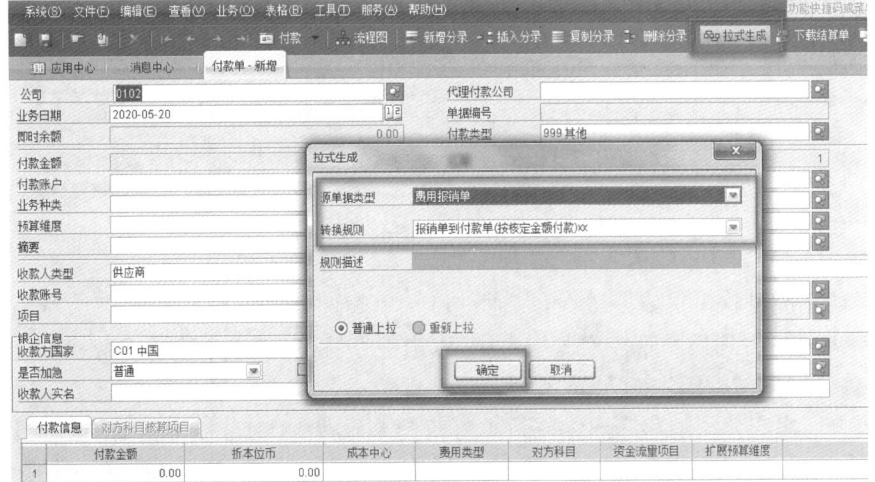

图 3-53 拉式生成费用报销单信息

（3）系统自动生成付款单信息，出纳补充录入付款账户为房产公司付款账户，对方科目为"销售费用—差旅费"，检查无误后，点击保存并提交，如图 3-54 所示。

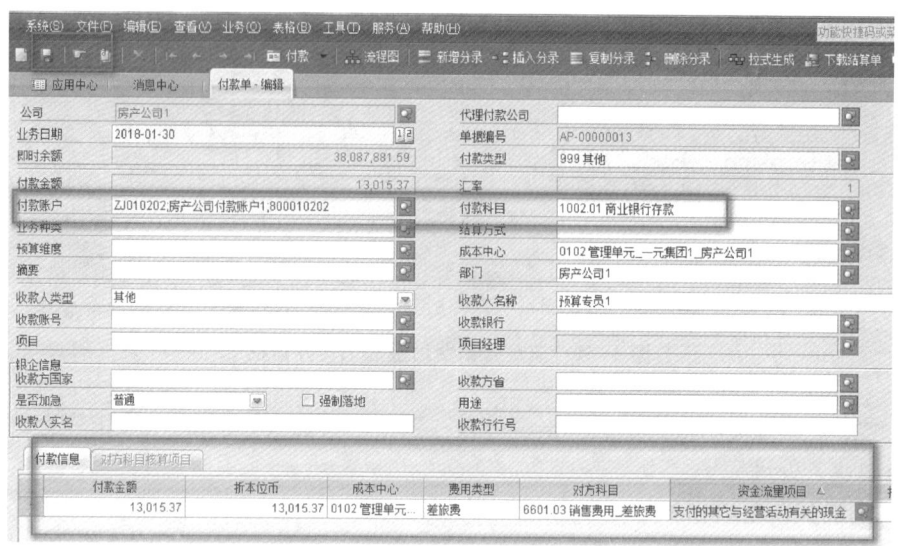

图 3-54　调整付款单信息并提交

（4）提交后即可对付款单进行审批及付款处理，如图 3-55 所示。

图 3-55　付款单付款

（5）出纳完成付款单付款处理，可以通过付款单查询查看到付款单状态为"已付款"。出纳将付款单编号抄写到集团管控实验平台中，点击保存答案，付款单生成业务操作完成。

（三）会计根据付款单生成凭证

1 月 30 日，房产公司的房产出纳支付本月营销差旅费 13 015.37 元后，房产会计根据付款单生成凭证，确认金额、科目等信息无误后（如果生成的凭证有误，删除凭证后告知房产出纳核对付款单），提交凭证，并交由财务主管审核。

（1）公司会计根据题目要求的用户名、数据中心登录 EAS 客户端，进入应用中心-财务会计-出纳管理-收付款处理-付款单查询，如图 3-56 所示。

图 3-56　付款单查询

（2）选择业务日期，点击确定进入付款单序时簿，选中本业务已付款的付款单，点击"生成凭证"，如图 3-57 所示。

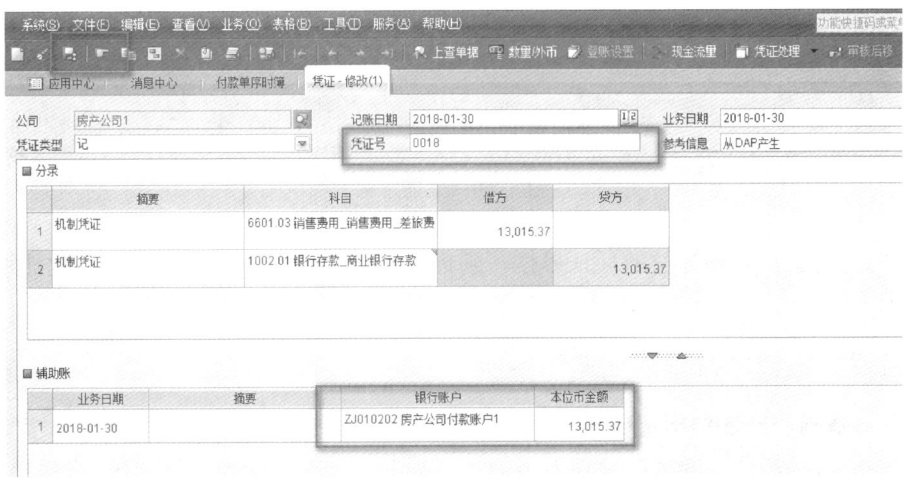

图 3-57　付款单生成凭证

（3）系统根据付款单内容自动生成机制凭证，会计检查凭证内容，确认无误后，点击保存并提交，如图 3-58 所示。

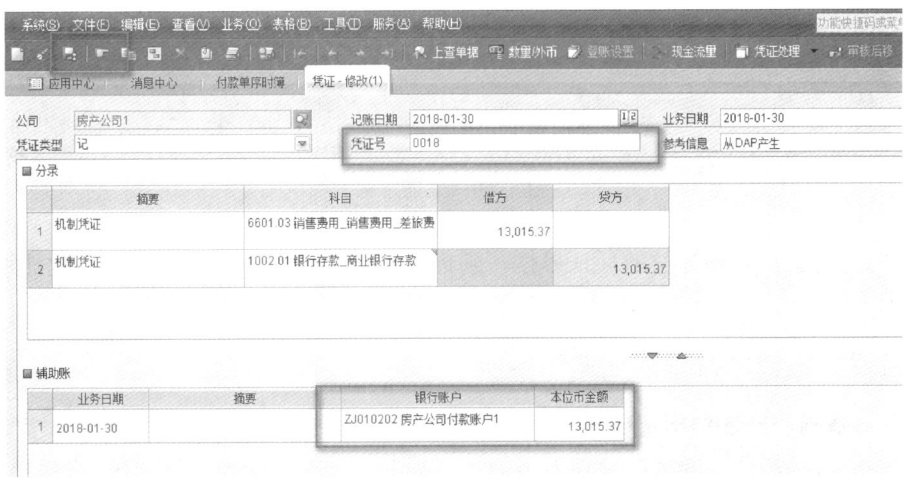

图 3-58　凭证生成并提交

（4）会计把生成的记账凭证的凭证号抄写到集团管控实验平台中，点击保存答案，生成凭证业务处理操作完成。

（四）财务主管审核凭证

1月30日，房产公司的房产会计提交支付本月营销差旅费13 015.37元的凭证后，财务主管核对付款凭证的金额、科目等信息，无误后，审核通过（如果凭证信息有误，告知财务会计修改并重新提交，凭证无误后再审核通过）。

（1）财务主管根据题目要求的用户名、数据中心登录EAS客户端，进入应用中心-财务会计-凭证处理-凭证查询，如图3-59所示。

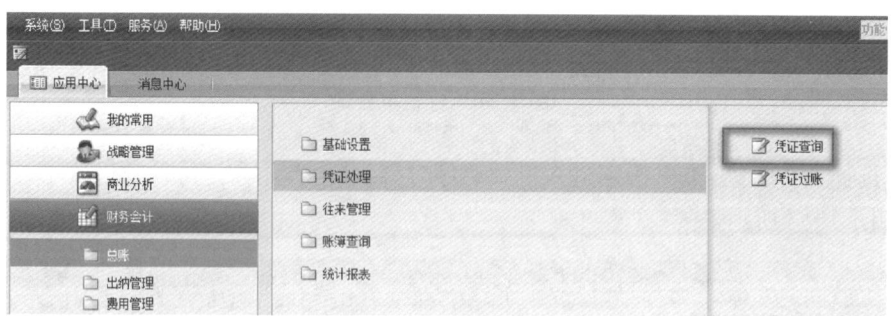

图3-59　凭证查询登录

（2）检查业务日期及单据状态，点击确定进入凭证查看界面，双击打开会计生成的凭证，进入凭证查看界面，点击"凭证处理-审核"，提示凭证审核成功，点击确定，如图3-60所示。

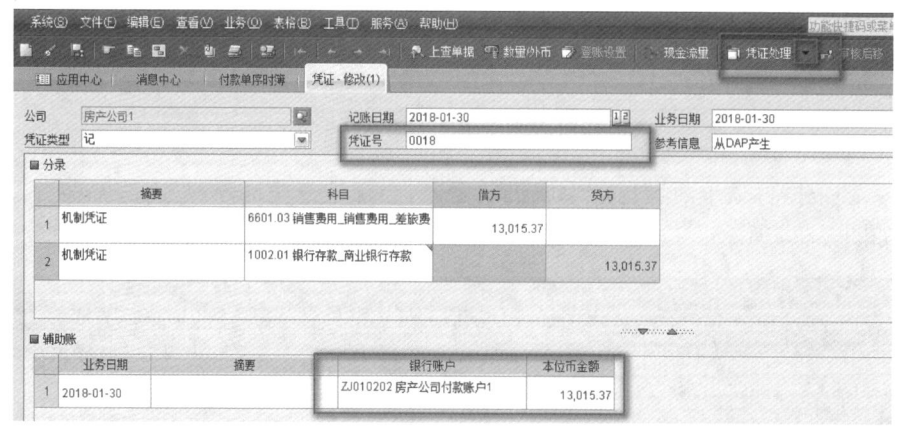

图3-60　凭证审核

（3）财务主管把审核通过的凭证号抄写到集团管控实验平台中，点击保存，凭证审核业务操作完成。

实验四　报销本月管理业务招待费

（一）预算专员新增费用报销单

1月30日，房产公司的房产预算专员对本月管理所支付的业务招待费进行报销，报销金额为308 350.48元，经核查在预算范围内，对费用报销单进行提交，通过工作流程完成审核并核算金额录入,审核并核定金额后,告知房产出纳支付本月管理业务招待费。

(1) 公司预算主管根据题目要求的用户名、数据中心登录 EAS 客户端,进入应用中心-财务会计-费用管理-费用报销-费用报销单,如图 3-61 所示。

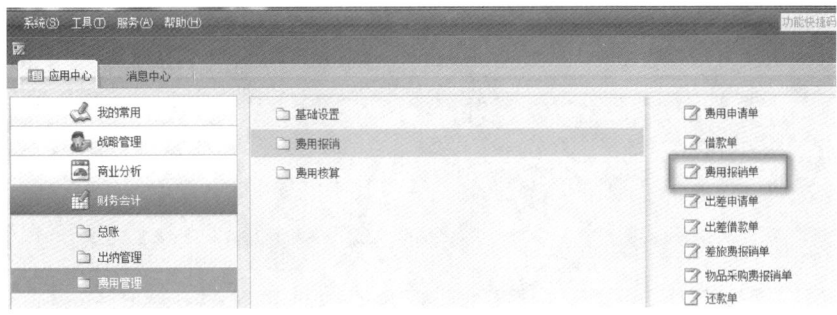

图 3-61　费用报销单登录界面

(2) 设置好业务日期,点击确定进入,点击新增按钮,根据题目要求填写费用报销单信息,如图 3-62 所示。

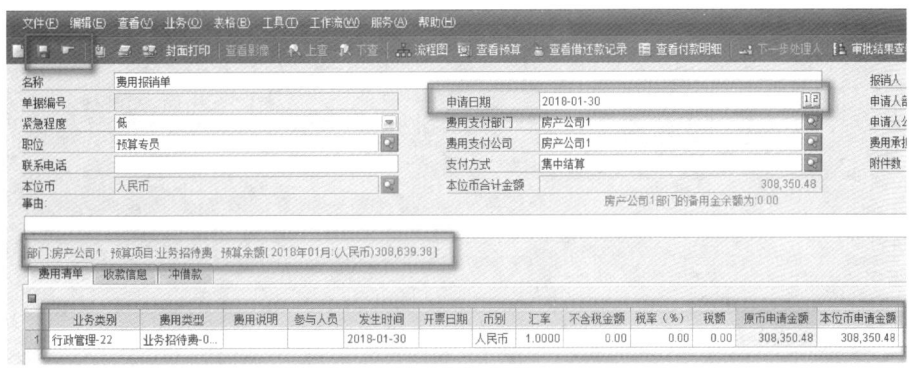

图 3-62　费用报销单信息编辑界面

(3) 修改申请日期,业务类别为"行政管理",费用类型为"管理费用-业务招待费",输入发生时间及申请金额"308 350.48",系统会自动将预算余额显出在费用报销界面。核查申请金额在预算范围内,即可输入收款信息,点击收款信息-新增分录,选择收款人为个人,选中系统设置好的收款人信息,点击确定,如图 3-63 所示。

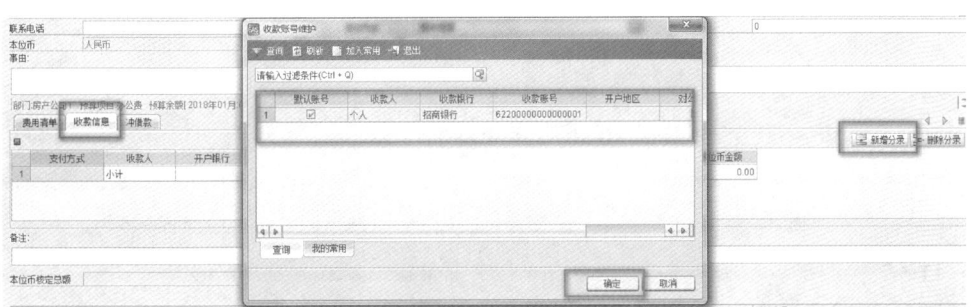

图 3-63　费用报销收款人信息设置

（4）在收款信息处输入原币金额，费用报销单信息输入完毕，点击保存并提交，如图3-64所示。

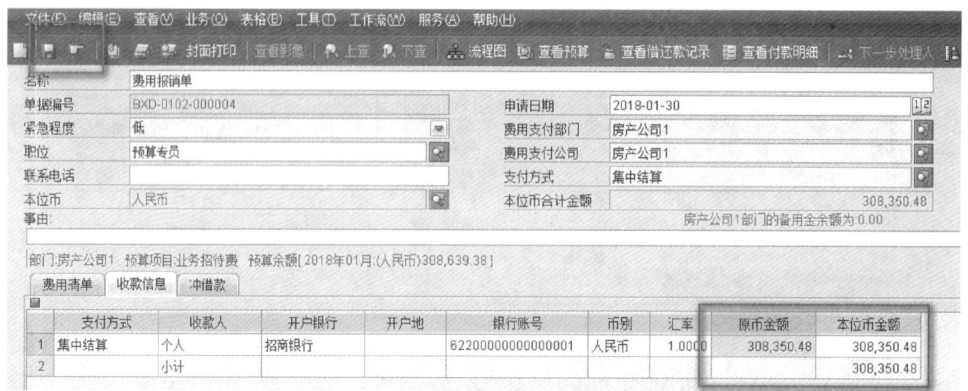

图 3-64　费用报销收款金额录入

（5）提交后的费用报销单即进入系统的审批工作流，预算专员退出费用报销单编辑界面，进入消息中心-任务-未处理，如图 3-65 所示。

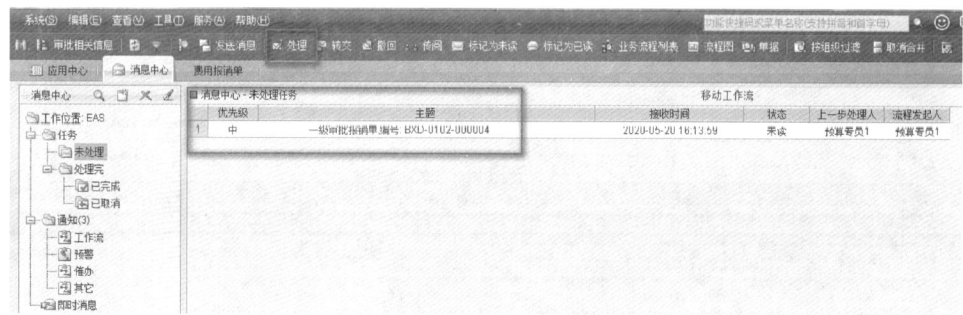

图 3-65　消息中心审批流程提示

（6）查看到已提交的费用报销单，选中行后点击"处理"，进入"多级审批--一级审批流程"，如图 3-66 所示。

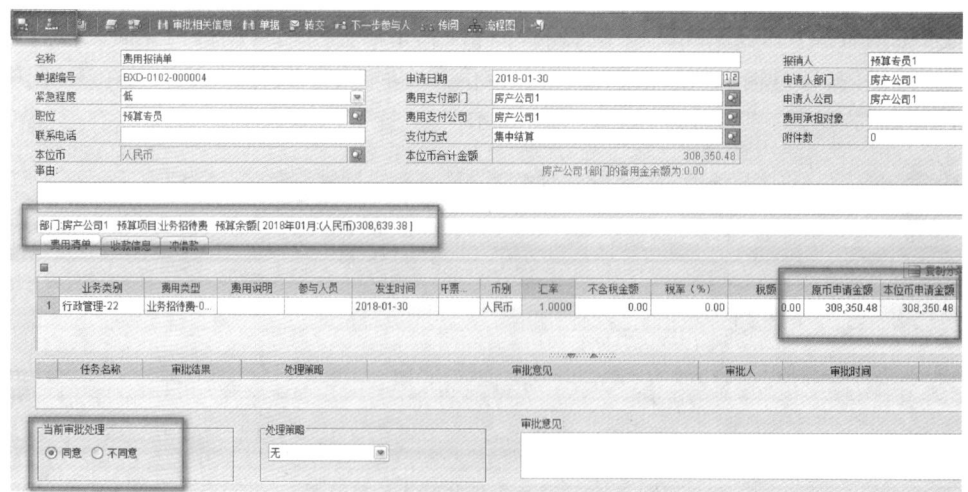

图 3-66　费用报销单审批界面

（7）在当前审批处理处点击同意，保存并审批。返回消息中心，未处理任务变更为"请填写报销单核定金额"，选中行并点击处理，如图 3-67 所示。

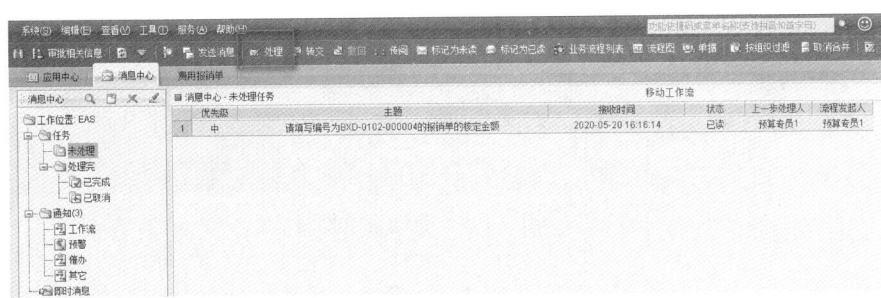

图 3-67　消息中心审批流程提示

（8）在费用报销单的原币核定金额处填写金额"308 350.48"，点击提交，即费用报销单审批任务完成，如图 3-68 所示。

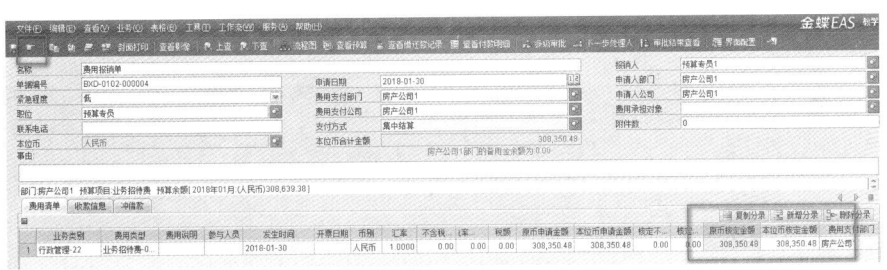

图 3-68　核定报销费用金额填写并审批

（9）返回费用报销单查看界面，在条件查询中勾选"审批通过"，点击确定进入，单据状态变更为审批通过，如图 3-69 所示。

图 3-69　费用报销单序时簿

（10）预算专员将费用报销单的单据编号抄写到集团管控实验平台中，点击保存答案，费用报销单新增业务处理完毕。

（二）出纳关联生成付款单

1 月 30 日，房产公司的房产预算专员报销本月管理业务招待费的申请通过后，房产出纳根据业务招待费的费用报销单生成付款单，通过房产公司付款账户付款 308 350.48 元，录入业务招待费对应的对方科目，提交审批并完成付款，付款成功后，告知房产会计进行会计处理。

（1）公司出纳根据题目要求的用户名、数据中心登录 EAS 客户端，进入应用中心-财务会计-出纳管理-收付款处理-付款单新增，如图 3-70 所示。

图 3-70　付款单新增登录界面

（2）双击进入付款单新增界面，点击"拉式生成"源单据类型为费用报销单，转换规则为报销单到付款单（按核定金额付款），点击确定，如图 3-71 所示。

图 3-71　拉式生成费用报销单信息

（3）在源单列表中选中预算专员新增的费用报销单，点击整单选取后，点击确定。系统将费用报销单中的付款信息过渡到付款单中，出纳补充录入付款账户为房产公司付款账户，对方科目为"管理费用—业务招待费"检查无误后，点击保存并提交，如图 3-72 所示。

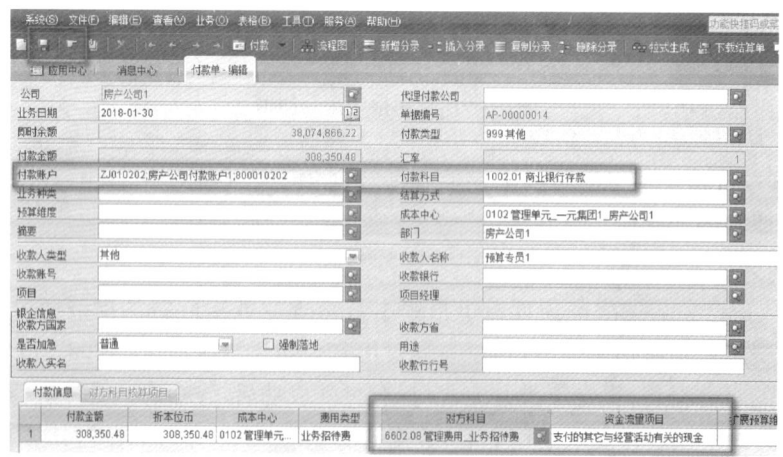

图 3-72　付款单信息并提交

（4）提交后即可对付款单进行审批及付款处理，如图3-73所示。

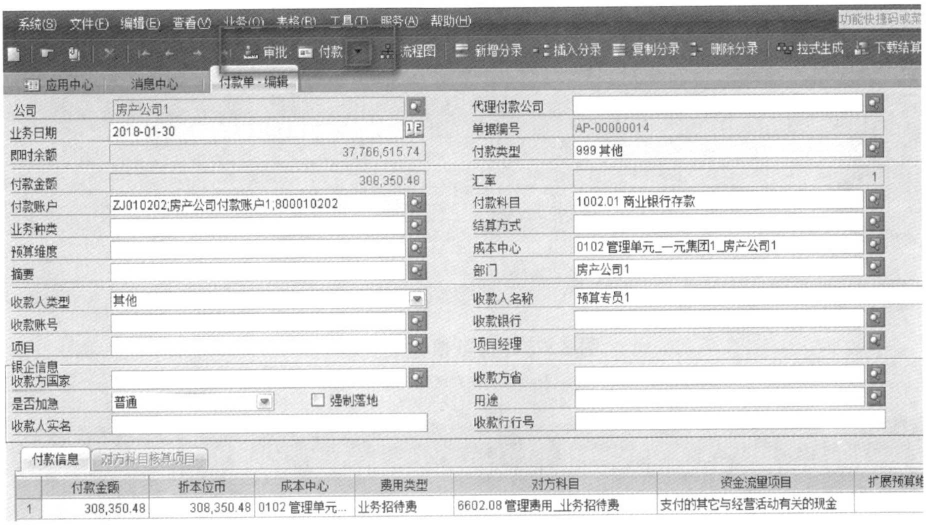

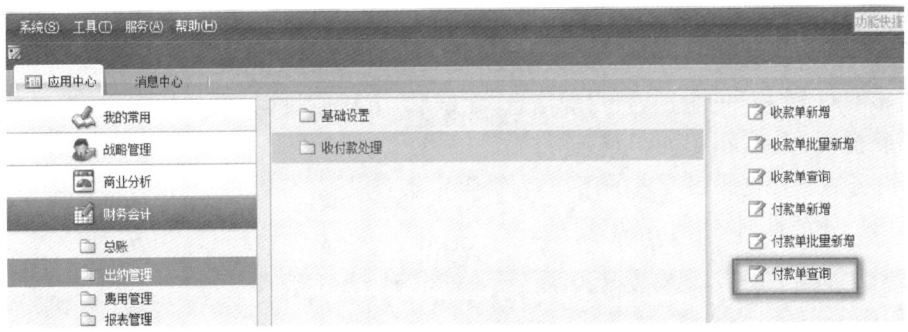

图3-73 付款单付款

（5）出纳完成付款单付款处理，可以通过付款单查询查看到付款单状态为"已付款"。出纳将付款单编号抄写到集团管控实验平台中，点击保存答案，付款单生成业务操作完成。

（三）会计根据付款单生成凭证

1月30日，房产公司的房产出纳支付本月管理业务招待费308 350.48元后，房产会计根据付款单生成凭证，确认金额、科目等信息无误后（如果生成的凭证有误，删除凭证后告知房产出纳核对付款单），提交凭证，并交由财务主管审核。

（1）公司会计根据题目要求的用户名、数据中心登录EAS客户端，进入应用中心-财务会计-出纳管理-收付款处理-付款单查询，如图3-74所示。

图3-74 付款单查询

（2）选择业务日期，点击确定进入付款单序时簿，选中已付款的付款单，点击"生成凭证"，如图3-75所示。

（3）系统根据付款单内容自动生成机制凭证，会计检查凭证内容，确认无误后，点击保存并提交，如图3-76所示。

（4）会计把生成的记账凭证的凭证号抄写到集团管控实验平台的题目要求中，点击保存答案，生成凭证业务处理操作完成。

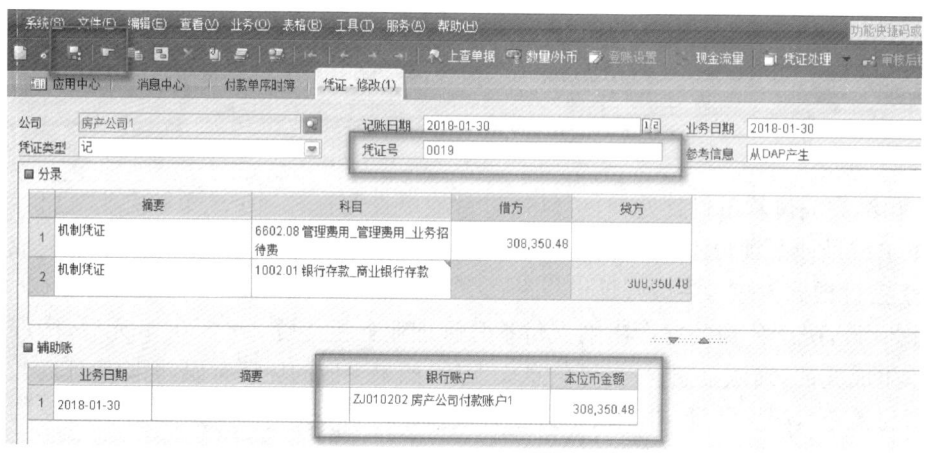

图 3-75　付款单生成凭证

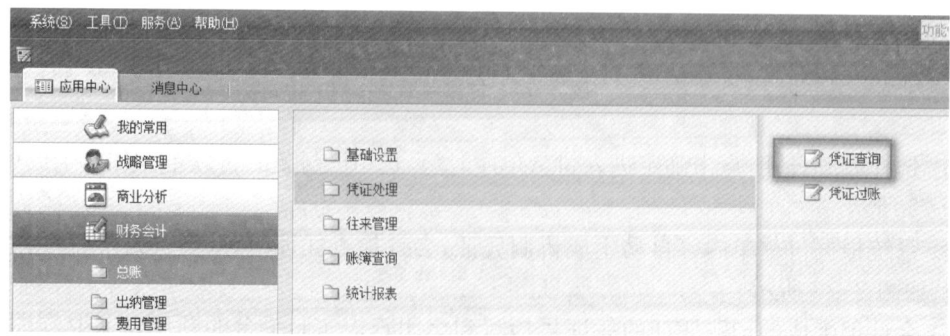

图 3-76　凭证生成并提交

(四) 财务主管审核凭证

1 月 30 日,房产公司的房产会计提交支付本月管理业务招待费 308 350.48 元的凭证后,财务主管核对付款凭证的金额、科目等信息,无误后,审核通过(如果凭证有误,告知房产会计修改并重新提交,凭证无误后再审核通过)。

(1) 财务主管根据题目要求的用户名、数据中心登录 EAS 客户端,进入应用中心-财务会计-凭证处理-凭证查询,如图 3-77 所示。

图 3-77　凭证查询登录

（2）检查业务日期及单据状态，点击"确定"进入，双击打开会计生成的凭证，进入凭证查看界面，点击"凭证处理-审核"，提示凭证审核成功，点击确定，如图 3-78 所示。

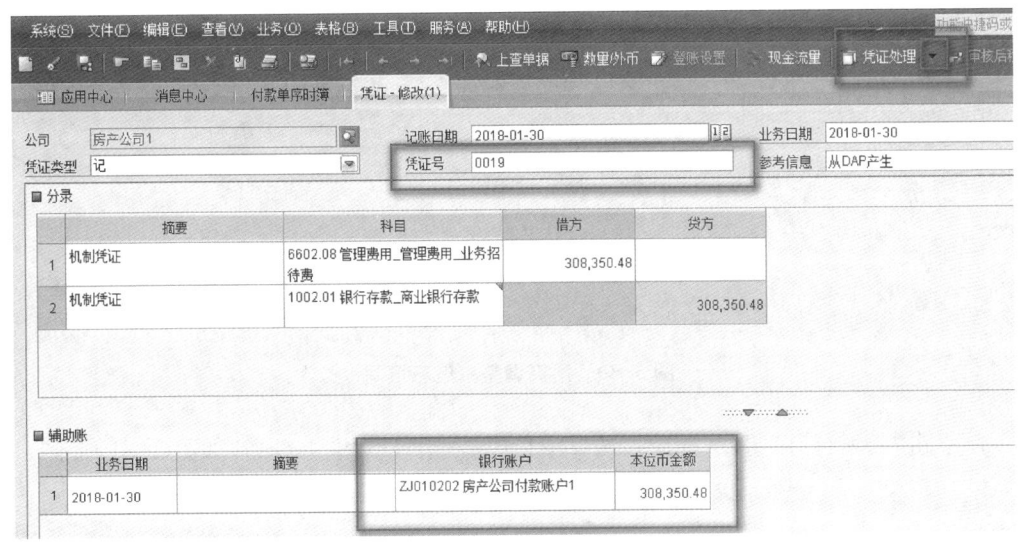

图 3-78　凭证审核

（3）财务主管把审核通过的凭证号抄写到集团管控实验平台中，点击保存，凭证审核业务操作完成。

实验五　调整预算数后报销本月营销办公费

项目涉及岗位包括集团本部-预算主管，集团本部-资金主管，集团本部-总部会计，集团本部-财务总监。

（一）预算主管调整费用预算金额

1 月 30 日，集团本部预算主管对本月营销所支付的办公费进行报销，报销金额为 13 000.58 元，超出预算 1 000 元，无法提交费用报销单，故新增预算调整单，设置销售费用-办公费，调整后的金额为 13 000.58 元。

（1）公司预算主管根据题目要求的用户名、数据中心登录 EAS 客户端，进入应用中心-战略管理-预算调整-预算表调整，如图 3-79 所示。

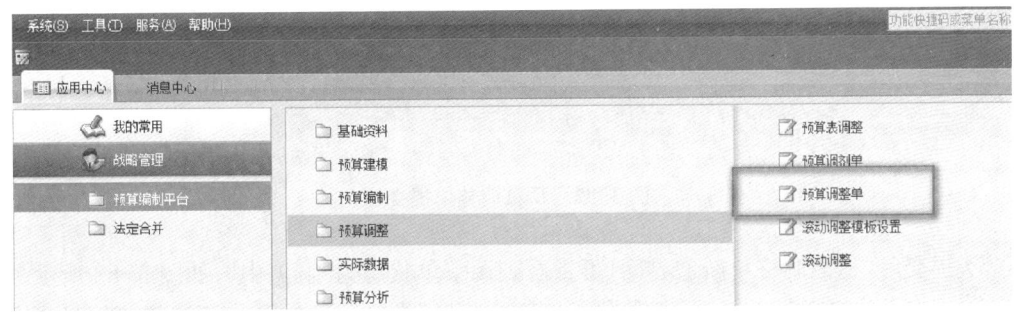

图 3-79　预算调整单登录界面

（2）由于是对集团本部内部费用预算数调整，点击左上角的"组织内调整新增"，录入预算情景为"预算数"，预算要素为"金额"，预算版本为"执行版本"，预算方案为执行方案"预算方案"，币别为"人民币"，如图3-80所示。

图3-80　预算调整单信息填写

（3）点击"新增行"按钮，选择录入预算项目成员-销售费用-办公费，如图3-81所示。

图3-81　预算调整单信息填写

（4）录入调整后的金额为13 000.58元，点击保存并提交，如图3-82所示。

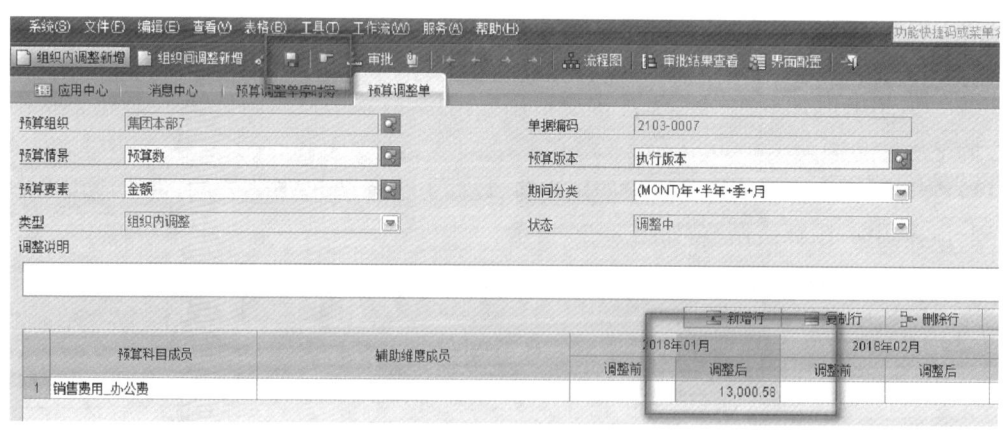

图3-82　预算调整单提交

（5）提交后，返回调整单新增界面，可查看到调整单状态为"调整中"，如图3-83所示。

（6）点击上方"审批"按钮，调整单状态更新为"已审批"，预算主管将该调整单编号录入实验平台，并保存答案，新增预算调整单业务完成。

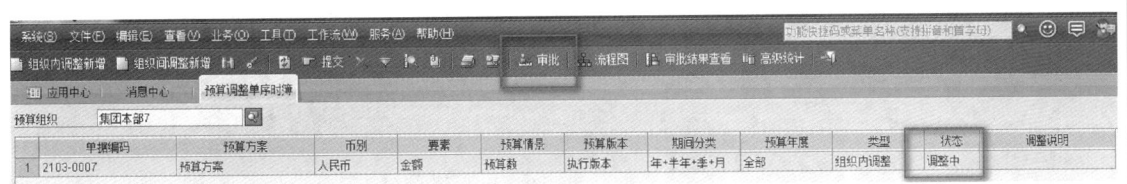

图 3-83　预算调整单序时簿

（二）预算主管新增费用报销单

集团本部预算主管新增费用报销单进行提交,通过工作流完成审核以及核算金额录入,审核并核定金额后,告知集团本部资金主管支付本月营销办公费 13 000.58 元。

（1）集团预算主管根据题目要求的用户名、数据中心登录 EAS 客户端,进入应用中心-财务会计-费用管理-费用报销-费用报销单,如图 3-84 所示。

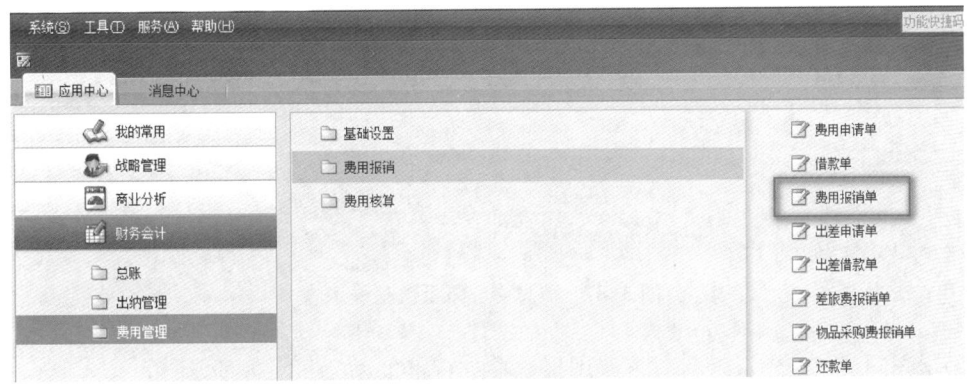

图 3-84　费用报销单登录界面

（2）设置好业务日期,点击确定进入,点击新增按钮,根据题目要求填写费用报销单信息,如图 3-85 所示。

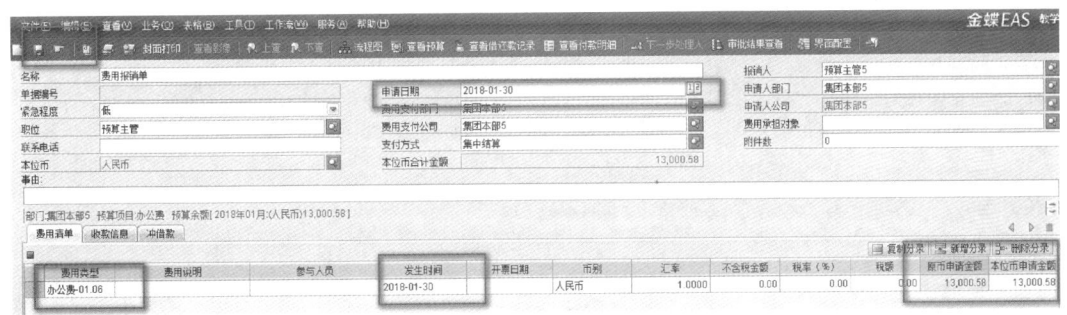

图 3-85　费用报销单信息编辑界面

（3）选择费用类型、发生时间及申请日期,输入原币申请金额,检查无误后点击收款信息-新增分录,选择支付方式为集中结算,收款人为个人,原币金额为 13 000.58 元,检查无误后,点击左上角的保存并提交,如图 3-86 所示。

（4）退出费用报销单新增界面,返回到消息中心-任务-未处理,如图 3-87 所示。

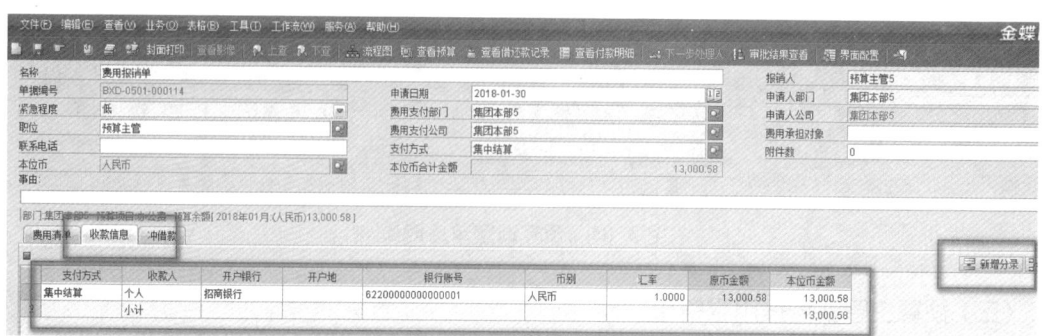

图 3-86 费用报销收款信息设置

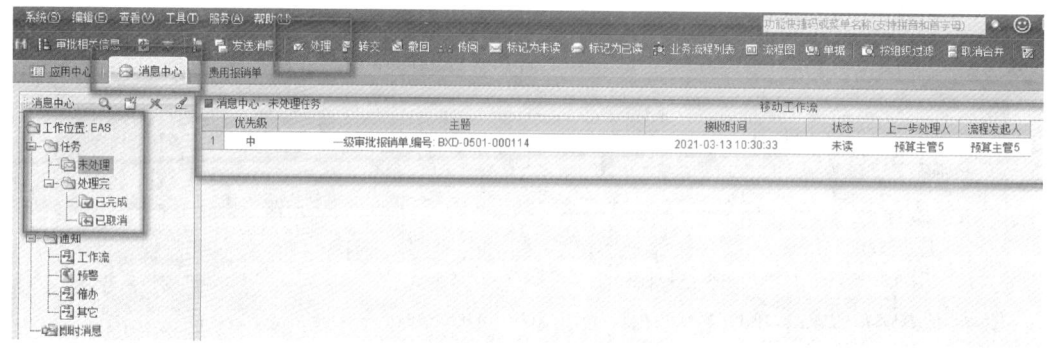

图 3-87 消息中心审批流程提示

（5）点击上方"处理"按钮，对该费用报销单进行审批，如图 3-88 所示。

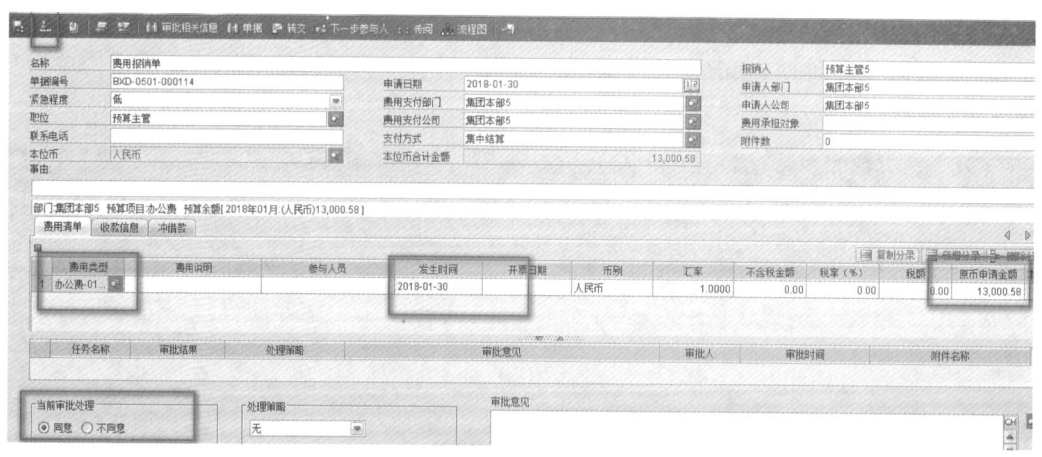

图 3-88 费用报销单审批界面

（6）检查费用报销单的各要素，一级审批检查无误后直接点击左上角的"审批"按钮。系统返回消息中心界面，对该费用报销单进行二级审批，如图 3-89 所示。

（7）二级审批时，要求填写报销单的核定金额（核定金额相当于领导同意报销的具体金额，务必认真填写）后点击左上方的提交按钮，审批工作完成（二级审批后的报销单可以在消息

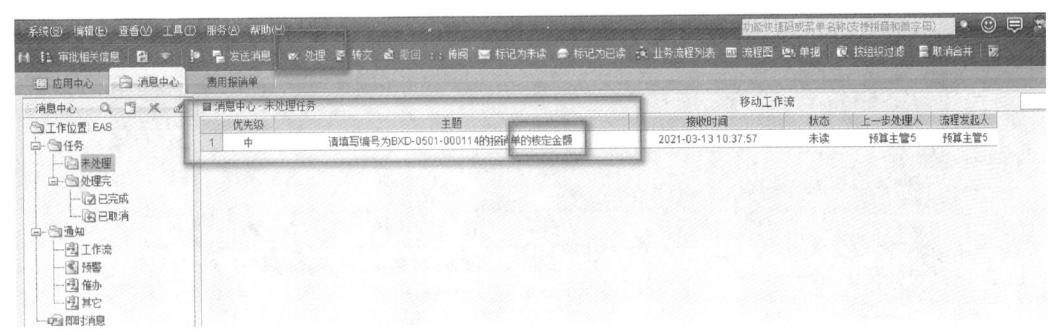

图 3-89　消息中心审批流程提示

中心的"处理完"界面查看到,也可以返回费用报销单界面,检查该费用报销单的状态更新为"审核通过"),如图 3-90 所示。

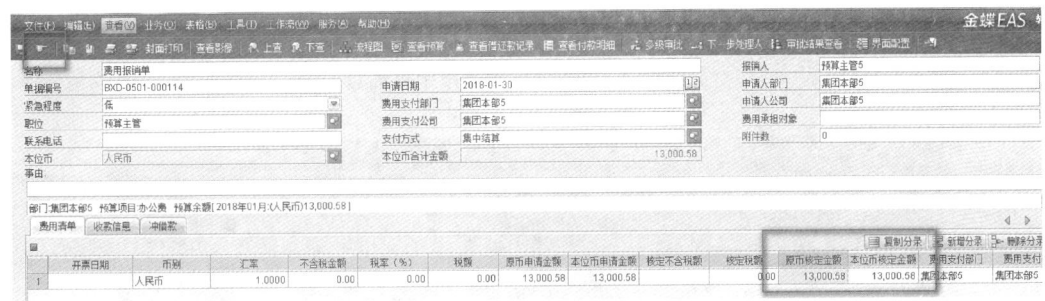

图 3-90　核定报销费用金额填写并审批

(三)资金主管关联生成付款单

1 月 30 日,预算主管审核通过的本月营销办公费的报销申请后,集团本部资金主管根据办公费的费用报销单生成付款单,通过集团本部公司付款账户付款 13 000.58 元,录入办公费对应的对方科目,提交审批并完成付款,付款成功后,告知总部会计进行会计处理。

(1)集团资金主管根据题目要求的用户名、数据中心登录 EAS 客户端,进入应用中心-财务会计-出纳管理-收付款处理-付款单新增,如图 3-91 所示。

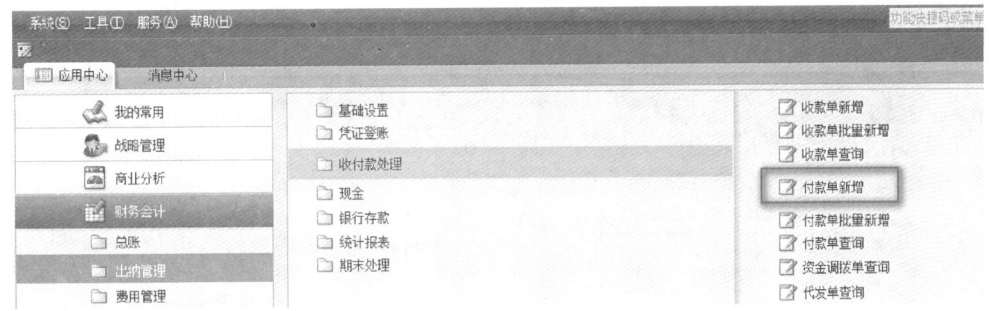

图 3-91　付款单新增登录界面

(2)双击进入付款单新增界面,点击"拉式生成"源单据类型为费用报销单,转换规则为报销单到付款单(按核定金额付款),点击确定,如图 3-92 所示。

(3)系统自动生成付款单信息,出纳补充录入付款账户为"资金母账户",付款科目为"商业银行存款",对方科目为"销售费用—办公费"检查无误后,点击保存并提交,如图3-93所示。

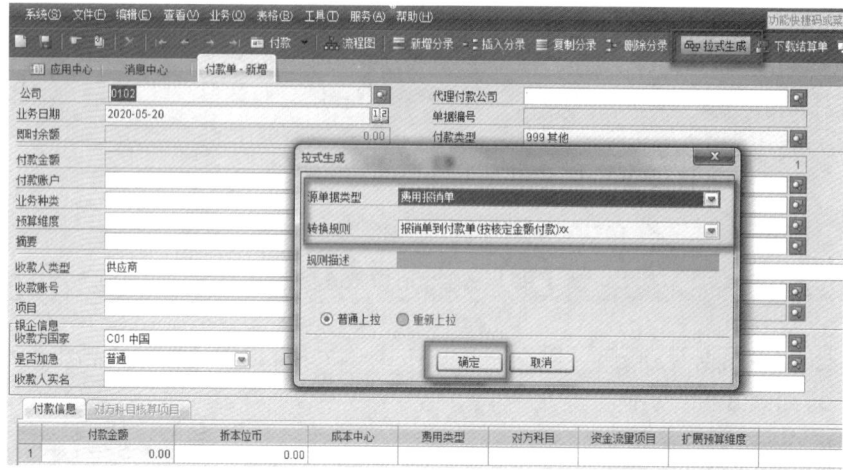

图 3-92　拉式生成费用报销单信息

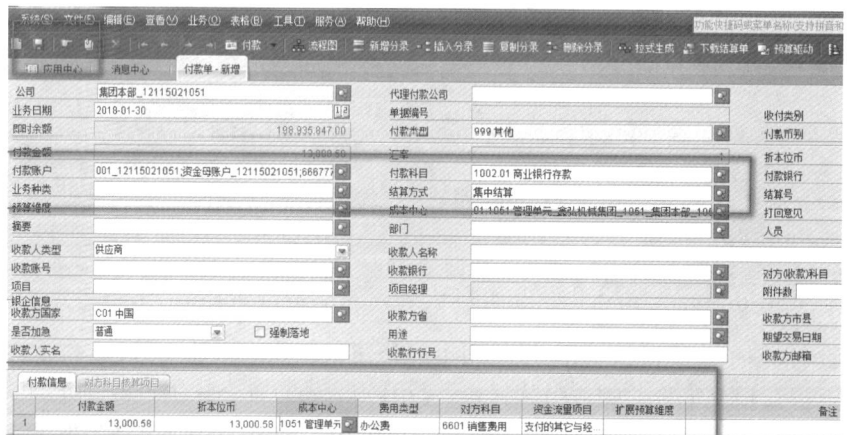

图 3-93　调整付款单信息并提交

（4）提交后即可对付款单进行审批及付款处理,如图3-94所示。

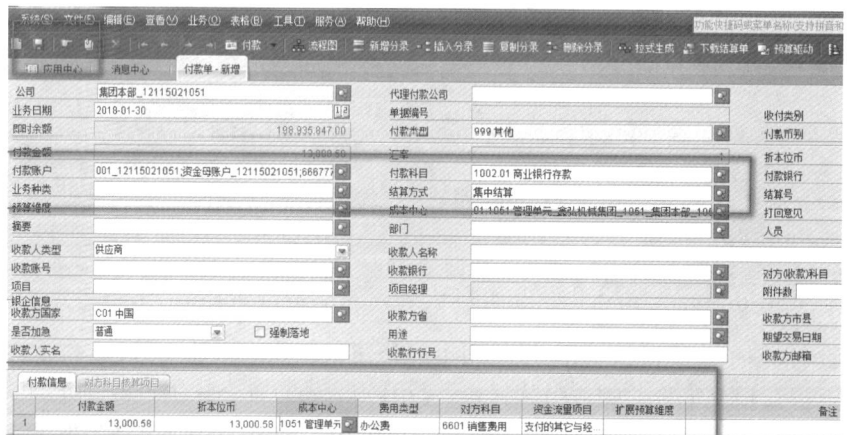

图 3-94　付款单付款

（5）出纳完成付款单付款处理，可以通过付款单查询查看到付款单状态为"已付款"。出纳将付款单编号抄写到集团管控实验平台中，点击保存答案，则付款单生成业务操作完成。

（四）会计根据付款单生成凭证

1月30日，集团本部资金主管支付本月营销办公费13 000.58元后，总部会计根据付款单生成凭证，确认金额、科目等信息无误后（如果生成的凭证有误，删除凭证后告知集团本部资金主管核对付款单），提交凭证，由财务总监审核。

（1）总部会计根据题目要求的用户名、数据中心登录 EAS 客户端，进入应用中心-财务会计-出纳管理-收付款处理-付款单查询，如图3-95所示。

图 3-95　付款单查询

（2）选择业务日期，点击确定进入付款单序时簿，选中已付款的付款单，点击"生成凭证"，如图3-96所示。

（3）系统根据付款单自动生成机制凭证，会计检查凭证内容，确认无误后，点击保存并提交，如图3-97所示。

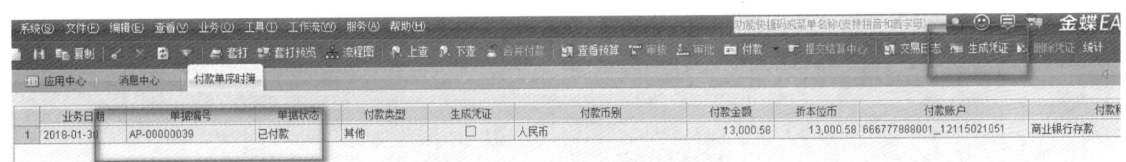

图 3-96　付款单生成凭证

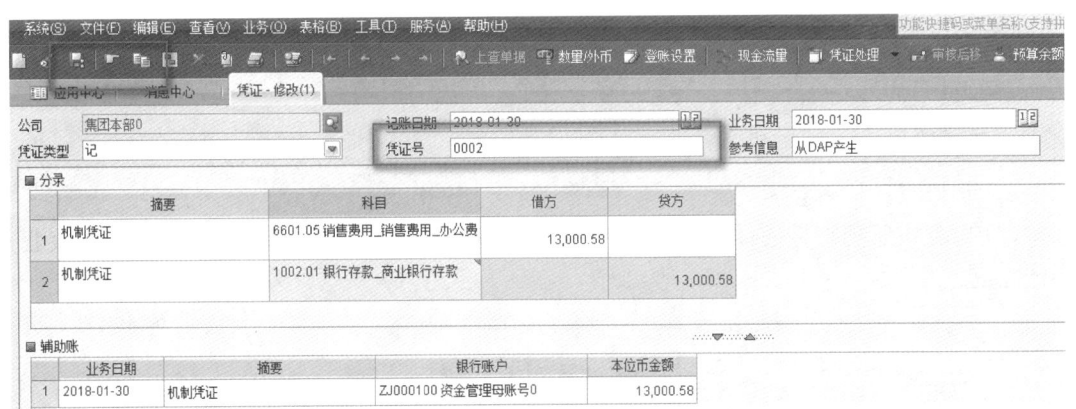

图 3-97　生成凭证并提交

（4）会计把生成的记账凭证号抄写到集团管控实验平台中，点击保存答案，生成凭证业务处理操作完成。

（五）财务主管审核凭证

1月30日，房产公司的房产会计提交支付本月营销办公费71 964.7元的凭证后，财务主管核对付款凭证,核对金额、科目等信息无误后,审核通过(如果凭证有误,告知房产会计修改并重新提交,凭证无误后再审核通过)。

(1) 财务主管根据题目要求的用户名、数据中心登录 EAS 客户端,进入应用中心-财务会计-凭证处理-凭证查询,如图 3-98 所示。

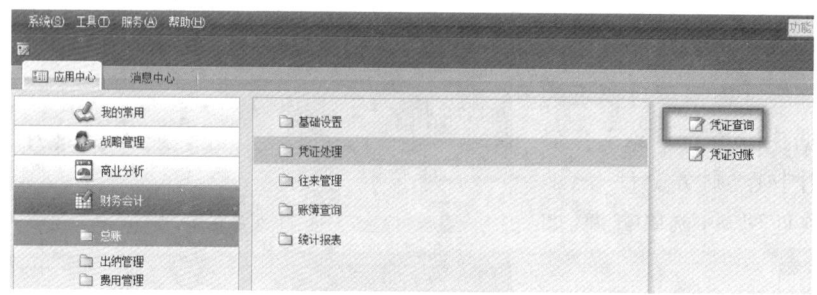

图 3-98　凭证查询登录

(2) 检查业务日期及单据状态,点击确定进入,双击打开会计生成的凭证,进入凭证查看界面,点击"凭证处理-审核",提示凭证审核成功,点击确定,如图 3-99 所示。

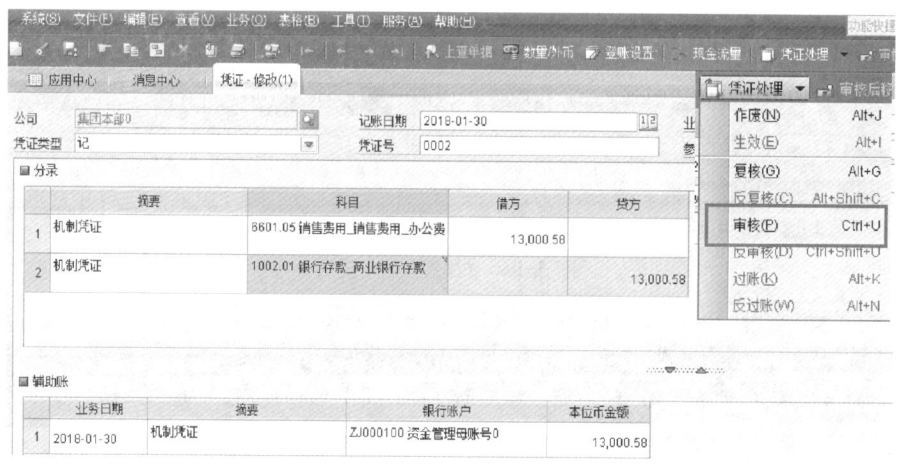

图 3-99　凭证审核

(3) 财务主管把审核通过的凭证号抄写到集团管控实验平台中,点击保存,凭证审核业务操作完成。

本 章 小 结

本章主要介绍了集团企业费用管理与监控的内容及其重要性;介绍在金蝶 EAS 信息系统中,集团企业费用管理的业务内容、监管结构及审批流程;介绍在金蝶 EAS 信息系统中不同费用报销涉及的业务岗位及操作流程;介绍当报销金额超预算时,预算专员的操作方法以及涉及的业务单据和操作流程。

第四章 集团资金监管

学习目标

◇ 了解集团资金监管的相关概念及内容
◇ 了解集团资金结算管理、现金池管理、投融资管理的概念及内容
◇ 了解金蝶 EAS 系统中不同资金监管活动的架构搭建与业务流程
◇ 掌握金蝶 EAS 系统中资金监管活动的具体操作流程

第一节 集团资金监管概述

一、资金监管的概念

资金监管是对集团整体资金的集中监督、管理和控制,通过资金结算管理、现金池管理、投融资管理,有效地将集团资金合理调配和利用,实现集团整体资金效益最大化。资金集中管控适用于资金密集、流动频繁的大型集团企业或大型事业单位,对集团内不同行业的分、子公司,不同发展阶段可采用不同的集中管理模式,在资金集中管控下,确保满足分、子公司资金流动需求。

二、资金监管的要求

1. 集中资源、形成资金池,保证资金流稳定有序

通过资金上拨功能将集团各成员资金集中到集团资金母账户,进行统一管理和资源汇总,

更有利于整体资源配置。

2. 内部调剂、盘活闲散资金,提高资金利用率

实行收支两条线,汇总各子公司的收款金额,进行集中资金的理财与投资活动,提高资金的价值创造力。

3. 内部结算、降低汇总费用,避免在途资金占用

涉及关联交易的资金直接做内部结算,提高结算效率,保障集团整体资金充足,运作灵活。

4. 统一投融资、降低融资成本,集团统一担保,控制资金风险

对内进行集中结算,使资金在集团内部企业进行合理配置,降低内部融资成本,当内部资金不足以应对整体资金需求,再进行外部融资;对外以集团为单位降低融资门槛,提高资金可筹资份额,提高资金使用率的同时合理控制风险。

三、资金集中管控方案及措施

(1)建立先进的资金结算平台。银行账户管理由资金管理中心统一审批;统一资金计划管理,统一资金收支管理;实现资金业务处理信息化、自动化、不落地处理;加强内部资金统一调配,加速内部资金周转,降低资金沉淀量。

(2)建立票据集中管理体系。集中票据头寸进行统筹分配,形成票据池;实现集团票据资源共享,及时将票据头寸转化为现金,提高营运资产的流动性;对票据的真实有效性进行实时审查,防范和控制票据风险。

(3)建立集团信贷管理体系。根据集团整体战略和资金需求制定融资决策,保证资金需求的同时降低融资成本;利用集团融资优势,扩大集团外部的融资渠道,从而满足集团多层次的资金需求。

第二节 | 资金结算管理及业务操作

一、资金结算管理概述

集团企业的资金结算管理,是将集团资金集中到集团总部进行统一调度、管理和运用,由集团资金结算系统进行分、子公司资金的统一归集、收支和实时管理。

资金集中管控可以有效减少资金闲置、降低集团整体资金使用成本,充分发挥集团规模化优势,有效提高资金使用效率和财务管理水平,发挥集团整体融资能力,降低金融风险,实现资金留存和运用合理化。

(1)资金集中管理有助于降低企业成本。它帮助企业实现内部融资,最大限度利用内部现金盈余,减少对外融资的依赖,节约债务资本成本。

(2)资金集中管理有利于提高结算效率。它高效快速地解决分、子公司现金短缺问题,使资本筹集及时有效,满足集团内分、子公司的各种投融资需求。

(3)资金集中管理有利于提高资金收益。它对分散资金进行统筹规划,有效发挥规模效应,提高对外投资收益。

(4)资金集中管理有助于更好的风险管控。它能更好的实现专业、科学、合理的资金管理手段,灵活资金运筹为分、子公司提供资金保障,降低资金使用风险。

资金结算体系的搭建依赖于内部金融机构的建设。首先,以集团本部为主体建立内部结算中心(内部银行或内部金融机构),它是集团企业内部设立的专门负责集团内各会计主体的日常资金结算业务的职能部门。一般情况下,结算中心由集团本部进行管理,或者独立作为结算中心财务组织。其次,结算中心为集团内部成员开设的账户,用于结算中心对成员单位资金进行集中结算,记录成员单位与结算中心的资金结算业务,也用于现金池管理。最后,成员单位在结算中心开立的账户,金融机构为结算中心,用于资金结算业务。结算中心在外部商业银行开设的银行账户为结算中心资金母账户;成员单位在外部商业银行开设的银行账户,也是出纳进行银行日记账和现金流报表的载体。

二、资金结算管理业务操作

(一)结算中心发起对外收款

结算中心发起对外收款业务流程如图4-1所示。

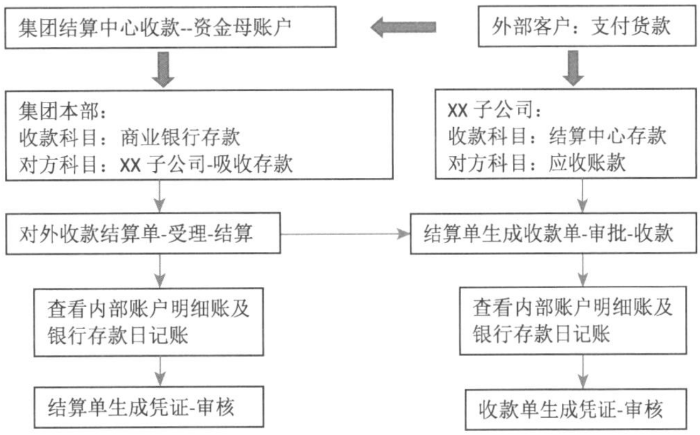

1. 集团本部结算中心对外收款处理

集团本部发起对外收款业务,资金主管新增对外收款单,收款单位为××子公司,收款账户为子公司内部账户,科目为吸收存款,付款单位为外部客户,收款中心账号为(结算中心的银行账户)资金母账户,科目为商业银行存款。

2. 结算中心受理收款业务

图4-1 资金对外结算业务流程图

集团资金主管受理对外收款单,出纳即可进行对外收款业务,出纳确认结算中心资金母账户已收到货款后,对外收款单进行"收款"处理,单据状态显示"已结算",集团本部银行日记账会进行同步登账处理,集团本部出纳可对银行日记账进行查询确认。集团结算中心对外收取款项转入集团资金母账户并视同子公司存入结算中心的存款增加,因此子公司—吸收存款科目金额增加。

3. 成员单位对外收款处理

收款子公司根据结算单生成收款单,完成收款账务处理,对外收款资金存入内部账户,在子公司的账户结算中心表现为存款增加应收账款减少。相关科目金额体现在子公司及集团本部的银行日记账、银行账款明细账中。

(1)集团结算中心通过EAS系统中的资金管理模块进行统一资金结算管理。因此,集团本部的出纳查询内部账户明细账时,是通过进入资金管理-资金结算管理进入。作为下属成员单位的子公司出纳查看内部账户明细,则是通过财务会计的出纳管理系统进入,实验时要对两者进行明确的区分。

(2)集团结算中心作为内部金融机构,只有外部银行账户(资金母账户),没有内部银行账户。集团下属的三个子公司,既有内部银行账户又有外部银行账户。因此,集团出纳与子公司出纳在进行银行存款日记账查询时,处理方式有所不同,集团出纳无须进行银行账户切换。子公司出纳要区分内部银行账户与外部银行账户,避免混淆。

(二)成员单位发起对外收款

成员单位发起对外收款业务流程如图4-2所示,成员单位的外部客户将货款结算并支付到集团资金母账户,成员单位确认对外收款业务,同步通知集团结算中心处理收款业务;集团结算中心收到外部客户货款的同时,确认成员单位内部账户存款金额的增加。

1. 成员单位对外收款处理

子公司知晓客户支付货款给结算中心的资金母账户,及时进行收款业务处理。公司出纳填写收款单,收款科目为结算中心存款,对方科目为应收账款,

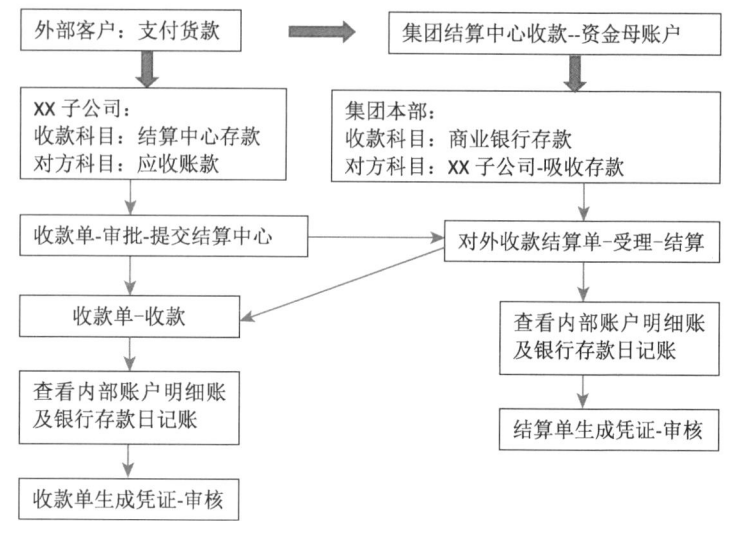

图4-2 资金对外结算业务流程图

对方核算项目为客户公司,保存并提交公司财务主管审批。子公司财务主管对收款单进行审批并提交结算中心。

成员单位主动发起对外收款业务,填写的收款单必须提交结算中心,结算中心再进行业务受理,即子公司委托集团本部资金母账户进行对外收款业务处理。

2. 结算中心对外收款处理

集团本部结算中心资金主管收到子公司提交的收款单,在对外收款结算单中,对其进行"受理",在集团出纳确认收到款项后,对对外收款结算单进行"结算",同时告知子公司出纳已收到款项。集团出纳根据对外收款结算单的收款金额查看内部账户明细账及银行存款日记账,确认登账情况,集团会计对结算单进行生成凭证处理,集团财务主管对凭证进行审核。

3. 成员单位对收款进行账务处理

子公司收到集团出纳的收款到账通知,即对收款单进行"收款"处理,根据收款金额查看内部账户明细账及银行存款日记账确认登账情况。子公司会计对已完成收款的收款单进行生成凭证,公司财务主管对凭证进行审核。

(三)结算中心发起对外付款

集团结算中心发起对外付款业务流程如图4-3所示,集团结算中心为成员单位子公司支付对外委托加工费用给外部供应商,资金母账户银行存款减少的同时,减少子公司内部账户的存款余额。

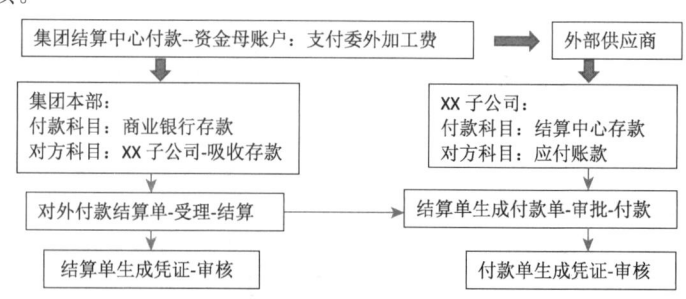

图4-3 资金对外结算业务流程图

1. 集团本部结算中心对外付款处理

集团进行集中的资金结算管理,为各成员单位集中办理付款业务,集团结算中心为子公司支付委外加工费,支付对象为供应商,由集团资金主管发起对外付款,填写并受理对外付款结算单,收款单位为供应商公司,付款账户为集团子公司内部账户,付款中心账号为集团资金母账户,付款科目为商业银行存款。集团出纳确认支付款项后,对结算单进行付款处理,同时通知子公司出纳已付款。集团会计对已结算的结算单进行生成凭证,集团财务主管对凭证进行审核。

集团本部结算中心对外付款,由资金母账户的商业银行存款进行支付,同时,该笔款项是集团内部成员子公司的委外加工费用支出,在结算中心内部账户中,同时记录子公司的吸引存款减少(负债类科目减少为借方),即结算中心代××子公司对外支付款项,所支付款项使得××子公司存放于结算中心存款减少(存款减少为贷方)。

2. 成员单位对外付款处理

××子公司出纳新增付款单,借助系统中下载结算单的功能填写付款单信息,付款账户为××子公司内部账户,付款科目为结算中心存款,对方科目为应付账款,对方核算项目为供应商。财务主管审批付款单,在收到集团出纳已支付款项的通知后,出纳对付款单进行付款处理,会计对已付款的付款单进行生成凭证,财务主管审核凭证。

(四)成员单位发起对外付款

成员单位发起对外付款业务流程如图 4-4 所示,成员单位支付外部供应商货款,由集团结算中心进行对外支付,集团资金母账户银行存款减少的同时,减少子公司内部银行账户的存款余额。

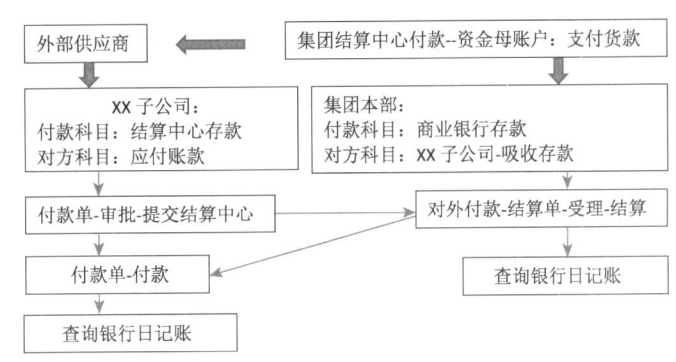

图 4-4　资金对外结算业务流程图

1. 成员单位发起付款业务

××子公司需要支付货款给供应商,向结算中心提出对外支付货款的需求,公司出纳新增付款单,付款账户为××子公司内部账户,付款科目为结算中心存款,业务种类为对外付款,对方科目为应付账款,对方核算项目为供应商。财务主管审批付款单后提交结算中心。

2. 结算中心受理并处理付款业务

集团进行集中的资金结算管理,为各成员单位集中办理付款业务,集团结算中心为××子公司支付货款,支付对象为供应商。集团资金主管收到××子公司提交的付款单,对付款单进行受理,集团出纳根据已受理的对外付款结算单支付款项给供应商,对结算单进行付款处理,同时通知××子公司出纳,已完成付款业务。出纳查询资金母账户的银行日记账。

3. 成员单位进行付款业务处理

××子公司收到集团出纳对外付款的通知,对已生成的付款单进行"付款"处理,公司会计根据已付款的付款单生成凭证,财务主管审核凭证。

(五)结算中心发起对内收款

××子公司销售配件给集团内另外一家子公司使用,销货子公司向购货子公司收取货款,由集团结算中心统一进行成员单位内部账户转账业务处理。本业务介绍××子公司委托集团结算中心发起对内收款业务处理,业务流程如图4-5所示。

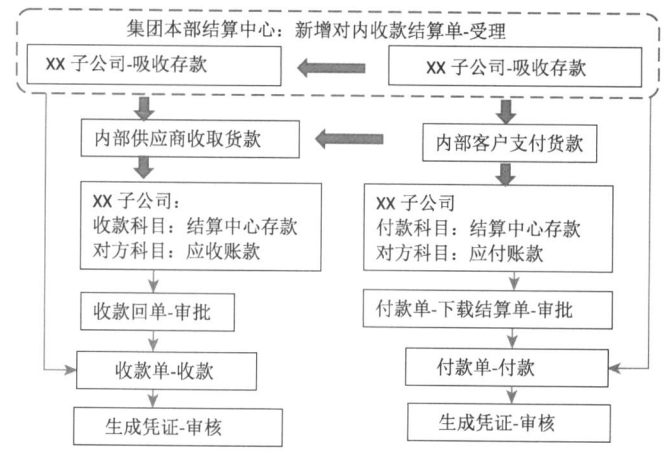

图 4-5　资金内部结算业务流程图

1. 参数设置

为了提高集团资金运转与结算业务处理效率,要求设置××子公司的系统参数:成员单位自动接收结算单受理后发送的收款回单(出纳管理参数-参数编码 CS008)。

2. 结算中心发起对内收款业务

集团资金主管知悉销货子公司的收款需求,新增对内收款结算单,收款账户为销货子公司内部账户,收款科目为吸收存款,付款账户为购货子公司内部账户,付款科目为吸收存款,提交并受理对内收款结算单。

集团结算中心对集团内不同成员单位进行收款与付款操作,结算中心内两个内部账户的存款发生增减变动,总金额不变。从结算中心的角度出发,一个内部账户吸收存款增加,另一个账户的吸引存款减少,总的吸引存款余额不变;从成员单位的角度出发,××子公司(收款方)的内部银行账户结算中心存款增加,而××子公司(付款方)的内部银行账户结算中心存款减少。

3. 收款成员单位处理收款业务

××子公司委托结算中心进行对内收款,资金主管受理对内收款结算单,系统自动生成收款回单,销货子公司出纳查询收款单,在收款单中输入对方科目为应收账款,对方科目核算项目为内部客户购货子公司,保存并提交。经财务主管审批后,出纳对收款单进行收款处理,会计生成凭证,财务主管审核凭证。

4. 付款成员单位处理付款业务

购货子公司购买销货子公司生产的配件材料,形成应付账款,在集团结算中心受理销货子公司的收款业务之后,购货子公司需要做相应的付款业务处理。在付款单新增界面,下载结算单形成新的付款单,维护付款单信息,对方科目为应付账款,对方科目核算项目为内部供应商××子公司,保存并提交付款单。经财务主管审批后,出纳对付款单进行付款处理,会计生成凭证,财务主管审核凭证。

(六)成员单位发起对内收款

集团结算中心统一进行成员单位内部账户收付转业务处理。××子公司销售配件给××子公司使用,向其收取配件款,新增收款单并提交结算中心,请集团资金主管受理对内收款业务,资金主管受理后,提醒购货子公司处理付款业务。本业务介绍销货子公司发起对内收款业务处理,业务流程如图4-6所示。

1. 收款成员发起对内收款

销货子公司发起对内收款业务,出纳新增收款单,填写收款单信息,输入对方科目为应收账款,对方科目核算项目为内部客户购货子公司,保存并提交。财务主管审批后将收款单提交结算中心。

2. 结算中心受理对内收款业务

集团资金主管知悉销货子公司的收款需求,查看由其提交的收款单,核对信息后进行受理。

3. 收款成员单位处理收款业务

销货子公司出纳收到资金主管对内收款结算受理通知,对收款单进行收款处理,公司会计生成凭证,财务主管审核凭证。

4. 付款成员单位处理付款业务

购货子公司收到结算中心受理对内收款业务通知,做相应的付款账务处理。在付款单新增界面,下载结算单维

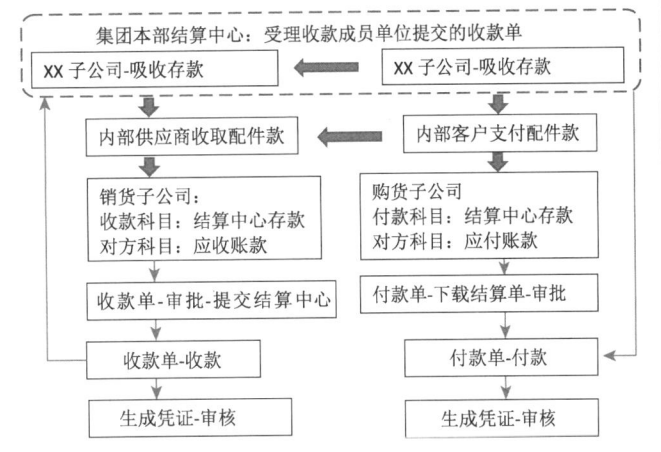

图4-6　资金内部结算业务流程图

护付款单信息,对方科目为应付账款,对方科目核算项目为内部供应商××子公司。保存并提交付款单。经财务主管审批后,出纳对付款单进行付款处理,会计生成凭证,财务主管审核凭证。

第三节 ｜ 现金池管理及业务操作

一、现金池管理概述

(一)现金池管理的概念

现金池管理,是指将集团企业资金进行集中管理,利用银行网络搭建集团各成员单位账户资金归集和上拨下划的统一平台,将原来分散的小额资金集中成大额资金,形成资金共享池,解决内部成员单位资金盈余或资金短缺的问题,方便成员公司账户间的资金运转与调配。

现金池管理是国际社会公认的先进资金管理方式,有利于加强集团财务资金管理效率、提高资金使用效益、降低金融风险、提高集团企业经济实力与行业内竞争力。

(二)现金池管理的必要性

(1)现代化企业不断注重价值管理和财资职能演化,财务部门不再止步于账务处理职能,它在财务管理工作中扮演着更为重要的职责。

(2)企业规模化发展,对内部资金的集团化管理和流动性管理的需求日益迫切,要求也呈多样化发展。

(3)构建契合集团企业经营特点,满足决策层财务管控目标的“现金池”管理模式,是保障集团资金流动性管理的关键。

(三)现金池管理的现实意义和经济价值

1. 减少利息成本

现金池变外源融资为内源融资,减少了利息费用支出,提高整体利润。

2. 改善资金流动性

在现金池结构中,各子公司账户保持较少的资金余额,多余的资金上拨至集团总部进行管理,在子公司出现资金需求时及时响应,以便充分提高整个集团的资金利用率和流动性。

3. 改善资金管理

通过现金池,集团总部能够及时了解各子公司账户现金流量情况,明确内部控制责任,加强内部控制效力,规范管理机制。

4. 发挥资金规模效益

现金池将集团内多余的分散资金集中起来,提高规模化投资效益或者获得较高协定存款利率,为企业增加收益。

(四) 现金池管理模式解析

现金池管理模式一般分为实体现金池及虚拟现金池,根据集团企业资金监管的集权程度,采用不同的现金池类型,其管理特点及适用范围如表 4-1 所示。

表 4-1　　　　　　　　　　　不同现金池特点与适用范围

现金池类型	管理特点	适用范围
实体现金池	集团内资金统一集中管理,下属企业对外支付资金,企业银行账户和集团现金池账户联动反映,实时记录资金变化信息,该模式下,资金真实转移,存贷分别计息	多法人、多层级的集团企业,集权财务管控、强势总部管理
虚拟现金池	集团内资金不进行真实转移,集团总账户为虚拟账户,集团给予资金透支企业低利率贷款授信,存款不计息	集团规模较小,业务层级较少

实体现金池,是指以集团总部的名义设立集团现金池账户,通过子公司向集团本部委托贷款的方式,每日定时将子公司资金上划现金池账户,使成员单位的现金池账户资金发生实际转移。日间,当子公司出现对外付款时账户余额不足,银行可以提供以其上存总部的资金头寸额度为限的透支金额完成支付;日终,以集团本部向子公司归还委托贷款的方式,系统自动将现金池账户资金划拨到成员单位账户用以补足透支金额,银行在固定期间内结算委托贷款利息,并进行利息划拨。

虚拟现金池,是指现金池内各成员单位的资金没有进行实际划转,仍留存于各自银行账户,集团本部下属企业在任何一个时点都可以在集团现金池余额范围内共享可对外付款资金,对发生日间透支的成员单位日终时根据借贷规则填平归零,次日还原各成员单位账户余额,银行计算存款利息或收取透支金额利息。

(五) 现金池与资金结算的联系和区别

现金池与资金结算的联系体现在现金池与资金结算均为资金管理的重要部分,通过资金结算可以实现以资金结算中心为主的资金管理模式,现金池管理可以实现收支两条线,在企业实际应用过程中往往运用两者来达到公司资金管理的要求。

两者的具体区别体现在以下方面。

现金池管理业务涉及集团成员单位的资金上拨下划,需要真实的银行账户余额之间的流转,资金留存于中心母账户及各成员单位外部银行账户中,通过成员单位申请再进行资金的上拨和下划业务。现金池主要靠下级单位的闲置资金头寸的归集,通过规模效应来进行盈利;考核资金池的指标是为集团节约的资金成本,现金池有明确的利润指标,必须有明确的投融资方案;现金池比较复杂,要计算各参与单位的信用额度,确定抽取资金的方式与额度以及投资途径;现金池各成员单位主要运用外部银行账户进行业务处理。

资金结算主要负责结算业务,最主要的职能是提高收付效率;考核结算中心的指标是差错率与效率,不涉及投融资业务;资金结算业务较为简单,对账户与收支业务信息系统做到严谨即可正常运行;资金结算各成员单位主要运用内部银行账户进行业务处理。资金结算管理涉及结算中心代成员单位进行对内外收付款,使用成员单位在结算中心设立的内部账户进行收付款业务,成员单位并未真正处理对内外收付款,资金真实流转均由资金母账户来实现。同时,资金结算成员单位设立的内部账户与内部银行账户是绑定在一起的,可以随时查看到内部银行账户存款。

(六) 现金池管理业务类型

(1) 上划申请。成员单位子账户有余额,申请上存资金到集团本部资金母账户。

(2) 下拨申请。成员单位子账户余额不足,申请从资金母账户中下拨一定金额到子账户。

(3) 自动上划。常规上划业务,由集团本部设置自动上划规则,并设置后台事务调度定时自动完成上划处理,注意必须使用银企互联才可进行自动上划业务设置。

(4) 自动下拨。常规下拨业务,由集团本部设置自动下拨规则,并设置后台事务调度定时自动完成下拨处理,注意必须使用银企互联才可进行自动下拨业务设置。

(5) 上划业务。集团本部填写上划单,记录从各子账户上划到资金母账户的金额,完成内部账户明细账,银行日记账的登记。

(6) 下拨业务。集团本部填写下拨单,记录下拨到各子账户上的金额,完成内部账户明细账,银行日记账的登记。

二、现金池管理业务操作

(一) 成员单位发起的资金下拨业务操作

集团结算中心作为集团整体的资金运作中心,实时根据子企业资金流情况进行上拨下划业务操作。当成员单位出现现金流短缺时,可由子公司出纳填写资金的下拨申请单提交集团资金主管,向集团资金中心申请日常结算所需的资金流,成员单位发起的资金下拨业务处理流程如图4-7所示。

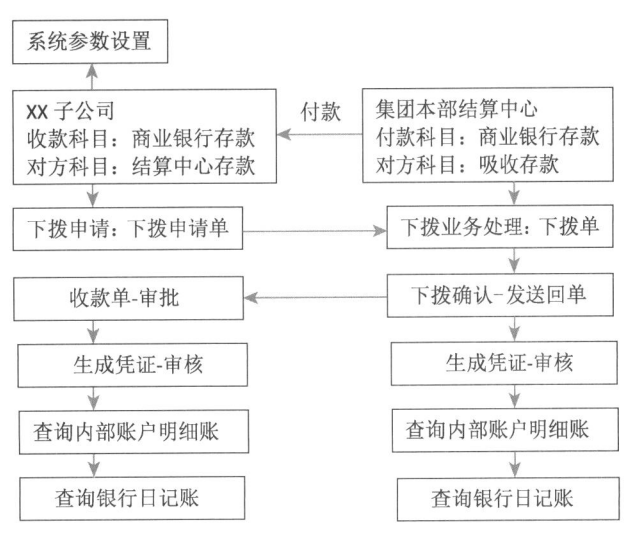

图4-7 资金下拨业务流程图

1. 系统参数设置

在进行资金下拨业务过程中,可使用系统参数让资金中心自动接收成员单位的下拨和上划申请生成下拨单和上划单,资金中心再根据下拨单和上划单进行业务处理,如果没有设置参数,则可通过关联生成或拉式生成来新增下拨单或上划单,下拨申请单或上划申请单手动生成下拨单和上划单,此处要求自动接收成员单位的下拨申请单生成下拨单。具体操作由集团资金主管根据任务背景在EAS信息系统中设置现金池管理参数编码为TM108,参数名称为"自动接收成员单位的下拨申请生成下拨单"的参数值为是。

2. 成员单位提交下拨申请

××子公司根据日常费用支付的需要,向集团本部资金母账户申请下拨资金,公司出纳新增下拨申请单,设置收款账户,母账户为集团的资金母账户,提交后由公司财务主管进行审批。

3. 集团本部进行下拨业务处理

集团资金主管接收到子公司提交的下拨申请,对该资金下拨业务进行处理(处理由下拨申请单自动生成的下拨单),确认拨付款项至子公司银行账户,并将拨付结果发送回单到子公司出纳。

4. 成员单位收款业务处理

子公司出纳跟进下拨申请业务的处理情况,查看下拨申请单状态为"已确认",收到集团结算中心发送的付款回单(收款单),并且确认收到资金母账户拨付的款项已到账,进行收款业务账务处理。维护收款单信息,确认收款科目为商业银行存款,收款账户为子公司收付账户,输入对方科目为结算中心存款,对方科目核算项目为××子公司内部银行账户,并提交财务主管审批,出纳对审批通过的收款单进行收款处理,公司会计生成凭证,财务主管审批凭证。

本业务的成员单位资金下拨处理,相当于向集团结算中心申请将存放于集团结算中心的本公司的资金转到该公司的外部银行账户,以满足该公司的对外付款需求。

5. 集团进行付款业务处理

集团出纳从资金母账户拨付款项到子公司账户中,集团会计根据下拨单生成付款凭证,集团财务主管对凭证进行审核。

6. 查询内部账户明细账及银行日记账

集团出纳及××子公司出纳分别进行内部账户明细账、银行存款日记账的查账操作,确认款项下拨业务处理均已登账成功。

(二)资金中心发起的资金下拨业务操作

集团资金中心会定期查询各成员单位的内部账户余额情况,结合管理层要求在企业日常经营过程中根据资金使用情况留存一定的金额满足日常支出所需,当集团资金中心发现个别子账户出现资金短缺,主动进行款项补给,根据××子公司以往资金需求量,由资金中心发起资金下拨操作,拨付款项至××子公司外部银行账户,集团发起的资金下拨业务处理流程如图4-8所示。

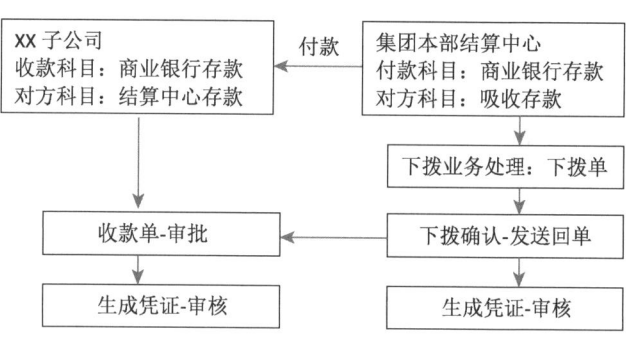

图4-8 资金下拨业务流程图

1. 集团资金中心发起资金下拨业务

集团资金主管根据成员单位日常资金支付需求进行资金下拨业务处理,资金主管新增下拨单,收款单位为××子公司,收款账户为××子公司的外部银行账户,母账号为集团本部资金母账户,提交后由财务主管进行审批,由集团出纳进行款项支付并对下拨单进行"下拨确认"及"发送回单"。

2. 成员单位进行收款业务处理

××子公司出纳收到集团资金中心拨付的款项,进入收款单查询界面,查看到由集团资金中心发送的收款单,出纳对收款单进行修改,在收款单修改界面输入对方科目为结算中心存款,对方科目核算项目为××子公司内部银行账户,提交至财务主管审批后,出纳对收款单进行收款处理,会计对收款单进行生成凭证并提交财务主管进行审核。

3. 集团资金中心进行付款业务处理

集团出纳从资金母账户拨付款项到子公司账户中,集团会计根据下拨单生成凭证,集团财务主管对凭证进行审核。

(三) 成员单位发起资金上划业务

集团资金中心统一制定成员单位外部银行账户余额留存标准,当成员单位收取外部款项,使得留存金额超过标准金额,则进行资金上划处理,将子账户资金集中到母账户,以方便集团资金中心进行资金的统筹管理。成员单位发起的资金上划业务处理流程如图4-9所示。

1. 成员单位进行上划申请

××子公司收到外部客户公司支付的货款,使得公司外部银行账户留存余额较多,因此发起上划申请,将多余资金上划至集团资金母账户。

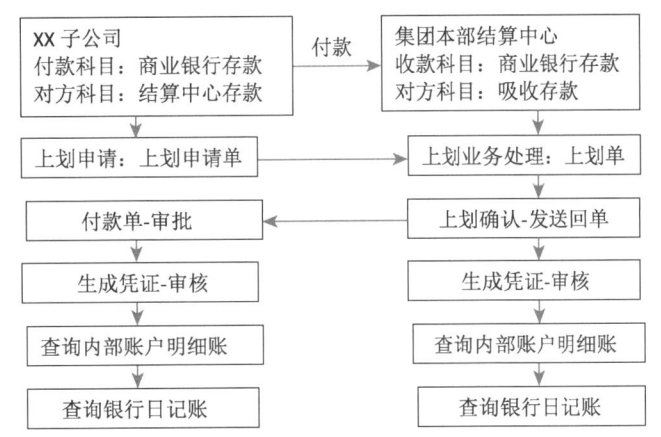

图 4-9　资金上划业务流程图

由公司出纳填写上划申请单,付款账户为××子公司外部银行账户,母账户为集团本部的资金母账户。

2. 集团资金中心处理上划申请

集团资金中心收到××子公司的上划申请,资金主管进行资金上划业务处理,借助系统提供的"拉式生成"功能生成上划单,将××子公司已审批的上划申请单拉式生成资金中心的上划单,资金主管对上划单进行审批,通知集团出纳进行银行收款,出纳确认收到××子公司转账支付的上划金额后,对上划单进行"上划确认",确认成功后,发送回单至××子公司。

3. 成员单位进行付款业务处理

××子公司出纳完成转账付款操作后,查看集团出纳发送的付款单,对付款单进行修改,补充银行实收银行账户为集团本部的资金母账户,填写对方科目为结算中心存款,对方科目核算项目为××子公司内部银行账号,提交财务主管审批后,出纳对付款单进行付款处理,会计根据付款单生成凭证,财务主管审核凭证。出纳通过查询内部账户明细账及银行日记账确认资金上划业务的登账情况。

4. 集团本部进行收款业务处理

集团本部会计根据已完成上划确认的上划单生成凭证,财务主管对凭证进行审核,集团出纳查询资金中心的内部账户明细账和银行存款日记账,确认资金上划业务的登账情况。

(四) 资金中心发起资金上划业务

集团资金中心定期查询各成员单位的内部账户余额情况,当集团资金中心发现各别子账户闲余资金超过一定标准,则由资金中心发起资金上划业务,成员单位出纳收到集团资金中心发送的付款回单,则将外部银行账户的相应资金转付到资金母账户,方便集团资金中心进入资金归集与调配。

1. ××子公司对外收取货款

××子公司对外收取客户货款,出纳新增收款单,收款科目为商业银行存款,对方科目为应收账款,对方科目核算项目为外部客户,保存提交财务主管审批,在确认银行已收到款项后,出纳对收款单进行收款处理,会计生成收款凭证,财务主管对凭证进行审核。

2. 集团资金中心发起资金上划业务

集团资金主管根据成员单位资金闲余情况进行资金上划业务处理时,资金主管新增上划单,付款单位为××子公司,付款账户为××子公司的外部银行账户,母账号为集团本部资金母账户,提交后由财务主管进行审批,由集团出纳进行款项支付并对上划单进行"上划确认"及"发送回单"。

3. 成员单位进行付款业务处理

××子公司出纳向集团资金母账户转账,收到集团出纳发送的上划确认回单,进入付款单查询界面,查看到由集团资金中心发送的付款单,出纳对付款单进行修改,在付款单修改界面输入对方科目为结算中心存款,对方科目核算项目为××子公司内部银行账户,提交至财务主管审批后,出纳对付款单进行付款处理,会计根据付款单生成凭证并提交,财务主管进行凭证审核。

4. 集团资金中心进行收款业务处理

集团出纳确认已收到子公司上划的银行款项,集团会计根据上划单生成凭证,集团财务主管对凭证进行审核。

第四节 | 现金池管理综合实验案例

实验一 资金下拨业务处理

(一) 成员单位出纳新增下拨申请单

1月1日,房产公司计划开发新项目,申请土地使用权需要用到高额资金,房产公司付款账户无法支撑完成开发新项目的计划,月初房产公司出纳根据资金预算申请资金243 309 275.16元用于缴纳土地出让金、契税、交易费等,预计在1月8日下拨完成,请据此进行下拨申请业务。完成下拨申请业务后集团本部资金主管将进行下拨业务处理。

(1)公司出纳根据业务要求的用户名、数据中心登录EAS客户端。出纳新增下拨申请单,进入应用中心-资金管理-现金池管理-划拨申请-下拨申请,如图4-10所示。

(2)选择业务日期为2018年1月1日—2018年1月31日,点击确定进入,如图4-11所示。

(3)点击新增,进入下拨申请单新增界面。根据题目要求,录入业务日期、收款账户(房产公

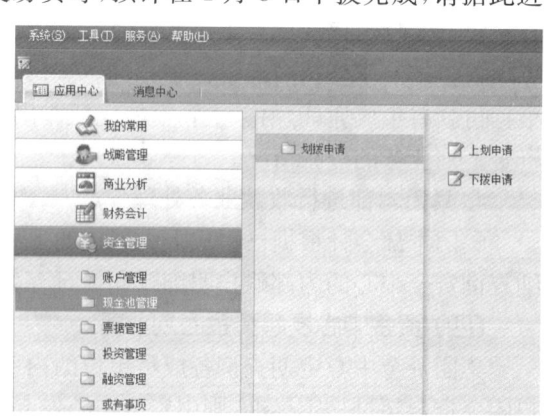

图4-10 下拨申请单登录界面

司日常付款账户用于应对各项款项支出,因此在向集团结算中心申请下拨资金时,收款账户为"房产公司付款账户")、申请金额、预计下拨日期,点击保存并提交,如图 4-12 所示。

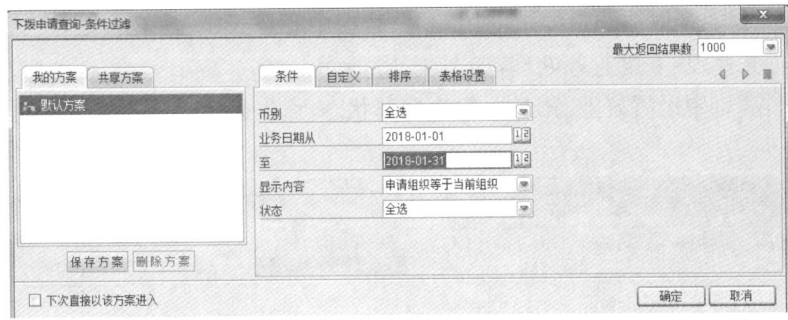

图 4-11　下拨申请条件设置

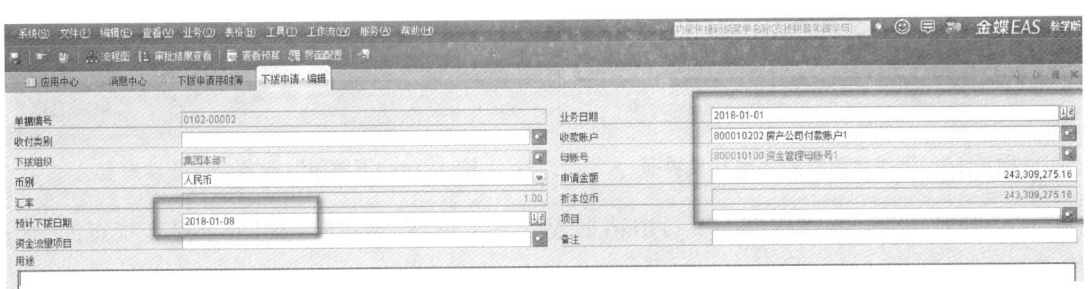

图 4-12　下拨申请单编辑界面

(4) 返回下拨申请序时簿,点击刷新,查看新增的下拨申请单,点击审批,单据状态为"已审批",如图 4-13 所示。

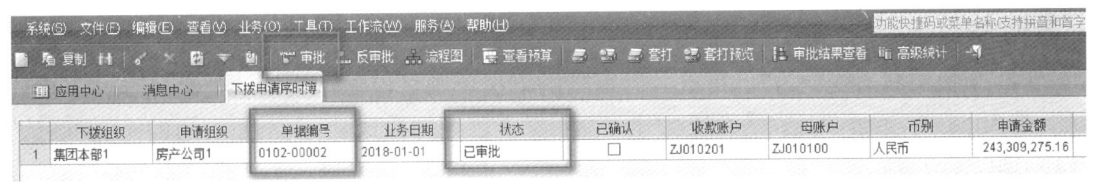

图 4-13　下拨申请序时簿

(5) 把审批好的下拨申请单编号抄写到集团管控实验平台中,点击保存,下拨申请单新增业务完成,如图 4-14 所示。

(二) 集团本部下拨业务处理

1. 集团资金主管进行下拨处理

集团本部资金主管接收到房产出纳的下拨申请需求,下拨申请需求合理,经资金主管查询房产公司内部账户明细账余额充足,在 1 月 8 日进行下拨处理,计划使用网银支付房产公司申请的下拨款 243 309 275.16 元,资金流量项目归属于内部单位转出的现金,检查单位账号和单

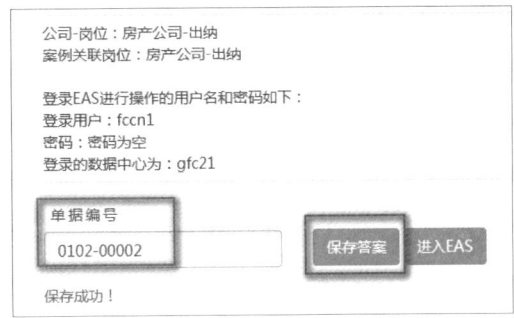

图 4-14　集团管控实验平台

位内部账号后处理下拨单业务并将下拨单业务处理结果发送到房产公司,后续分别由集团本部会计根据下拨单登记账务和房产公司出纳进行收款业务处理。

（1）集团资金主管根据题目要求的用户名、数据中心登录 EAS 客户端,进入应用中心-资金管理-划拨业务处理-下拨业务处理,如图 4-15 所示。

（2）在条件查询中设置好业务日期,勾选全部状态,点击确定进入下拨单序时簿,如图 4-16 所示。

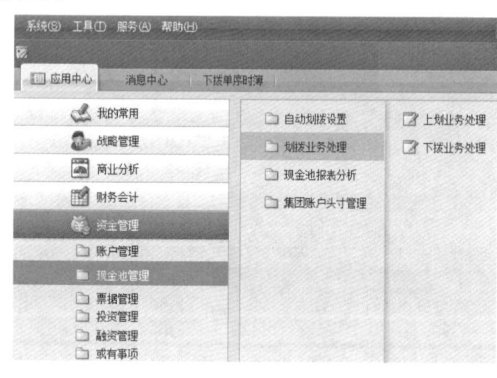

图 4-15　下拨申请业务处理登录界面

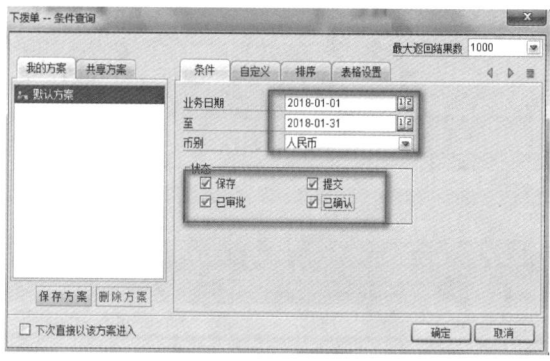

图 4-16　下拨申请业务处理条件设置

（3）查看子公司出纳提交的下拨申请形成的下拨单,资金主管先对处于提交状态的下拨单进行审批,如图 4-17 所示。

图 4-17　下拨单序时簿

（4）下拨单状态变更为"已审批",已审批的下拨单则可以做下拨确认处理,点击"下拨确认",进入下拨单界面,勾选"是否成功"框,说明资金已经划拨成功,点击左上角的"下拨确认"按钮,如图 4-18 所示。

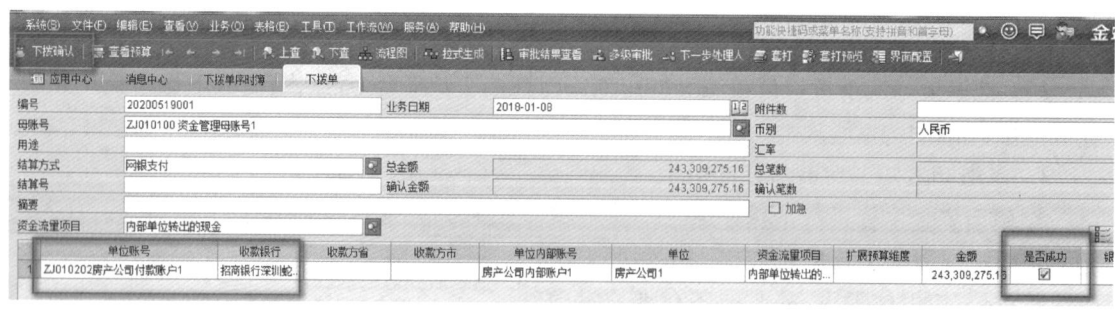

图 4-18　下拨单下拨确认

（5）提示下拨确认成功,点击确定,证明资金中心已将款项划拨到下拨申请公司的对应账户。返回并刷新下拨单序时簿,查看下拨单状态变更为已确认。资金主管点击"发送回单",系统自动发送收款单至资金申请公司,下拨业务处理完毕。

(6)资金主管将下拨单编号抄写到集团管控实验平台的"单据编号"框中,点击保存答案,如图4-19所示。

2.集团总部会计根据下拨单生成凭证

1月8日,集团总部会计根据资金主管处理完成的下拨单生成凭证并提交财务总监进行审核。

(1)总部会计根据题目要求的用户名、数据中心登录EAS客户端,进入应用中心-资金管理-划拨业务处理-下拨业务处理,如图4-20所示。

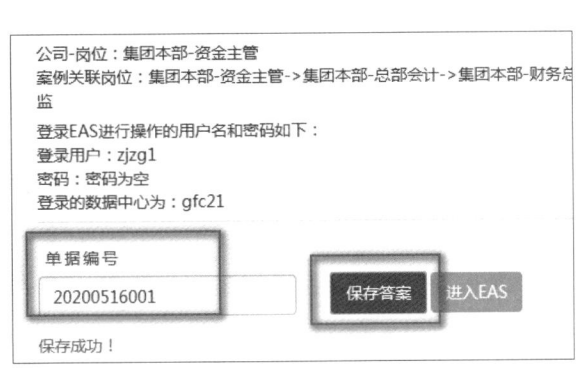

图4-19 集团管控实验平台

图4-20 下拨单查询登录界面

(2)设置好业务日期,点击确定进入,根据资金下拨确认的下拨单,点击"生成凭证",系统自动生成机制凭证,如图4-21所示。

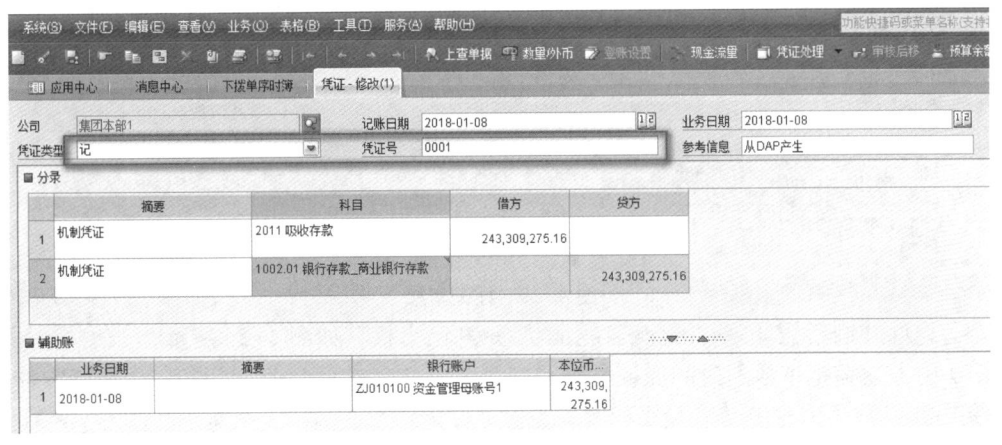

图4-21 根据下拨单生成的记账凭证

(3)检查无误后,会计点击保存并提交,把凭证号抄写到集团管控实验平台中,点击保存答案,如图4-22所示。

3.集团财务总监对凭证进行审核

1月8日,经过查看本部会计生成的下拨单凭证的正确性,集团本部的财务总监对本部会计根据下拨单生成的凭证进行审核。

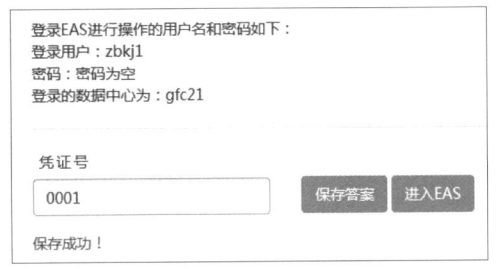

图4-22 集团管控实验平台

（1）财务总监根据题目要求的用户名、数据中心登录 EAS 客户端，进入应用中心-财务会计-凭证处理-凭证查询，如图 4-23 所示。

（2）检查业务日期及单据状态，点击确定进入，如图 4-24 所示。

图 4-23　凭证查询登录界面

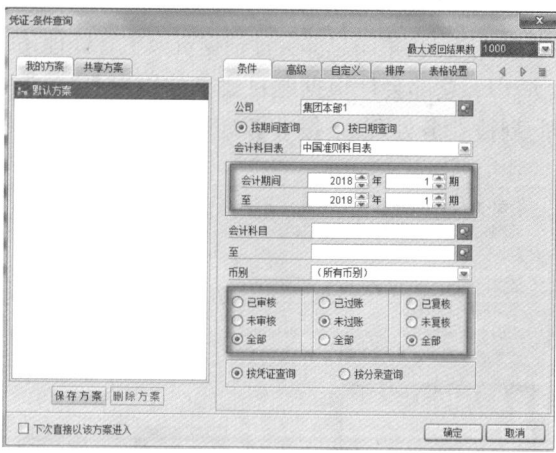

图 4-24　凭证查询条件设置

（3）双击打开总部会计生成的凭证，进入凭证查看界面，点击凭证处理-审核，提示凭证审核成功，点击确定，如图 4-25 所示。

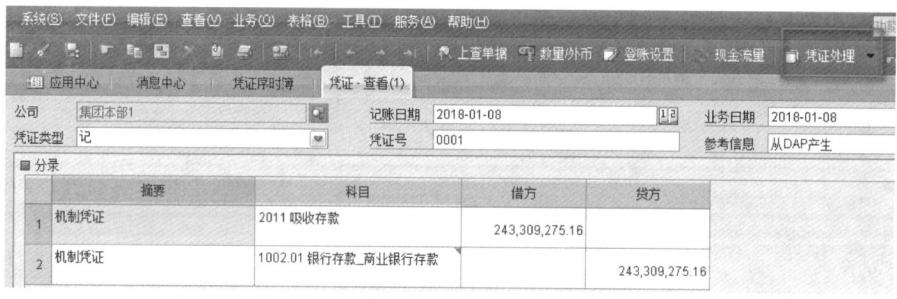

图 4-25　凭证审核

（4）返回并刷新凭证序时簿，查看凭证状态为"已审核"，如图 4-26 所示。

（5）财务总监把审核通过的凭证号抄写到集团管控实验平台中，点击保存，凭证审核业务处理完毕。

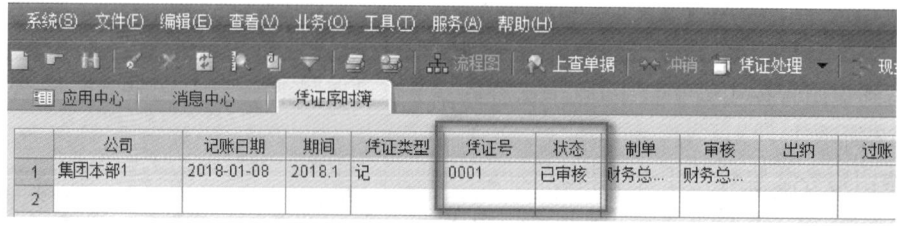

图 4-26　凭证序时簿

(三) 成员单位收款业务处理

1. 出纳查询并修改收款单

1月8日,房产公司的房产出纳收到结算中心-集团本部下拨的资金243 309 275.16元,集团本部是使用网银支付此笔资金的,为方便房产公司总账会计生成收款单凭证,需要将对方科目维护为结算中心存款,资金流量项目维护为内部单位转入的现金,将收款单修改后审核并完成收款业务处理,后续将由房产公司总账会计根据收款单登记账务。

(1) 公司出纳根据题目要求的用户名、数据中心登录 EAS 客户端,进入应用中心-财务会计-出纳管理-收付款处理-收款单查询,如图 4-27 所示。

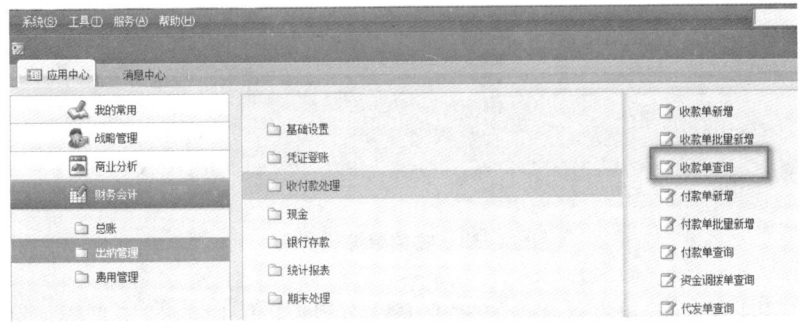

图 4-27 收款单查询登录界面

(2) 选择业务日期,点击确定进入收款单序时簿,如图 4-28 所示。

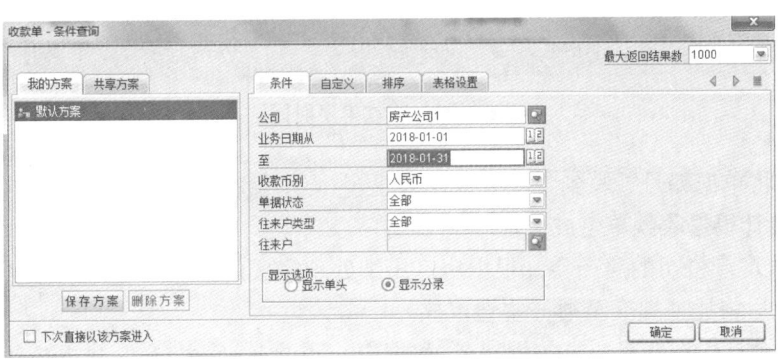

图 4-28 收款单查询条件设置

(3) 选中系统生成的收款单,单据状态为"保存",点击"修改"按钮进入编辑界面,如图4-29 所示。

图 4-29 收款单序时簿

(4) 检查对方科目为结算中心存款,资金流量项目为内部单位转入的现金,检查无误后,点击保存并提交,如图 4-30 所示。

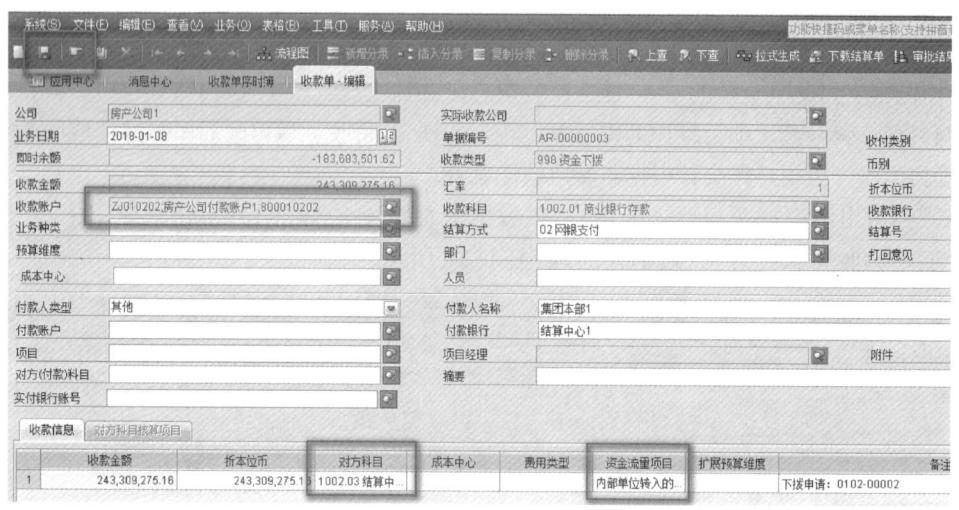

图 4-30　收款单编辑界面

（5）返回序时簿界面,单据状态为已提交,选中单据后点击审批,审批完成的收款单即可进行"收款"处理,如图 4-31 所示。

图 4-31　收款单序时簿

（6）出纳将单据编号抄写到集团管控实验平台,点击保存答案,收款单业务处理完成。

2. 公司会计根据收款单生成凭证

1月8日,房产公司的房产会计根据房产出纳处理完成的收款单生成收款凭证,检查会计分录的正确性后将凭证提交至财务主管审核。

（1）公司会计根据题目要求的用户名、数据中心登录 EAS 客户端,进入应用中心-财务会计-出纳管理-收付款处理-收款单查询,如图 4-32 所示。

图 4-32　收款单查询登录界面

（2）选择业务日期，点击确定进入收款单序时簿，如图 4-33 所示。

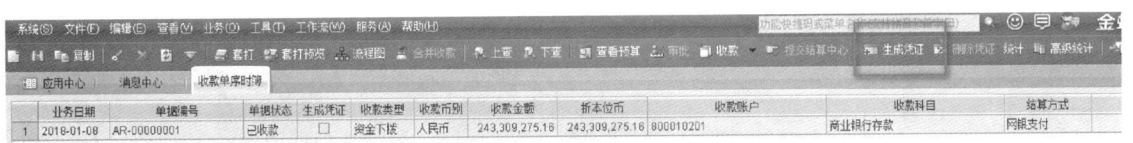

图 4-33　收款单查询条件设置

（3）选中已收款的收款单，点击"生成凭证"，如图 4-34 所示。

	业务日期	单据编号	单据状态	生成凭证	收款类型	收款币别	收款金额	折本位币	收款账户	收款科目	结算方式
1	2018-01-08	AR-00000001	已收款	□	资金下拨	人民币	243,309,275.16	243,309,275.16	800010201	商业银行存款	网银支付

图 4-34　收款单序时簿

（4）系统自动生成凭证，会计检查凭证内容，确认无误后，点击保存并提交，如图 4-35 所示。

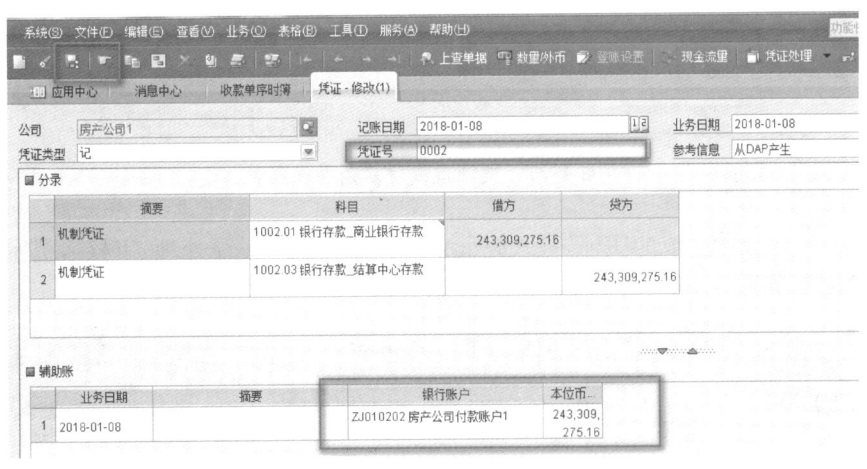

图 4-35　凭证提交

（5）会计将凭证号抄写到集团管控实验平台中，点击保存，凭证生成业务处理完毕。

3. 公司财务主管审核凭证

1 月 8 日，经过查看房产会计生成的收款单凭证的正确性，房产公司的财务主管审核房产会计生成的收款凭证。

（1）财务主管根据题目要求的用户名、数据中心登录 EAS 客户端，进入应用中心-财务会计-凭证处理-凭证查询，如图 4-36 所示。

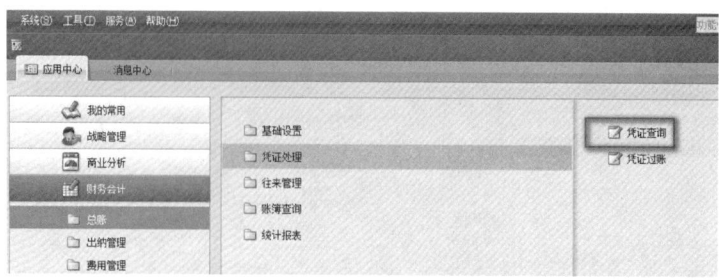

图 4-36　凭证查询登录界面

（2）检查业务日期及单据状态，点击确定进入，如图 4-37 所示。

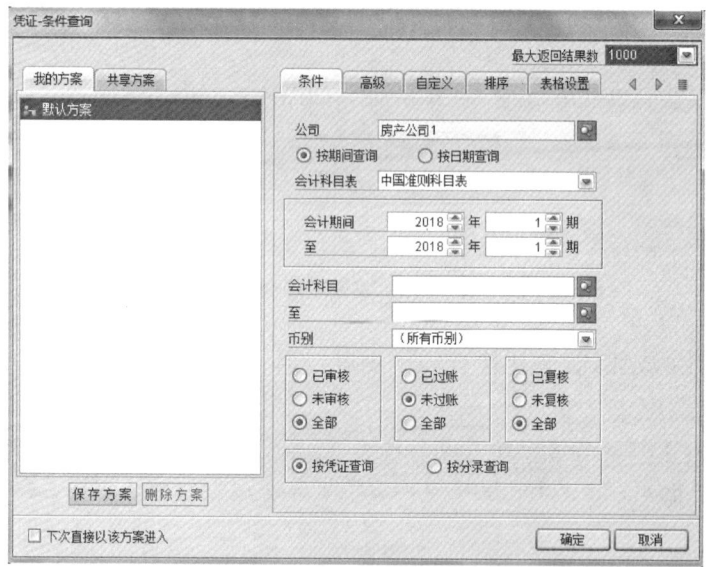

图 4-37　凭证查询登录条件设置

（3）双击打开会计生成的凭证，进入凭证查看界面，点击"凭证处理-审核"，提示凭证审核成功，点击确定，如图 4-38 所示。

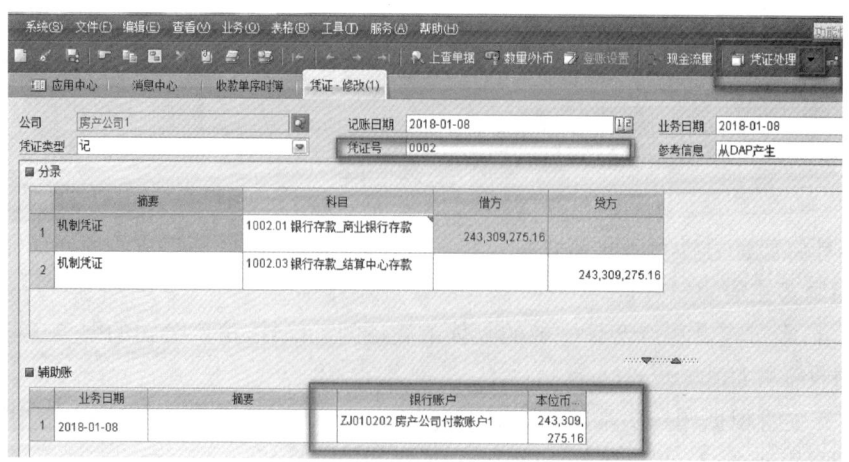

图 4-38　凭证审核

（4）返回并刷新凭证序时簿，查看凭证状态为"已审核"，如图4-39所示。

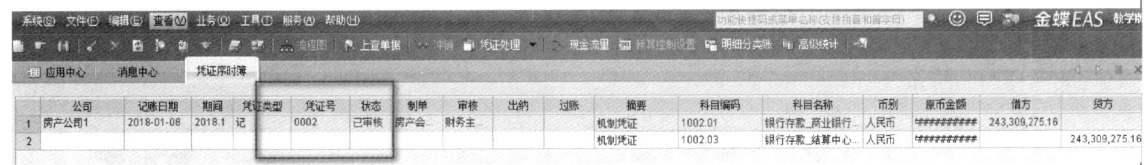

图4-39 凭证序时簿

（5）财务主管把审核通过的凭证号抄写到集团管控实验平台中，点击保存，凭证审核业务处理完毕。

实验二 资金上划业务处理

（一）成员单位出纳新增上划申请单

1月31日，房产公司的房产出纳根据当月收款，将资金由收款账户上划到母账户，申请资金上划，申请金额为117 697 495.50元，新增上划申请单，并提交审批。

（1）公司出纳根据题目要求的用户名、数据中心登录EAS客户端。出纳新增上划申请单，进入应用中心-资金管理-现金池管理-划拨申请-上划申请，如图4-40所示。

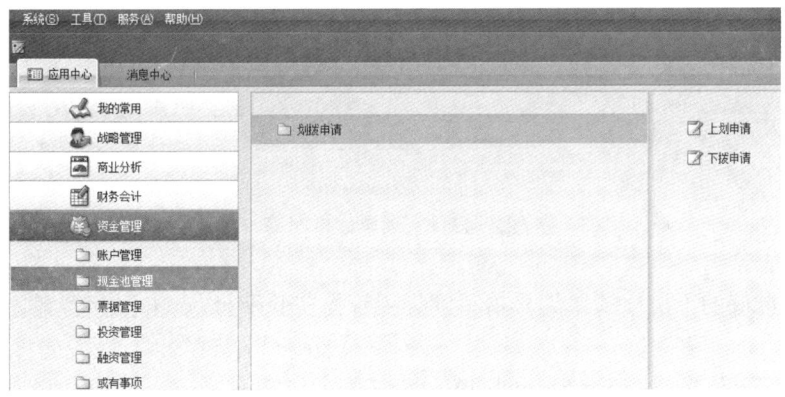

图4-40 上划申请单登录界面

（2）选择业务日期为2018年1月1日—2018年1月31日，点击确定进入，如图4-41所示。

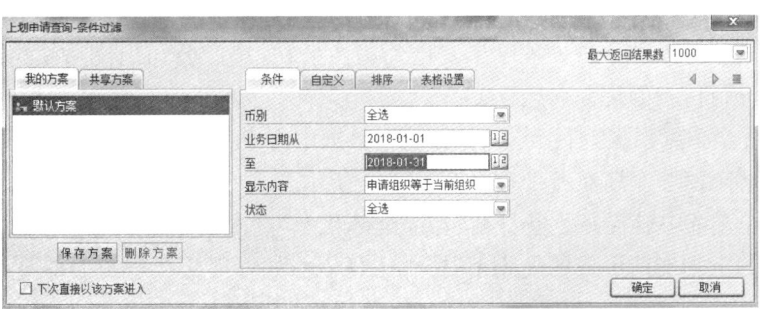

图4-41 下划申请条件设置

（3）点击新增,进入上划申请单新增界面。根据题目要求,录入业务日期,付款账户(房产公司日常收款业务通过其收款账户完成,收款账户中存在闲余资金,因此在向集团结算中心申请上划资金时,其付款账户为"房产公司收款账户"),申请金额,预计上划日期,点击保存并提交,如图 4-42 所示。

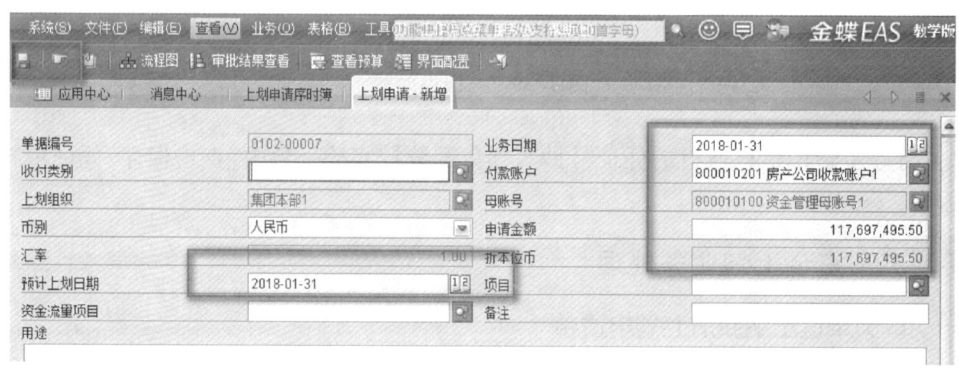

图 4-42　上划申请单新增界面

（4）返回上划申请序时簿,点击刷新,查看新增的上划申请单,点击审批,单据状态为"已审批",如图 4-43 所示。

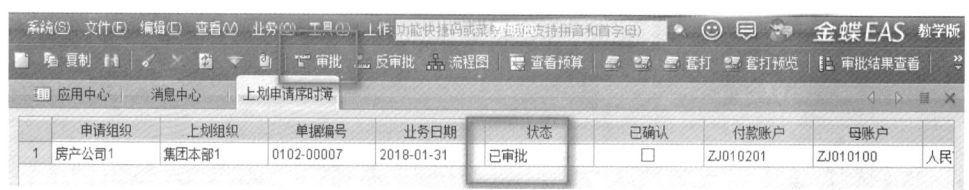

图 4-43　上划申请序时簿

（5）把审批好的下拨申请单编号抄写到集团管控实验平台,点击保存答案,上划申请单新增业务完成。

（二）集团资金中心进行资金上划业务处理

1. 资金主管生成上划单

1月31日,结算中心在每个月月底需要对各成员单位现有资金进行归集,集团本部的资金主管将房产公司收款账户内 117 697 495.50 元上划到资金管理母账号,归集房产公司资金的结算方式为网银支付,资金流量项目为内部单位转入的现金,收款方银行在广东省深圳市,请据此进行上划业务处理并将处理结果发送到房产公司,房产公司出纳后续将对发送回单后产生的付款单进行付款处理。

（1）集团资金主管根据题目要求的用户名、数据中心登录 EAS 客户端,进入应用中心-资金管理-划拨业务处理-上划业务处理,如图 4-44 所示。

（2）在条件查询中设置好业务日期,勾选全部状态,点击确定进入上划单序时簿。查看子公司出纳提交的上划申请形成的上划单,资金主管先对处于提交状态的上划单进行审批,如图 4-45 所示。

（3）上划单状态变更为"已审批"。已审批的上划单则可以做上划确认处理,点击"上划确认",进入上划单界面,勾选"是否成功"框,说明资金已经划拨成功。之后点击左上角的"上划确认"按钮,如图 4-46 所示。

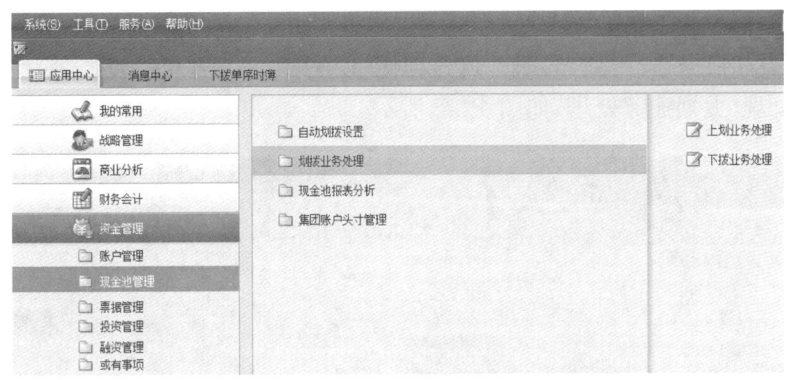

图 4-44 上划申请业务处理登录界面

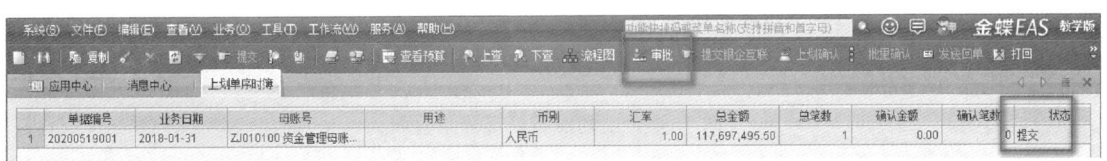

图 4-45 上划单序时簿

图 4-46 上划单上划确认

(4)提示上划确认成功,点击确定,证明房产公司申请上划的款项已经成功上划到资金母账户。返回并刷新上划单序时簿,查看上划单状态变更为已确认。资金主管点击"发送回单",系统自动发送付款单至资金申请子公司,如图 4-47 所示。

图 4-47 根据上划单发送回单

(5)资金主管将上划单的单据编号抄写到集团管控实验平台的"单据编号"框中,点击保存答案,上划业务处理完毕。

2. 集团总部会计根据上划单生成凭证

1月31日,集团本部的总部会计根据资金主管接收房产公司收款账户共计117 697 495.50元的上划单来生成凭证,检查上划单凭证会计分录无误后将凭证提交到财务总监进行凭证审核。

(1)总部会计根据题目要求的用户名、数据中心登录EAS客户端,进入应用中心-资金管理-划拨业务处理-上划业务处理,如图4-48所示。

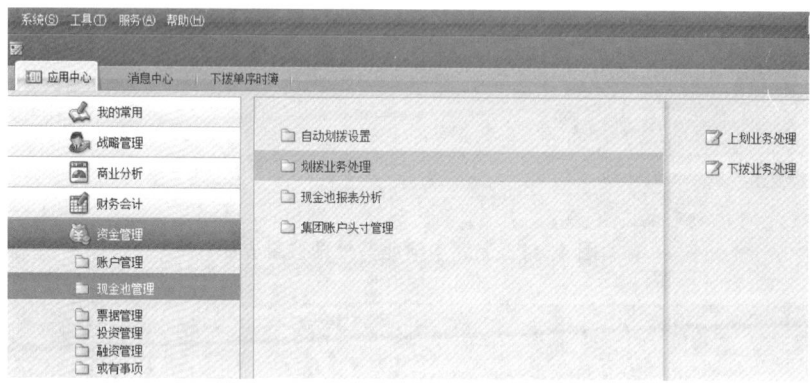

图4-48 上划业务处理登录界面

(2)设置好业务日期,点击确定进入。找到单据状态为已确认的上划单,选中后点击"生成凭证"按钮,如图4-49所示。

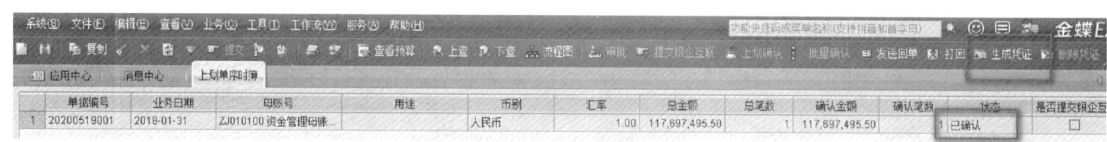

图4-49 上划单生成凭证

(3)系统根据上划单自动生成机制凭证,点击保存并提交,提交后生成的凭证号为唯一凭证号,如图4-50所示。

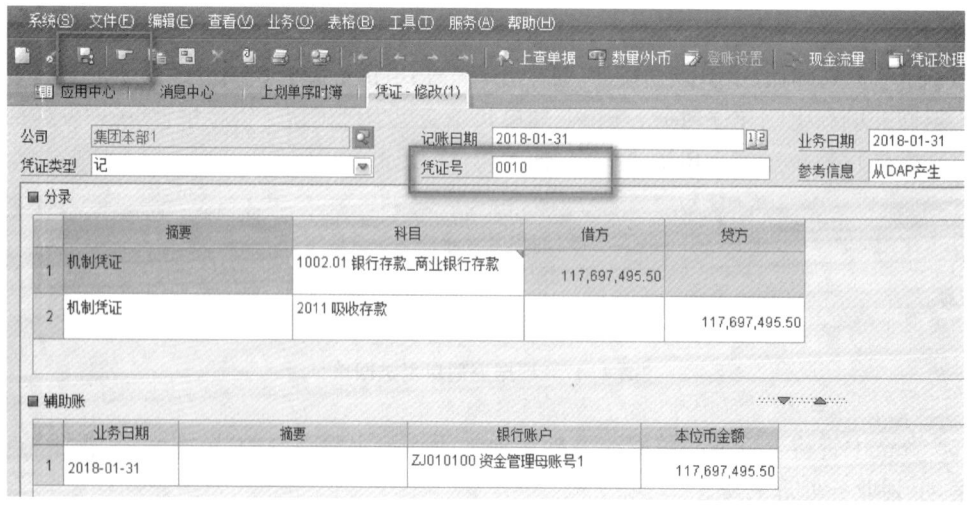

图4-50 凭证提交

（4）检查无误后，点击保存并提交，把新增的记账凭证的凭证号抄写到集团管控实验平台中，点击保存答案，生成凭证业务处理完毕。

3. 集团财务总监审核凭证

1月31日，查询未审核的凭证，集团本部的财务总监确认总部会计提交关于房产公司的上划单业务凭证登记准确，予以审核凭证。

（1）财务总监根据题目要求的用户名、数据中心登录 EAS 客户端，进入应用中心-财务会计-凭证处理-凭证查询，如图 4-51 所示。

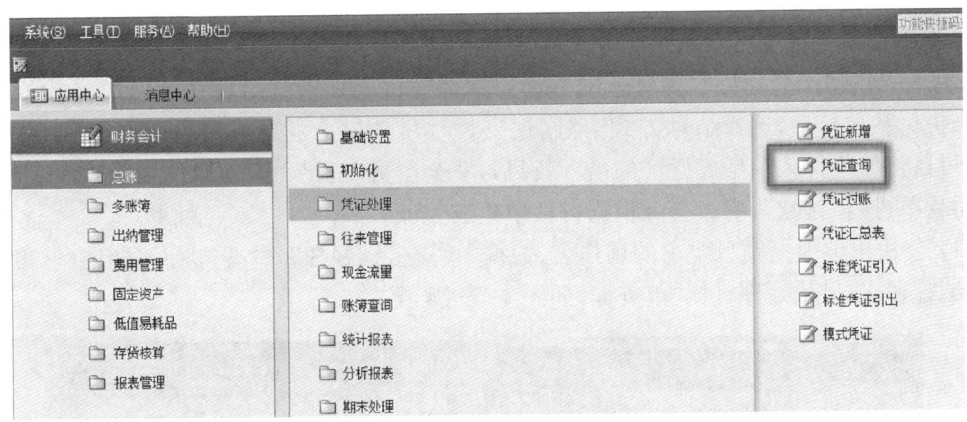

图 4-51　凭证查询登录界面

（2）检查业务日期及单据状态，点击确定进入。双击打开总部会计生成的凭证，进入凭证查看界面，点击"凭证处理-审核"，提示凭证审核成功，点击确定，如图 4-52 所示。

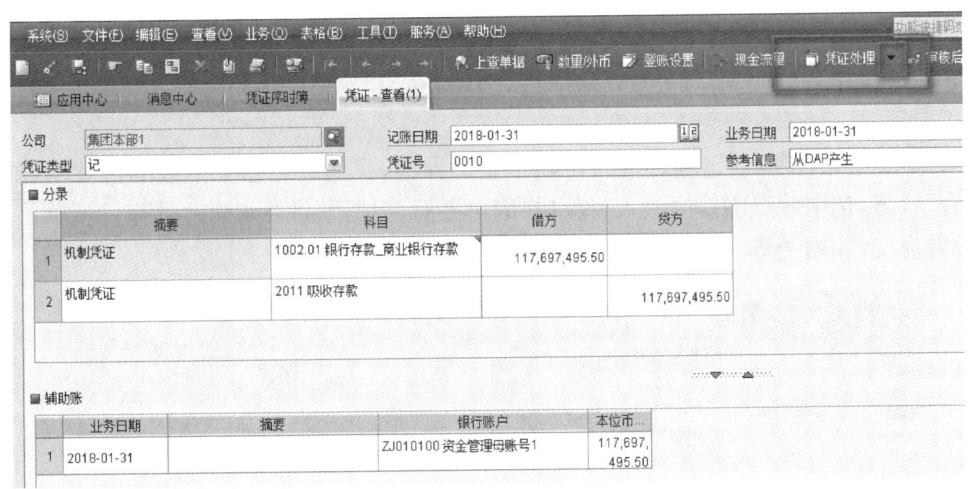

图 4-52　凭证审核

（3）返回并刷新凭证序时簿，查看凭证状态为"已审核"，如图 4-53 所示。

（4）财务总监把审核通过的凭证号抄写到集团管控实验平台中，点击保存，凭证审核业务处理完毕。

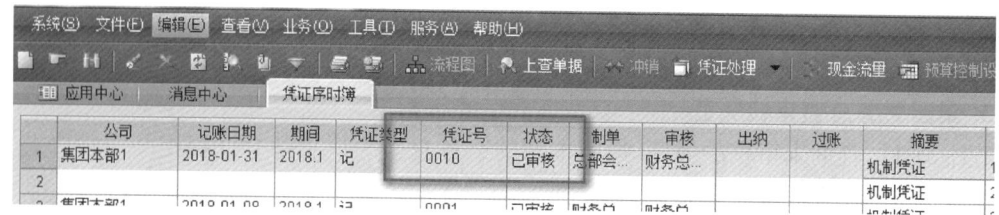

图 4-53 凭证查询登录界面

（三）成员单位进行资金上划付款处理

1. 出纳修改并提交付款单

1 月 31 日，房产公司接收到资金中心集团本部通过上划确认后发送的回单付款单，房产出纳维护付款单信息，选择结算方式为"网银支付"，付款单上的对方科目为"结算中心存款"（对方科目将作为付款单生成凭证的借方科目），资金流量项目为"内部单位转出的现金"，出纳将对付款单进行"付款"，房产会计根据付款单生成凭证。

（1）公司出纳根据题目要求的用户名、数据中心登录 EAS 客户端，进入应用中心-财务会计-出纳管理-收付款处理-付款单查询，如图 4-54 所示。

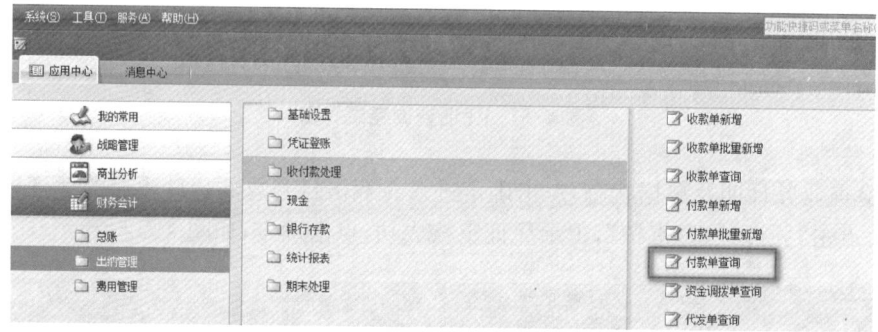

图 4-54 付款单查询

（2）修改业务日期，点击确定进入付款单查询界面，找到上划业务生成的付款单，单据处于"保存"状态，选中并点击修改进入付款单-编辑界面，根据题目要求修改补充付款单信息，点击保存并提交，如图 4-55 所示。

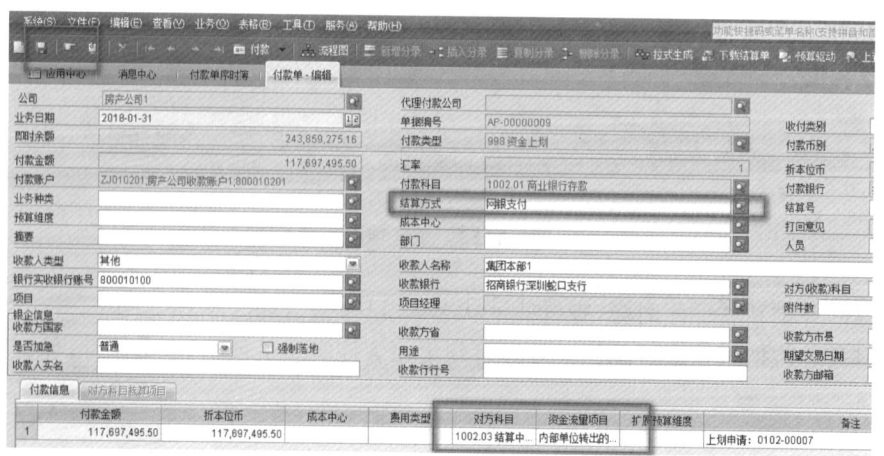

图 4-55 付款单编辑界面

（3）出纳对修改提交的付款单进行审批及付款处理，如图4-56所示。

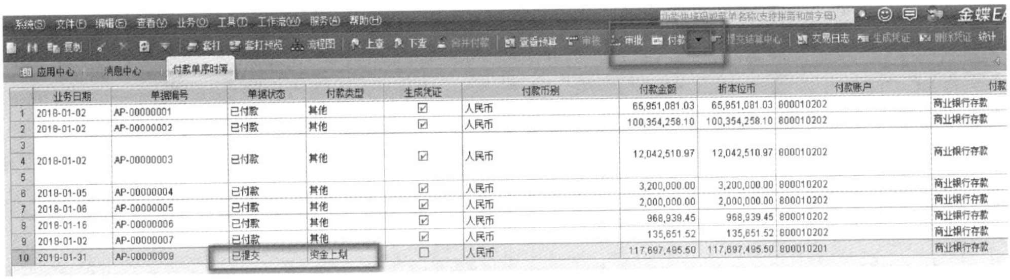

图4-56　付款单序时簿

（4）单据状态由已提交变更为已付款，出纳将单据编号抄写到集团管控实验平台中，点击保存答案，付款单业务处理完成。

2. 会计根据付款单生成凭证

1月31日，房产公司的会计将出纳处理完成的付款单生成付款凭证，检查会计分录无误后将凭证提交到财务主管进行审核。

（1）公司会计根据题目要求的用户名、数据中心登录EAS客户端，进入应用中心-财务会计-出纳管理-收付款处理-付款单查询，如图4-57所示。

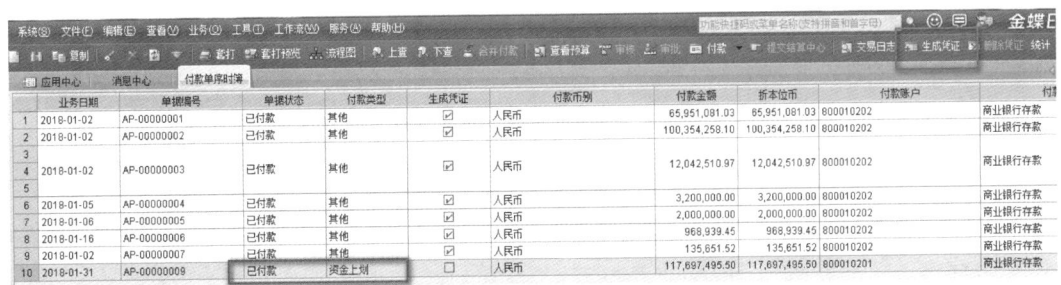

图4-57　付款单查询登录界面

（2）选择业务日期，点击确定进入付款单序时簿，选中已付款的付款单，点击"生成凭证"，如图4-58所示。

图4-58　付款单生成凭证

（3）系统自动生成凭证，会计检查凭证内容，确认无误后，点击保存并提交，如图4-59所示。

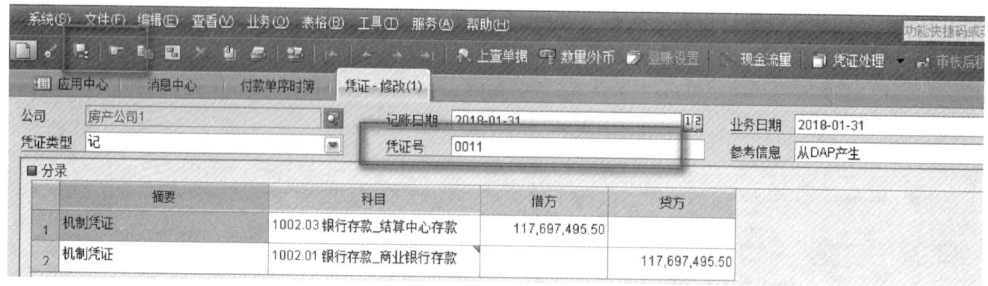

图 4-59　凭证提交

（4）会计把生成的记账凭证的凭证号抄写到集团管控实验平台中，点击保存答案，生成凭证业务处理操作完成。

3. 财务主管审核凭证

1月31日，经过检查房产会计生成的凭证，业务登记准确，房产公司的财务主管审核这笔付款凭证。

（1）财务主管根据题目要求的用户名、数据中心登录EAS客户端，进入应用中心-财务会计-凭证处理-凭证查询，如图 4-60 所示。

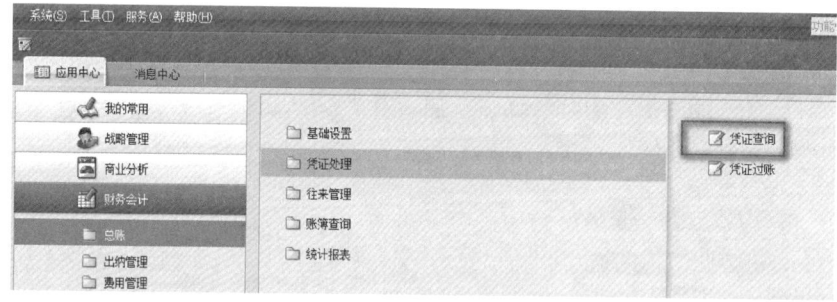

图 4-60　凭证查询登录界面

（2）检查业务日期及单据状态，点击确定进入，双击打开会计生成的凭证，进入凭证查看界面，点击"凭证处理-审核"，提示凭证审核成功，点击确定，如图 4-61 所示。

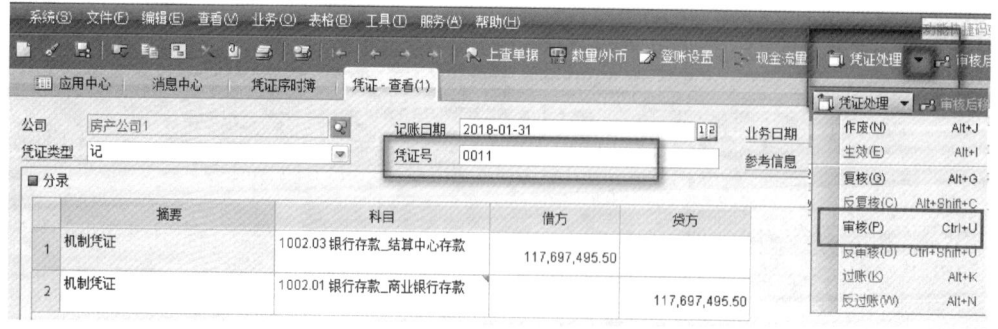

图 4-61　凭证审核

（3）返回并刷新凭证序时簿，查看凭证状态为"已审核"，如图 4-62 所示。

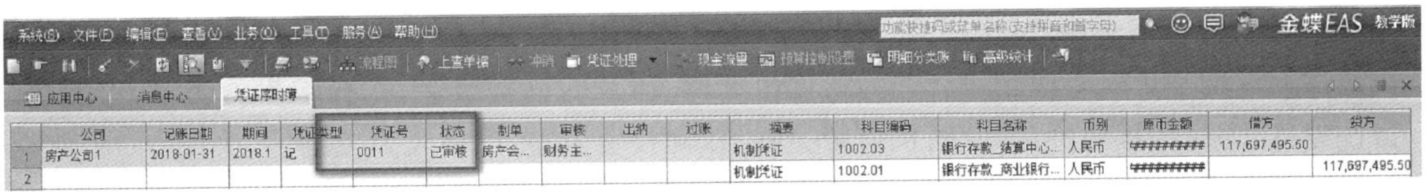

图 4-62 凭证序时簿

（4）财务主管把审核通过的凭证号抄写到集团管控实验平台中，点击保存，凭证审核业务处理完毕。

第五节 投融资管理及业务操作

一、投融资管理概述

企业的生存和发展的基础是资金的均衡流动及有效的运作，企业一方面要保证企业经营运作所需资金流的均衡，另一方面又要有效降低资金的占用成本，增加投资收益，因此合理筹措企业经营运作所需资金，及时为企业剩余资金找到有利的投资机会，是企业投融资管理的核心目标。

集团投融资管理是现代企业资金管理的有效手段，为保证企业资金流通需要，降低企业的资金占用成本，提高资金效益，集团开展一系列活动，如集团内统一授信、内部授信、集团外部资金统借统还、定期（通知）存款、委托贷款、集团内部拆借等。

（一）投资管理

1. 投资的概念

投资是指企业将资金的使用权让渡给其他单位，利用资金的价值创造功能为企业增加财富或谋求利益。

2. 投资管理的目的

企业进行投资管理是为了合理利用暂时闲置的资产使其产生较高的经济效益，企业实行有效的投资管理，可以对关联企业实施控制，扩大企业规模，提高资金再生和价值创造能力，实现长远的经济目标。

3. 投资方式的分类

企业的投资方式是多样性的，根据不同的场景与需求采用不同的投资方式以达到企业的特定目标，实现投资组合最优化与企业风险最小化，如表 4-2 所示。根据不同的分类标准，企业以不同类别制定投资方案。

表 4-2　　　　　　　　　　投资方式分类表

分类标准	类别
按投资活动与企业生产经营活动的关系	直接投资和间接投资
按投资对象的存在形态和性质	项目投资和证券投资
按对企业生产经营前景的影响	发展性投资和维护性投资
按投资的方向	对内投资和对外投资
按投资项目之间的相互关系	独立投资和互斥投资

4. 投资管理的基本原则

投资管理基于以下原则进行：①细化市场调查，及时捕捉机会；②科学投资决策，严密可行性分析；③足额募集资金，及时供应资金；④权衡投资效益，严格风险控制。

5. 投资管理形式

（1）委托贷款。委托贷款是指委托金融机构或非金融机构，按照委托人指定对象、用途和额度发放贷款。根据企业会计准则规定，企业委托贷款应视同短期投资业务进行核算，按期计提利息，计算损益。委托人承担全部贷款风险；受托人根据委托人确定的贷款对象、用途、期限、利率等代为发放、监督使用并协助回收贷款。受托人不垫付委托贷款资金和利息，不承担任何形式的贷款风险，以提供金融中间业务形式向委托人收费。

委托贷款有利于委托人拓宽资金投资收益渠道，增加投资回报；有利于借款人缓解资金短缺压力，满足融资渠道多元化需求；有利于受托方完成银行的中间业务，收取手续费，增加业务收入。

（2）资金往来管理。资金往来管理是指企业集团通过内部银行、结算中心、财务公司等形式对企业资金实行集团内部资金集中管理，灵活划转，将个别子账户的盈余资金划转到出现资金短缺的子账户中，达到内部资金的有效利用。资金往来可以不通过结算中心，由两个子公司之间进行资金流通及往来业务操作。

（3）企业贷款。企业贷款是指集团结算中心将款项贷给内部成员单位，以缓解内部成员单位的资金需求，它分别计提贷出款项的利息收入与贷入款项的利息支出。企业贷款是集团内部资金拆借业务，由集团结算中心进行贷出款项操作，借款单位必须在结算中心设立内部账户。

（4）投资理财。投资理财是指企业将盈余资金购买金融理财产品，从而获取投资收益，它包括金融理财产品品种管理及投资理财台账管理。

（5）银行定期（通知）存款。投资管理模块的存款是成员单位的一项资产，无论是存款存于银行还是存于集团内部资金中心，在EAS信息系统中都称为银行定期（通知）存款。

（二）融资管理

1. 融资的概念

融资是企业根据生产经营、对外投资或调整资产结构的需要，通过不同的渠道，采取不同的形式，获取资金的行为。融资管理是对资金获取的渠道及形式进行管理，最大限度降低资金使用成本，保证资金融通及时性和充足性。

2. 融资的分类

企业根据融资动机、融资资金权益特性、所融资资金的来源、是否通过金融机构进行以及融资资金的使用期限等不同因素，对融资方式进行合理分类，如表4-3所示。企业融资方式是多样式、多渠道的。

表4-3 　　　　　　　　　　融资方式分类表

分类标准	类别
根据融资动机	创立性融资、支付性融资、扩张性融资、调整性融资
根据融资资金权益特性	权益融资（所有者直接投资、发行股票、留存收益）、债务融资（发行债券、金融机构借款、商业信用、融资租赁、衍生金融工具）

分类标准	类别
根据是否通过金融机构	直接融资、间接融资
根据资金来源	内部融资、外部融资
根据资金使用期限	长期融资、短期融资

3. 融资管理的基本原则

企业融资需要支付融资成本，通过何种渠道进行融资、资本结构如何安排决定了企业融资成本及财务风险的大小，因此企业进行融资活动时应当遵循以下基本原则：规模适当、筹措及时、来源合理、方式经济，以控制风险、降低成本。

4. 融资管理的形式

（1）授信额度。授信额度是银行为客户提供的一种便利融资服务，指在一定金额及期限内，向借款人发放的可循环使用的贷款资金。只要授信余额不超对应的业务品种指标，无论累计发放金额和发放次数为多少，银行均可快速向客户提供融资业务服务，使企业可便捷循环使用授信范围的资金，从而满足客户对金融服务快捷性和便利性的要求。

一次授信后，在约定的时间和额度内随借随用随还；借款人依据授信合同办理授信业务，银行不再重新进行授信调查及审批；如果为综合授信额度，借款人除了可以获得贷款外，还可办理授信合同规定的开立承兑汇票、国际结算融资等业务；单项业务授信额度只能用于某项业务，如只能用于银行贷款或用于承担汇票等。

（2）抵（质）押物管理。抵押是指债务人或第三人不转移对财产的占有，将该财产作为债权的担保。债务人不履行债务时，债权人有权依照担保法规定以该财产折价或者以拍卖、变卖该财产的价款优先受偿。质押是指债务人或第三人将其动产移交债权人占有，将该动产作为债权的担保。债务人不履行债务时，债权人有权依照本法规定以该动产折价或者以拍卖、变卖该动产的价款优先受偿。

抵（质）押物管理是对融资业务发生时，签订的抵押合同或质押合同进行管理和后续跟踪。

（3）借款。借款是指企业向债权人借入的，需要还本付息的款项，包括偿还期限超过1年的长期借款和不足1年的短期借款，主要用于企业购建固定资产和满足流动资金周转的需要。

集团企业根据债权人的不同，将借款业务分为集团内借款和集团外借款。

（4）融资费用管理。融资费用管理是对各类融资业务发生的融资费用进行管理，包括借款、银团贷款、债券融资等业务活动。融资费用是融资成本的重要组成部分，需要单独进行集中管理，影响企业融资管理整体成效。

（5）企业定期（通知）存款。存款业务是成员单位将资金存入集团内部资金中心各外部银行机构，并可以随时或按约定时间支取款项的一种信用行为。融资管理的存款业务是集团资金中心对成员单位的一项负债，是资金中心主要的资金来源之一，相当于成员单位存于资金中心，使得资金中心拥有流通运转资金，从而达到融资目的。在EAS系统中称为企业定期（通知）存款。

二、投融资管理业务操作

（一）委托贷款

面对市场竞争压力，企业需要不断地寻求创新与技术升级，可以向银行申请贷款投入研发,由于研发成果和经济效益不可估量,企业不一定能获得银行贷款。在集团型企业中,子公司则可以根据资金需求进行集团内部融资,可以通过集团本部结算中心进行委托贷款业务来获取融资。

在委托贷款业务中,出资子公司一般拥有闲余资金,可以通过委托贷款业务将资金借出并赚取资金利息。出资子公司为委托方,集团本部结算中心为受托方,融资子公司为借款方,融资子公司支付借款利息满足资金需求。委托贷款业务流程如图4-63所示。

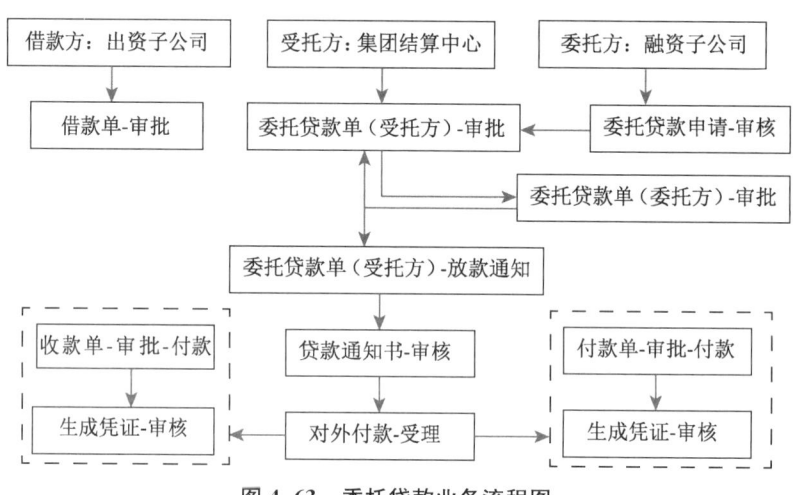

图4-63 委托贷款业务流程图

1. 参数设置

为了提高资金管理业务操作效率,系统管理员需要提前设置好内置参数,使参数设置贴合业务操作需要,要求集团下的各个会计主体出纳管理设置编码为CS009,参数名称为"成员单位自动接收结算单受理后发送的付款回单"的参数值为"是"。

2. 借款方生成借款单

子公司之间达成协议后,由融资子公司出纳填写借款单,公司财务主管进行审批。

3. 委托方进行委托贷款申请

出资子公司作为委托方,委托集团结算中心进行委托贷款业务,需要向结算中心提交委托贷款申请单,受托单位为集团结算中心,借款单位为融资子公司,与借款单位关系为集团内。公司会计新增委托贷款申请单,财务主管进行审批。

4. 受托方进行委托贷款业务处理

委托贷款投资业务中,集团结算中心作为受托方处理中间业务,集团资金主管要根据出资子公司提交的委托贷款申请单拉式生成委托贷款单(受托方),维护补充委托贷款单(受托方)信息并提交财务主管审批。

集团资金主管生成委托贷款单(受托方)意味着集团结算中心接受委托,同意提供中间业务,为委托贷款活动进行资金流转工作。

5. 委托方进行委托贷款业务处理

集团结算中心处理委托贷款业务并接受了委托(生成了委托贷款单),出资子公司进行委托贷款业务处理,会计在委托贷款业务界面拉式生成委托贷款单,业务类型为"委托",公司财务主管对委托贷款单进行审批。

6. 结算中心通知并放款

集团资金主管在委托贷款业务中,委托与受托的操作均已完成,详细信息均已填写完毕后,正式进行放款通知,先是对委托贷款单进行放款通知操作,系统会弹出贷款通知书,修改放款日期后进行提交,提交后的贷款通知书可以在委托贷款通知界面进行查看,资金主管对贷款通知书进行审核。审核通过的贷款通知书作为集团出纳进行银行转账付款操作的依据。集团出纳根据放款通知书进行对外付款操作,新增对外付款单,付款账户为出资子公司的内部账户,付款科目为吸引存款,收款账户为融资子公司外部银行账户,付款中心账号为集团资金母账户。集团资金主管受理对外付款单,受理后系统会自动生成付款单至付款方,结算中心正式进行银行转账操作,由资金母账户转账给融资子公司的外部银行账户。

虽然付款对象为集团内成员单位,但由于收款账户为××子公司的外部银行账户,因此此处出纳新增的为对外付款单进行结算。

7. 委托方付款并生成凭证

出资子公司收到集团结算中心的放款通知,知晓对外付款操作已受理,确认款项已由结算中心支付给借款方融资子公司,因此做具体付款业务操作,生成凭证并审核。由于系统参数设置中设置了对外付款业务受理后,付款方会收到系统自动生成的付款单,因此出资子公司出纳通过付款单查询界面找到已保存的付款单并做相应修改。

8. 借款方收款并生成凭证

融资子公司收到集团结算中心的放款通知,确认集团资金主管已受理对外付款单,集团出纳已转账,公司出纳查账确认收到借入款项,则做进一步的收款业务操作。出纳根据之前提交的借款单"拉式生成"收款单,收款账户为外部银行账户,收款科目为商业银行存款,对方科目为短期借款,提交审批后,会计根据收款单生成凭证,财务主管审核凭证。

9. 委托方进行贷款展期

由于融资子公司无法按期还款,经与债权人出资子公司进行协商后决定,出资子公司对该笔委托贷款进行展期处理,将原到期日延展一年期限后收回,展期处理由出资子公司新增委托贷款展期单,审批后生效。

委托贷款展期是为延长债务人的还款期限,并不一定等于债务人的还款日,贷款展期由债权人设置,允许借款方延后还款,借款方不做特殊处理,一般情况下,借款方可在展期到期日前进行还款。

(二) 资金往来

由于科技进步,市场竞争加剧,企业要不断更新生产技术以生产出更符合市场需求的最新科技的产品,如集团××子公司向银行申请贷款受拒,为保证公司正常运营,集团内其他子公司进行协商后决定以"资金往来"方式,从出资子公司获取贷款,融资子公司获得款项并为该笔贷款支付利息。资金往来业务流程如图4-64所示。

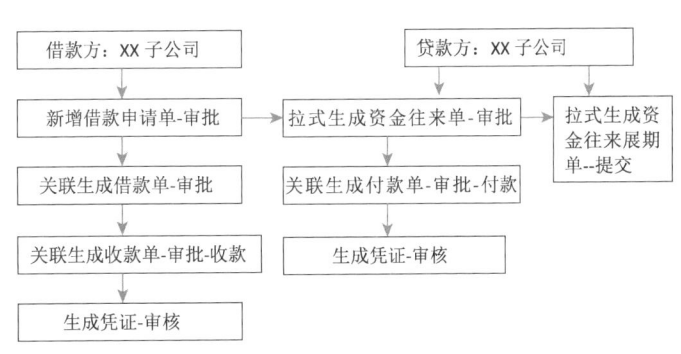

图 4-64 资金往来业务流程图

1. 借款方进行借款业务处理

融资子公司作为借款方,向集团内其他成员单位进行融资借款,会计在系统中提交借款申请单并由公司财务主管审批,借款申请单中,债权人性质为集团内,债权人为××子公司,融资品种为内部贷款,收款银行账户为融资子公司的外部银行账户。审批后的借款申请单作为款项借出方生成资金往来单据的依据。同时,为方便后续收取借入款项,生成收款单,会计根据借款申请单生成借款单,并作审核处理。

2. 出资子公司新增资金往来单并发放贷款

出资子公司作为款项借出方,通过资金往来的方式发放贷款给融资子公司,收到融资子公司提交的借款申请单,将其关联生成资金往来单并提交公司财务主管进行审批,审批通过后,确认资金往来业务的可行性,由公司出纳根据资金往来单关联生成付款单并提交财务主管审批,付款账户为出资子公司的外部银行账户,收款账户为融资子公司的外部银行账户,付款科目为商业银行存款,对方科目为其他应收款——往来,对方科目核算项目为内部客户——融资子公司。出纳提交付款单由财务主管审批通过后,进行银行转账操作,并对付款单进行付款处理,完成付款后付款单作为会计生成凭证的凭据,财务主管对生成的凭证进行审核。

3. 借款方收款

融资子公司出纳查账后确认已收到所借入款项,由资金往来业务新增的借款单拉式生成收款单,填写对方科目为"短期借款",提交财务主管审批后做进一步收款处理,会计根据收款单生成记账凭证,财务主管审核凭证。

4. 贷款方进行资金往来展期

由于借款方融资子公司研发进程延期,原库存产品销售利润大幅降低,加大了公司的资金流压力,导致无法按期偿还出资子公司的贷款,经协商,出资子公司管理层允许对该笔资金往来款项进行展期处理,延展期限为1年,由出资子公司出纳根据资金往来单生成资金往来展期单并提交,融资子公司无须做其他系统操作。

(三) 授信额度

集团旗下的子公司常常需要向银行进行贷款,用于研发投入、产品与技术升级。每次申请贷款均需进行授信调查、审批等一系列流程,流程复杂且耗时较长,会影响公司的生产速度,产品升级无法快速跟上市场变化。因此集团决定,向银行提交综合银行授信以确保额度内资金的随借随用。授信额度申请业务流程如图4-65所示。

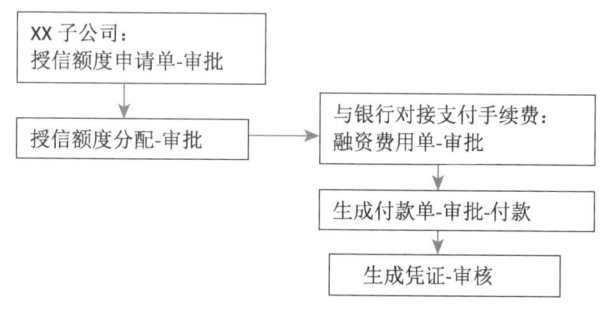

图4-65　授信额度申请业务流程图

1. 授信额度申请

由××子公司以"集团授信"的形式向其外部银行账号开户行申请综合银行授信,授信期间为1年,授信用途为"综合",授信性质为"循环",公司出纳进行授信额度申请,财务主管进行审批。

2. 授信额度分配

授信额度申请获批后,出纳进行授信额度新增,根据授信额度申请单拉式生成授信额度,并将该授信额度设置为总额共享,分配组织为集团内各个会计主体,即实现集团内各个成员单位均可以在该授信额度期限及额度范围内使用资金。

3. 融资费用支出业务处理

子公司与银行授信额度协议达成后,需要交付银行手续费,作为融资费用处理,出纳新增融资费用单,查询上一步生成的授信额度申请单的编号,填入融资费用单中源单编号框中,补充填写融资品种为"银行保函",费用类型为"手续费",付款账户为××子公司外部银行账户,保存并提交财务主管审批。审批通过的融资费用单可生成付款单,出纳补充付款单信息,填写对方科目为财务费用,经财务主管审批后出纳进行付款处理,会计以此生成凭证并提交审核。

4. 企业定期(通知)存款

企业定期将资金存入银行,获取稳定利息,但自集团内部成立了结算中心,各子公司可以将闲置资金存入结算中心内部账户获取利息,同时结算中心还可将存入的资金借给其他有需要的成员单位,实现集团内部的资金有效利用。因此

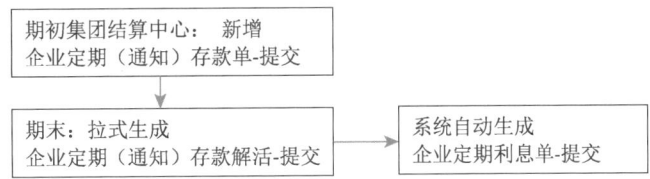

图 4-66 定期存款业务流程图

子公司决定将内部账户的闲余资金转为定期存款,存入集团结算中心。定期存款业务流程如图 4-66 所示。

5. 新增企业定期(通知)存款

由集团结算中心处理成员单位内部账户资金划转。集团出纳将子公司内部账户的活期账户金额转到定期账户。

在集团搭建模块,建立内部账户操作中,为××子公司分别设立了活期存款账户和定期存款账户,就是为了此业务操作使用,两个账户都是内部账户,但由于存款方式不同,计息方式不同,因此需要开设两个账户。

集团结算中心处理成员单位内部账户资金划拨,作为内部银行的结算中心,成员单位存放于内部账户的资金均视同融资存款,因此在处理企业定期(通知)存款业务时,从融资管理模块进入。

6. 企业定期(通知)存款解活

根据××子公司在结算中心设立的内部账户(定期)约定的企业定期(通知)存款期限,在定期存款即将到期之前,集团本部会向××子公司发出通知,并由集团本部出纳进行企业定期(通知)存款提前解活处理。出纳根据企业定期(通知)存款单拉式生成解活单据,提交后系统会自动生成企业定期利息单作为计算××子公司定期存款利息。

第六节 | 投融资管理综合实验案例

实验一 集团本部购买股票

(一) 资金主管购买股票新增付款单

1 月 5 日,以银行存款购买恒易公司发行的普通股股票 1 000 万股,持有恒易公司 70%的

股权,每股买价 5.3 元(其中含已宣告但尚未发放的股利 0.3 元),另支付相关税费 60 000 元。将其划分为长期股权投资。集团本部的资金主管新增付款单,收款人类型为其他,收款人为恒易公司,录入对方科目及资金流量项目,提交审批,并完成付款,付款成功后告知总部会计进行会计处理。

本案例中,集团公司通过长期股权投资持有恒易公司 70% 的股权,达到控制,按成本法计算,应按实际支出成本(包括相关税费)计入投资成本,由于买价中包含已宣告但尚未发放的股利,该部分股利应计入应收股利科目,不计入投资成本。资金主管进入付款单新增时,对方科目应该将长期股权投资及应收股利分别计算。

(1) 集团资金主管根据题目要求的用户名、数据中心登录 EAS 客户端,进入应用中心-财务会计-出纳管理-收付款处理-付款单新增,如图 4-67 所示。

图 4-67　付款单新增登录界面

(2) 双击进入付款单新增界面。根据题目要求填写付款单信息,修改业务日期,选择付款账户为资金母账户,付款科目为商业银行存款,由于支付的长期股权投资款中包含应收股利,不应计算投资成本,在付款信息第一行中,输入付款金额为 50 060 000 元,将相关税费一并计入长期股权投资的投资成本中,对方科目为长期股权投资,资金流量项目为"取得子公司及其他营业单位支付的现金余额",通过"新增分录"功能,输入第二行金额为 3 000 000 元,对方科目为"应收股利",资金流量项目为"支付其他与投资活动有关的现金",付款单信息录入完毕,点击保存并提交,如图 4-68 所示。

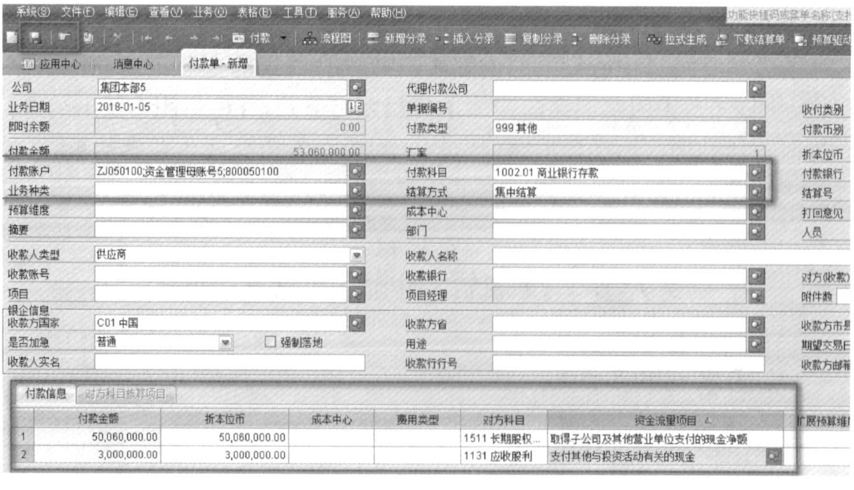

图 4-68　付款单编辑界面

（3）退出付款单新增界面，双击付款单查询，如图4-69所示。

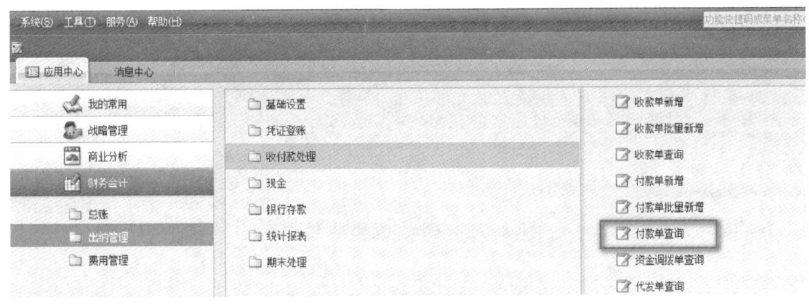

图4-69　付款单查询登录界面

（4）设置付款单查询条件，点击确定进入付款单查询界面，查看输入信息是否正确，进行付款单审批及付款处理，如图4-70所示。

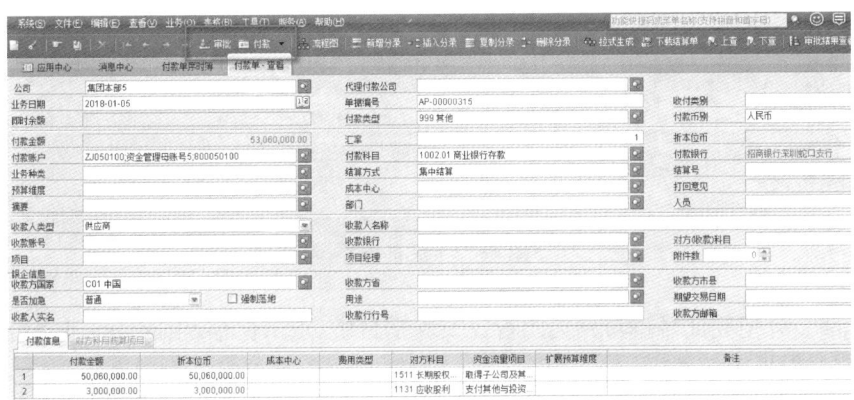

图4-70　付款单审批及付款

（5）检查付款单状态为"已付款"。集团资金主管将付款单编号抄写到集团管控实验平台中，点击保存答案，付款单新增业务完成。

（二）总部会计根据付款单生成凭证

1月5日，集团本部资金主管支付购买股票53 060 000元后，总部会计根据付款单生成付款凭证，确认金额、科目等信息无误后（如果生成的凭证有误，删除凭证后告知资金主管核对付款单），提交凭证，并交由财务总监审核。

（1）总部会计根据题目要求的用户名、数据中心登录EAS客户端，进入应用中心-财务会计-出纳管理-收付款处理-付款单查询，如图4-71所示。

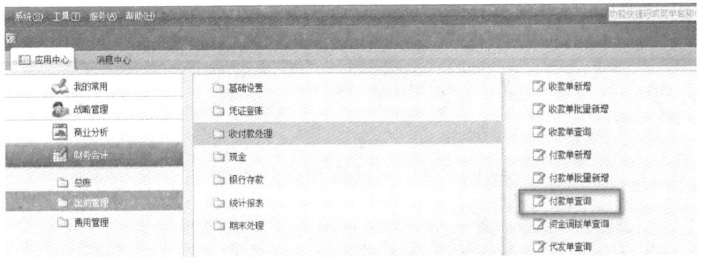

图4-71　付款单查询登录界面

（2）修改业务日期,点击确定进行付款单查询界面,选中付款单,点击生成凭证,如图4-72所示。

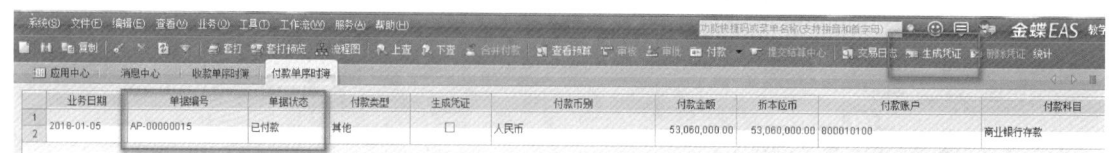

图4-72　付款单生成凭证

（3）系统自动生成付款凭证,查看科目及金额,检查无误后,点击保存并提交,如图4-73所示。

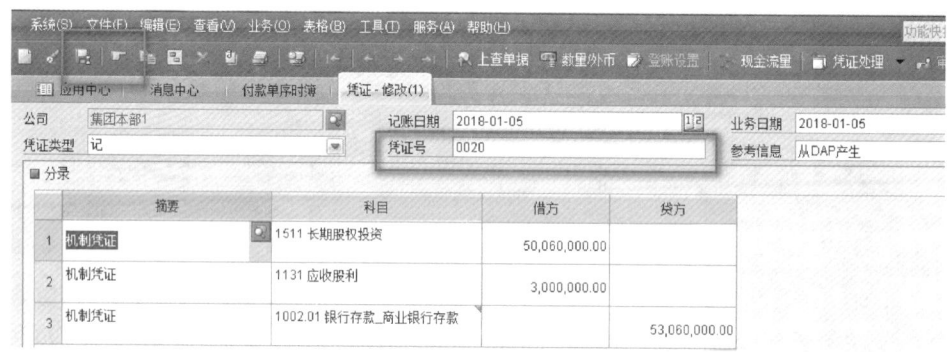

图4-73　凭证提交

（4）总部会计把凭证号抄写到集团管控实验平台中,点击保存,生成凭证业务处理完成。

（三）财务总监审核凭证

1月5日,集团本部的总部会计提交购买股票53 060 000元的凭证后,财务总监核对付款凭证的金额、科目等信息无误后,审核通过（如果凭证有误,告知总部会计修改并重新提交,凭证无误后再审核通过）。

（1）财务总监根据题目要求的用户名、数据中心登录 EAS 客户端,进入应用中心-财务会计-凭证处理-凭证查询,如图4-74所示。

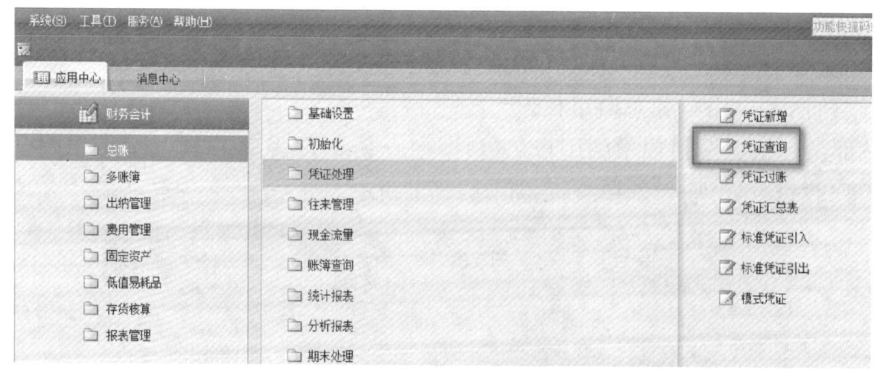

图4-74　凭证查询登录界面

（2）检查业务日期及单据状态,点击确定进入,双击打开总部会计生成的凭证,进入凭证查看界面,点击"凭证处理-审核",提示凭证审核成功,点击确定,如图 4-75 所示。

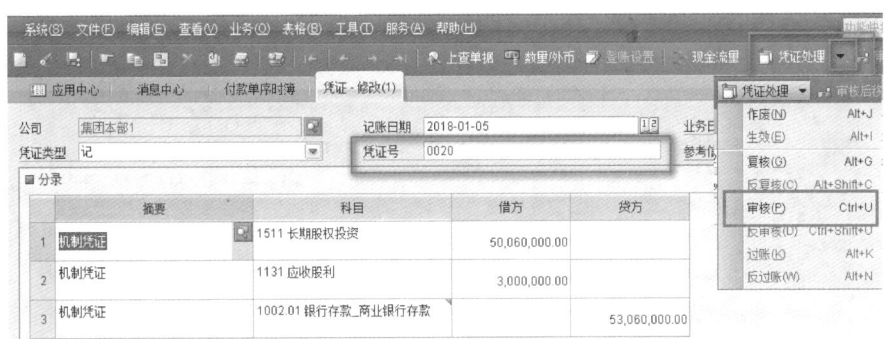

图 4-75　凭证审核

(3) 集团财务总监把审核通过的凭证号抄写到集团管控实验平台中,点击保存,凭证审核业务操作完成。

实验二　集团本部收到现金股利

(一)资金主管收到股利后新增收款单

月初,集团本部以银行存款购买恒易公司发行的普通股股票1 000万股,每股买价 5.3 元(其中含已宣告但尚未发放的股利 0.3 元),1 月 25 日,收到恒易公司分派的现金股利 3 000 000元,资金主管新增收款单,付款人类型为"其他",付款人为"恒易公司",对方科目为"应收股利",录入现金流量项目,提交审批并完成收款,收款成功后,告知总部会计进行会计处理。

(1) 集团资金主管根据题目要求的用户名、数据中心登录 EAS 客户端,进入应用中心-财务会计-出纳管理-收付款处理-收款单新增,如图 4-76 所示。

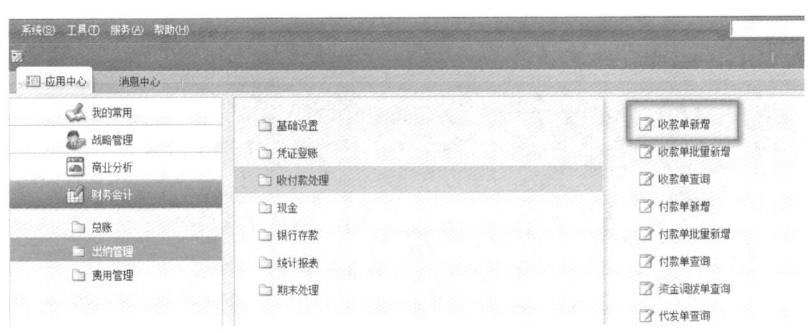

图 4-76　收款单新增登录界面

(2) 双击进行收款单新增界面。资金主管根据题目要求填写收款单信息,修改业务日期,收款账户为资金母账户,收款科目为"商业银行存款",收款金额为 3 000 000 元,对方科目为"应收股利",资金流量项目为"收到与其他投资活动有关的现金",检查无误后,点击保存并提交,如图 4-77 所示。

(3) 收款单提交后,返回进入收款单查询,如图 4-78 所示。

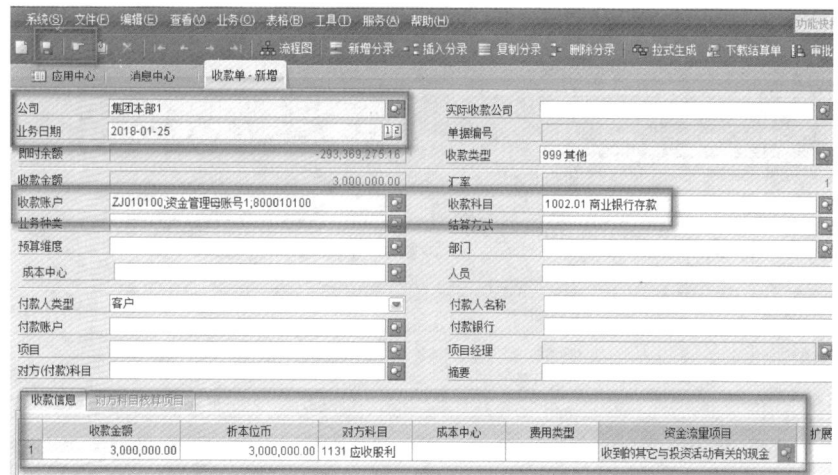

图 4-77 收款单编辑界面

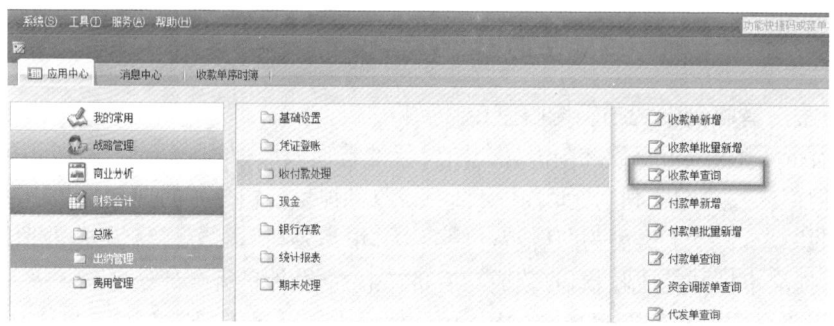

图 4-78 收款单查询登录界面

（4）设置好业务日期，点击确定进入收款单序时簿，处于提交状态的收款单可以进行审批及收款处理，如图 4-79 所示。

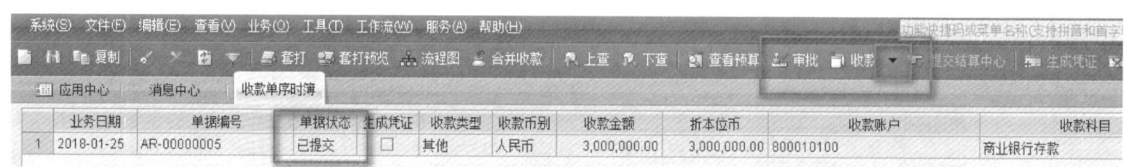

图 4-79 收款单审批及收款

（5）集团资金主管将收款单的单据编号抄写到集团管控实验平台中，点击保存，收款单新增业务处理完毕。

（二）会计根据收款单生成凭证

1 月 25 日，集团本部资金主管收到现金股利 3 000 000 元后，总部会计根据收款单生成收款凭证，确认金额、科目等信息无误后（如果生成的凭证有误，删除凭证后告知资金主管核对收款单），提交凭证，并交由财务总监审核。

（1）总部会计根据题目要求的用户名、数据中心登录 EAS 客户端，进入应用中心-财务会计-出纳管理-收付款处理-收款单查询，如图 4-80 所示。

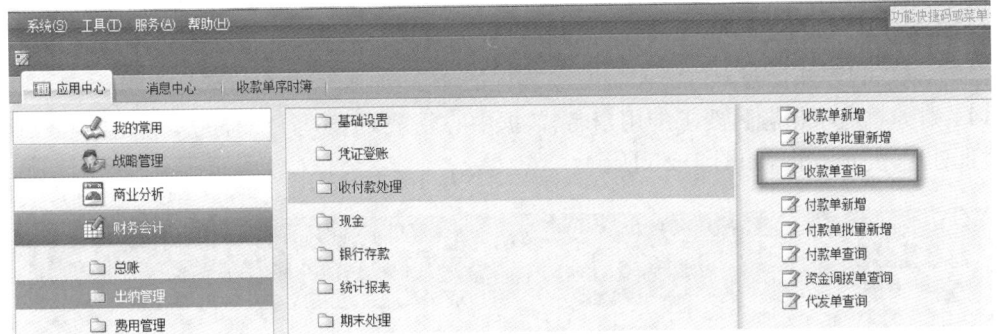

图 4-80　收款单查询登录界面

（2）修改业务日期，点击确定进入收款单查询界面。选中收款单，点击生成凭证，如图 4-81 所示。

图 4-81　收款单生成凭证

（3）系统自动生成收款凭证，查看科目及金额，检查无误后，点击保存并提交，如图 4-82 所示。

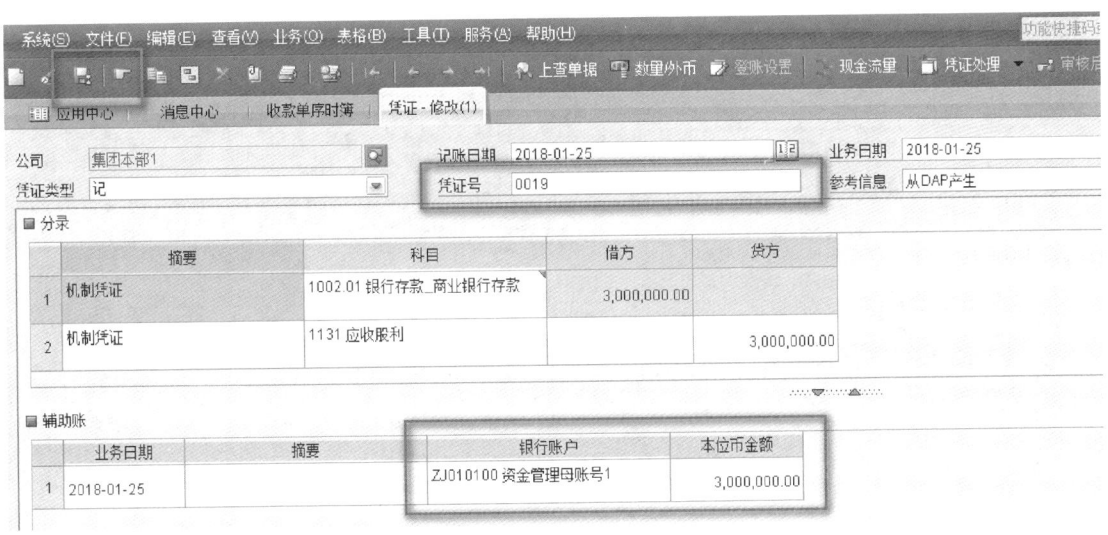

图 4-82　凭证提交

（4）总部会计把凭证号抄写到集团管控实验平台中，点击保存，生成凭证业务处理完成。

（三）财务总监审核凭证

1月25日，集团本部的总部会计提交收到现金股利3 000 000元的凭证后，财务总监核对收款凭证的金额、科目等信息无误后，审核通过（如果凭证有误，告知总部会计修改并重新提交，凭证无误后再审核通过）。

（1）财务总监根据题目要求的用户名、数据中心登录EAS客户端，进入应用中心-财务会计-凭证处理-凭证查询，如图4-83所示。

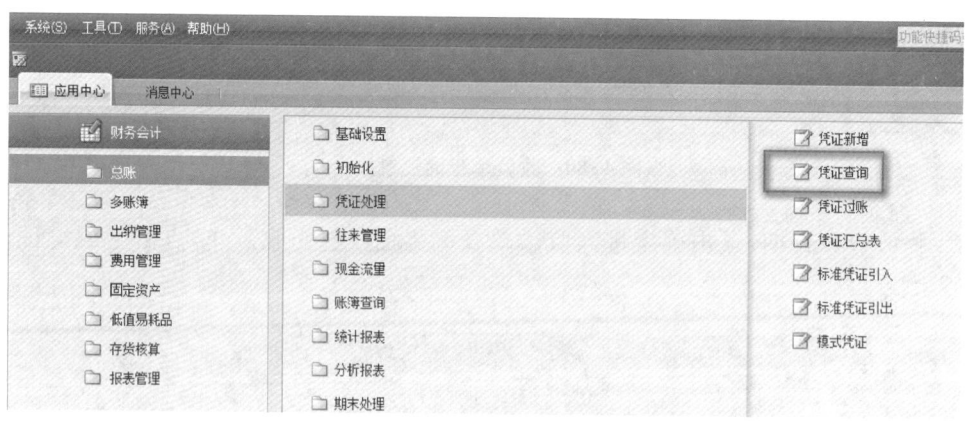

图4-83　凭证查询登录界面

（2）检查业务日期及单据状态，点击确定进入。双击打开总部会计生成的凭证，进入凭证查看界面，点击"凭证处理-审核"，提示凭证审核成功，点击确定，如图4-84所示。

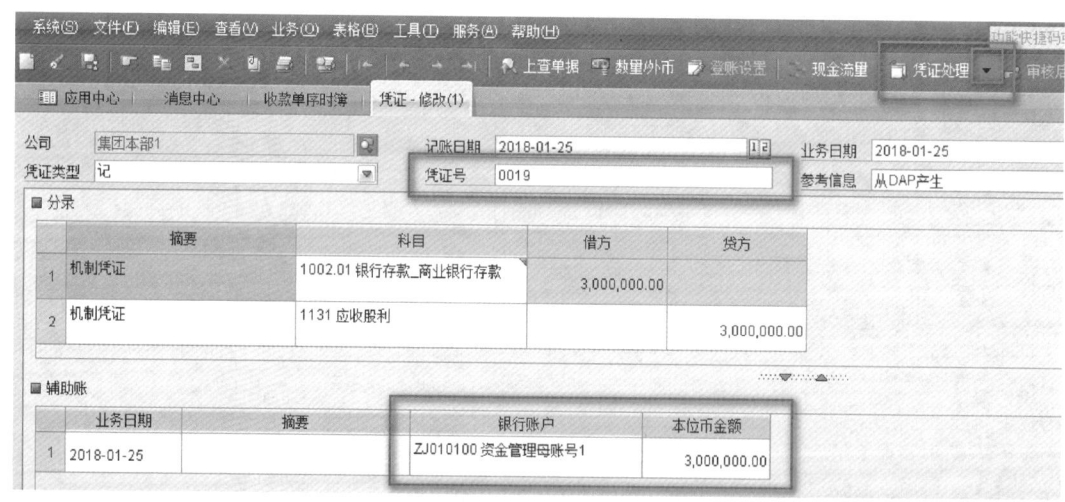

图4-84　凭证审核

（3）集团财务总监把审核通过的凭证号抄写到集团管控实验平台中，点击保存，凭证审核业务操作完成。

本 章 小 结

　　本章主要介绍了集团资金管理的相关概念,结构要点,集团资金统一监管对企业的重要性及必然性;集团资金监管包括资金统一结算管理、现金池管理与投融资管理,不同的监管活动对企业的资金管理活动产生的价值及意义;介绍了在金蝶信息 EAS 系统中如何实现不同资金监管活动,具体的操作步骤及业务流程;介绍了金蝶 EAS 信息系统中个别资金管理业务的人员分工及操作。

第五章　出纳管理及业务操作

学习目标

◇　了解集团出纳管理的相关概念及内容
◇　了解集团出纳与单体企业出纳业务内容的不同
◇　了解金蝶 EAS 信息系统中出纳管理活动及具体业务
◇　掌握金蝶 EAS 信息系统中出纳收付转业务的具体操作流程

第一节　出纳与出纳管理概述

一、出纳的概念

出纳是按照有关制度和相关规定,办理本单位的现金收付、银行结算及有关的账务,保管库存现金、有价证券、财务印章及有关票据等工作的总称。从广义上讲,出纳既包括会计部门的出纳工作人员,也包括业务部门的各类收款员(收银员);狭义的出纳人员仅指会计部门的出纳人员。

出纳人员承担了企业的管理职能、收付职能、反映职能和监督职能。

二、出纳管理的功能

出纳管理是企业日常收支必不可少的工作之一,涉及办理企业的现金收付、银行结算及有关账务,帮助企业及时地了解掌握某期间或某时间范围的现金收支记录和银行存款收支情况,并做到日清月结,随时查询、打印有关出纳报表。

出纳管理应当具备以下功能:支持全面的出纳业务管理;和其他业务模块无缝衔接,消除集团资金业务的信息孤岛;支持灵活的业务处理;提供不同用途的业务报表。

三、集团出纳管理与单体组织出纳管理的不同

集团出纳管理与单体组织出纳管理的不同主要体现在工作内容重要性程度不同:在单体组织中,出纳是按照有关规定和制度,办理本单位的现金收付、银行结算、银行对账、日记账的账务处理,保管库存现金、有价证券、财务印章及有关票据等工作;而在集团层面,集团出纳是资金收付的关口,是第一手会计信息资料的承办者或收集者,在资金收付方面有着直接控制作用,是资金预算工作得以实施的首要保证,能使管理者随时了解集团所有资金的分布、流向,能对资金实施事前控制,保障集团资金的安全、完整,确保资金信息的时效性。

四、集团出纳管理与其他业务模块的关联

集团出纳工作内容对比一般企业相对复杂,由于集团多层级的特点,集团出纳需要连接集团总部与子公司之间的资金往来、辅助预算、集团内外部资金结算、集团票据、集团内外部资金收付转业务等,如表5-1所示。集团出纳涉及的集团业务范围更广,细节更多。

表 5-1   集团出纳业务内容

相关业务模块	集成内容
预算管理	出纳管理系统中的收款单、付款单可以作为企业预算控制业务单据,做到事前控制
资金结算	成员单位通过收、付款单与集团进行资金结算,支持对内外收付款和联动支付等
票据管理	出纳系统的收款单可以登记应收票据,付款单可以登记应付票据,支持付款单关联电汇单、支票付款,关联票据对外背书
银企互联	出纳系统的付款单可以通过银企平台对公、对私付款,代发单可以通过银企平台处理代发工资业务
应收管理	应收管理的收款单可以在出纳系统查询和处理,在出纳系统也能新增应收系统的收款单
应付管理	应付管理的付款单可以在出纳系统查询和处理,在出纳系统也能新增应付系统的付款单
费用报销	费用报销系统中的费用报销类借款单可以关联生成付款单和代发单,完成报销付款业务处理
总账	支持收款单、付款单、资金调拨单和代发单生成凭证,支持复核总账中含现金、银行存款类科目的凭证,登记日记账

五、集团出纳业务处理流程

集团出纳业务具体流程如图5-1所示,从出纳初始化开始,出纳工作内容主要为资金的收

付款处理、日记账登账、对账与结账工作。

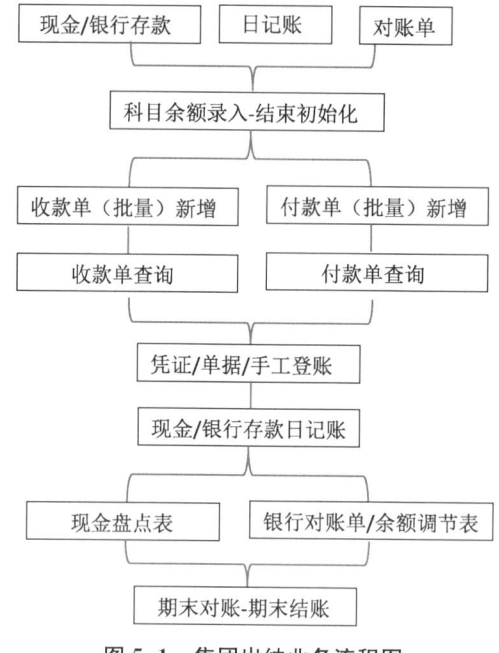

图 5-1　集团出纳业务流程图

第二节｜出纳管理综合实验案例

实验一　缴纳企业所得税

（一）公司出纳新增付款单

1月2日,房产公司的房产出纳缴纳上年第四季度的企业所得税 65 951 081.03 元,新增付款单,通过网银支付,收款人类型是"其他",收款人名称为"税局",对方科目为"应交所得税",录入资金流量项目,提交审批,并完成付款,成功付款后,告知房产会计进行会计处理。

（1）公司出纳根据题目要求的用户名、数据中心登录 EAS 客户端,进入应用中心-财务会计-出纳管理-收付款处理-付款单新增,如图 5-2 所示。

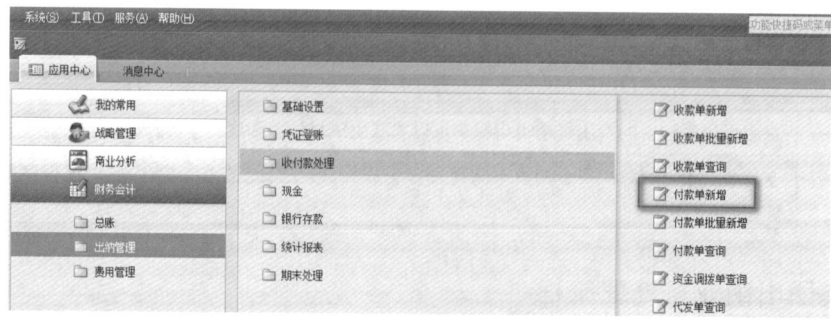

图 5-2　付款单新增登录界面

（2）双击进入付款单新增界面。根据题目要求填写付款单信息。修改业务日期，选择结算方式为"网银支付"，收款人类型为"其他"，输入收款人名称为"税局"，在付款信息处输入付款金额，对方科目为"应交税费—应交所得税"，资金流量项目为"支付的各项税费"，点击保存并提交，如图5-3所示。

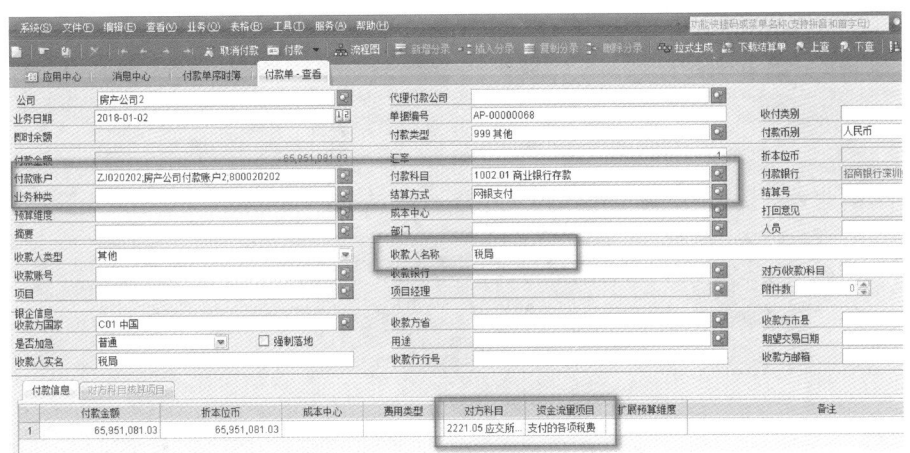

图5-3 付款单编辑界面

（3）返回付款单查询界面，查看单据状态为已提交，对该付款单进行审批及付款处理，如图5-4所示。

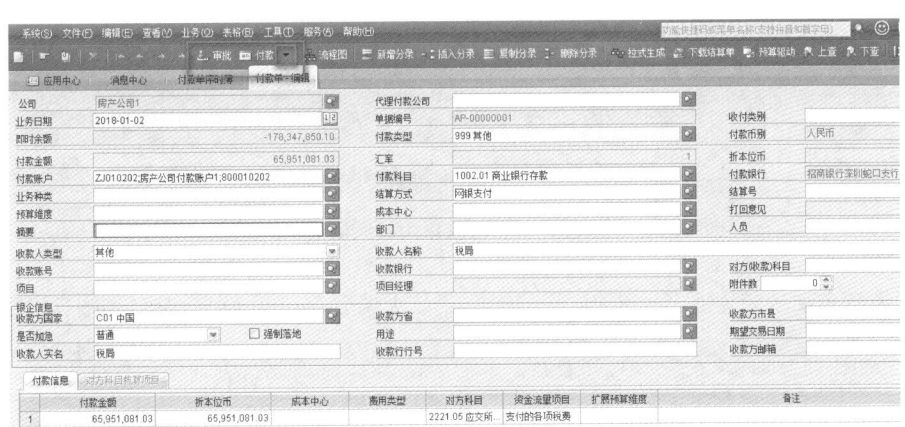

图5-4 付款单审批与付款

（4）出纳将付款单编号抄写到集团管控实验平台中，点击保存，付款单新增业务操作完成。

（二）公司会计根据付款单生成凭证

1月2日，房产公司的房产出纳缴纳上年第四季度的企业所得税65 951 081.03元后，房产会计根据付款单生成付款凭证，确认分录、金额等信息无误后（如果生成的凭证信息有误，删除凭证并告知房产出纳核对付款单），提交凭证，并交由财务主管审批。

（1）公司会计根据题目要求的用户名、数据中心登录EAS客户端，进入应用中心-财务会计-出纳管理-收付款处理-付款单查询，如图5-5所示。

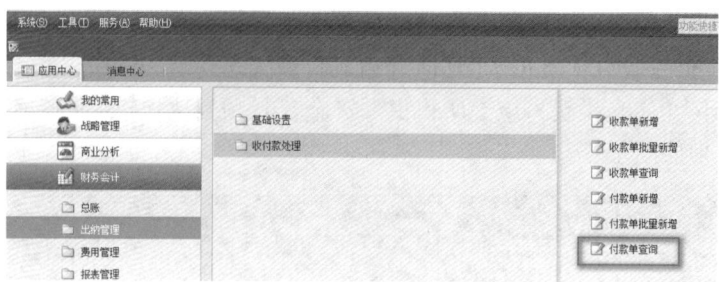

图5-5　付款单查询登录界面

（2）选择业务日期，点击确定进入付款单序时簿，如图5-6所示。

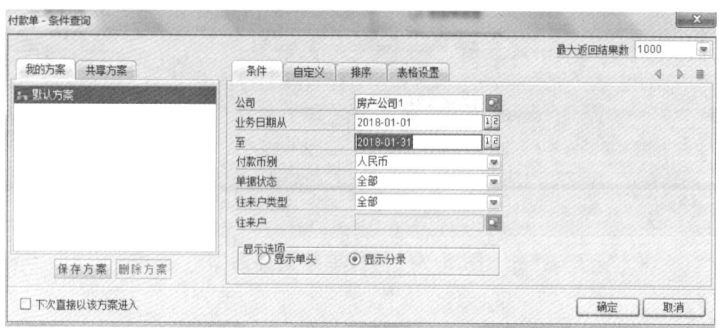

图5 6　付款单查询条件设置

（3）选中已付款的付款单，点击"生成凭证"，如图5-7所示。

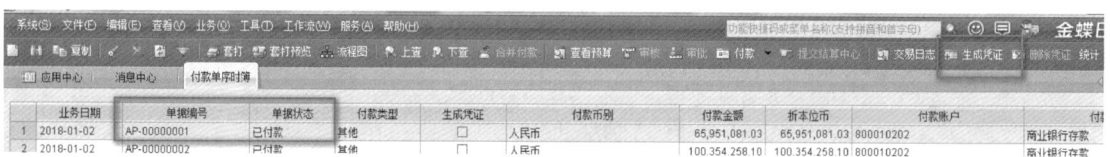

图5-7　付款单生成凭证

（4）系统自动生成凭证，会计检查凭证内容，确认无误后，点击保存并提交，如图5-8所示。

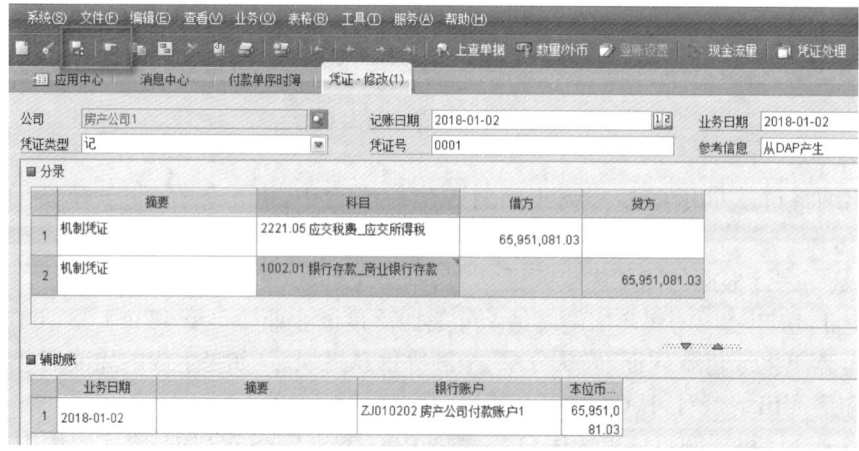

图5-8　凭证提交

（5）会计把生成的记账凭证的凭证号抄写到集团管控实验平台中，点击保存，生成凭证业务处理操作完成。

（三）公司财务主管审核凭证

1月8日，经过查看房产会计生成的付款单凭证的正确性，房产公司的财务主管审核房产会计生成的付款凭证。

（1）财务主管根据题目要求的用户名、数据中心登录 EAS 客户端，进入应用中心-财务会计-凭证处理-凭证查询，如图5-9所示。

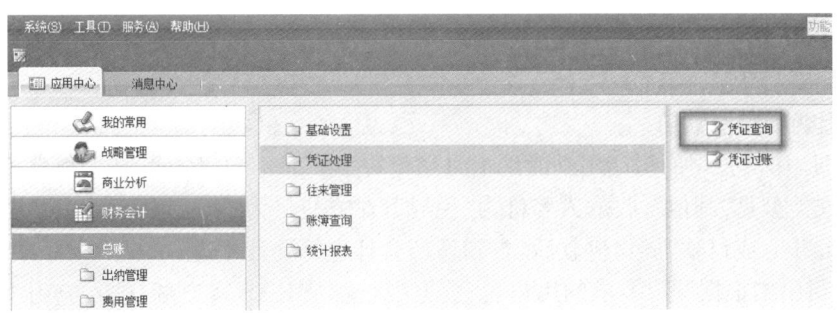

图5-9　凭证查询登录界面

（2）检查业务日期及单据状态，点击确定进入，如图5-10所示。

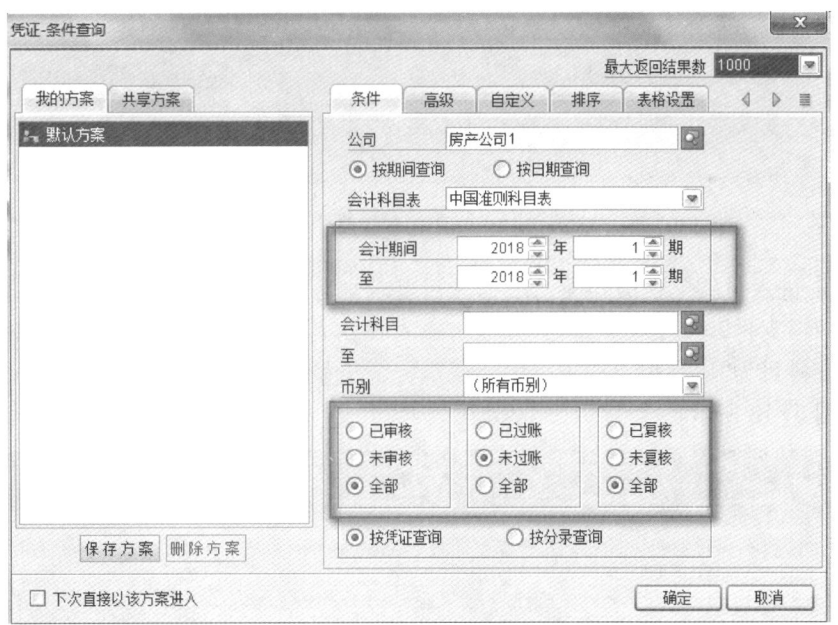

图5-10　凭证查询条件设置

（3）双击打开会计生成的凭证，进入凭证查看界面，点击"凭证处理-审核"，提示凭证审核成功，点击确定，如图5-11所示。

（4）财务主管把审核通过的凭证号抄写到集团管控实验平台中，点击保存，凭证审核业务操作完成。

图 5-11　凭证审核

实验二　企业缴纳上期增值税

（一）出纳新增付款单

1 月 2 日，房产公司的房产出纳缴纳上月增值税 100 354 258.10 元，新增付款单，通过网银支付，收款人类型是"其他"，收款人名称为"税局"，对方科目为"未交增值税"，录入资金流量项目，提交审批并完成付款，成功付款后，告知房产会计进行会计处理。

（1）公司出纳根据题目要求的用户名、数据中心登录 EAS 客户端，进入应用中心-财务会计-出纳管理-收付款处理-付款单新增，如图 5-12 所示。

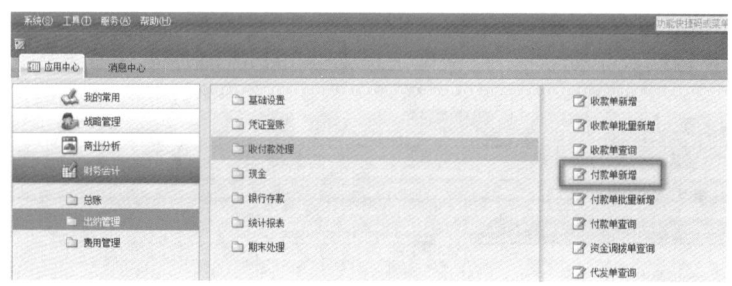

图 5-12　付款单新增登录界面

（2）双击进入付款单新增界面。根据题目要求填写付款单信息。修改业务日期，选择结算方式为"网银支付"，收款人类型为"其他"，输入收款人名称为"税局"，在付款信息处输入付款金额，对方科目为"应交税费—未交增值税"，资金流量项目为"支付的各项税费"，点击保存并提交，如图 5-13 所示。

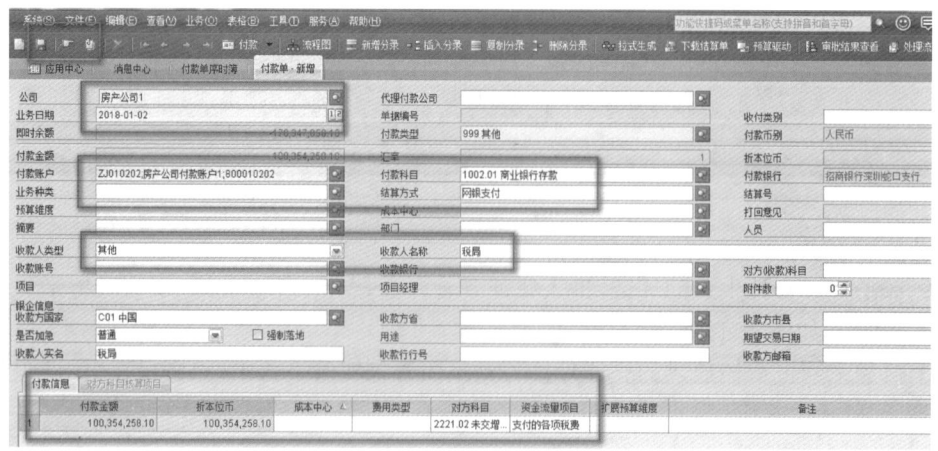

图 5-13　付款单编辑界面

（3）退出并进入付款单查询界面。查看单据状态为已提交，双击进入付款单查看界面，检查无误后，对该付款单进行审批及付款处理，如图 5-14 所示。

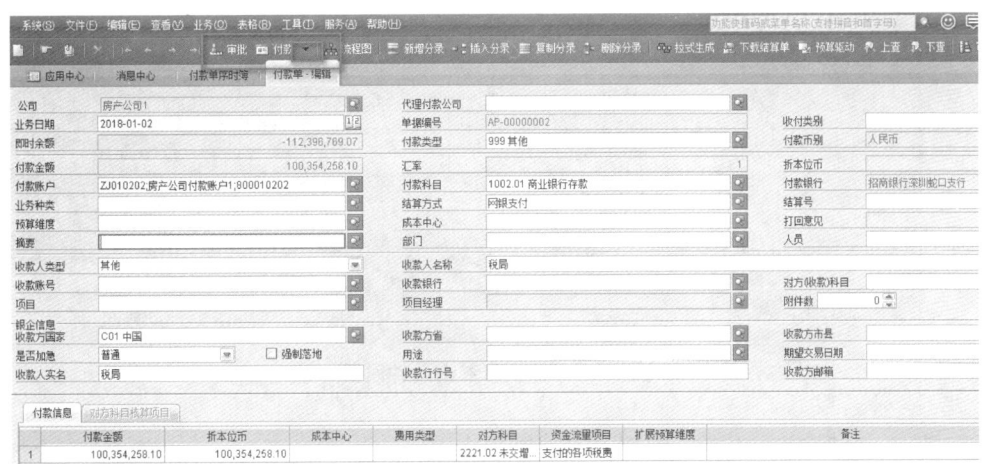

图 5-14　付款单审批并付款

（4）返回查看单据状态变更为已付款，如图 5-15 所示。

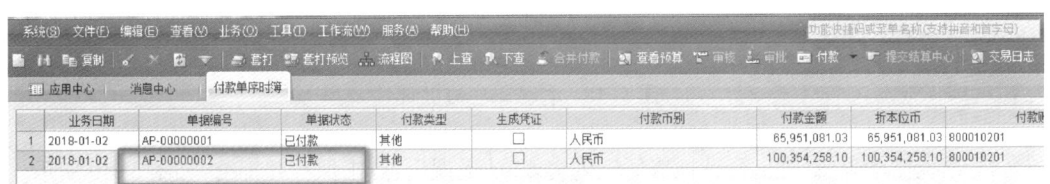

图 5-15　付款单序时簿

（5）出纳将付款单编号抄写到集团管控实验平台中，点击保存，付款单新增业务操作完成。

（二）公司会计根据付款单生成凭证

1 月 2 日，房产公司的房产出纳缴纳上月增值税 100 354 258.10 元后，房产会计根据付款单生成付款凭证，确认分录、金额等信息无误后（如果生成的凭证信息有误，删除凭证并告知房产出纳核对付款单），提交凭证，并交由财务主管审批。

（1）公司会计根据题目要求的用户名、数据中心登录 EAS 客户端，进入应用中心-财务会计-出纳管理-收付款处理-付款单查询，如图 5-16 所示。

图 5-16　付款单查询登录界面

（2）选择业务日期，点击确定进入付款单序时簿，如图5-17所示。

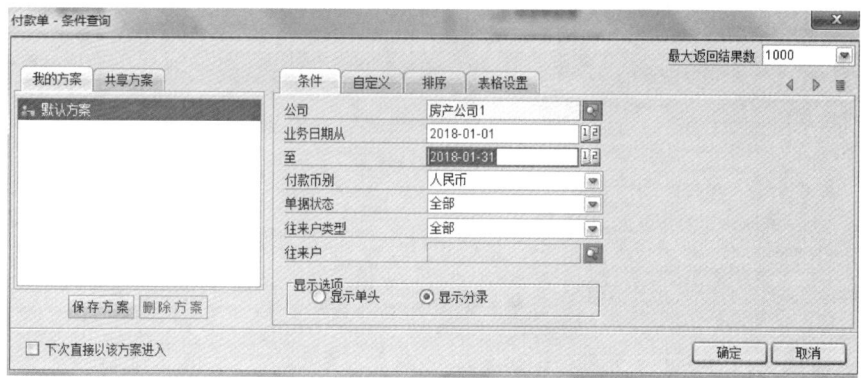

图5-17　付款单查询条件设置

（3）选中已付款的付款单，点击"生成凭证"，如图5-18所示。

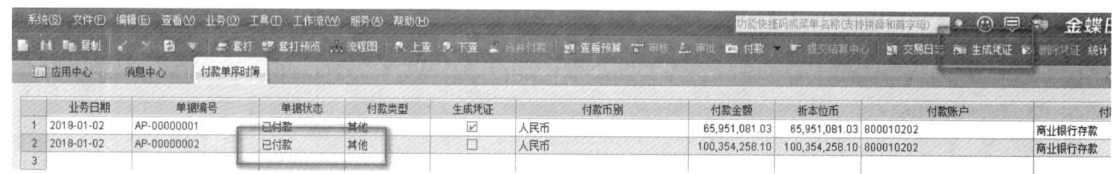

图5-18　付款单生成凭证

（4）系统自动生成凭证，会计检查凭证内容，确认无误后，点击保存并提交，如图5-19所示。

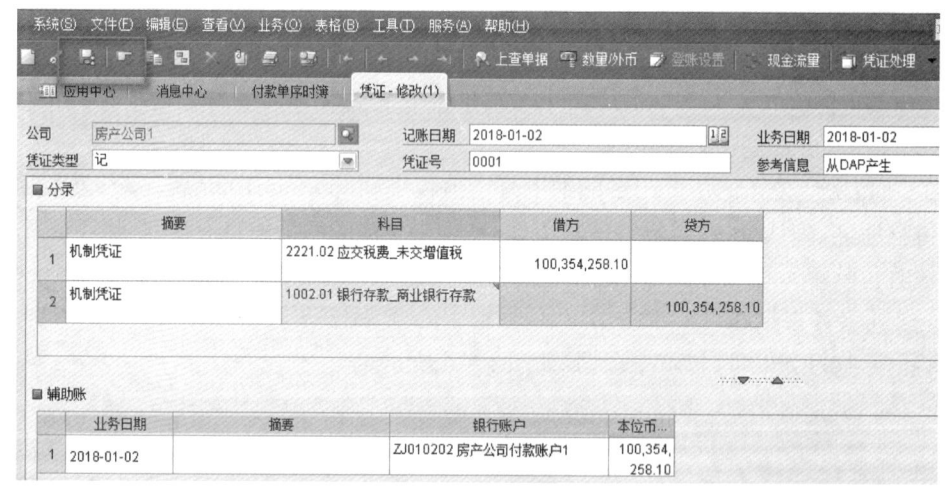

图5-19　凭证提交

（5）会计把生成的记账凭证的凭证号抄写到集团管控实验平台中，点击保存，生成凭证业务操作完成。

（三）财务主管审核凭证

1月2日，房产公司的房产会计提交缴纳增值税的凭证后，财务主管核对付款凭证的金额

（100 354 258.10 元）、会计科目等信息无误后，审批通过（如果凭证信息有误，告知房产会计进行修改并重新提交凭证，凭证核查无误后再审批通过）。

（1）财务主管根据题目要求的用户名、数据中心登录 EAS 客户端，进入应用中心-财务会计-凭证处理-凭证查询，如图 5-20 所示。

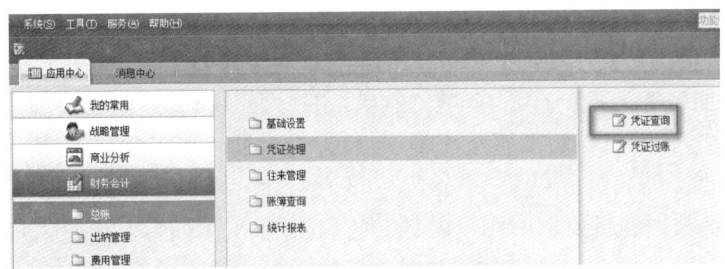

图 5-20 凭证查询登录界面

（2）检查业务日期及单据状态，点击确定进入，如图 5-21 所示。

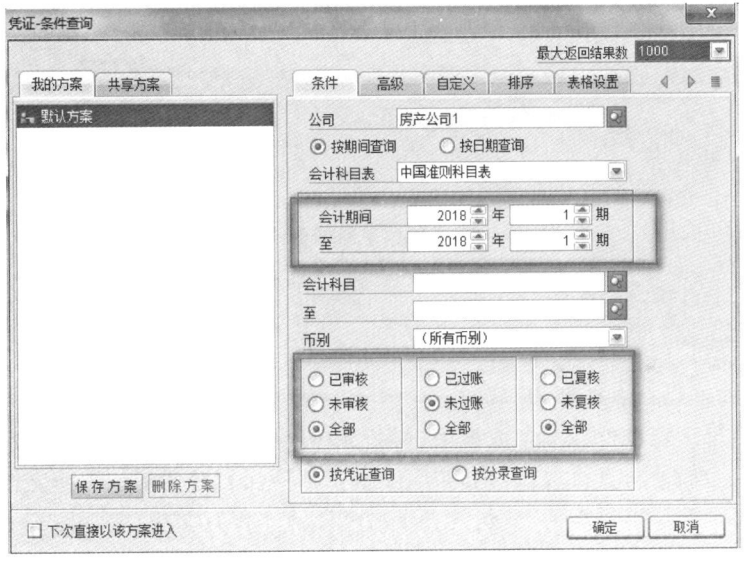

图 5-21 凭证查询条件设置

（3）双击打开会计生成的凭证，进入凭证查看界面，点击"凭证处理-审核"，提示凭证审核成功，点击确定，如图 5-22 所示。

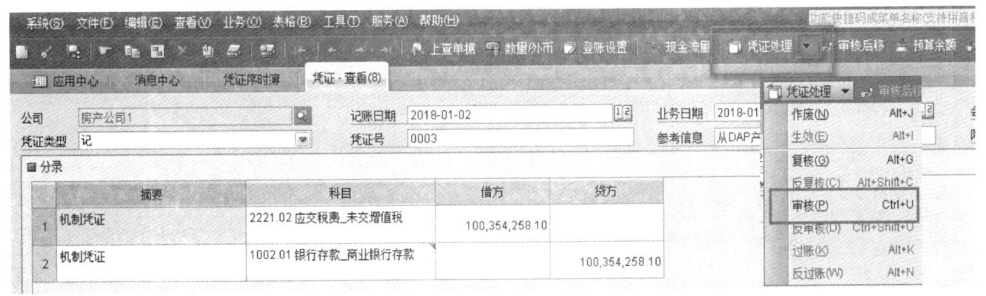

图 5-22 凭证审核

（4）财务主管把审核通过的凭证号抄写到集团管控实验平台中，点击保存，凭证审核业务操作完成。

实验三　企业缴纳上期城建税及附加税

（一）出纳新增付款单

1月2日，房产公司的房产出纳缴纳上月城建税 7 024 798.07 元、教育费附加3 010 627.74元及地方教育费附加 2 007 085.16 元，新增付款单，通过网银支付，收款人类型是其他，收款人名称为税局，录入对应的对方科目及资金流量项目，提交审批并完成付款，成功付款后，告知房产会计进行会计处理。

（1）公司出纳根据题目要求的用户名、数据中心登录 EAS 客户端，进入应用中心-财务会计-出纳管理-收付款处理-付款单新增，如图 5-23 所示。

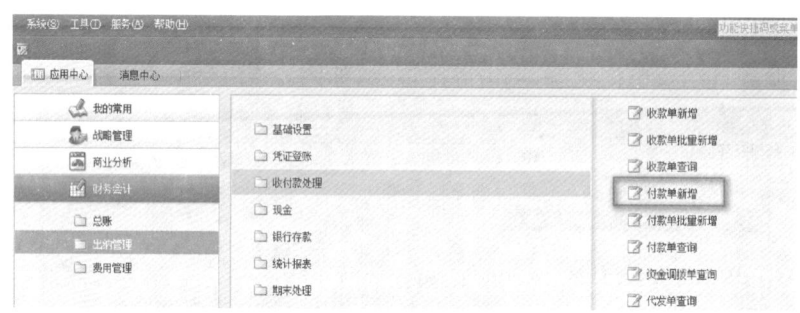

图 5-23　付款单新增登录界面

（2）双击进入付款单新增界面。根据题目要求填写付款单信息。修改业务日期，选择结算方式为"网银支付"，付款账户为"房产公司付款账户"，付款科目为"商业银行存款"，收款人类型为"其他"，输入收款人名称为"税局"，在付款信息处输入付款金额，对方科目分别为"应交税费—应交城市维护建设税"，资金流量项目为"支付的各项税费"；通过新增分录按钮，录入其他两个税费付款金额及对方科目，分别为"应交税费—应交教育费附加""应交税费—应交地方教育费附加"，资金流量项目均为"支付的各项税费"，点击保存并提交，如图 5-24 所示。

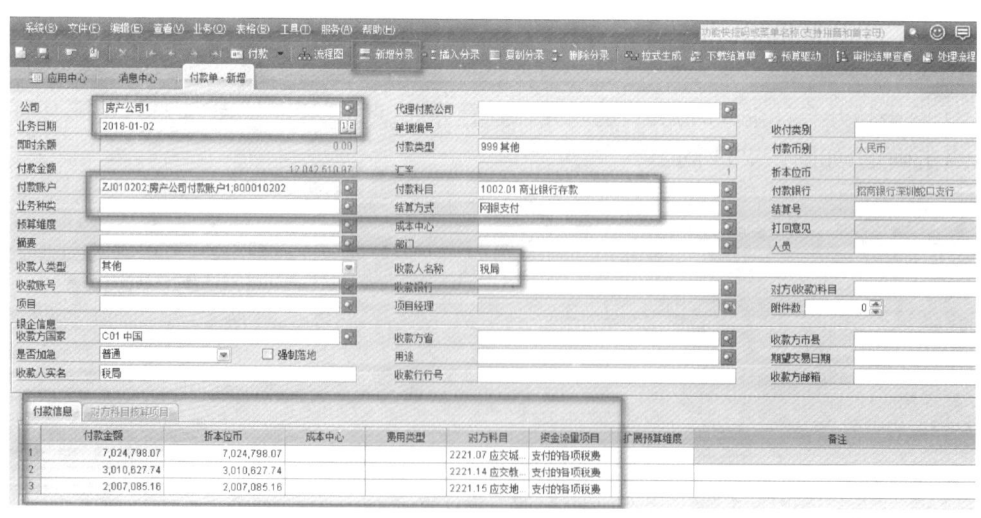

图 5-24　付款单编辑界面

（3）进入付款单查询界面，查看单据状态为已提交，双击进入付款单查看界面，检查无误后，对该付款单进行审批及付款处理，如图5-25所示。

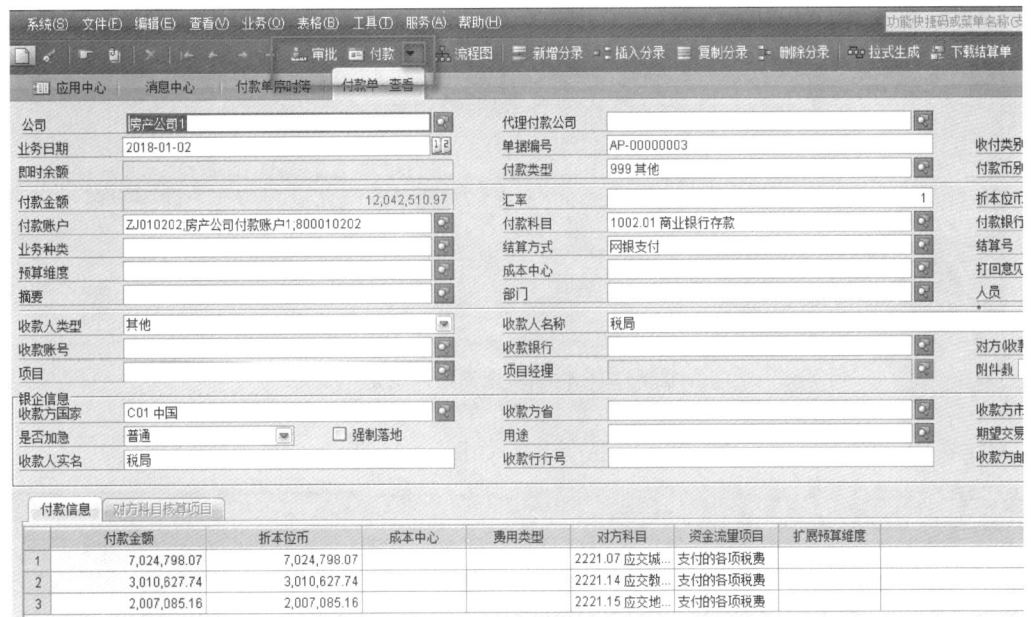

图 5-25　付款单审批与付款

（4）付款完成，退出并查看单据状态为"已付款"。出纳将付款单编号抄写到集团管控实验平台中，点击保存，付款单新增业务操作完成。

（二）公司会计根据付款单生成凭证

1月2日，房产公司的房产出纳缴纳上月城建税 7 024 798.07 元、教育费附加3 010 627.74元及地方教育费附加 2 007 085.16 元后，房产会计根据付款单生成付款凭证，确认分录、金额等信息无误后（如果生成的凭证信息有误，删除凭证并告知房产出纳核对付款单），提交凭证，并交由财务主管审批。

（1）公司会计根据题目要求的用户名、数据中心登录 EAS 客户端，进入应用中心-财务会计-出纳管理-收付款处理-付款单查询，如图 5-26 所示。

图 5-26　付款单查询登录界面

（2）选择业务日期，点击确定进入付款单序时簿，如图 5-27 所示。

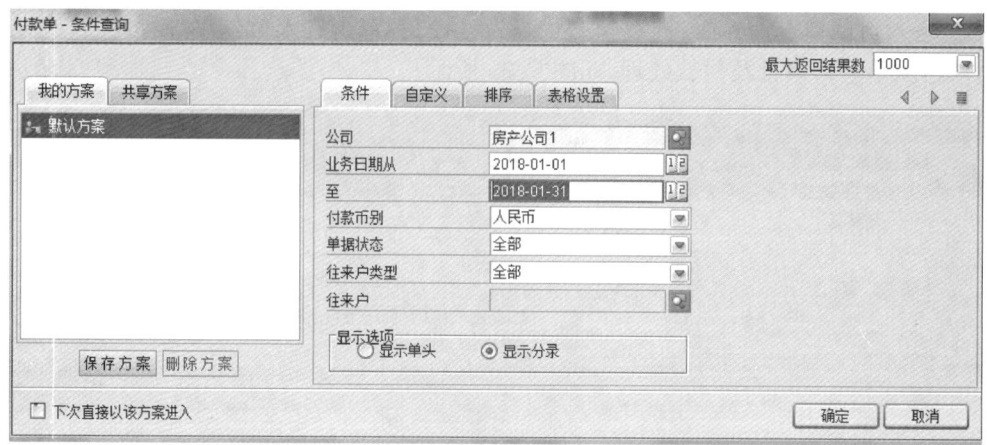

图 5-27　付款单查询条件设置

（3）选中已付款的付款单，点击"生成凭证"，如图 5-28 所示。

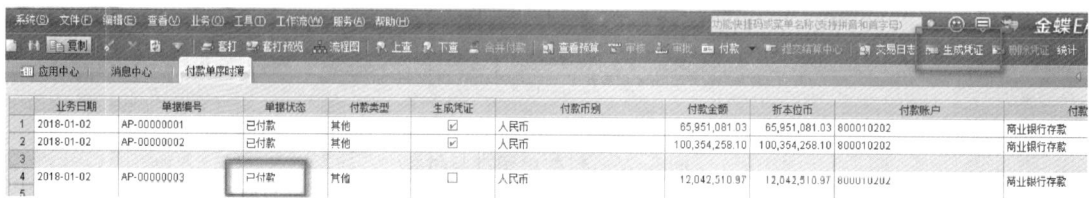

图 5-28　付款单生成凭证

（4）系统自动生成凭证，会计检查凭证内容，确认无误后，点击保存并提交，如图 5-29 所示。

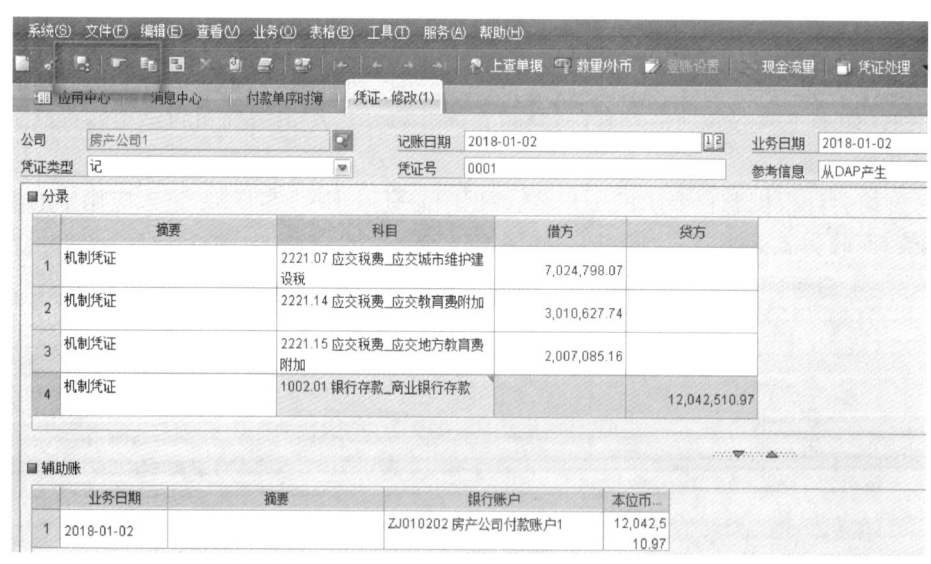

图 5-29　凭证提交

（5）会计把生成的记账凭证的凭证号抄写到集团管控实验平台中，点击保存，生成凭证业务操作完成。

（三）财务主管审核凭证

1月2日,房产公司的房产会计提交缴纳城建税7 024 798.07元、教育费附加3 010 627.74元及地方教育费附加2 007 085.16元的凭证后,财务主管核对付款凭证的金额、科目等信息无误后,审批通过(如果凭证信息有误,告知房产会计进行修改并重新提交凭证,凭证核查无误后再审批通过)。

（1）财务主管根据题目要求的用户名、数据中心登录 EAS 客户端,进入应用中心-财务会计-凭证处理-凭证查询,如图5-30所示。

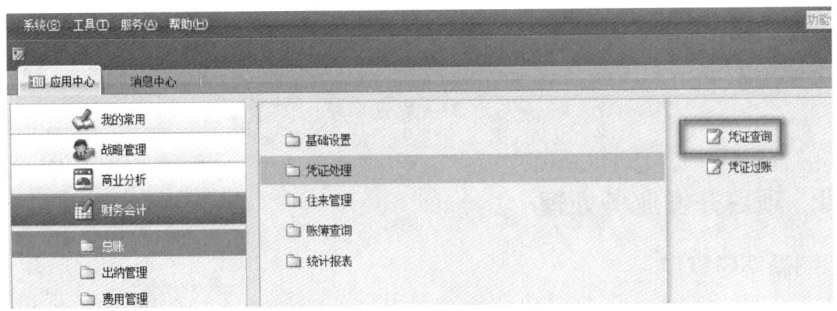

图5-30 凭证查询登录界面

（2）检查业务日期及单据状态,点击确定进入,如图5-31所示。

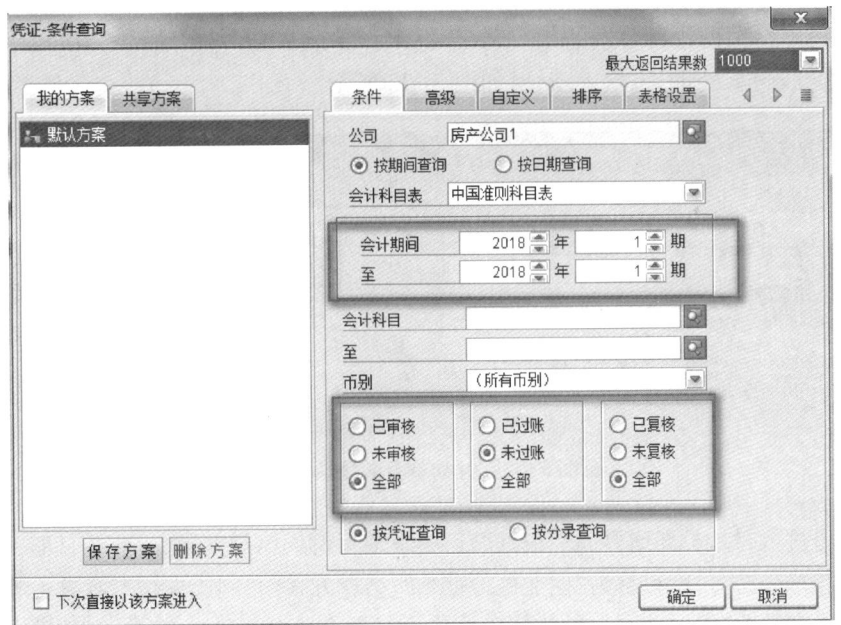

图5-31 凭证查询条件设置

（3）双击打开会计生成的凭证,进入凭证查看界面,点击"凭证处理-审核",提示凭证审核成功,点击确定,如图5-32所示。

（4）财务主管把审核通过的凭证号抄写到集团管控实验平台中,点击保存,凭证审核业务操作完成。

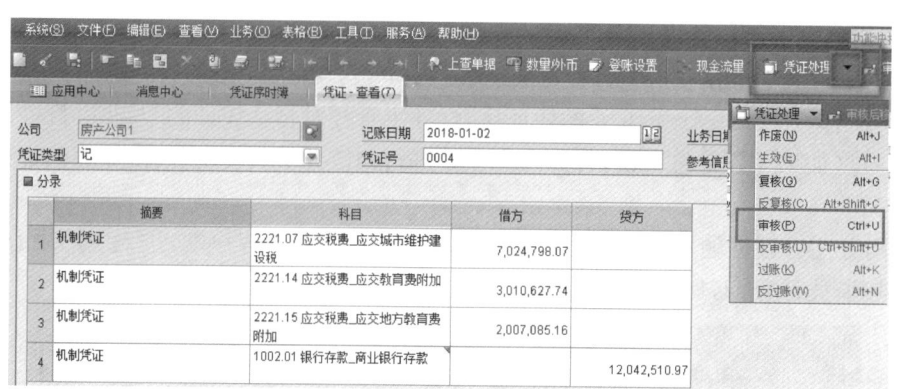

图 5-32　凭证审核

实验四　项目开发业务处理

（一）出纳新增付款单

1月5日，房产公司接到锦绣花园项目的催款单，要求支付上月楼盘开发工地的照明款3 200 000元，经理批准后，房产出纳进行付款处理，网银支付照明工程款（属于基础设施费），收款人类型为"房产项目"，收款人为"锦绣花园"，录入对方科目及资金流量项目，提交审批并完成付款，付款成功后，告知房产会计进行会计处理。

（1）公司出纳根据题目要求的用户名、数据中心登录EAS客户端，进入应用中心-财务会计-出纳管理-收付款处理-付款单新增，如图5-33所示。

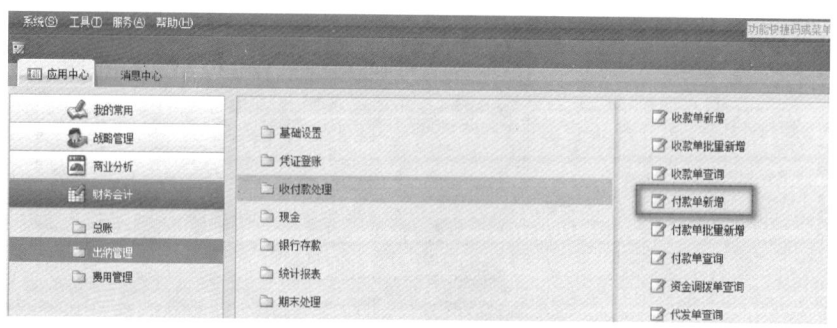

图 5-33　付款单新增登录界面

（2）双击进入付款单新增界面。根据题目要求填写付款单信息，修改业务日期，付款账户为"房产公司付款账户"，付款科目为"商业银行存款"，结算方式为"网银支付"，收款人类型为"房产项目"，收款人名称为"锦锈花园"，付款信息处输入付款金额"3 200 000"，对方科目为"成本类科目（项目成本—基础设施）"，资金流量项目为"购买商品、接受劳务支付的现金"，操作结果如图5-34所示。

（3）项目开发业务需要设置对方科目核算项目，出纳设置完付款信息后，可点击进入"对方科目核算项目"进行项目设置，如图5-35所示。

（4）退出付款单新增界面并进入付款单查询界面，查看单据状态为已提交，双击进入付款单查看界面，检查无误后，对该付款单进行审批及付款处理，如图5-36所示。

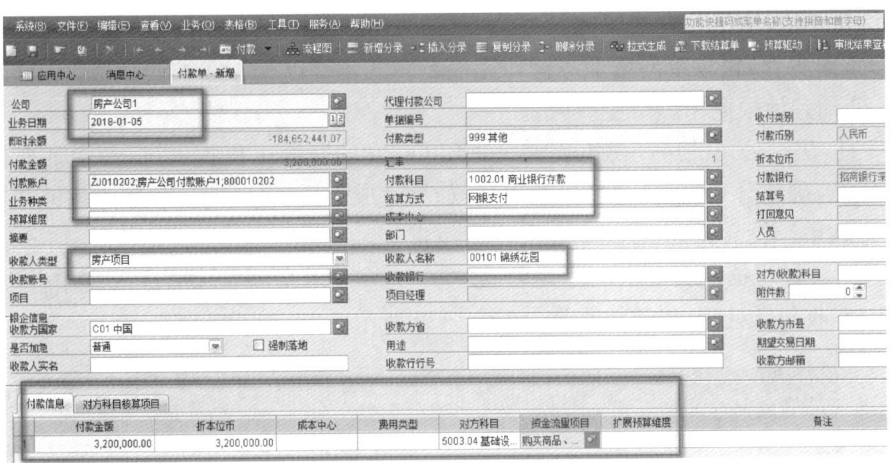

图 5-34　付款单新增界面

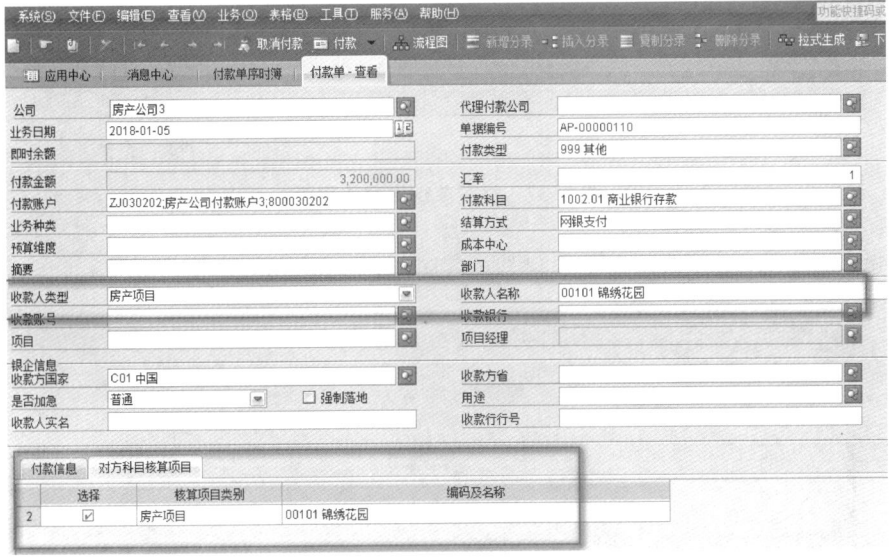

图 5-35　付款单编辑界面

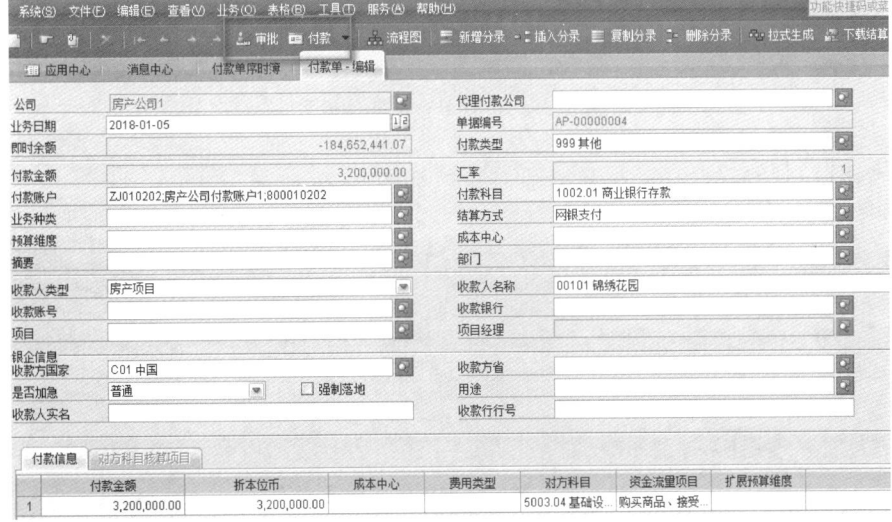

图 5-36　付款单审批与付款

（5）付款完成,退出并查看单据状态为"已付款"。出纳将付款单编号抄写到集团管控实验平台中,点击保存,付款单新增业务操作完成。

(二)公司会计根据付款单生成凭证

1月5日,房产公司的房产出纳支付3 200 000元的照明工程款后,房产会计根据付款单生成付款凭证,确认分录、金额等信息无误后(如果生成的凭证信息有误,删除凭证并告知房产出纳核对付款单),提交凭证,并交由财务主管审批。

（1）公司会计根据题目要求的用户名、数据中心登录EAS客户端,进入应用中心-财务会计-出纳管理-收付款处理-付款单查询,如图5-37所示。

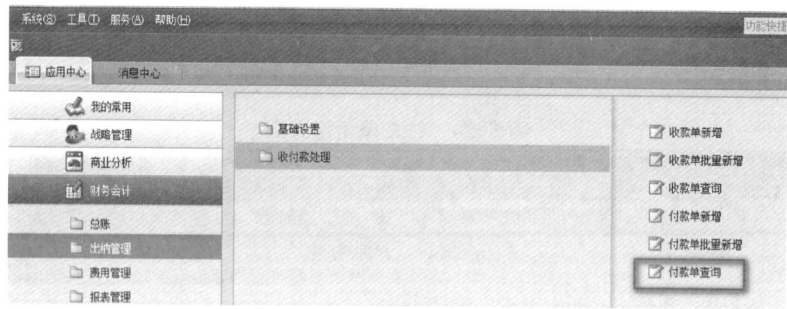

图5-37 付款单查询登录界面

（2）选择业务日期,点击确定进入付款单序时簿,如图5-38所示。

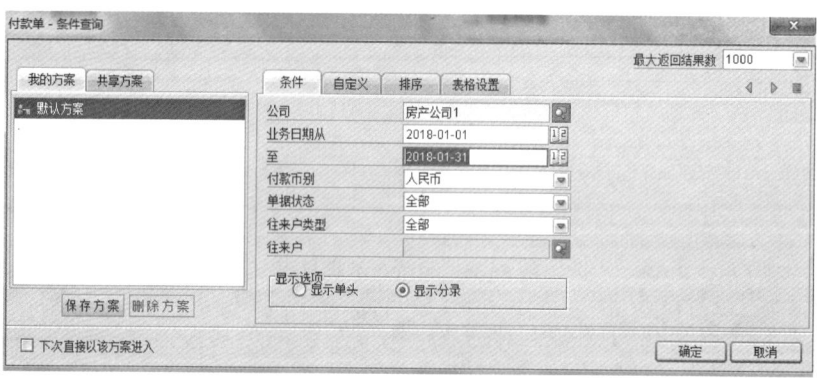

图5-38 付款单查询条件设置

（3）选中已付款的付款单,点击"生成凭证",如图5-39所示。

图5-39 付款单生成凭证

（4）系统自动生成凭证，会计检查凭证内容，确认无误后，点击保存并提交，如图 5-40 所示。

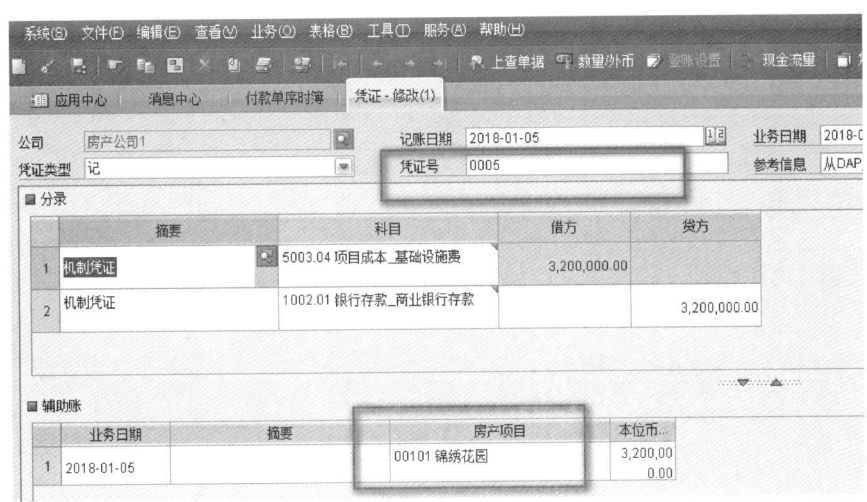

图 5-40　凭证提交

（5）会计把生成的记账凭证的凭证号抄写到集团管控实验平台中，点击保存，生成凭证业务操作完成。

（三）财务主管审核凭证

1月5日，房产公司的房产会计提交支付照明工程款 3 200 000 元的凭证后，财务主管核对凭证无误后，审批通过（如果凭证信息有误，告知房产会计进行修改并重新提交凭证，凭证核查无误后再审批通过）。

（1）财务主管根据题目要求的用户名、数据中心登录 EAS 客户端，进入应用中心-财务会计-凭证处理-凭证查询，如图 5-41 所示。

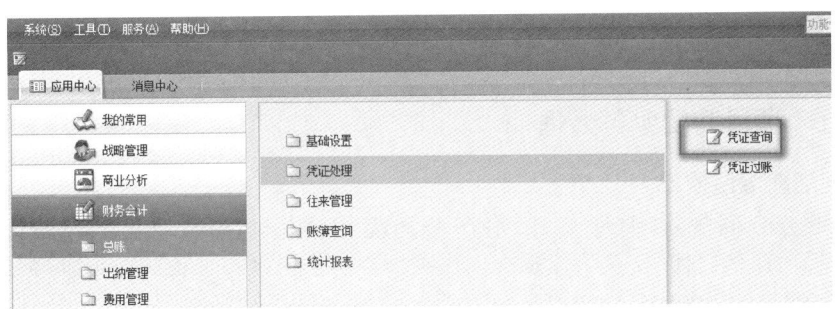

图 5-41　凭证查询登录界面

（2）检查业务日期及单据状态，点击确定进入，如图 5-42 所示。

（3）双击打开会计生成的凭证，进入凭证查看界面，点击"凭证处理-审核"，提示凭证审核成功，点击确定，如图 5-43 所示。

（4）财务主管把审核通过的凭证号抄写到集团管控实验平台中，点击保存，凭证审核业务操作完成。

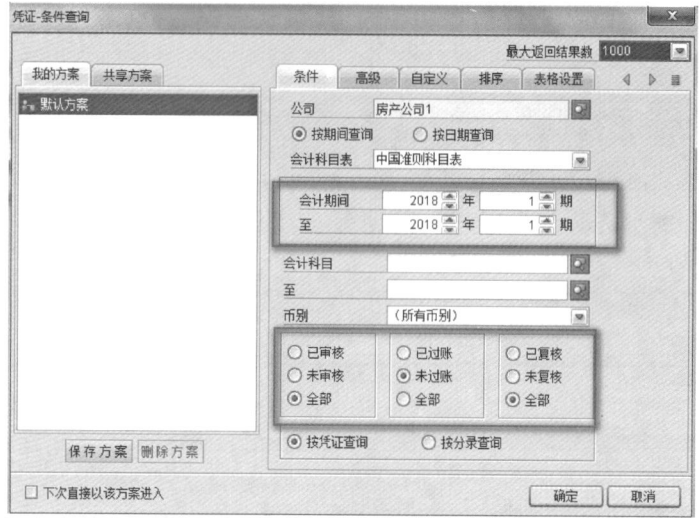

图 5-42　凭证查询条件设置

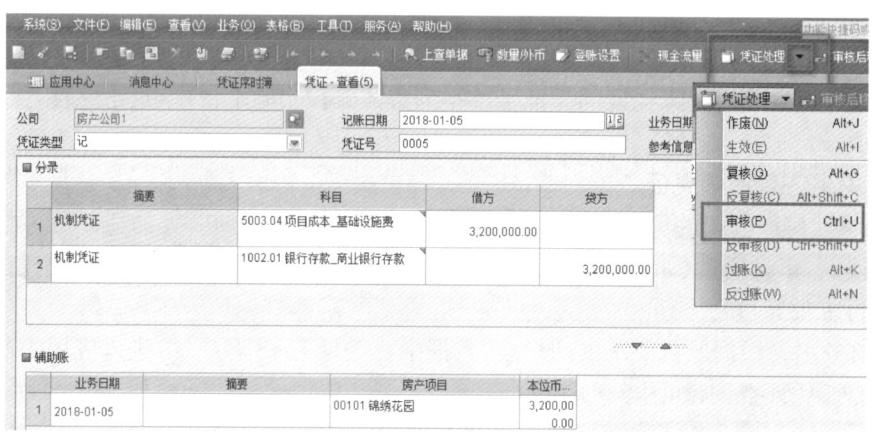

图 5-43　凭证审核

实验五　项目开发业务处理

(一) 出纳新增付款单

按劳务服务合同规定,1月6日,房产公司需结清恒立花园项目的建筑安装工程费2 000 000 元,如违约,将赔付三倍违约金。当天房产公司出纳根据合同要求进行付款处理,支付恒立花园建筑安装工程费,收款人类型为房产项目,收款人为恒立花园,录入对方科目及资金流量项目,提交审批并完成付款,付款成功后,告知房产会计进行会计处理。

(1) 公司出纳根据题目要求的用户名、数据中心登录 EAS 客户端,进入应用中心-财务会计-出纳管理-收付款处理-付款单新增,如图 5-44 所示。

(2) 双击进入付款单新增界面。根据题目要求填写付款单信息,修改业务日期,付款账户为"房产公司付款账户",付款科目为"商业银行存款",结算方式为"网银支付",收款人类型为"房产项目",收款人名称为"恒立花园",付款信息处输入付款金额"2 000 000",对方科目为"成本类科目(项目成本—建筑安装工程费)",资金流量项目为"购买商品、接受劳务支付的现金",点击保存并提交,如图 5-45 所示。

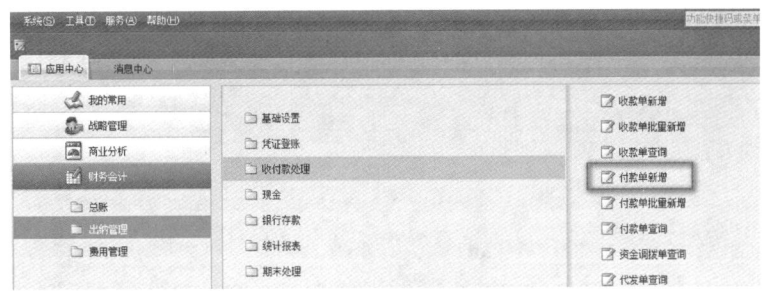

图 5-44 付款单新增登录界面

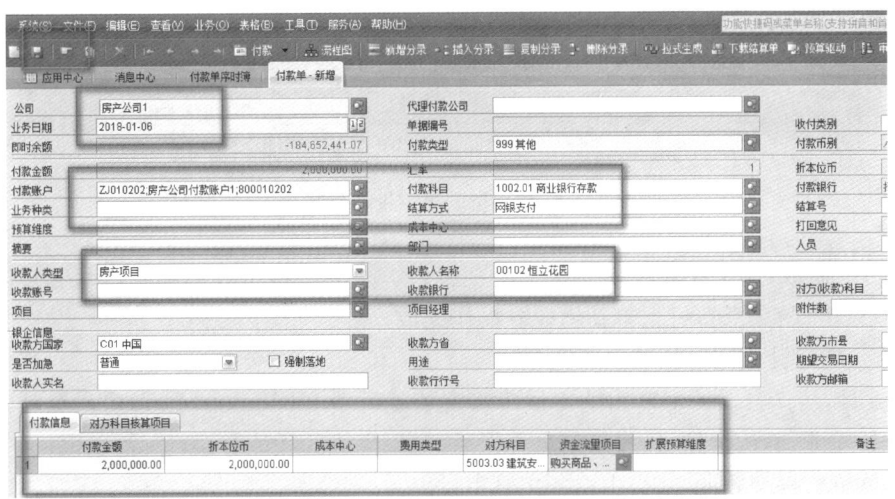

图 5-45 付款单新增界面

(3)项目开发业务需要设置对方科目核算项目,出纳设置完付款信息后,可点击进入"对方科目核算项目"进行项目设置,如图 5-46 所示。

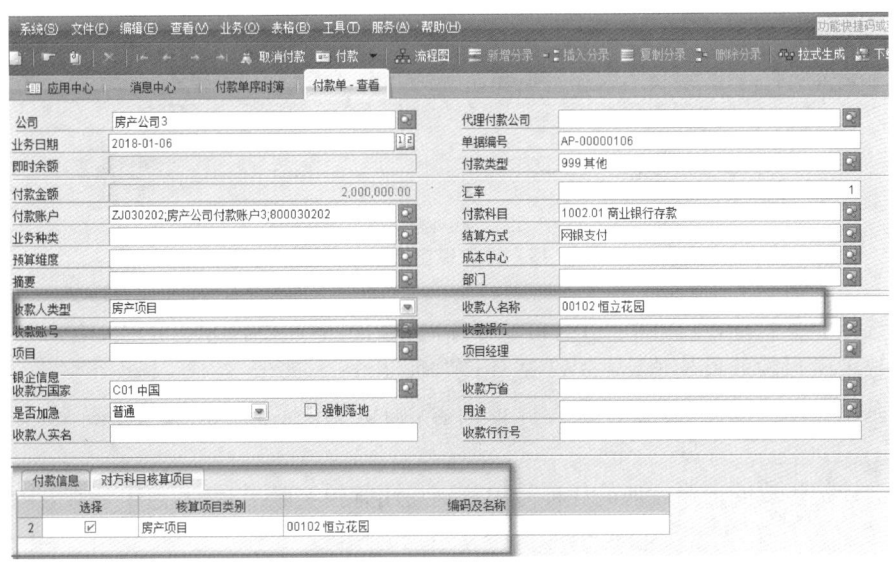

图 5-46 付款单编辑界面

（4）退出付款单新增界面并进入付款单查询界面。查看单据状态为已提交，双击进入付款单查看界面，检查无误后，对该付款单进行审批及付款处理，如图 5-47 所示。

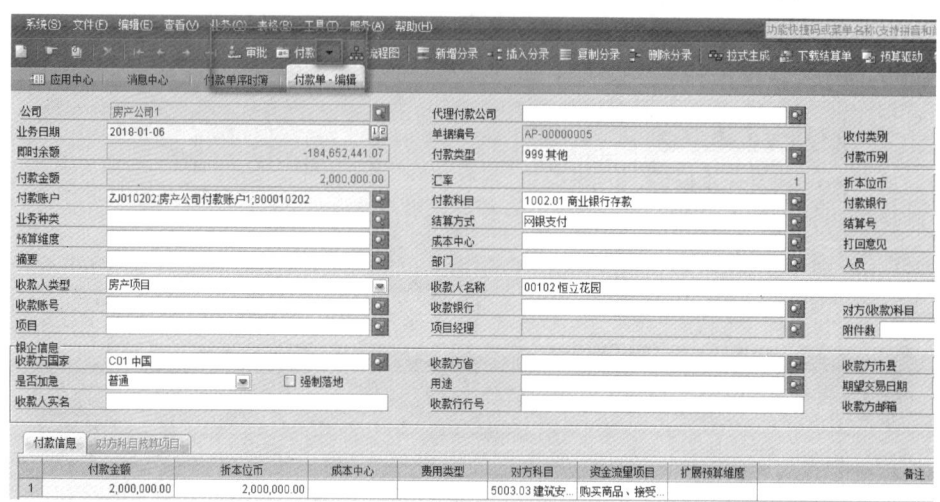

图 5-47　付款单审批与付款

（5）付款完成，退出并查看单据状态为"已付款"。出纳将付款单编号抄写到集团管控实验平台中，点击保存答案，付款单新增业务操作完成。

（二）公司会计根据付款单生成凭证

1月6日，房产公司的房产出纳支付建筑安装工程费 2 000 000 元后，房产会计根据付款单生成付款凭证，确认金额、科目等信息无误后（如果生成的凭证有误，删除凭证并告知房产出纳核对付款单），提交凭证，并交由财务主管审批。

（1）公司会计根据题目要求的用户名、数据中心登录 EAS 客户端，进入应用中心-财务会计-出纳管理-收付款处理-付款单查询，如图 5-48 所示。

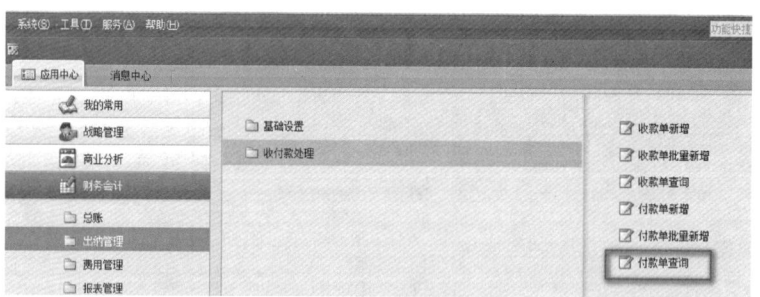

图 5-48　付款单查询登录界面

（2）选择业务日期，点击确定进入付款单序时簿，如图 5-49 所示。

（3）选中已付款的付款单，点击"生成凭证"，如图 5-50 所示。

（4）系统自动生成凭证，会计检查凭证内容，确认无误后，点击保存并提交，如图 5-51 所示。

（5）会计把生成的记账凭证的凭证号抄写到集团管控实验平台中，点击保存，生成凭证业务操作完成。

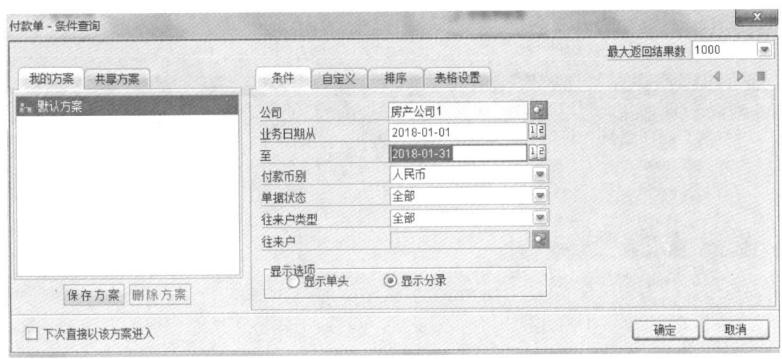

图 5-49　付款单查询条件设置

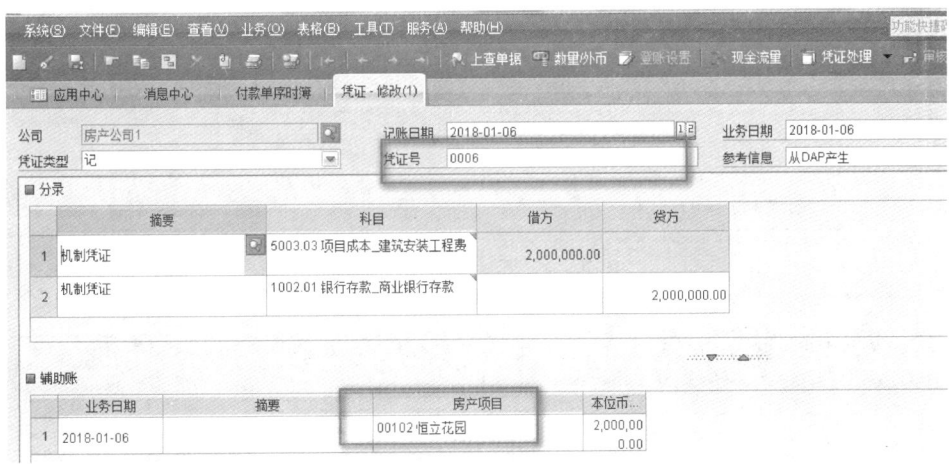

图 5-50　付款单生成凭证

图 5-51　凭证提交

(三) 财务主管审核凭证

1月6日,房产公司的房产会计提交支付建筑安装工程费 2 000 000 元的凭证后,财务主管核对凭证金额、科目等信息,无误后,审批通过(如果有误,告知房产会计修改并重新提交凭证,凭证核查无误后再审批通过)。

(1) 财务主管根据题目要求的用户名、数据中心登录 EAS 客户端,进入应用中心-财务会计-凭证处理-凭证查询,如图 5-52 所示。

(2) 检查业务日期及单据状态,点击确定进入,如图 5-53 所示。

(3) 双击打开会计生成的凭证,进入凭证查看界面,点击"凭证处理-审核",提示凭证审核成功,点击确定,如图 5-54 所示。

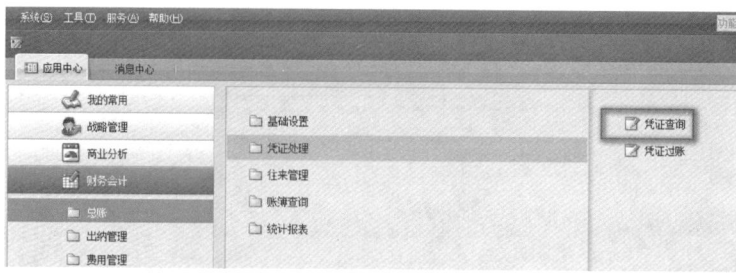

图 5-52　凭证查询登录界面

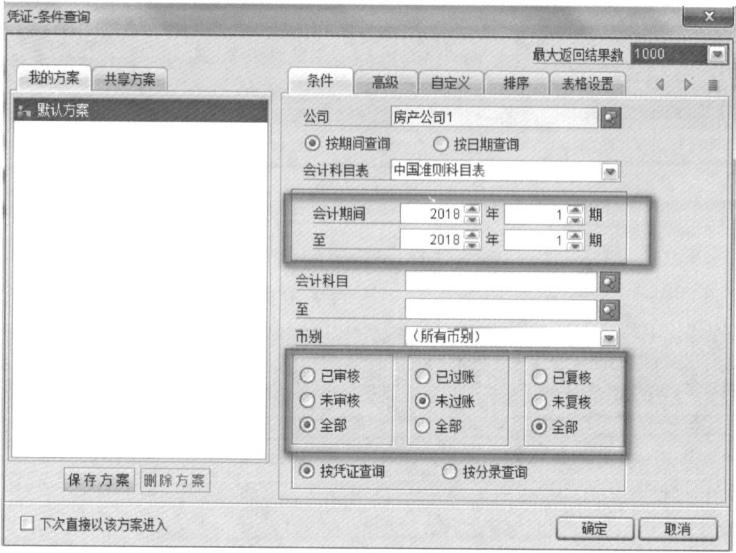

图 5-53　凭证查询条件设置

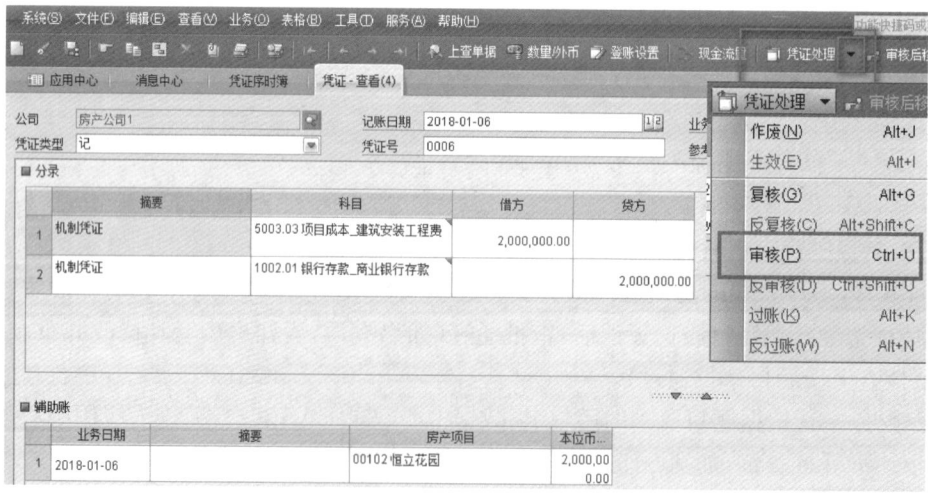

图 5-54　凭证审核

（4）财务主管把审核通过的凭证号抄写到集团管控实验平台中,点击保存,凭证审核业务操作完成。

实验六　收取房产租金款

（一）出纳新增收款单

租赁合同规定,1 月 10 日之前,华晨租赁公司必须付清欠房产公司的不含税租金 500 000 元,税率 10%。1 月 10 日当天,房产公司收到该笔租金,房产出纳进行收款处理,收款账户是"房产公司收款账户",结算方式为"网银支付",付款人类型选择"客户",付款人名称为"华晨租赁公司"。对方科目分别为"其他业务收入"和"销项税额",资金流量项目都为"销售商品、提供劳务收到的现金",提交收款单,并完成审批及收款,收款成功后,告知房产会计进行会计处理。

（1）公司出纳根据题目要求的用户名、数据中心登录 EAS 客户端,进入应用中心-财务会计-出纳管理-收付款处理-收款单新增,如图 5-55 所示。

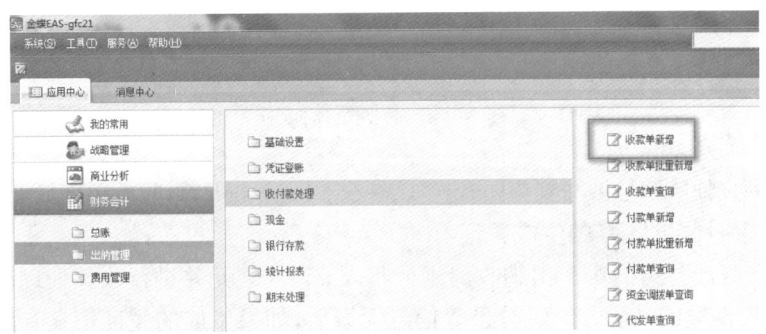

图 5-55　收款单新增登录界面

（2）双击进入收款单新增界面。根据题目要求填写收款单信息,修改业务日期,收款账户为"房产公司收款账户",收款科目为"商业银行存款",结算方式为"网银支付",付款人类型为"客户",付款人名称为"华晨租赁公司",收款信息处,第一行,收款金额为"500 000",对方科目为"其他业务收入",资金流量项目为"销售商品、提供劳务收到现金",点击新增分录按钮,录入第二行收款信息,收款金额为"50 000",对方科目为"应交税费—应交增值税—销项税额",资金流量项目为"销售商品、提供劳务收到的现金",点击保存并提交,如图 5-56 所示。

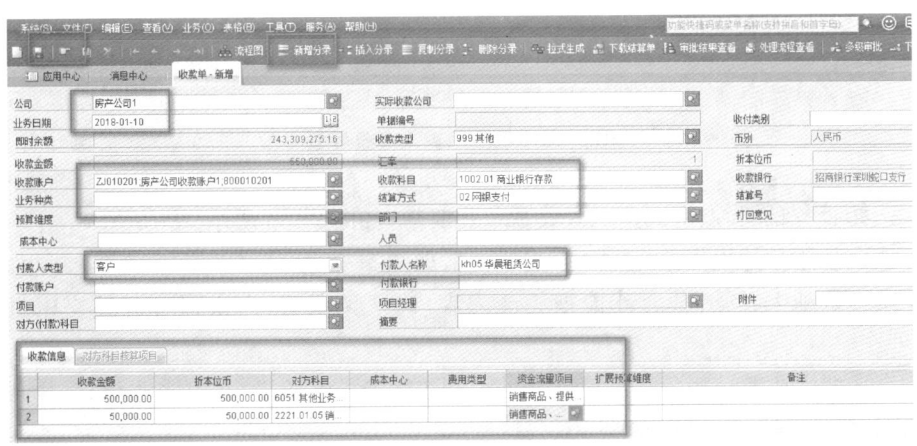

图 5-56　收款单新增界面

（3）查看单据状态为已提交，检查无误后，对该收款单进行审批及收款处理，如图5-57所示。

图5-57　收款单审批与收款

（4）收款完成，退出并查看单据状态为"已收款"，如图5-58所示。

图5-58　收款单序时簿

（5）出纳将收款单编号抄写到集团管控实验平台中，点击保存，收款单新增业务操作完成。

（二）公司会计根据收款单生成凭证

1月10日，房产公司的房产出纳收到租金收入550 000元并进行收款处理后，房产会计根据收款单生成收款凭证，确认金额、分录等信息无误后（如果生成的凭证信息有误，删除凭证后告知房产出纳核对收款单），提交凭证，并交由财务主管审核。

（1）公司会计根据题目要求的用户名、数据中心登录EAS客户端，进入应用中心-财务会计-出纳管理-收付款处理-收款单查询，如图5-59所示。

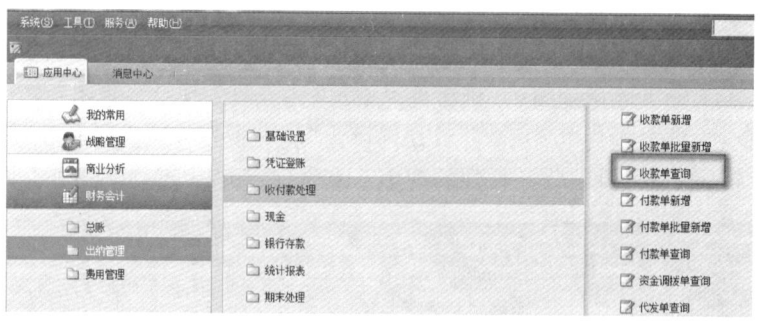

图5-59　收款单查询登录界面

（2）选择业务日期，点击确定进入收款单序时簿，如图5-60所示。

（3）选中已收款的收款单，点击"生成凭证"，如图5-61所示。

（4）系统自动生成凭证，会计检查凭证内容，确认无误后，点击保存并提交，如图5-62所示。

（5）会计把生成的记账凭证的凭证号抄写到集团管控实验平台中，点击保存，生成凭证业务操作完成。

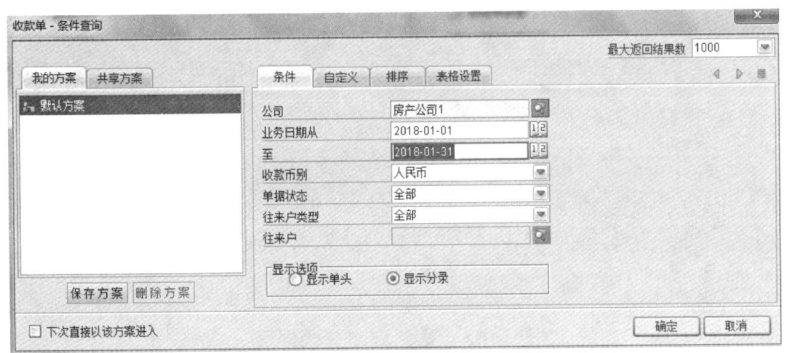

图 5-60　收款单查询条件设置

图 5-61　收款单生成凭证

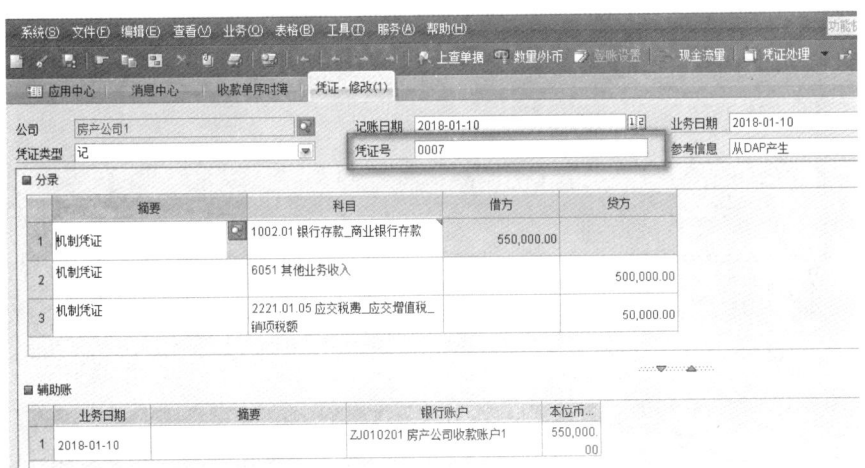

图 5-62　凭证提交

(三) 公司财务主管审核凭证

1 月 10 日,房产公司的房产会计提交收到租金 550 000 元的凭证后,财务主管核对凭证的金额、科目等信息无误后,审核通过(如果有误,告知财务会计修改并重新提交凭证,凭证信息无误后,再审核通过)。

(1)财务主管根据题目要求的用户名、数据中心登录 EAS 客户端,进入应用中心-财务会计-凭证处理-凭证查询,如图 5-63 所示。

(2)检查业务日期及单据状态,点击确定进入,如图 5-64 所示。

(3)双击打开会计生成的凭证,进入凭证查看界面,点击"凭证处理-审核",提示凭证审核成功,点击确定,如图 5-65 所示。

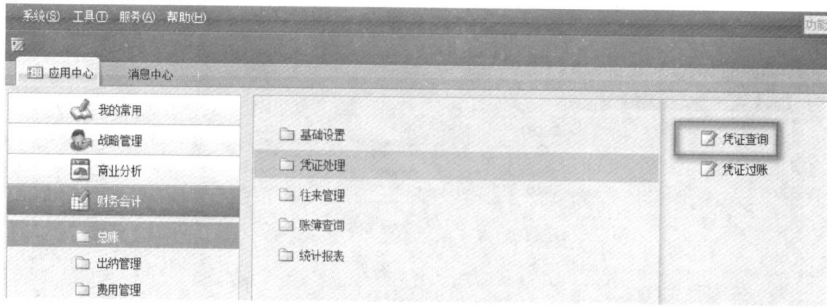

图 5-63　凭证查询登录界面

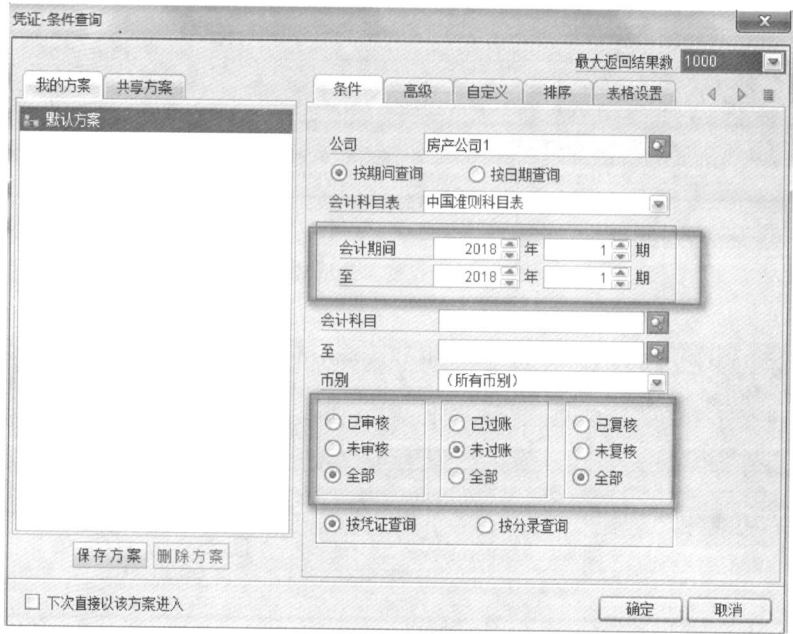

图 5-64　凭证查询条件设置

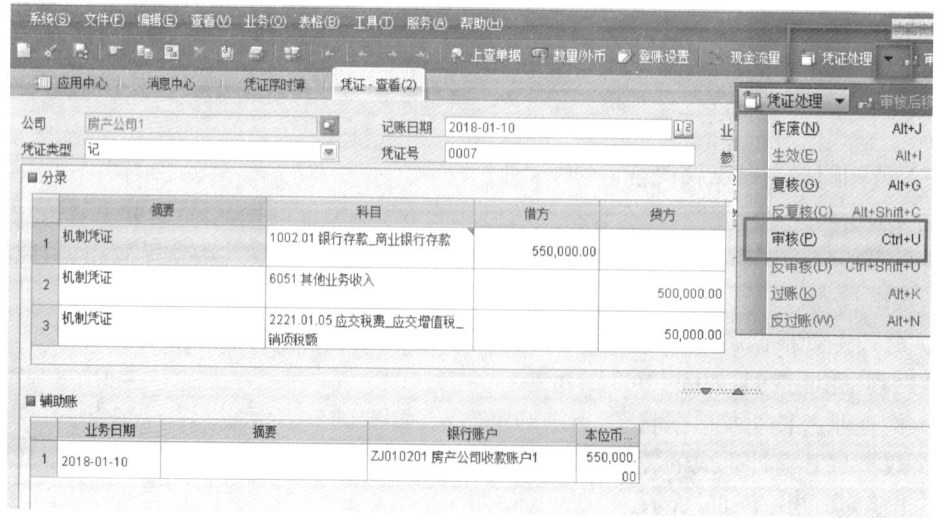

图 5-65　凭证审核

（4）财务主管把审核通过的凭证号抄写到集团管控实验平台中，点击保存，凭证审核业务操作完成。

实验七　支付上月计提的职工工资

（一）出纳新增付款单

1月16日，房产公司的房产出纳支付上月工资968 939.45元，新增付款单，通过网银支付，收款人类型是"其他"，收款人名称为"员工"，对方科目为"应交付职工薪酬"，录入资金流量项目，提交审批并完成付款，付款成功后，告知房产会计进行会计处理。

（1）公司出纳根据题目要求的用户名、数据中心登录 EAS 客户端，进入应用中心-财务会计-出纳管理-收付款处理-付款单新增，如图5-66所示。

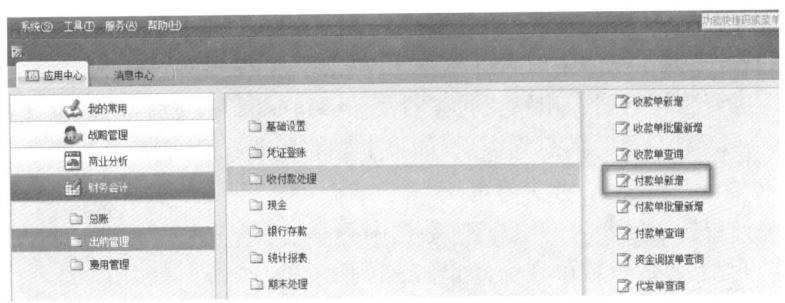

图5-66　付款单新增登录界面

（2）双击进入付款单新增界面。根据题目要求填写付款单信息，修改业务日期，付款账户为"房产公司付款账户"，付款科目为"商业银行存款"，结算方式为"网银支付"，收款人类型为"其他"，收款人名称为"员工"，付款信息处输入付款金额"968 939.45"，对方科目为"应付职工薪酬—工资性薪酬"，资金流量项目为"支付给职工以及为职工支付的现金"，点击保存并提交，如图5-67所示。

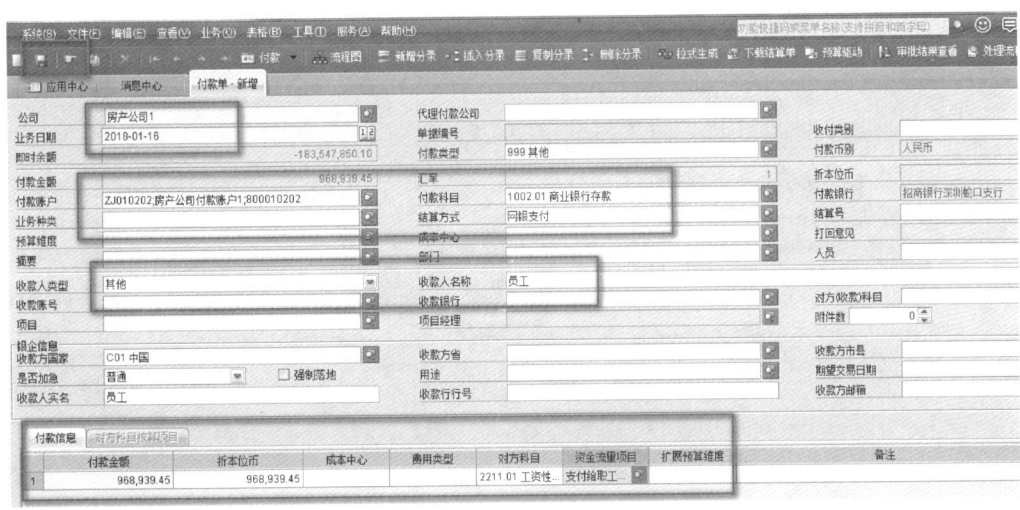

图5-67　付款单新增界面

（3）退出付款单新增界面并进入付款单查询界面，查看单据状态为已提交，双击进入付款单查看界面,检查无误后,对该付款单进行审批及付款处理,如图5-68所示。

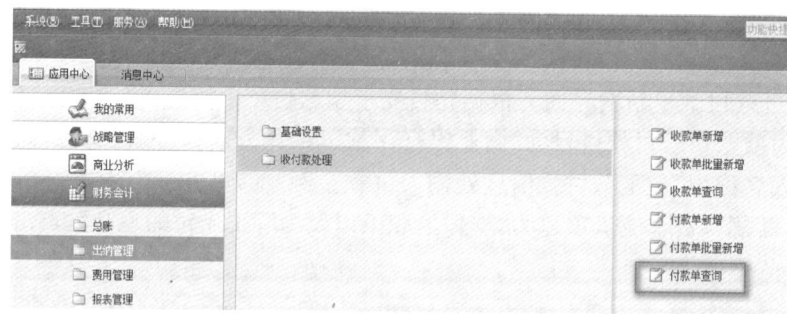

图5-68 付款单审批与付款

(4)付款完成,退出并查看单据状态为"已付款"。出纳将付款单编号抄写到集团管控实验平台中,点击保存,付款单新增业务操作完成。

(二)公司会计根据付款单生成凭证

1月16日,房产公司的房产出纳支付上月工资968 939.45元后,房产会计根据付款单生成付款凭证,确认金额、科目等信息无误后(如果生成的凭证有误,删除凭证后告知房产出纳核对付款单),提交凭证,并交由财务主管审核。

(1)公司会计根据题目要求的用户名、数据中心登录EAS客户端,进入应用中心-财务会计-出纳管理-收付款处理-付款单查询,如图5-69所示。

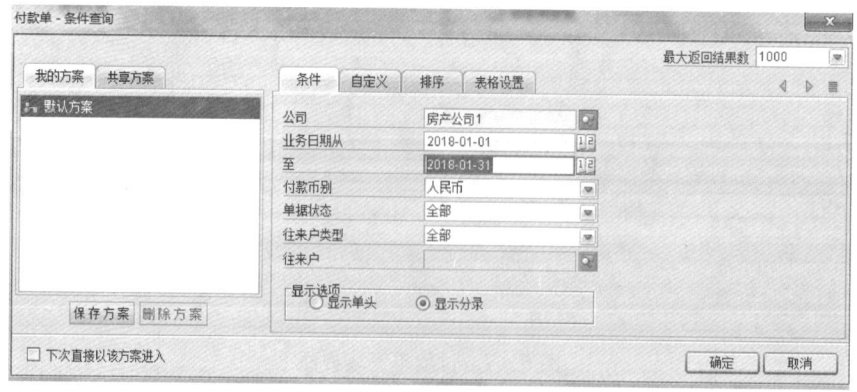

图5-69 付款单查询登录界面

(2)选择业务日期,点击确定进入付款单序时簿,如图5-70所示。

图5-70 付款单查询条件设置

（3）选中已付款的付款单，点击"生成凭证"，如图 5-71 所示。

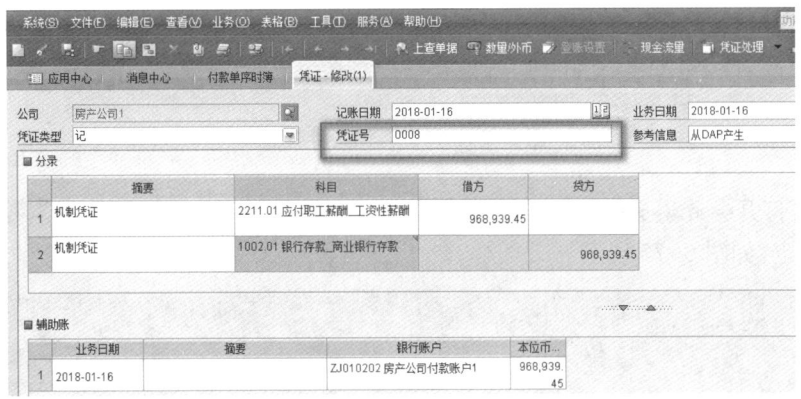

图 5-71　付款单生成凭证

（4）系统自动生成凭证，会计检查凭证内容，确认无误后，点击保存并提交，如图 5-72 所示。

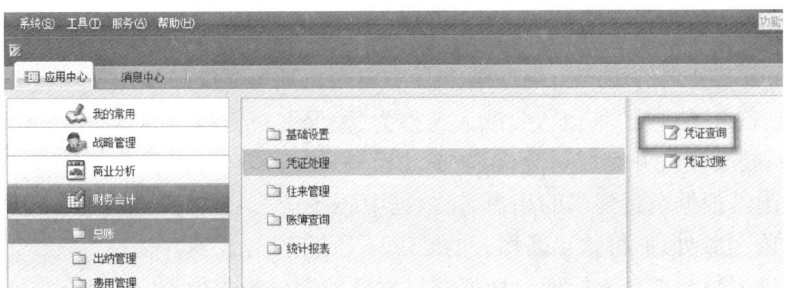

图 5-72　凭证提交

（5）会计把生成的记账凭证的凭证号抄写到集团管控实验平台中，点击保存，生成凭证业务操作完成。

（三）财务主管审核凭证

1 月 16 日，房产公司的房产会计提交支付上月工资 968 939.45 元的凭证后，财务主管核对付款凭证的金额、科目等信息无误后，审核通过（如果凭证有误，告知房产会计修改并重新提交凭证，凭证无误后再审核通过）。

（1）财务主管根据题目要求的用户名、数据中心登录 EAS 客户端，进入应用中心-财务会计-凭证处理-凭证查询，如图 5-73 所示。

图 5-73　凭证查询登录界面

（2）检查业务日期及单据状态，点击确定进入，如图5-74所示。

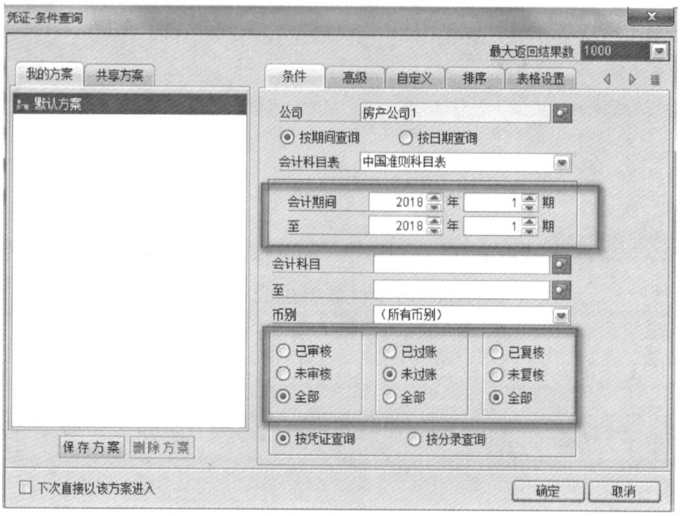

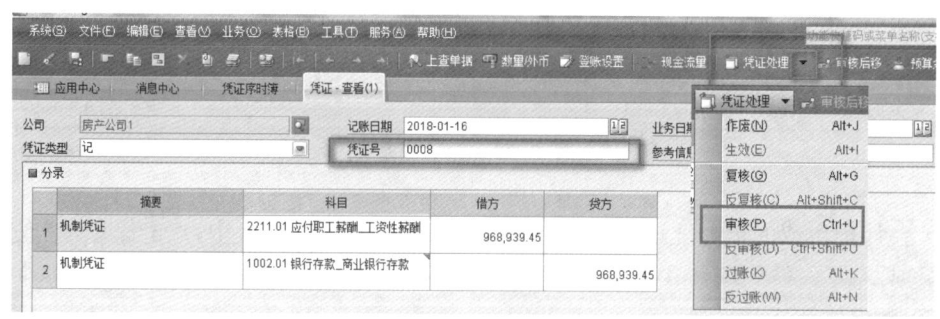

图5-74 凭证查询条件设置

（3）双击打开会计生成的凭证，进入凭证查看界面，点击"凭证处理-审核"，提示凭证审核成功，点击确定，如图5-75所示。

图5-75 凭证审核

（4）财务主管把审核通过的凭证号抄写到集团管控实验平台中，点击保存，凭证审核业务操作完成。

实验八 缴纳上期个人所得税

（一）出纳新增付款单

1月2日，房产公司的房产出纳缴纳上月应交个人所得税135 651.52元，新增付款单，通过网银支付，收款人类型是"其他"，收款人名称为"税局"，对方科目为"应交个人所得税"，录入资金流量项目，提交审批并完成付款，付款成功后，告知房产会计进行会计处理。

（1）公司出纳根据题目要求的用户名、数据中心登录EAS客户端，进入应用中心-财务会计-出纳管理-收付款处理-付款单新增，如图5-76所示。

（2）双击进入付款单新增界面。根据题目要求填写付款单信息，修改业务日期，选择结算方式为"网银支付"，收款人类型为"其他"，输入收款人名称为"税局"，在付款信息处输入付款

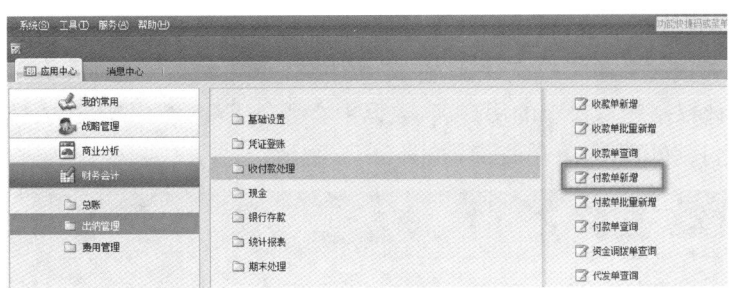

图 5-76 付款单新增登录界面

金额,对方科目为"应交税费—应交个人所得税",资金流量项目为"支付给职工以及为职工支付的现金"(个人所得税是由公司代扣代缴,但税费是由员工个人承担,因此此处资金流量项目是"支付给职工以及为职工支付的现金",而不是"支付各项税费"),操作结果如图 5-77 所示。

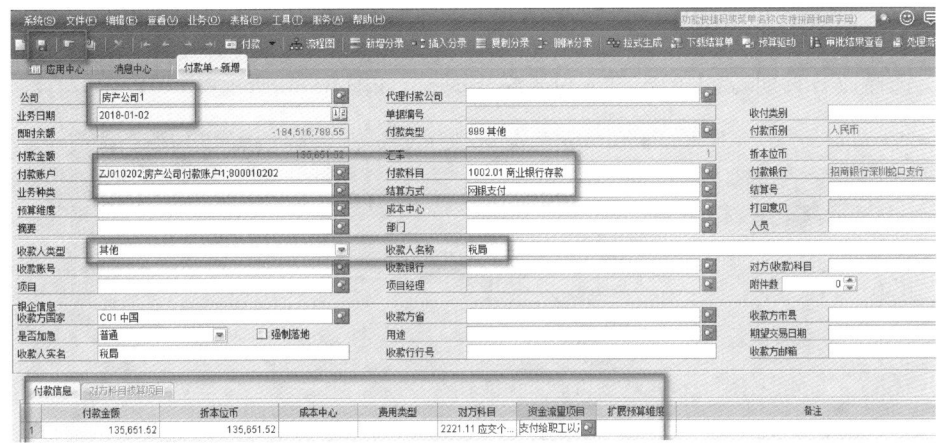

图 5-77 付款单新增界面

（3）退出付款单新增界面,并进入付款单查询界面,查看单据状态为已提交,查看付款单信息无误后,对该付款单进行审批及付款处理,如图 5-78 所示。

图 5-78 付款单审批与付款

（4）付款完成后,查看付款单状态为"已付款"。出纳将付款单编号抄写到集团管控实验平台中,点击保存,付款单新增业务操作完成。

（二）会计根据付款单生成凭证

1 月 2 日,房产公司的房产出纳支付上月个人所得税 135 651.52 元后,房产会计根据付款单生成付款凭证,确认金额、科目等信息无误后(凭证根据付款单生成如果凭证有误,删除凭证后告知房产出纳修改付款单),提交凭证,并交由财务主管审核。

(1)公司会计根据题目要求的用户名、数据中心登录 EAS 客户端,进入应用中心-财务会计-出纳管理-收付款处理-付款单查询,如图 5-79 所示。

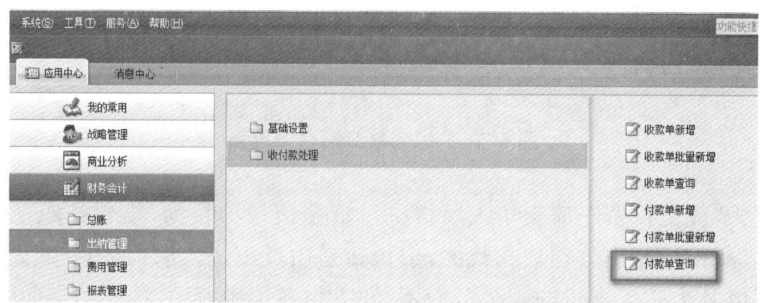

图 5-79　付款单查询登录界面

(2)选择业务日期,点击确定进入付款单序时簿,如图 5-80 所示。

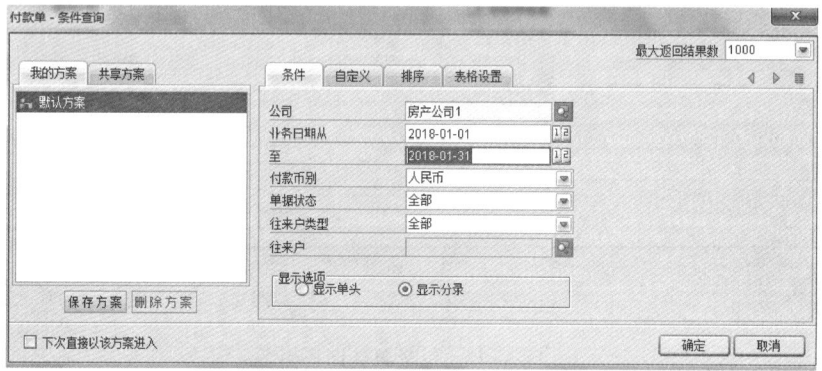

图 5-80　付款单查询条件设置

(3)选中已付款的付款单,点击"生成凭证",如图 5-81 所示。

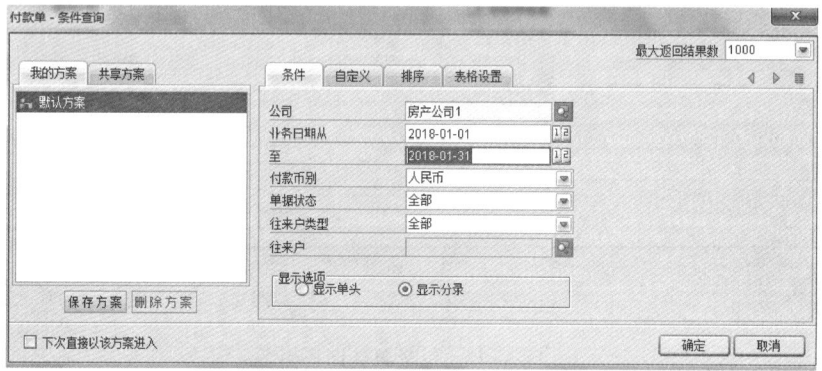

图 5-81　付款单生成凭证

(4)系统自动生成凭证,会计检查凭证内容,确认无误后,点击保存并提交,如图 5-82 所示。

(5)会计把生成的记账凭证的凭证号抄写到集团管控实验平台中,点击保存,生成凭证业务操作完成。

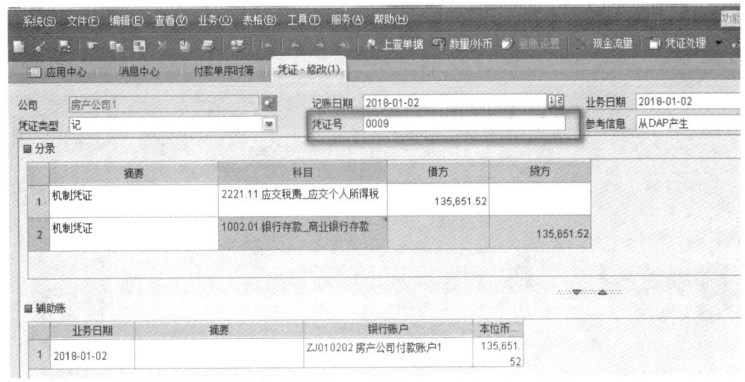

图 5-82　凭证提交

(三)财务主管审核凭证

1月2日,房产公司的房产会计提交支付上月个人所得税 135 651.52 元的凭证后,财务主管核对付款凭证的金额、科目等信息无误后,审核通过(如果凭证有误,告知房产会计修改并重新提交,凭证无误后再审核通过)。

(1)财务主管根据题目要求的用户名、数据中心登录 EAS 客户端,进入应用中心-财务会计-凭证处理-凭证查询,如图 5-83 所示。

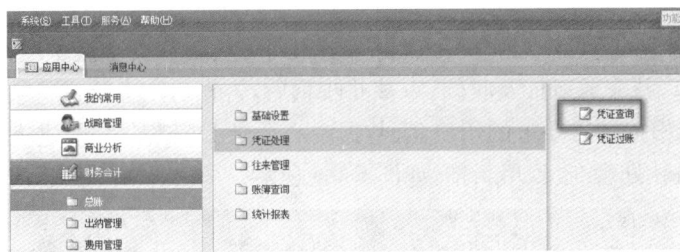

图 5-83　凭证查询登录界面

(2)检查业务日期及单据状态,点击确定进入,如图 5-84 所示。

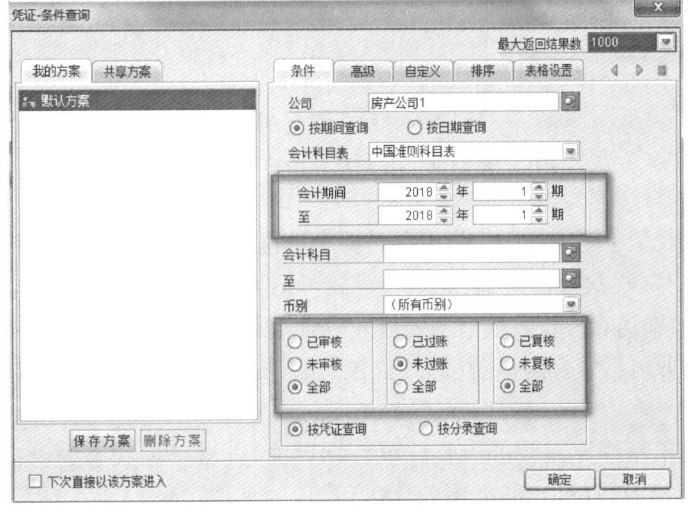

图 5-84　凭证查询条件设置

（3）双击打开会计生成的凭证，进入凭证查看界面，点击"凭证处理-审核"，提示凭证审核成功，点击确定，如图 5-85 所示。

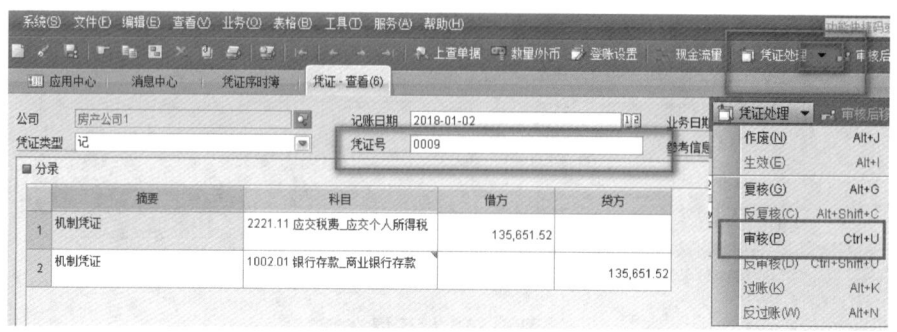

图 5-85　凭证审核

（4）财务主管把审核通过的凭证号抄写到集团管控实验平台中，点击保存，凭证审核业务操作完成。

实验九　收到购房客户结算的房款

（一）出纳新增收款单

1 月 25 日，房产公司的房产出纳收到购房客户结算的房款 117 112 495.50 元，收款账户是"房产公司收款账户"，结算方式为"网银支付"，录入对方科目和资金流量项目，收款人是"购房客户"，提交收款单，并完成审核及收款，审核并收款后，告知房产会计进行会计处理。

（1）公司出纳根据题目要求的用户名、数据中心登录 EAS 客户端，进入应用中心-财务会计-出纳管理-收付款处理-收款单新增，如图 5-86 所示。

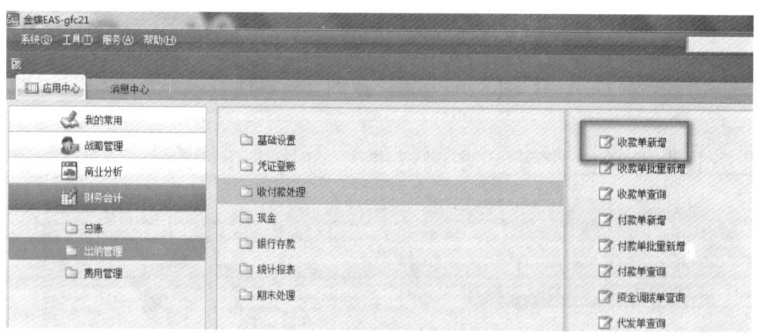

图 5-86　收款单新增登录界面

（2）双击进入收款单新增界面。根据题目要求填写收款单信息，修改业务日期，收款账户为"房产公司收款账户"，收款科目为"商业银行存款"，结算方式为"网银支付"，付款人类型为"客户"，付款人名称为"购房客户"，收款信息处输入付款金额"117 112 495.50"，对方科目为"主营业务收入—项目销售收入"，资金流量项目为"销售商品、提供劳务收到的现金"，点击保存并提交，如图 5-87 所示。

（3）退出收款单新增界面并进入收款单查询界面，查看单据状态为已提交，检查无误后，对该收款单进行审批及收款处理，如图 5-88 所示。

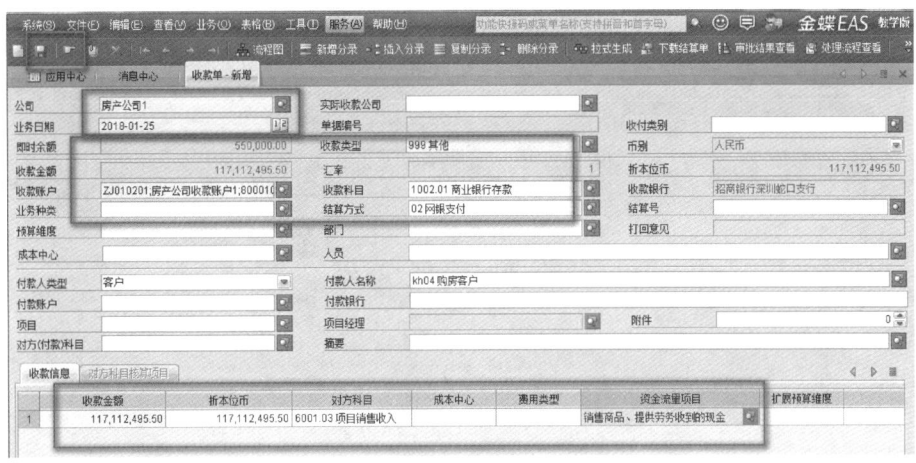

图 5-87 收款单新增界面

图 5-88 收款单审批与收款

（4）收款完成，退出并查看单据状态为"已收款"。出纳将收款单编号抄写到集团管控实验平台中，点击保存，收款单新增业务操作完成。

（二）会计根据收款单生成凭证

1月25日，房产公司的房产出纳收到购房客户结算的房款 117 112 495.50 元后，房产会计根据收款单生成收款凭证，确认金额、科目等信息无误后（如果生成的凭证有误，删除凭证后告知房产出纳核对付款单），提交凭证，并交由财务主管审核。

（1）公司会计根据题目要求的用户名、数据中心登录 EAS 客户端，进入应用中心-财务会计-出纳管理-收付款处理-收款单查询，如图 5-89 所示。

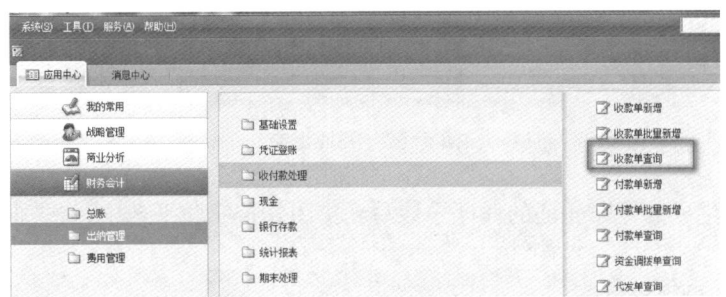

图 5-89 收款单查询登录界面

（2）选择业务日期，点击确定进入收款单序时簿，如图 5-90 所示。

（3）选中已收款的收款单，点击"生成凭证"，如图 5-91 所示。

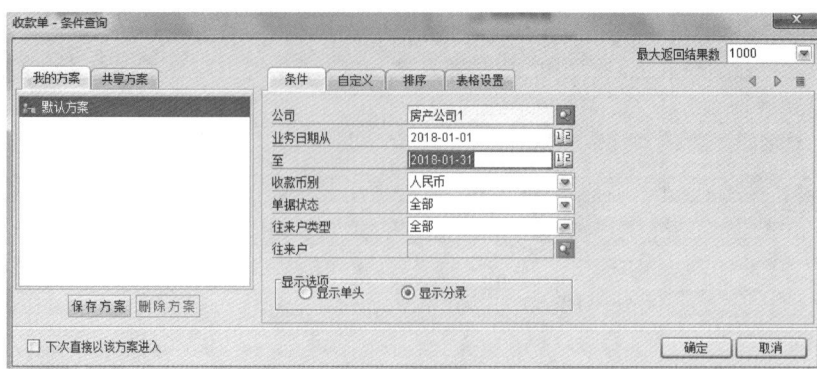

图 5-90　收款单查询条件设置

图 5-91　收款单生成凭证

（4）系统自动生成凭证，会计检查凭证内容，确认无误后，点击保存并提交，如图 5-92 所示。

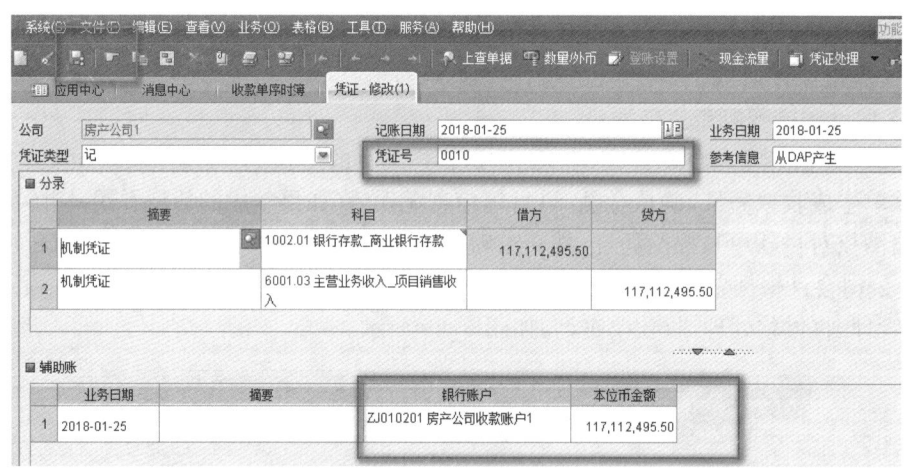

图 5-92　凭证提交

（5）会计把生成的记账凭证的凭证号抄写到集团管控实验平台中，点击保存，生成凭证业务操作完成。

（三）财务主管审核凭证

1 月 25 日，房产公司的房产会计提交收到购房客户结算的房款 117 112 495.50 元的凭证后，财务主管核对收款凭证的金额、科目等信息无误后，审核通过（如果凭证有误，告知房产会计修改并重新提交，凭证无误后再审核通过）。

（1）财务主管根据题目要求的用户名、数据中心登录 EAS 客户端,进入应用中心-财务会计-凭证处理-凭证查询,如图 5-93 所示。

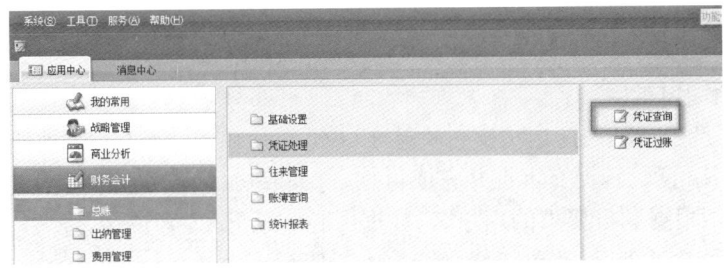

图 5-93　凭证查询登录界面

（2）检查业务日期及单据状态,点击确定进入,如图 5-94 所示。

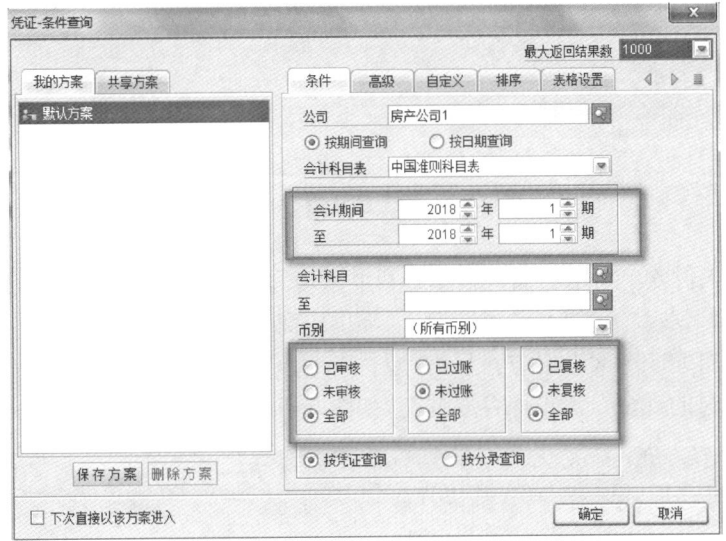

图 5-94　凭证查询条件设置

（3）双击打开会计生成的凭证,进入凭证查看界面,点击"凭证处理-审核",提示凭证审核成功,点击确定,如图 5-95 所示。

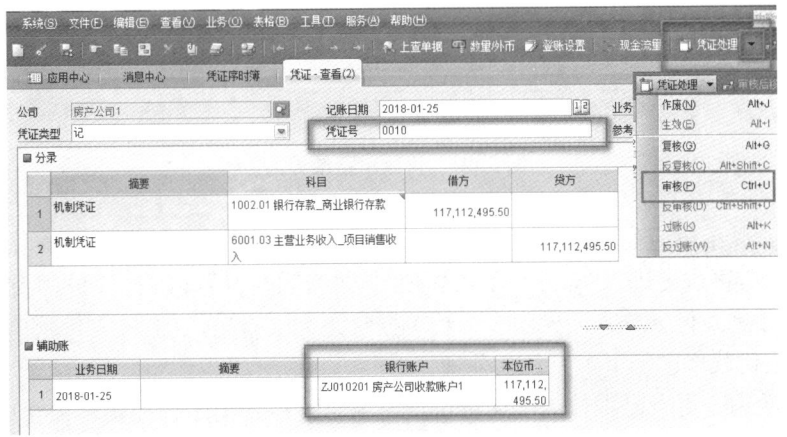

图 5-95　凭证审核

（4）财务主管把审核通过的凭证号抄写到集团管控实验平台中，点击保存，凭证审核业务操作完成。

实验十　支付原材料货款

（一）出纳新增付款单

1月4日，房产公司的房产出纳支付货款19 849 050.00元给建材公司，新增付款单，录入对方科目及资金流量项目，提交审批并完成付款，付款成功后，告知房产会计进行会计处理。

（1）公司出纳根据题目要求的用户名、数据中心登录EAS客户端，进入应用中心-财务会计-出纳管理-收付款处理-付款单新增，如图5-96所示。

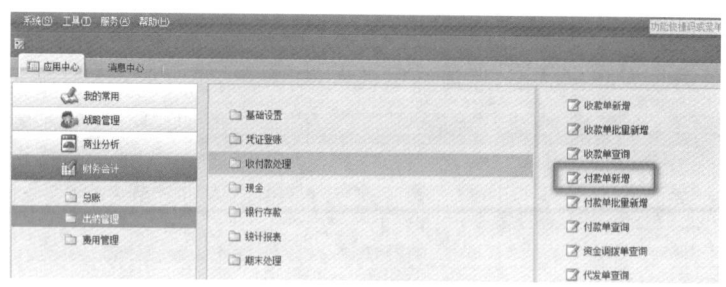

图5-96　付款单新增登录界面

（2）双击进入付款单新增界面。根据题目要求填写付款单信息，修改业务日期，选择结算方式为"网银支付"，收款人类型为"供应商-内部供应商"，收款人名称为"建材公司"，付款信息处输入付款金额"19 849 050"，对方科目为"原材料—原料及主要材料"，资金流量项目为"购买商品接受劳务支付的现金"，点击保存并提交，如图5-97所示。

图5-97　付款单新增界面

（3）支付货款给供应商时，对方科目为"应付账款"，需要设置对方科目核算项目，出纳设置完付款信息后，可点击进入"对方科目核算项目"进行项目设置，如图5-98所示。

（4）退出并进入付款单查询界面。查看单据状态为已提交，双击进入付款单查看界面，检查无误后，对该付款单进行审批及付款处理，如图5-99所示。

（5）单据状态变更为已付款。出纳将付款单编号抄写到集团管控实验平台中，点击保存，付款单新增业务操作完成。

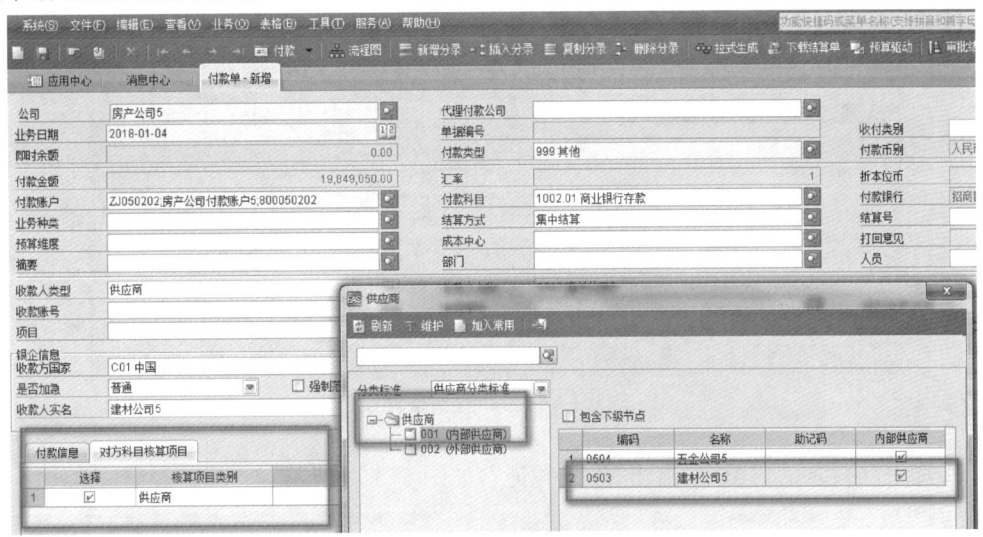

图 5-98 付款单编辑界面

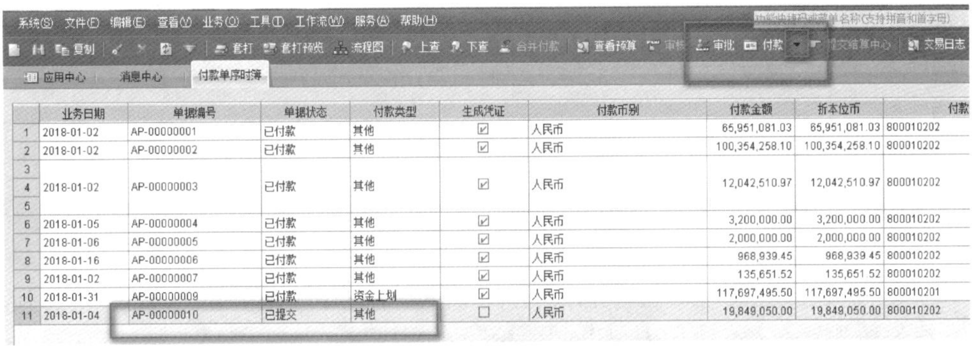

图 5-99 付款单审批与付款

（二）会计根据付款单生成凭证

1月4日，房产公司的房产出纳支付货款 19 849 050.00 元给建材公司后，房产会计根据付款单生成付款凭证，确认金额、科目等信息无误后（如果生成的凭证有误，删除凭证后告知房产出纳核对付款单），提交凭证，并交由财务主管审核。

（1）公司会计根据题目要求的用户名、数据中心登录 EAS 客户端，进入应用中心-财务会计-出纳管理-收付款处理-付款单查询，如图 5-100 所示。

图 5-100 付款单查询登录界面

（2）选择业务日期，点击确定进入付款单序时簿，如图5-101所示。

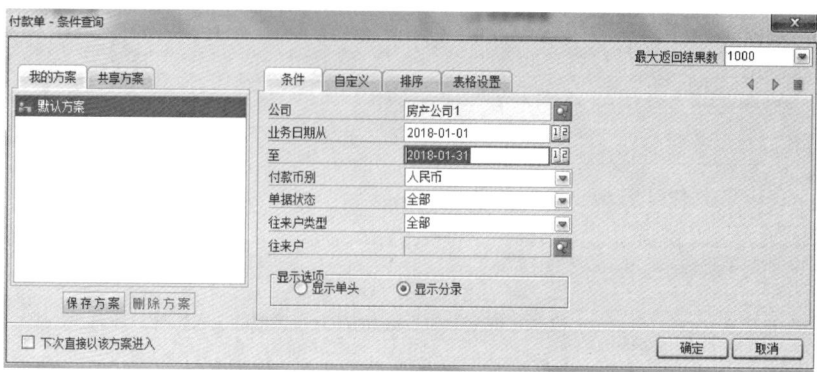

图5-101　付款单查询条件设置

（3）选中已付款的付款单，点击"生成凭证"，如图5-102所示。

	业务日期	单据编号	单据状态	付款类型	生成凭证	付款币别	付款金额	折本位币	付款账户	
1	2018-01-02	AP-00000001	已付款	其他	☑	人民币	65,951,081.03	65,951,081.03	800010202	商业银
2	2018-01-02	AP-00000002	已付款	其他	☑	人民币	100,354,258.10	100,354,258.10	800010202	商业银
3										
4	2018-01-02	AP-00000003	已付款	其他	☑	人民币	12,042,510.97	12,042,510.97	800010202	商业银
5										
6	2018-01-06	AP-00000004	已付款	其他	☑	人民币	3,200,000.00	3,200,000.00	800010202	商业银
7	2018-01-06	AP-00000005	已付款	其他	☑	人民币	2,000,000.00	2,000,000.00	800010202	商业银
8	2018-01-16	AP-00000006	已付款	其他	☑	人民币	968,939.45	968,939.45	800010202	商业银
9	2018-01-02	AP-00000007	已付款	其他	☑	人民币	135,651.52	135,651.52	800010202	商业银
10	2018-01-31	AP-00000009	已付款	资金上划	☑	人民币	117,697,495.50	117,697,495.50	800010201	商业银
11	2018-01-04	AP-00000010	已付款	其他	☐	人民币	19,849,050.00	19,849,050.00	800010202	商业银

图5-102　付款单生成凭证

（4）系统自动生成凭证，会计检查凭证内容，确认无误后，点击保存并提交，如图5-103所示。

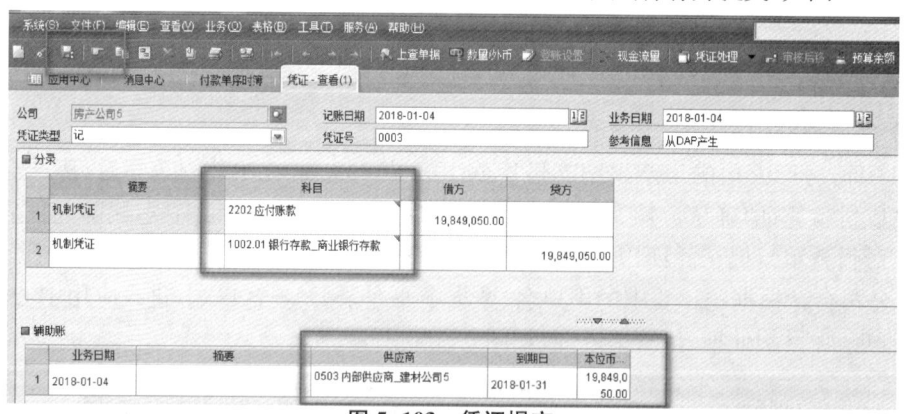

图5-103　凭证提交

（5）会计把生成的记账凭证的凭证号抄写到集团管控实验平台中，点击保存，生成凭证业务操作完成。

（三）财务主管审核凭证

1月4日，房产公司的房产会计提交支付货款19 849 050.00元给建材公司的凭证后，财务主管核对付款凭证的金额、科目等信息无误后，审核通过（如果凭证有误，告知房产会计修改并重新提交,凭证无误后再审核通过)。

(1) 财务主管根据题目要求的用户名、数据中心登录 EAS 客户端,进入应用中心-财务会计-凭证处理-凭证查询,如图 5-104 所示。

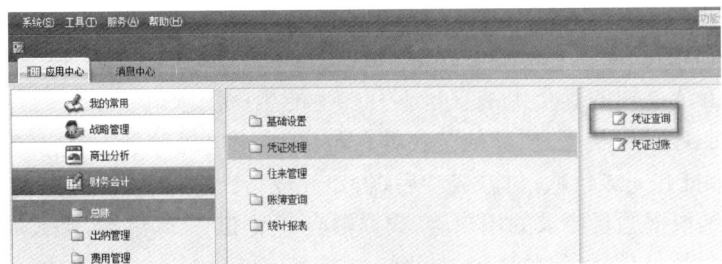

图 5-104 凭证查询登录界面

(2) 检查业务日期及单据状态,点击确定进入,如图 5-105 所示。

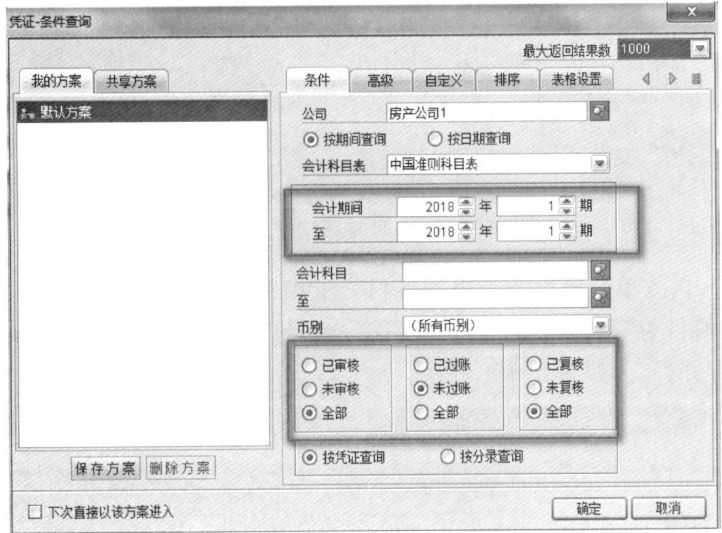

图 5-105 凭证查询条件设置

(3) 双击打开会计生成的凭证,进入凭证查看界面,点击"凭证处理-审核",提示凭证审核成功,点击确定,如图 5-106 所示。

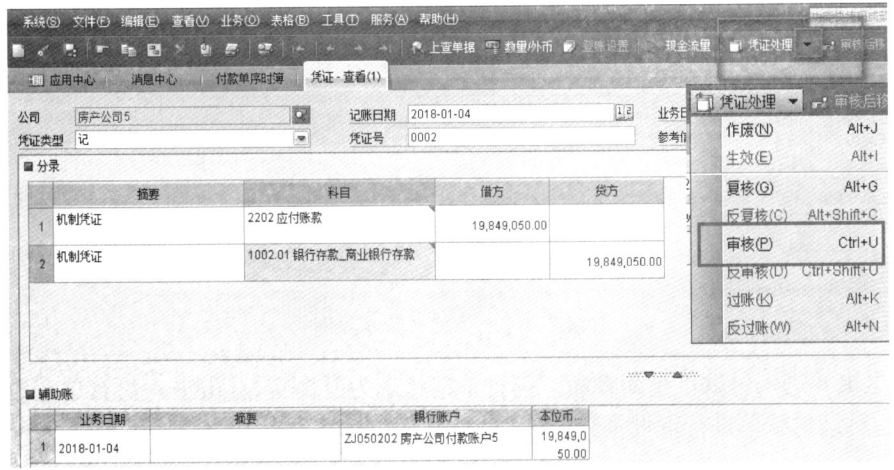

图 5-106 凭证审核

（4）财务主管把审核通过的凭证号抄写到集团管控实验平台中，点击保存，凭证审核业务操作完成。

实验十一　五金公司支付本月发生的生产用水电费

（一）出纳新增付款单

1月30日，五金公司的五金出纳支付本月发生的生产用水电费116 911.33元，新增付款单，通过网银支付，收款人类型是"其他"，收款人名称为"水电局"，录入对应的对方科目及资金流量项目，提交审批并完成付款，付款成功后，告知五金会计进行会计处理。

（1）公司出纳根据题目要求的用户名、数据中心登录EAS客户端，进入应用中心-财务会计-出纳管理-收付款处理-付款单新增，如图5-107所示。

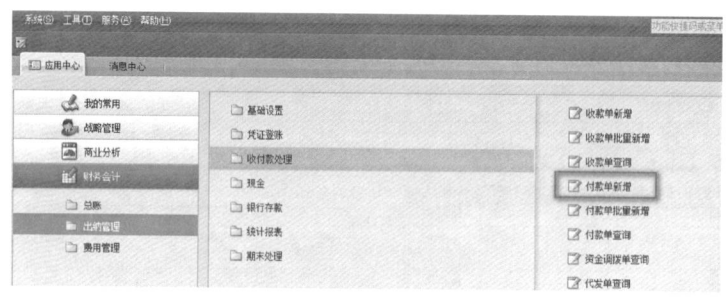

图5-107　付款单新增登录界面

（2）双击进入付款单新增界面。根据题目要求填写付款单信息。付款账户为"五金公司付款账户"，对方科目为"制造费用—水电费"，资金流量项目为"支付的其他与经营活动有关的现金"。点击保存并提交，如图5-108所示。

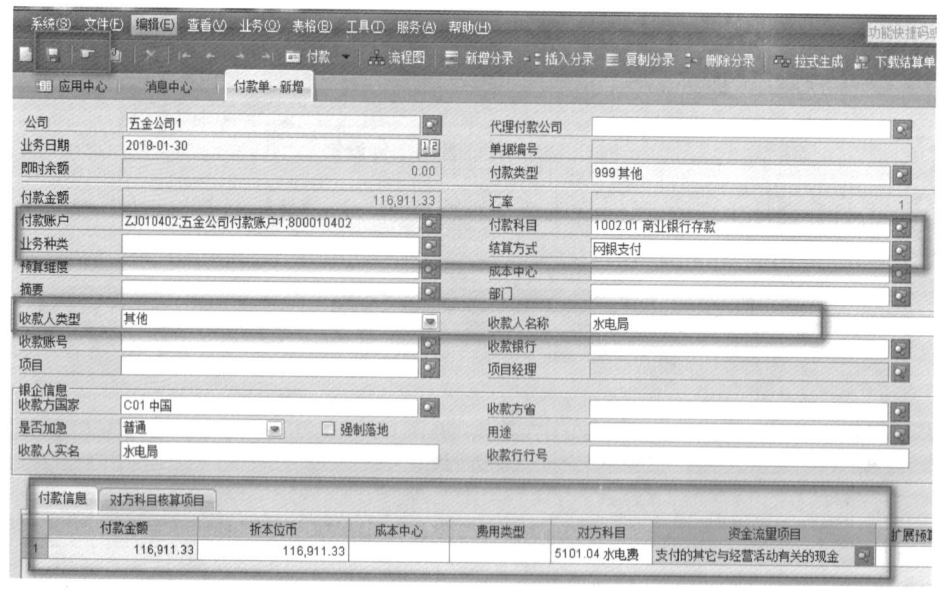

图5-108　付款单新增界面

（3）退出并进入付款单查询界面。查看单据状态为已提交，双击进入付款单查看界面，检查无误后，对该付款单进行审批及付款处理，如图5-109所示。

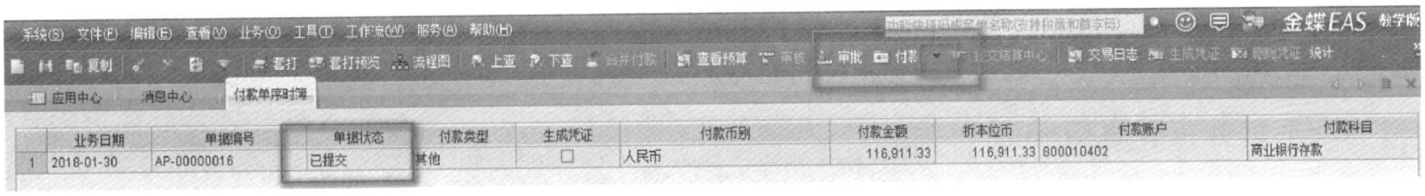

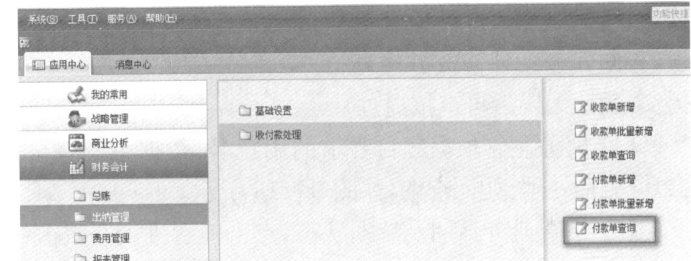

图 5-109　付款单审批与付款

（4）单据状态变更为已付款。出纳将付款单编号抄写到集团管控实验平台中，点击保存，付款单新增业务完成。

（二）会计根据付款单生成凭证

1 月 30 日，五金公司的五金出纳支付本月发生的生产用水电费 116 911.33 元后，五金会计根据付款单生成付款凭证，确认金额、科目等信息无误后（如果生成的凭证有误，删除凭证后告知五金出纳核对付款单），提交凭证，并交由财务主管审核。

图 5-110　付款单查询登录界面

（1）公司会计根据题目要求的用户名、数据中心登录 EAS 客户端，进入应用中心-财务会计-出纳管理-收付款处理-付款单查询，如图 5-110 所示。

（2）选择业务日期，点击确定进入付款单序时簿，选中已付款的付款单，点击"生成凭证"，如图 5-111 所示。

图 5-111　付款单生成凭证

（3）系统自动生成凭证，会计检查凭证内容，确认无误后，点击保存并提交，如图 5-112 所示。

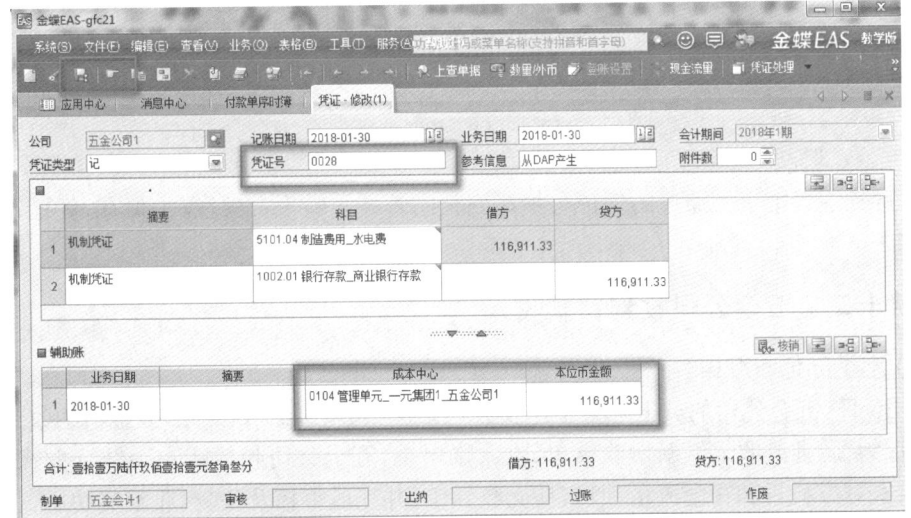

图 5-112　凭证提交

（4）会计把生成的记账凭证的凭证号抄写到集团管控实验平台中,点击保存,生成凭证业务操作完成。

（三）财务主管审核凭证

1 月 30 日,五金公司的五金会计提交支付本月发生的生产用水电费 116 911.33 元的凭证后,财务主管核对付款凭证的金额、科目等信息,无误后,审核通过(如果凭证有误,告知五金会计修改并重新提交,凭证无误后再审核通过)。

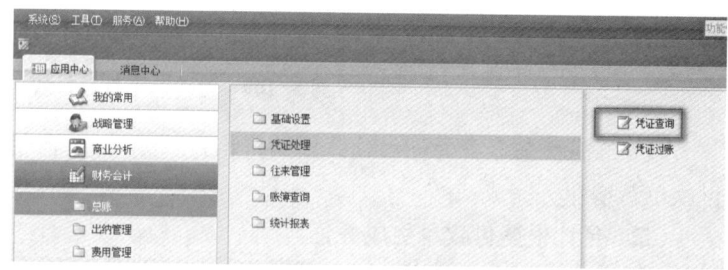

图 5-113 凭证查询登录界面

（1）财务主管根据题目要求的用户名、数据中心登录 EAS 客户端。进入应用中心-财务会计-凭证处理-凭证查询,如图 5-113 所示。

（2）检查业务日期及单据状态,点击确定进入。双击打开会计生成的凭证,进入凭证查看界面,点击"凭证处理-审核",提示凭证审核成功,点击确定,如图 5-114 所示。

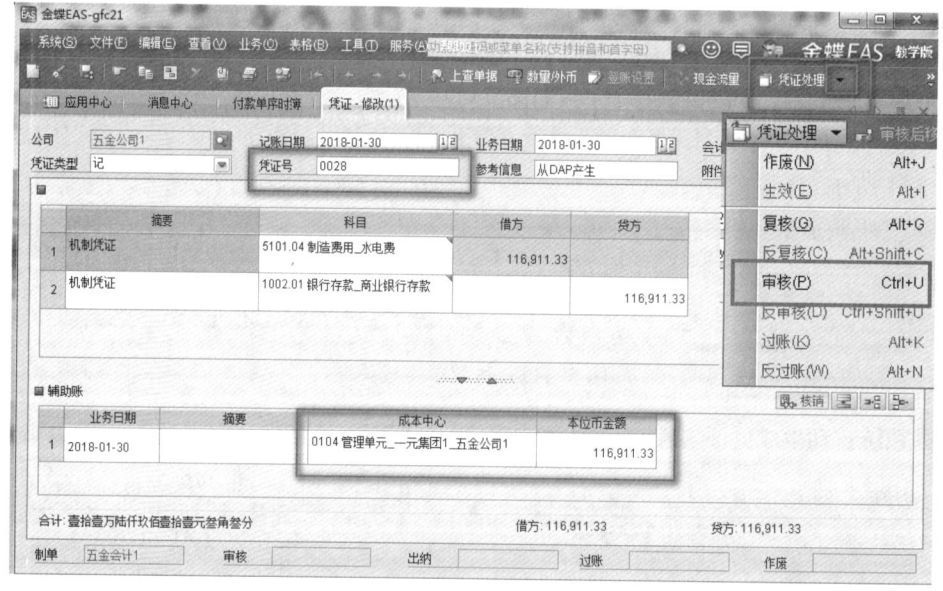

图 5-114 凭证审核

（3）财务主管把审核通过的凭证号抄写到集团管控实验平台中,点击保存,凭证审核业务操作完成。

实验十二 五金公司收到罚款收入

（一）出纳新增收款单

1 月 25 日,五金公司的员工陈金金违反公司条例,罚款 2 500.00 元,五金出纳收到陈金金的罚款,记为"营业外收入",新增收款单,收款账户是"五金公司收款账户",结算方式为"网银支付",录入对方科目和资金流量项目,提交收款单,并完成审核及收款,收款成功后,告知五金会计进行会计处理。

（1）公司出纳根据题目要求的用户名、数据中心登录 EAS 客户端，进入应用中心-财务会计-出纳管理-收付款处理-收款单新增，如图 5-115 所示。

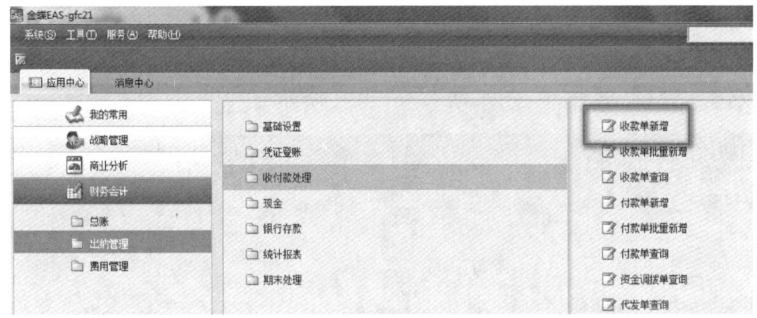

图 5-115　收款单新增登录界面

（2）双击进入收款单新增界面。根据题目要求填写收款单信息，选择收款账户为"五金公司收款账户"，付款人类型为"其他"，对方科目为"营业外收入—罚款收入"，资金流量项目为"收到的其他与经营活动有关的现金"，点击保存并提交，如图 5-116 所示。

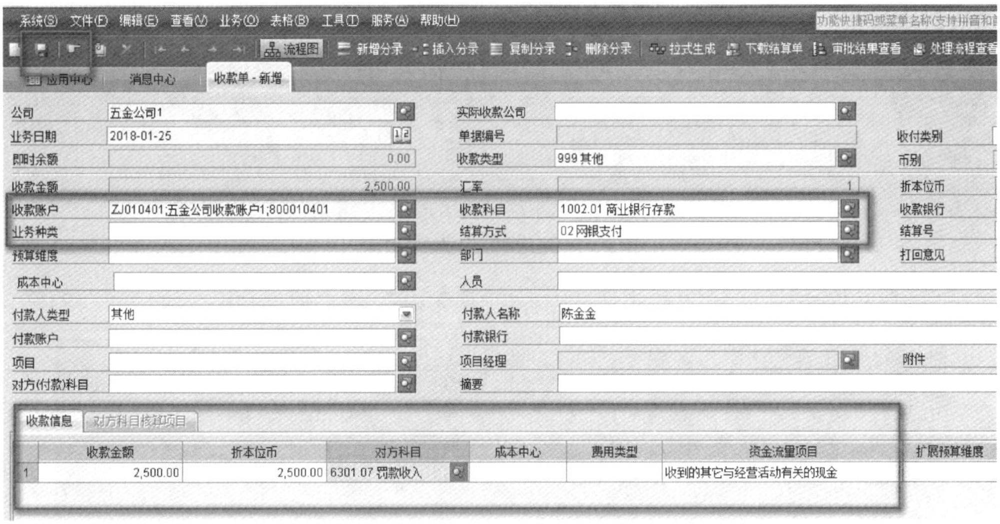

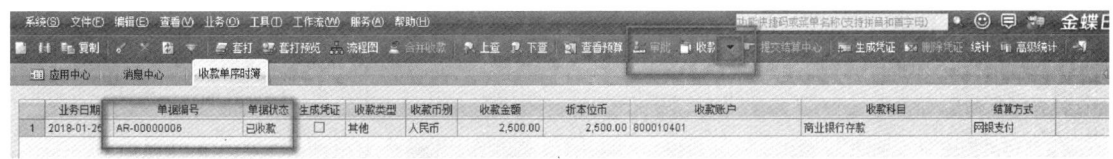

图 5-116　收款单新增界面

（3）退出并进入收款单查询界面。查看单据状态为已提交，检查无误后，对该收款单进行审批及收款处理，如图 5-117 所示。

图 5-117　收款单审批与收款

（4）单据状态变更为已收款。出纳将收款单编号抄写到集团管控实验平台中，点击保存，收款单新增业务操作完成。

（二）公司会计根据收款单生成凭证

1月25日，五金公司的五金出纳收到陈金金的罚款2 500.00元后，五金会计根据收款单生成收款凭证，确认金额、科目等信息无误后（如果生成的凭证有误，删除凭证后告知五金出纳核对收款单），提交凭证，并交由财务主管审核。

（1）公司会计根据题目要求的用户名、数据中心登录EAS客户端，进入应用中心-财务会计-出纳管理-收付款处理-收款单查询，如图5-118所示。

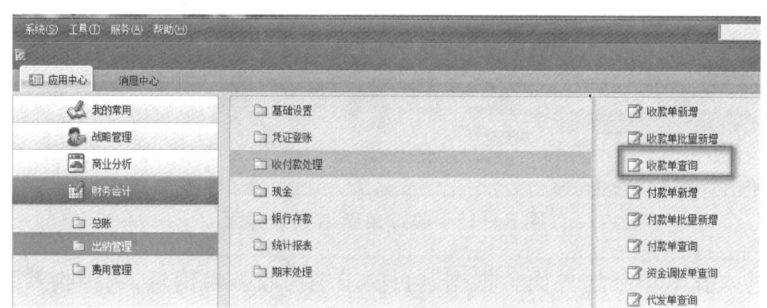

图5-118　收款单查询登录界面

（2）选择业务日期，点击确定进入收款单序时簿。选中已收款的收款单，点击"生成凭证"，如图5-119所示。

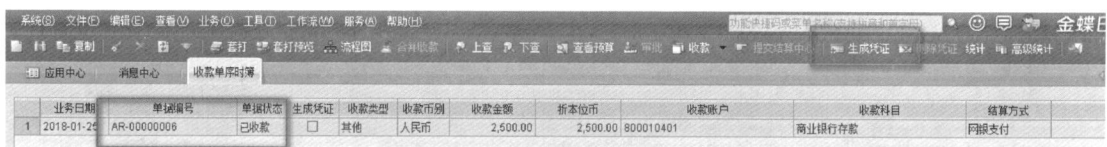

图5-119　收款单生成凭证

（3）系统自动生成凭证，会计检查凭证内容，确认无误后，点击保存并提交，如图5-120所示。

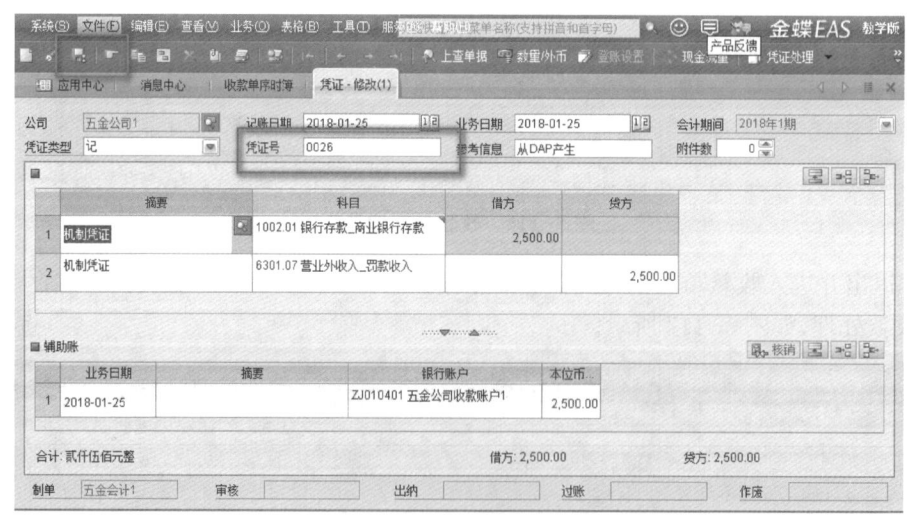

图5-120　凭证提交

（4）会计把生成的记账凭证的凭证号抄写到集团管控实验平台中，点击保存，生成凭证业务操作完成。

(三)公司财务主管审核凭证

1月25日,五金公司的五金会计提交收到陈金金的罚款2 500.00元的凭证后,财务主管核对收款凭证的金额、科目等信息无误后,审核通过(如果凭证有误,告知五金会计修改并重新提交,凭证无误后再审核通过)。

(1)财务主管根据题目要求的用户名、数据中心登录EAS客户端,进入应用中心-财务会计-凭证处理-凭证查询,如图5-121所示。

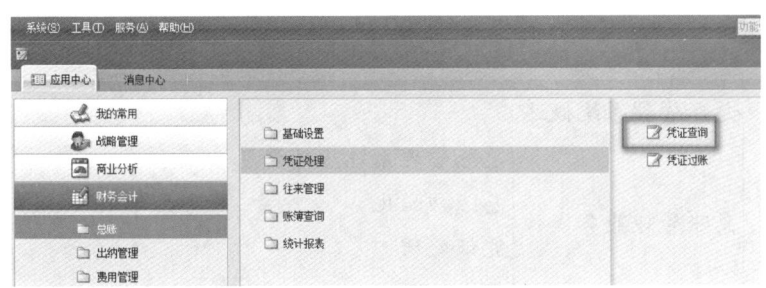

图5-121 凭证查询登录界面

(2)检查业务日期及单据状态,点击确定进入。双击打开会计生成的凭证,进入凭证查看界面,点击"凭证处理-审核",提示凭证审核成功,点击确定,如图5-122所示。

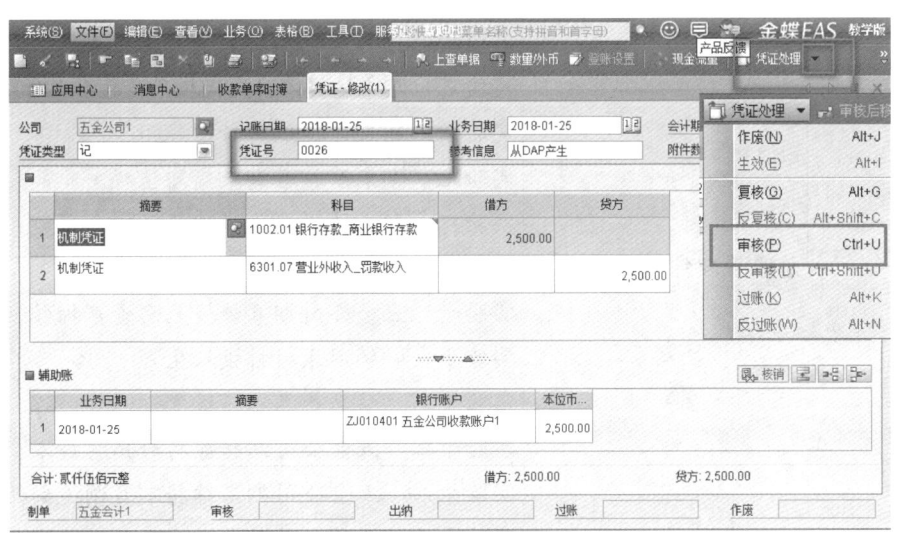

图5-122 凭证审核

(3)财务主管把审核通过的凭证号抄写到集团管控实验平台中,点击保存,凭证审核业务操作完成。

■ 本 章 小 结 ■

本章主要介绍了集团出纳管理的相关概念及业务内容,突出介绍了集团出纳与单体企业出纳业务内容及管理活动的区别;介绍了金蝶EAS信息系统中集团出纳管理的业务流程;介绍了金蝶EAS信息系统中出纳进行收付转业务的操作步骤。

第六章 总账管理及业务操作

学习目标

◇ 了解集团企业总账管理系统的业务内容
◇ 了解金蝶 EAS 信息系统中总账管理系统的各个业务模块及功能
◇ 了解金蝶 EAS 信息系统中总账管理业务内容及流程
◇ 掌握金蝶 EAS 信息系统中总账业务处理的人员分工与操作步骤

第一节　总账管理系统概述

总账管理系统是公司账务系统的核心,相当于所有会计信息的中央处理器。总账管理系统一般包括凭证处理、自动转账、凭证摊销、期末调汇、结转损益等会计核算功能,关联各项现金流项目、往来项目、辅助核算项目,形成企业各项业务的精细化核算网络系统。

EAS 集团财务管理信息系统总账模块承担集团账务核算的职能:帮助集团企业各成员单位在同一平台上,按照统一规范的核算体系,进行统一的财务核算工作,通过灵活的基础数据管理策略(分配、引用、共享等方式)达成集团财务的不同控制政策。

总账模块的功能特色,体现在以下四个方面。

(1)多系统集成。总账系统与其他模块之间建立有快捷的接口,保证账务运行通畅不重叠。

(2)信息共享。公司或组织的制造系统、项目管理系统、人力资源管理系统、客户关系管理系统等各个系统都可以通过总账管理系统实现信息共享。

(3)决策分析。总账管理系统的主要作用是记录公司的财务活动,并生成财务报表和管理报表,以帮助公司内外人士进行决策。

(4)核算分析。总账管理系统提供了一个完整的财务管理核算及分析工具,以反映所有子账户的财务和现金活动。

第二节　总账管理业务操作

一、总账管理系统基础设置

在使用总账系统正式进行账务处理之前,系统管理员需要在 EAS 系统中定义好财务组织、成本中心、行政组织、会计期间、会计科目、币别、汇率表、核算项目、辅助账类型、计量单位等基础信息,同时还要定义总账模块所专用的基础资料,如凭证类型、现金流量项目、科目自定义属性等。

二、总账初始化

集团搭建模块要求对每一个会计主体进行辅助账科目初始余额录入。科目初始余额录入操作,具体包括录入各辅助账科目余额,现金流科目余额,总账科目余额。总账系统启用,需要完成对所有科目期初余额录入并结束初始化后才能进行日常账务处理工作。

三、凭证处理

公司会计根据日常发生的业务进行凭证的新增、查询、审核操作。业务涉及资产购置、费用支付、成本结转、税务计提与支付等。

当凭证科目涉及现金、银行存款时,需要维护现金流量项目,区分现金流类型;涉及辅助账核算项目的,需要选择相应的核算项目,保证凭证内容录入完整,再进行提交,提交后的凭证,财务主管才能进行审核。

四、期末处理

各个会计主体期末处理业务包括检查所有凭证处理是已审核状态后,对所有凭证进行凭证过账处理,设置结转损益模板,根据模板生成凭证,再对结转损益生成的凭证进行审核、过账,生成当期财务报表后,进行期末结账处理。期末结账后,系统的会计期间会自动延续到下一个会计期间,当期的期末余额则变成下期的期初余额。

凭证未经审核不得过账,若出现过账后发现凭证录入有误,需要对凭证进行反过账-反审核-修改,修改完毕后重新提交-审核-过账。

结转损益是将所有损益类科目归集汇总到本年利润科目,从而计算出本年利润科目的期末余额,可能是借方也可能是贷方。结转损益自动生成的凭证状态为保存,需要再进行审核和过账处理。期末结转损益处理,是当期利润表数据生成的主要依据。

第三节 | 总账管理综合实验案例

实验一 采购零星建材

(一)会计新增凭证

房产公司根据第一季度的地产开发计划,需要提前购入一批零星建材。经批准,1月3日,房产公司向供应商建材公司采购零星建材,原材料价税合计15 409 875.00元,税率为9%。房产公司的房产会计新增应付凭证,摘要为采购原材料,提交应付凭证后,告知财务主管审批。

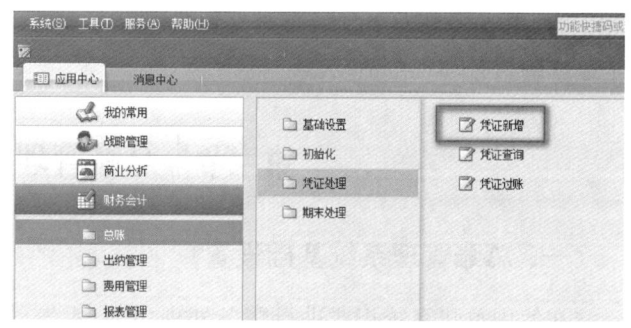

图 6-1 凭证新增登录界面

(1)公司会计根据题目要求的用户名、数据中心登录 EAS 客户端,进入应用中心-财务会计-总账-凭证处理-凭证新增,如图 6-1 所示。

(2)进入凭证新增界面,修改业务日期、记账日期、辅助账日期,借方科目为"原材料—原料及主要材料""应交税费—应交增值税—进项税额",贷方科目为"应付账款",辅助账科目为"供应商—内部供应商—建材公司",点击保存并提交,如图 6-2 所示。

(3)凭证提交后系统自动生成凭证号,会计把凭证号抄写到集团管控实验平台中,点击保存答案,凭证新增业务操作完成。

(二)财务主管审核凭证

1月3日,房产公司的房产会计提交采购原材料(零星建材)15 409 875.00 元的凭证后,财务主管核对应付凭证,核对金额及科目等信息无误后,审批通过(如果凭证信息有误,告知房产会计进行修改并重新提交凭证,凭证核查无误后再审批通过)。

(1)财务主管根据题目要求的用户名、数据中心登录 EAS 客户端,进入应用中心-财务会计-凭证处理-凭证查询,如图 6-3 所示。

(2)检查业务日期及单据状态,点击确定进入,如图 6-4 所示。

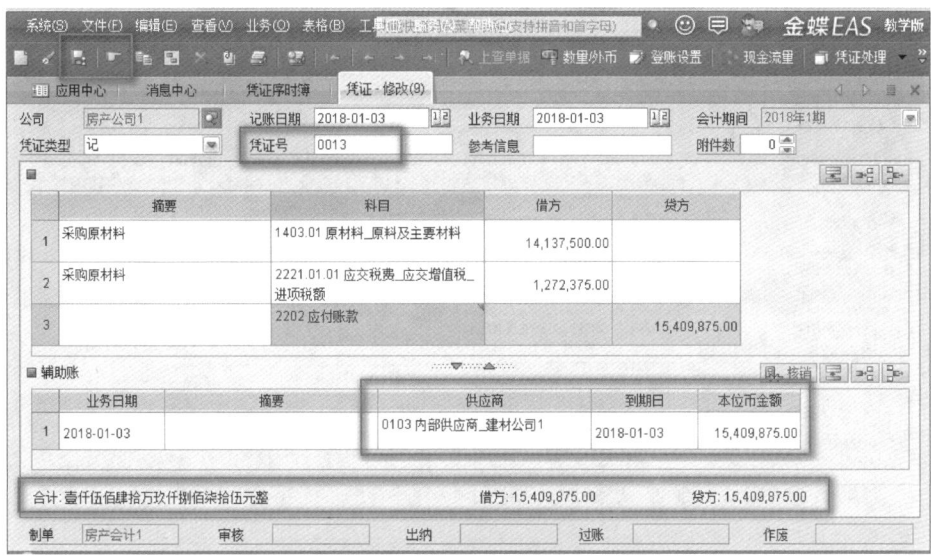

图 6-2 凭证新增界面

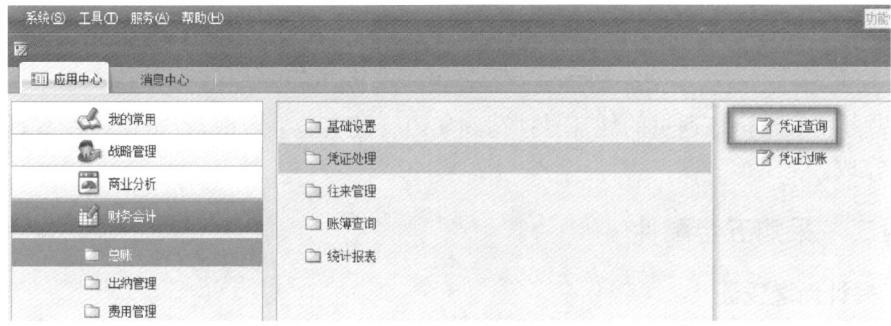

图 6-3 凭证查询登录界面

图 6-4 凭证查询条件设置

（3）双击打开会计生成的凭证，进入凭证查看界面，点击"凭证处理-审核"，提示凭证审核成功，点击确定，如图 6-5 所示。

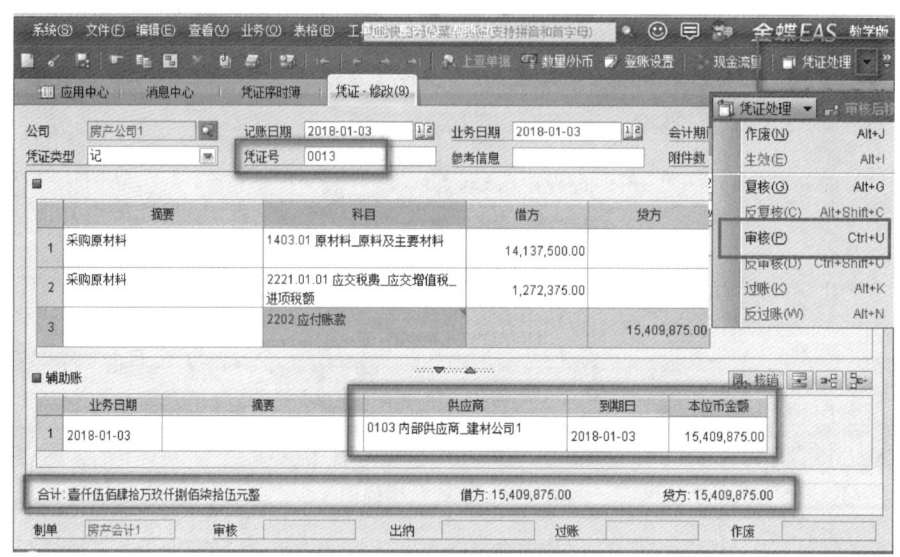

图 6-5　凭证审核

（4）财务主管把审核通过的凭证号抄写到集团管控实验平台中，点击保存答案，凭证审核业务操作完成。

实验二　采购五金配件

（一）会计新增凭证

1 月 4 日，房产公司库房被盗，经库管员盘点，原材料五金配件的库存数无法满足当月地产开发需求，当天紧急向供应商五金公司采购一批五金配件，原材料价税合计 37 360 840.00 元，税率为 9%。房产公司的房产会计新增应付凭证，摘要为采购原材料，提交应付凭证后，告知财务主管审批。

（1）公司会计根据题目要求的用户名、数据中心登录 EAS 客户端，进入应用中心-财务会计-总账-凭证处理-凭证新增，如图 6-6 所示。

（2）进入凭证新增界面，修改业务日期、记账日期、辅助账日期，借方科目为"原材料—机械配件""应交税费—应交增值税—进项税额"，贷方科目为"应付账款"，辅助账科目为"供应

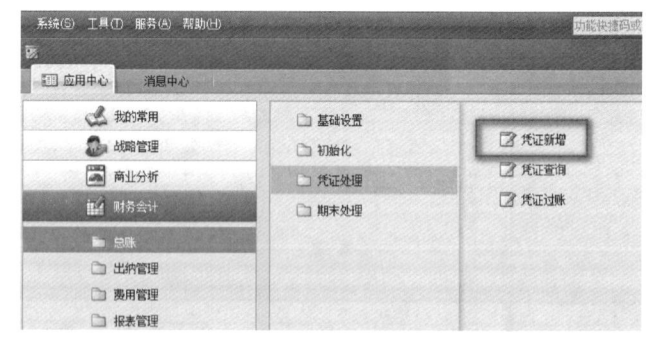

图 6-6　凭证新增登录界面

商—内部供应商—五金公司"，点击保存并提交，如图 6-7 所示。

（3）凭证提交后系统自动生成凭证号，会计把凭证号抄写到集团管控实验平台中，点击保存答案，凭证新增业务操作完成。

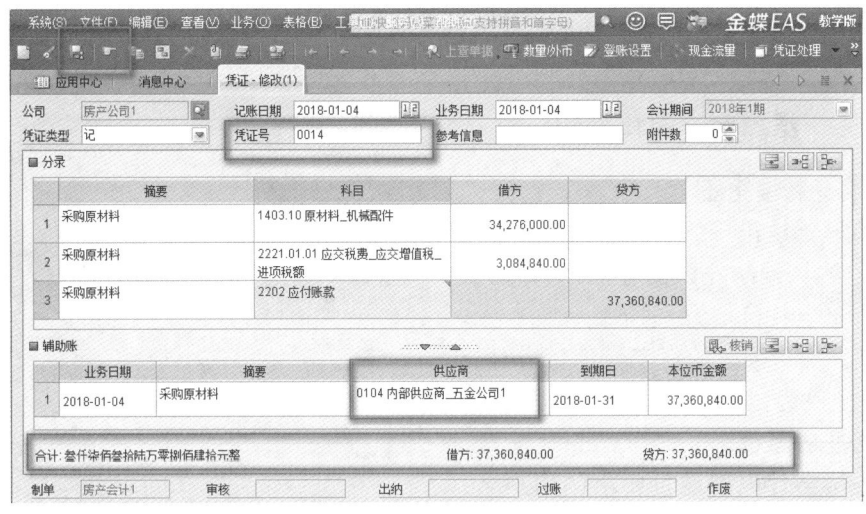

图 6-7　凭证新增界面

（二）财务主管审核凭证

1月4日,房产公司的房产会计提交采购五金配件 37 360 840.00 元的应付凭证后,财务主管核对该笔凭证,无误后,审批通过(如果凭证信息有误,告知房产会计进行修改并重新提交凭证,凭证核查无误后再审批通过)。

（1）财务主管根据题目要求的用户名、数据中心登录 EAS 客户端,进入应用中心-财务会计-凭证处理-凭证查询,如图 6-8 所示。

图 6-8　凭证查询登录界面

（2）检查业务日期及单据状态,点击确定进入。双击打开会计生成的凭证,进入凭证查看界面,点击"凭证处理-审核",提示凭证审核成功,点击确定,如图 6-9 所示。

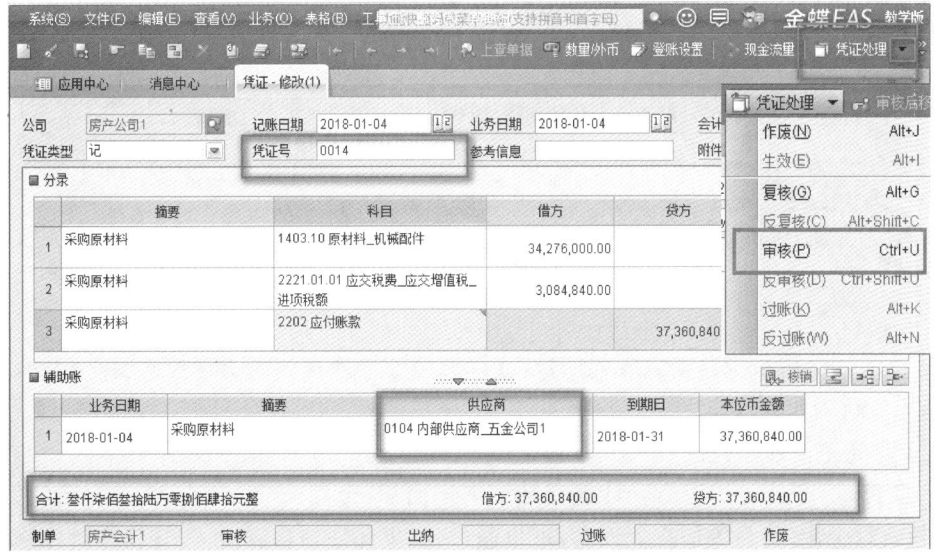

图 6-9　凭证审核

（3）财务主管把审核通过的凭证号抄写到集团管控实验平台中，点击保存答案，凭证审核业务操作完成。

实验三 结算房产销售面积

（一）会计新增凭证

1月7日，锦绣花园交付完毕，房产公司结算购房客户购买锦绣花园的金额，结算面积25 999平方米，含税价格为654 628 821.00元，税率为9%。房产公司的房产会计新增对应会计凭证，摘要为销售房产，并提交凭证，当天告知财务主管审批。

（1）公司会计根据题目要求的用户名、数据中心登录EAS客户端，进入应用中心-财务会计-总账-凭证处理-凭证新增，如图6-10所示。

图6-10 凭证新增登录界面

（2）进入凭证新增界面，修改业务日期、记账日期、辅助账日期，借方科目为"应收账款"，辅助账科目为"客户—外部客户—购房客户"，贷方科目为"主营业务收入—项目销售收入""应交税费—应交增值税—销项税额"，点击保存并提交，如图6-11所示。

图6-11 凭证新增界面

（3）凭证提交后系统自动生成凭证号，会计把凭证号抄写到集团管控实验平台中，点击保存答案，凭证新增业务操作完成。

（二）财务主管审核凭证

1月7日，房产公司的房产会计提交结算销售面积，金额为654 628 821.00元的凭证后，财务主管核对金额、科目等信息无误后，审批通过（如果凭证信息有误，告知房产会计修改并重新提交,核对无误后再审批通过)。

（1）财务主管根据题目要求的用户名、数据中心登录 EAS 客户端,进入应用中心-财务会计-凭证处理-凭证查询,如图 6-12 所示。

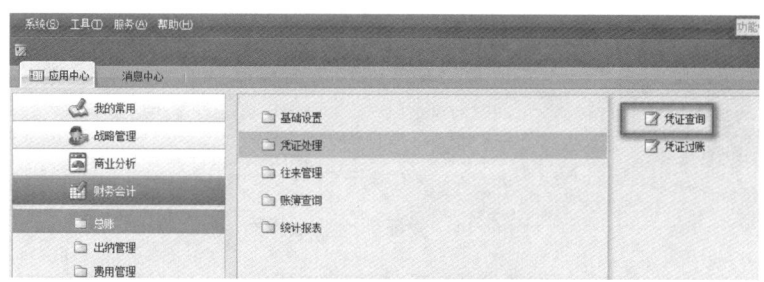

图 6-12　凭证查询登录界面

（2）检查业务日期及单据状态,点击确定进入。双击打开会计生成的凭证,进入凭证查看界面,点击"凭证处理-审核",提示凭证审核成功,点击确定,如图 6-13 所示。

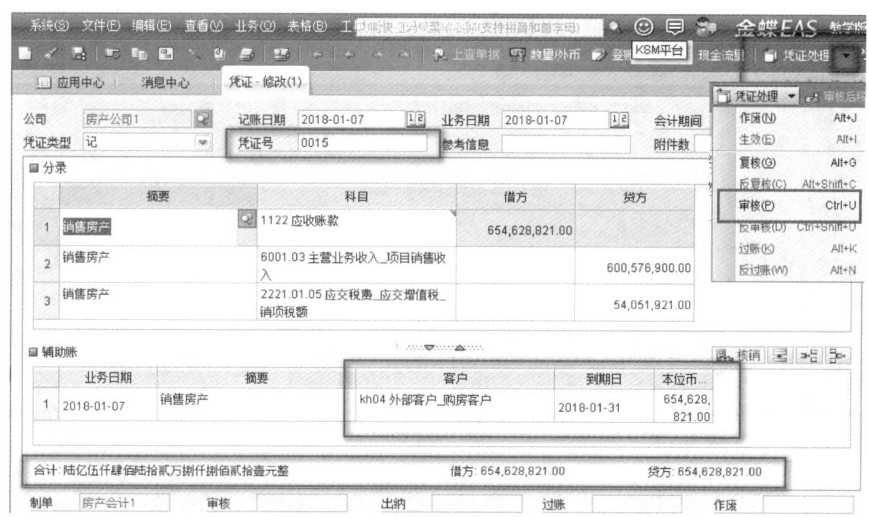

图 6-13　凭证审核

（3）财务主管把审核通过的凭证号抄写到集团管控实验平台中,点击保存答案,凭证审核业务操作完成。

实验四　期末计提本月工资

（一）会计新增凭证

1 月 30 日,房产公司的房产会计计提本月工资,销售人员工资合计 571 359.80 元,管理人员工资合计 132 869.24 元,房产会计新增凭证,摘要为计提工资,提交由财务主管审核。

（1）公司会计根据题目要求的用户名、数据中心登录 EAS 客户端,进入应用中心-财务会计-总账-凭证处理-凭证新增,如图 6-14 所示。

（2）进入凭证新增界面,修改业务日期、记账日期,借方科目为"销售费用—职工薪酬及管理费用—职工薪酬",贷方科目为"应付职工薪酬—工资性薪酬",检查无误后,点击保存并提交,如图 6-15 所示。

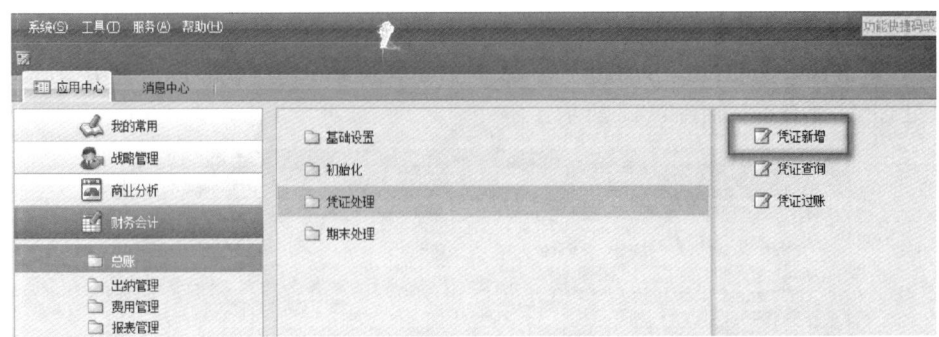

图 6-14　凭证新增登录界面

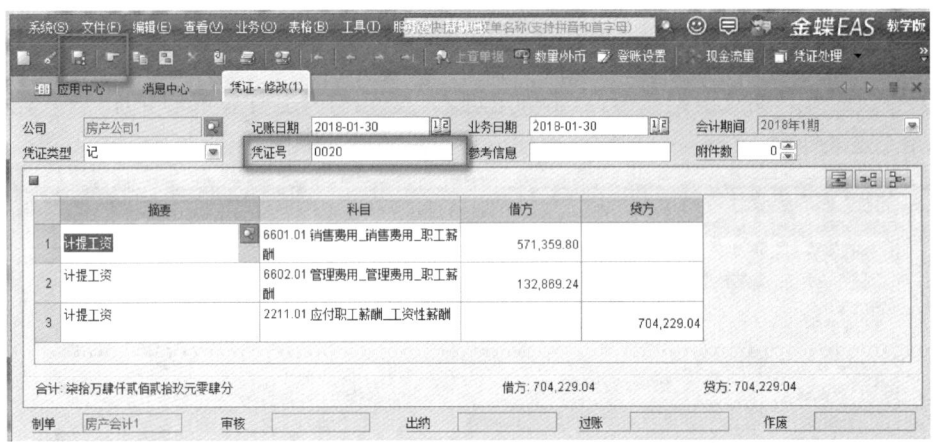

图 6-15　凭证新增界面

（3）凭证提交后系统自动生成凭证号，会计把凭证号抄写到集团管控实验平台中，点击保存答案，凭证新增业务操作完成。

（二）财务主管审核凭证

1月30日，房产公司的房产会计提交计提销售人员工资合计571 359.80元，管理人员工资合计132 869.24元的凭证后，财务主管核对凭证金额、科目等信息，无误后，审核通过（如果凭证有误，告知房产会计修改并重新提交，凭证无误后再审核通过）。

（1）财务主管根据题目要求的用户名、数据中心登录EAS客户端，进入应用中心-财务会计-凭证处理-凭证查询，如图6-16所示。

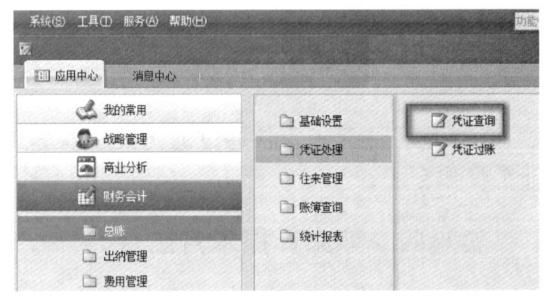

图 6-16　凭证查询登录界面

（2）检查业务日期及单据状态，点击确定进入。双击打开会计生成的凭证，进入凭证查看界面，点击"凭证处理-审核"，提示凭证审核成功，点击确定，如图 6-17 所示。

（3）财务主管把审核通过的凭证号抄写到集团管控实验平台中，点击保存答案，凭证审核业务操作完成。

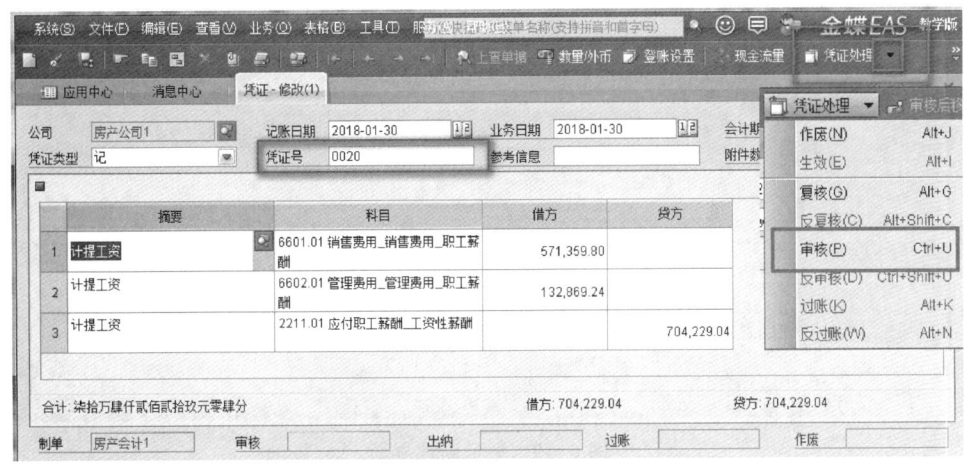

图6-17 凭证审核

实验五 期末计提本月应代扣代缴的个人所得税

(一) 会计新增凭证

1月30日,房产公司的房产会计计算本月"应付职工薪酬"科目中应代扣代缴的个人所得税为98 592.07元,计入"应交税费—应交个人所得税"科目,新增会计凭证,摘要为计算个人所得税,提交凭证,并交由财务主管审核。

(1) 公司会计根据题目要求的用户名、数据中心登录EAS客户端,进入应用中心-财务会计-总账-凭证处理-凭证新增,如图6-18所示。

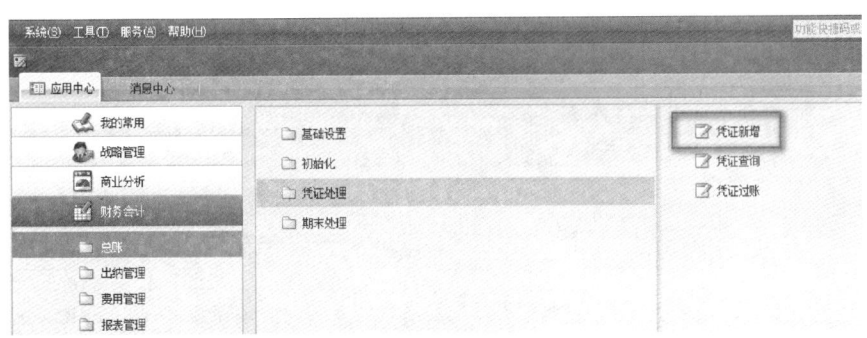

图6-18 凭证新增登录界面

(2) 进入凭证新增界面,修改业务日期、记账日期,借方科目为"应付职工薪酬—工资性薪酬",贷方科目为"应交税费—应交个人所得税",录入金额,确认无误后点击保存并提交,如图6-19所示。

(3) 凭证提交后系统自动生成凭证号,会计把凭证号抄写到集团管控实验平台中,点击保存答案,凭证新增业务操作完成。

(二) 财务主管审核凭证

1月30日,房产公司的房产会计提本月应代扣代缴的个人所得税98 592.07元的凭证

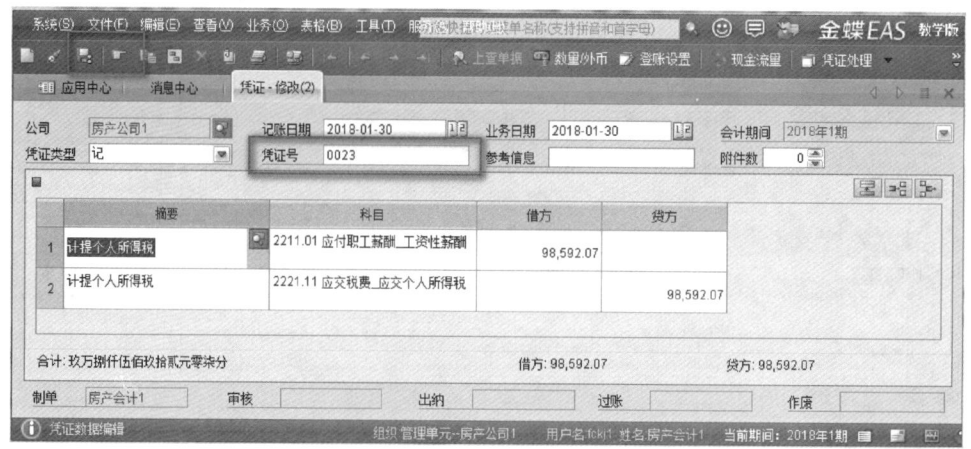

图 6-19　凭证新增界面

后,财务主管核对计提个人所得税凭证的金额、科目等信息,无误后,审核通过(如果凭证有误,告知房产会计修改并重新提交,凭证无误后再审核通过)。

(1)财务主管根据题目要求的用户名、数据中心登录 EAS 客户端,进入应用中心-财务会计-凭证处理-凭证查询,如图6-20所示。

图 6-20　凭证查询登录界面

(2)检查业务日期及单据状态,点击确定进入。双击打开会计生成的凭证,进入凭证查看界面,点击"凭证处理-审核",提示凭证审核成功,点击确定,如图6-21所示。

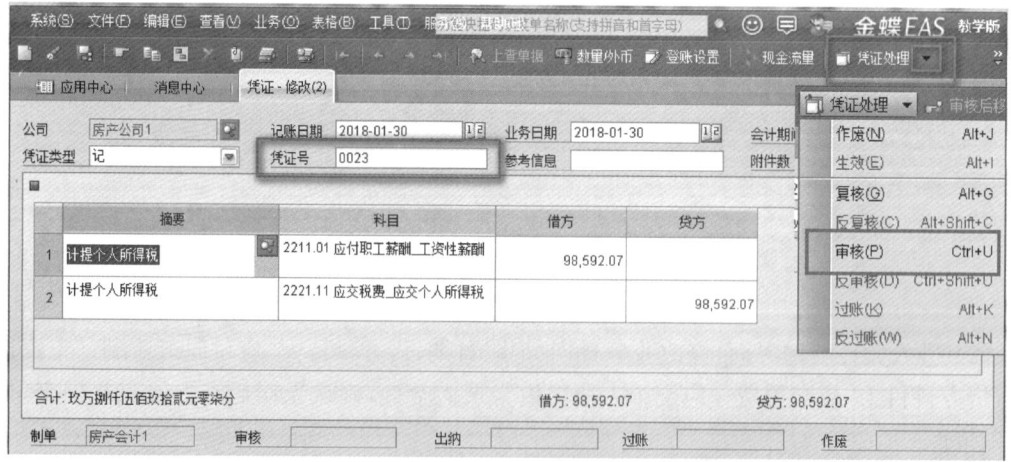

图 6-21　凭证审核

(3)财务主管把审核通过的凭证号抄写到集团管控实验平台中,点击保存答案,凭证审核业务操作完成。

实验六 期末计提本月折旧费用

(一)会计新增凭证

1月30日,房产公司的房产会计计提本月折旧,其中用于销售的资产折旧65 323.25元,用于管理的资产折旧305 369.15元,累计折旧房屋建筑物137 156.18元,专用设备37 069.24元,运输工具111 207.72元,其他设备85 259.26元,新增会计凭证,摘要为"计提折旧",提交凭证,并交由财务主管审核。

(1)公司会计根据题目要求的用户名、数据中心登录EAS客户端,进入应用中心-财务会计-总账-凭证处理-凭证新增,如图6-22所示。

图6-22 凭证新增登录界面

(2)进入凭证新增界面,根据题目要求录入借贷方科目及金额,检查无误后,点击保存并提交,如图6-23所示。

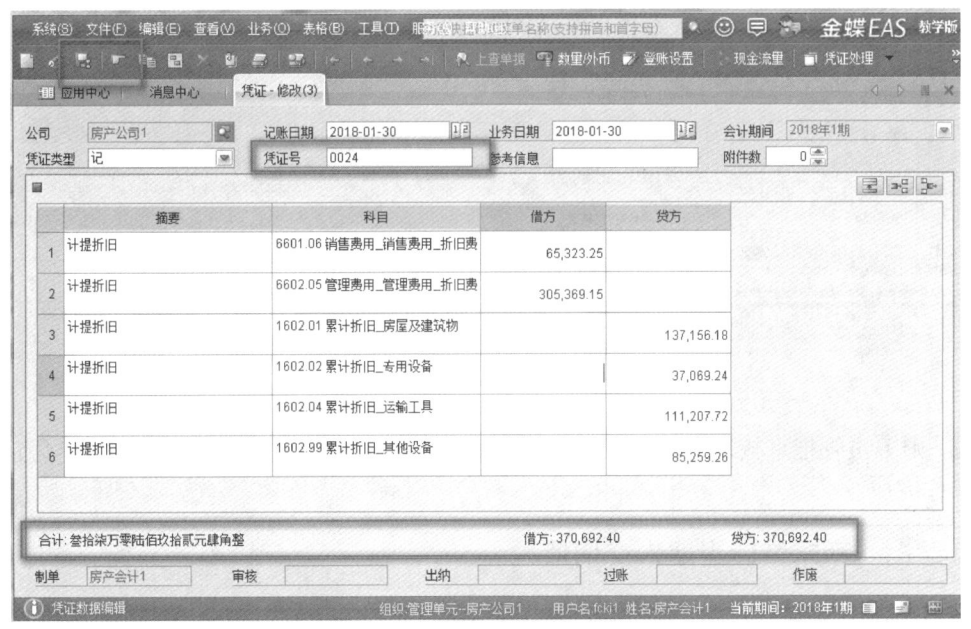

图6-23 凭证新增界面

(3)凭证提交后系统自动生成凭证号,会计把凭证号抄写到集团管控实验平台中,点击保存答案,凭证新增业务操作完成。

(二)财务主管审核凭证

1月30日,房产公司的房产会计提交计提本月用于销售的资产折旧65 323.25元、用于管理的资产折旧305 369.15元、累计折旧房屋建筑物137 156.18元、专用设备37 069.24元、运输工具111 207.72元、其他设备85 259.26元的凭证后,财务主管核对计提折旧凭证的金额、科目等信息,无误后,审核通过(如果凭证有误,告知房产会计修改并重新提交,凭证无误后再提交)。

(1)财务主管根据题目要求的用户名、数据中心登录EAS客户端,进入应用中心-财务会计-凭证处理-凭证查询,如图6-24所示。

(2)检查业务日期及单据状态,点击确定进入。双击打开会计生成的凭

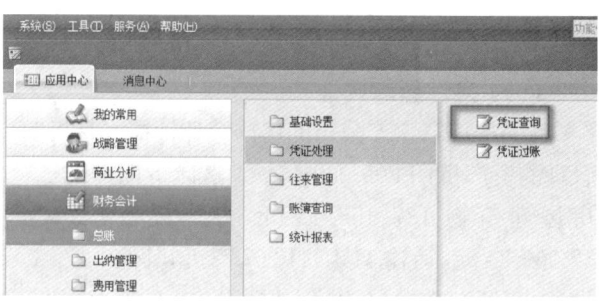

图6-24 凭证查询登录界面

证,进入凭证查看界面,点击"凭证处理-审核",提示凭证审核成功,点击确定,如图6-25所示。

图6-25 凭证审核

(3)财务主管把审核通过的凭证号抄写到集团管控实验平台中,点击保存答案,凭证审核业务操作完成。

实验七 期末结转当期未交增值税

(一)会计新增凭证

1月31日,房产公司的房产会计结转本月增值税,其中销项税额54 101 921.00元,进项税额4 357 215.00元,新增会计凭证,摘要为结转增值税,并提交。将销项税余额和进项税余额结转到"应交税费—未交增值税"科目中,结转后,"应交税费—应交增值税—销项税额"和"应交税费—应交增值税—进项税额"科目余额为0元。

(1)公司会计根据题目要求的用户名、数据中心登录EAS客户端,进入应用中心-财务会计-总账-凭证处理-凭证新增,如图6-26所示。

(2)进入凭证新增界面,根据题目要求填写凭证内容,如图6-27所示。

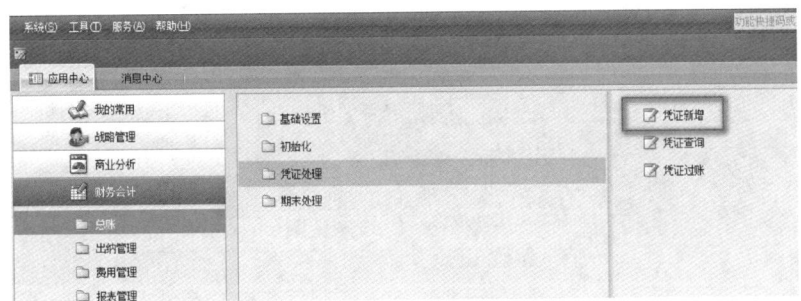

图 6-26　凭证新增登录界面

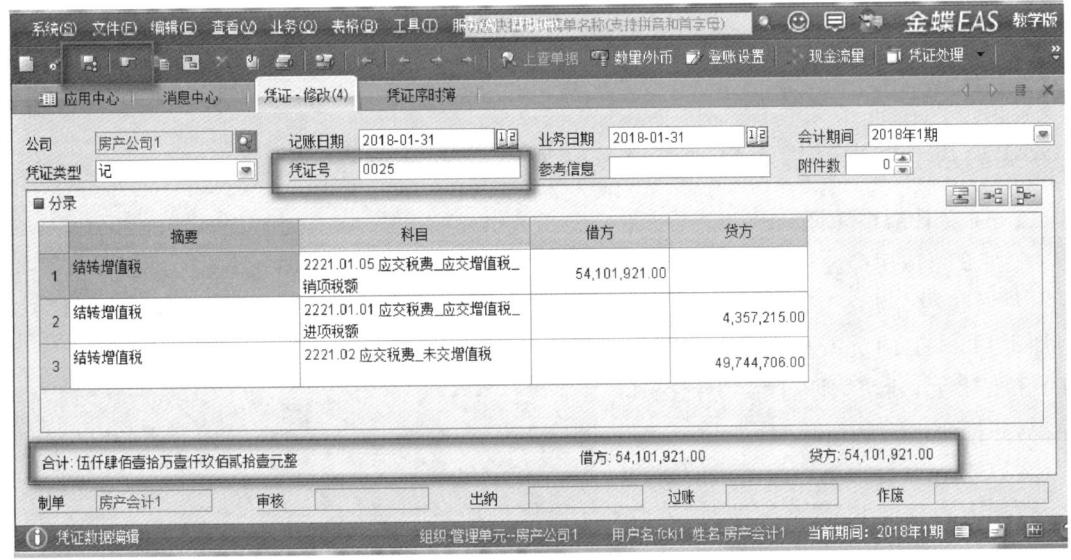

图 6-27　凭证新增界面

（3）凭证提交后系统自动生成凭证号，会计把凭证号抄写到集团管控实验平台中，点击保存答案，凭证新增业务操作完成。

（二）财务主管审核凭证

1 月 31 日，房产公司的财务主管审核凭证。

（1）财务主管根据题目要求的用户名、数据中心登录 EAS 客户端，进入应用中心-财务会计-凭证处理-凭证查询，如图6-28所示。

（2）双击打开会计生成的凭证，进入凭证查看界面，点击"凭证处理-审核"，提示凭证审核成功，点击确定，如图 6-29 所示。

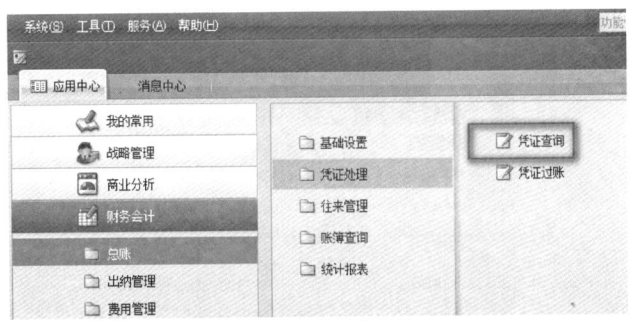

图 6-28　凭证查询登录界面

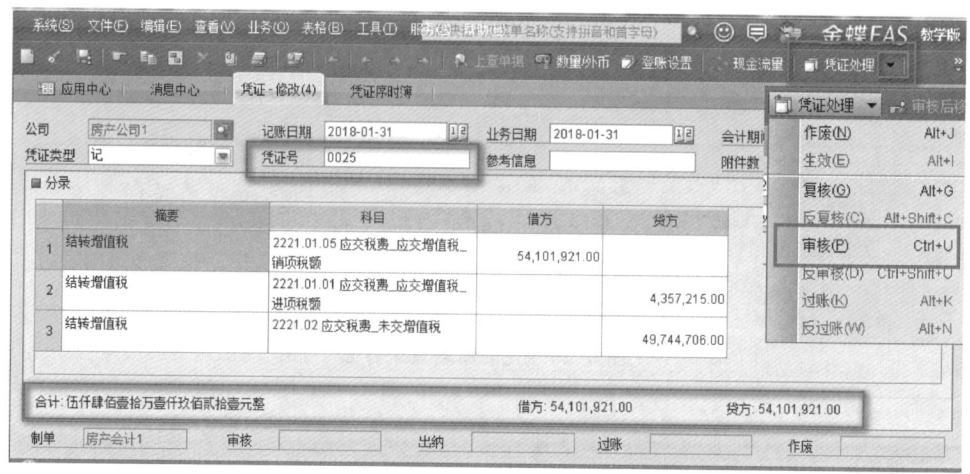

图 6-29　凭证审核

实验八　期末计提本月城建税及附加费

(一) 会计新增凭证

1 月 31 日,房产公司的房产会计计提本月城建税 3 482 129.42 元、教育费附加 1 492 341.18 元及地方教育费附加 994 894.12 元,新增凭证,摘要为计提其他税,并提交。

(1) 公司会计根据题目要求的用户名、数据中心登录 EAS 客户端,进入应用中心-财务会计-总账-凭证处理-凭证新增,如图 6-30 所示。

图 6-30　凭证新增登录界面

(2) 进入凭证新增界面,根据题目要求录入借贷方科目及金额,检查无误后,点击保存并提交,如图 6-31 所示。

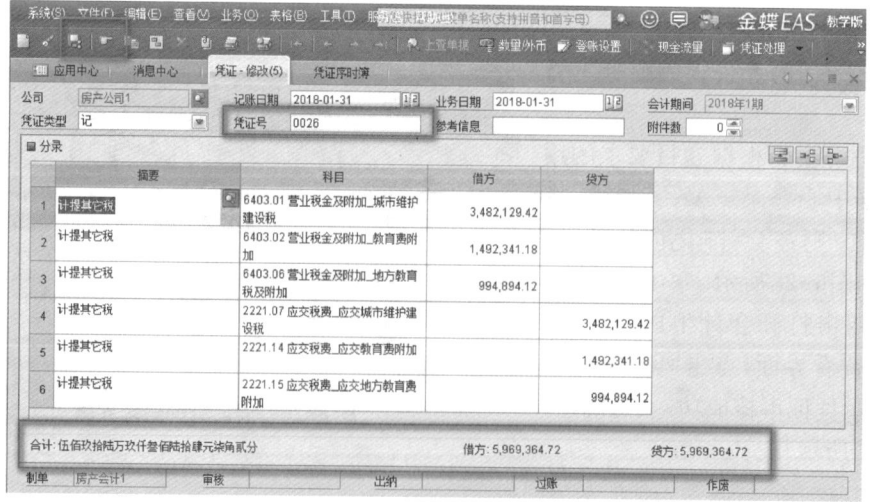

图 6-31　凭证新增界面

（3）凭证提交后系统自动生成凭证号，会计把凭证号抄写到集团管控实验平台中，点击保存答案，凭证新增业务操作完成。

（二）财务主管审核凭证

1 月 31 日，房产公司的财务主管审核凭证。

（1）财务主管根据题目要求的用户名、数据中心登录 EAS 客户端，进入应用中心-财务会计-凭证处理-凭证查询，如图 6-32 所示。

（2）检查业务日期及单据状态，点击确定进入。双击打开会计生成的凭证，进入凭证查看界面，点击"凭证处理-审核"，提示凭证审核成功，点击确定，如图 6-33 所示。

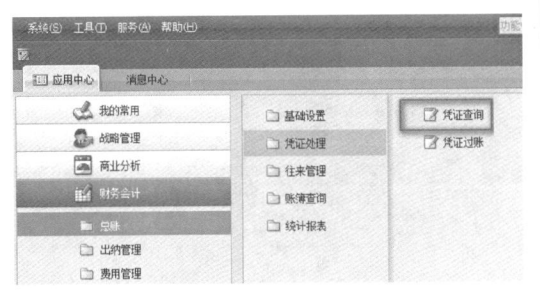

图 6-32　凭证查询登录界面

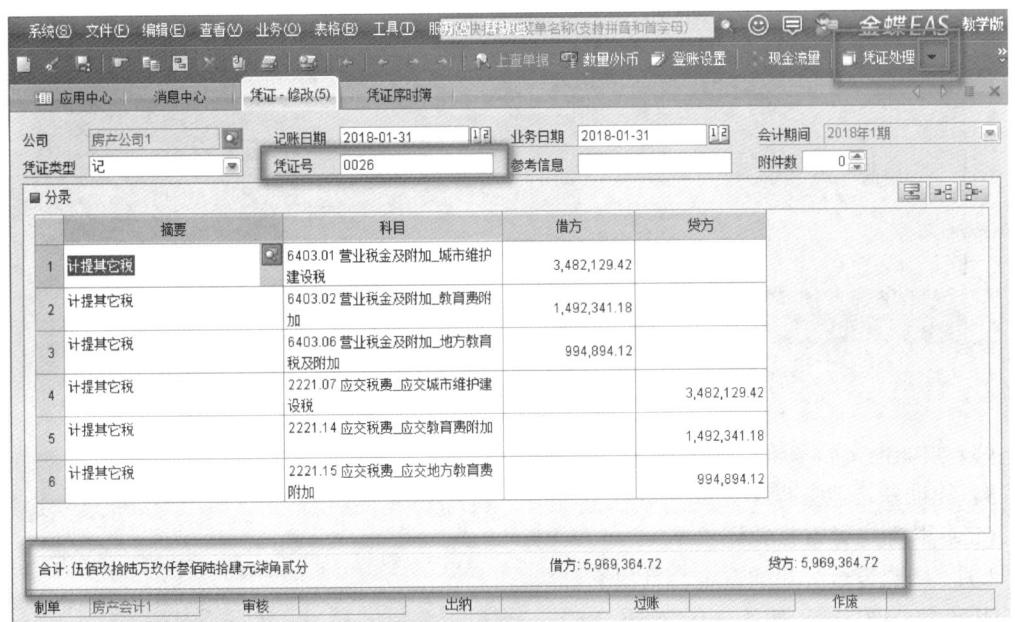

图 6-33　凭证查询条件设置

（3）财务主管把审核通过的凭证号抄写到集团管控实验平台中，点击保存答案，凭证审核业务操作完成。

实验九　五金公司计提坏账

（一）会计新增凭证计提坏账

1 月 24 日，五金公司的客户坤金机械经营不善，无力支付五金公司的应收款 20 051 460.00 元，五金公司的五金会计对其做坏账处理，新增并提交凭证，摘要为计提坏账，交由财务主管审核。

（1）公司会计根据题目要求的用户名、数据中心登录 EAS 客户端，进入应用中心-财务会计-总账-凭证处理-凭证新增，如图 6-34 所示。

（2）进入凭证新增界面，根据题目要求录入借贷方科目及金额，检查无误后，点击保存并提交，如图 6-35 所示。

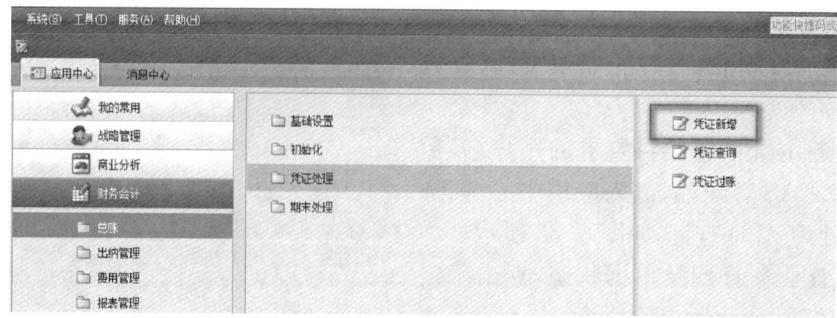

图 6-34　凭证新增登录界面

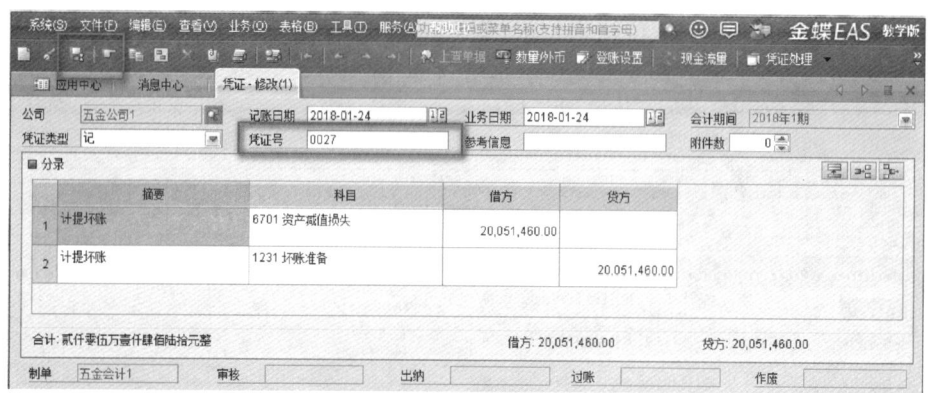

图 6-35　凭证新增界面

（3）凭证提交后系统自动生成凭证号，会计把凭证号抄写到集团管控实验平台中，点击保存答案，凭证新增业务操作完成。

（二）财务主管审核凭证

1月24日，五金公司的五金会计提交计提坏账 20 051 460.00 元的凭证后，财务主管核对凭证的金额、科目等信息，无误后，审核通过（如果凭证有误，告知五金会计修改并重新提交，凭证无误后再审核通过）。

（1）财务主管根据题目要求的用户名、数据中心登录 EAS 客户端，进入应用中心-财务会计-凭证处理-凭证查询，如图6-36所示。

图 6-36　凭证查询登录界面

（2）检查业务日期及单据状态，点击确定进入。双击打开会计生成的凭证，进入凭证查看界面，点击"凭证处理-审核"，提示凭证审核成功，点击确定，如图 6-37 所示。

（3）财务主管把审核通过的凭证号抄写到集团管控实验平台中，点击保存答案，凭证审核业务操作完成。

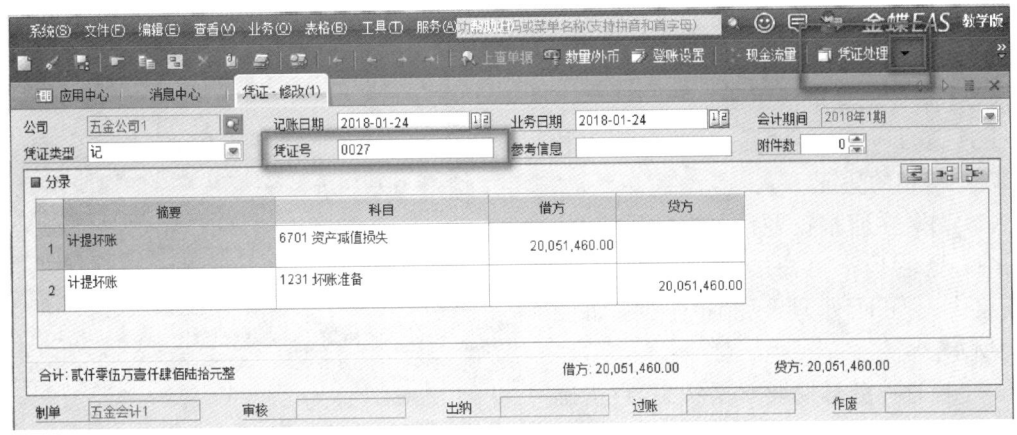

图 6-37 凭证审核

实验十 五金公司期末计提无形资产摊销

（一）会计新增凭证

1 月 30 日，五金公司的五金会计进行无形资产摊销，金额为 168 880.18 元，新增会计凭证，摘要为无形资产摊销，提交凭证。

（1）公司会计根据题目要求的用户名、数据中心登录 EAS 客户端，进入应用中心-财务会计-总账-凭证处理-凭证新增，如图 6-38 所示。

（2）进入凭证新增界面，根据题目要求填写借贷方科目及金额，点击保存并提交，如图 6-39 所示。

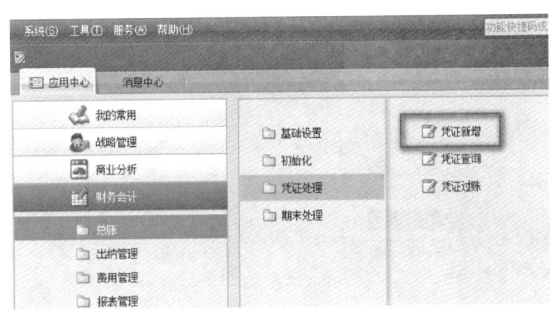

图 6-38 凭证新增登录界面

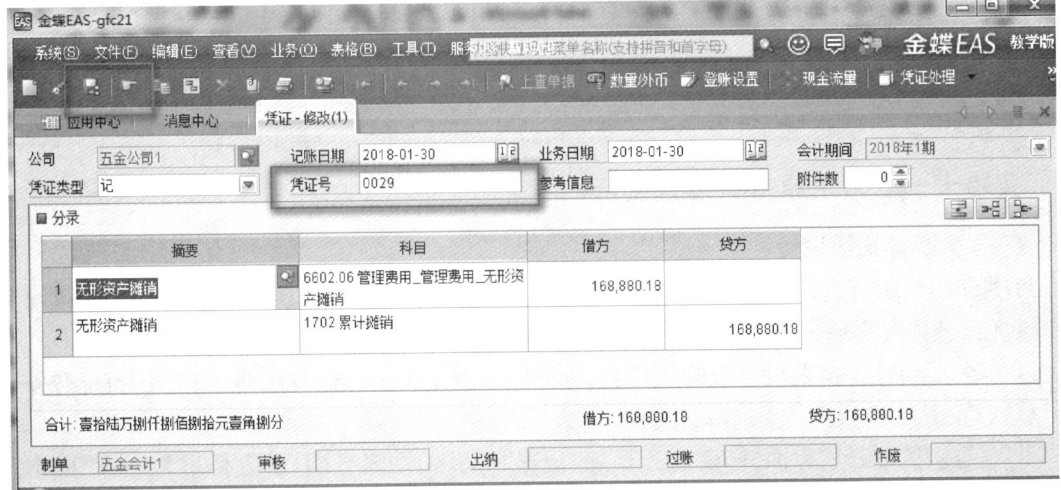

图 6-39 凭证新增界面

（3）凭证提交后系统自动生成凭证号，会计把凭证号抄写到集团管控实验平台中，点击保存答案，凭证新增业务操作完成。

（二）财务主管审核凭证

1月30日，五金公司的财务主管审核无形资产摊销的凭证。

（1）财务主管根据题目要求的用户名、数据中心登录EAS客户端，进入应用中心-财务会计-凭证处理-凭证查询，如图6-40所示。

（2）检查业务日期及单据状态，点击确定进入。双击打开会计生成的凭证，进入凭证查看界面，点击"凭证处理-审核"，提示凭证审核成功，点击确定，如图6-41所示。

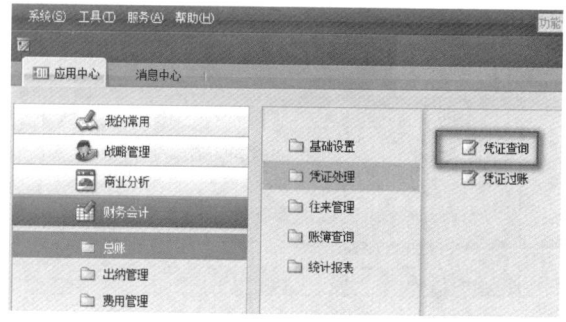

图6-40　凭证查询登录界面

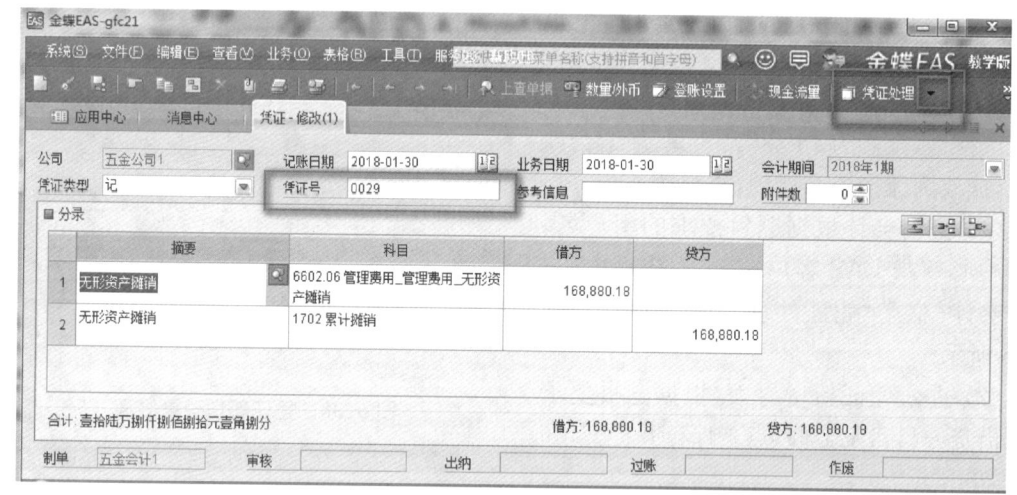

图6-41　凭证审核

（3）财务主管把审核通过的凭证号抄写到集团管控实验平台中，点击保存答案，凭证审核业务操作完成。

实验十一　领用原材料投入生产

（一）会计新增记账凭证

1月14日，恒立花园建安工程领用原材料合计54 327 460.00元，房产公司会计新增凭证，录入信息并提交凭证，交由财务主管审核。

（1）公司会计根据题目要求的用户名、数据中心登录EAS客户端，进入应用中心-财务会计-总账-凭证处理-凭证新增，如图6-42所示。

（2）进入凭证新增界面，修改业务日期、记账日期、辅助账日期，借方科目为"生产成本—材料成本"，贷方科目为"原材料—原材料及主要材料"，辅助账科目为"房产公司—成本项目"，点击保存并提交，如图6-43所示。

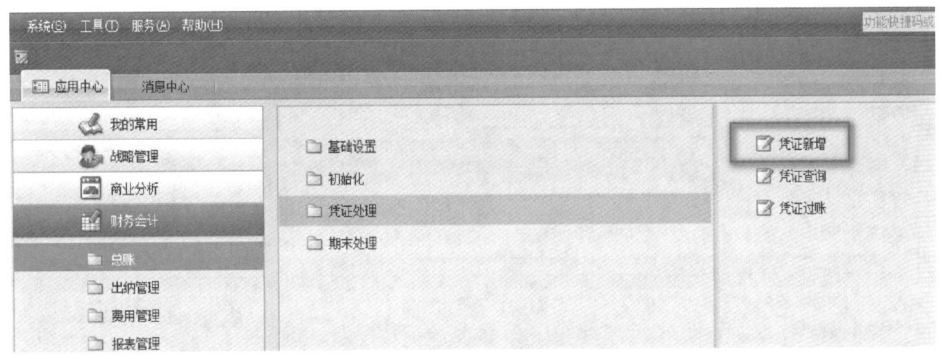

图 6-42 凭证新增登录界面

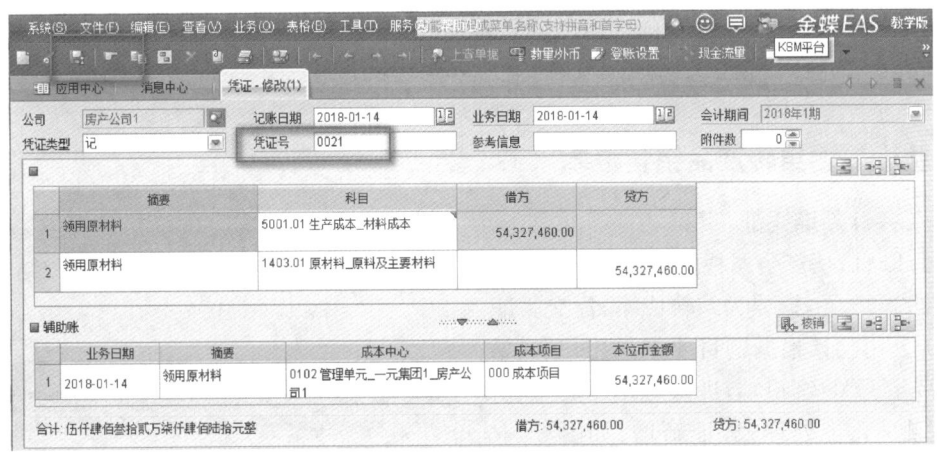

图 6-43 凭证新增界面

（3）凭证提交后系统自动生成凭证号，会计把凭证号抄写到集团管控实验平台中，点击保存答案，凭证新增业务操作完成。

（二）财务主管审核凭证

1 月 14 日，房产公司的房产会计提交恒立花园建安工程领用原材料 54 327 460.00 元的凭证后，财务主管核对凭证的金额、科目等信息，无误后，审核通过（如果凭证有误，告知房产会计修改并重新提交，凭证无误后再审核通过）。

（1）财务主管根据题目要求的用户名、数

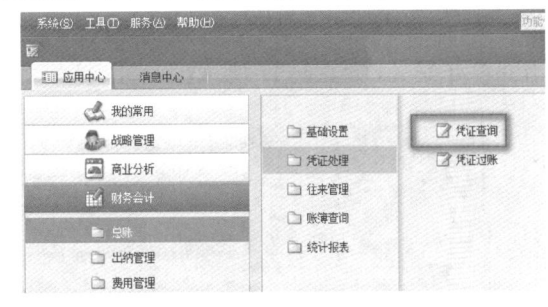

图 6-44 凭证查询登录界面

据中心登录 EAS 客户端，进入应用中心-财务会计-凭证处理-凭证查询，如图 6-44 所示。

（2）检查业务日期及单据状态，点击确定进入。双击打开会计生成的凭证，进入凭证查看界面，点击"凭证处理-审核"，提示凭证审核成功，点击确定，如图 6-45 所示。

（3）财务主管把审核通过的凭证号抄写到集团管控实验平台中，点击保存答案，凭证审核业务操作完成。

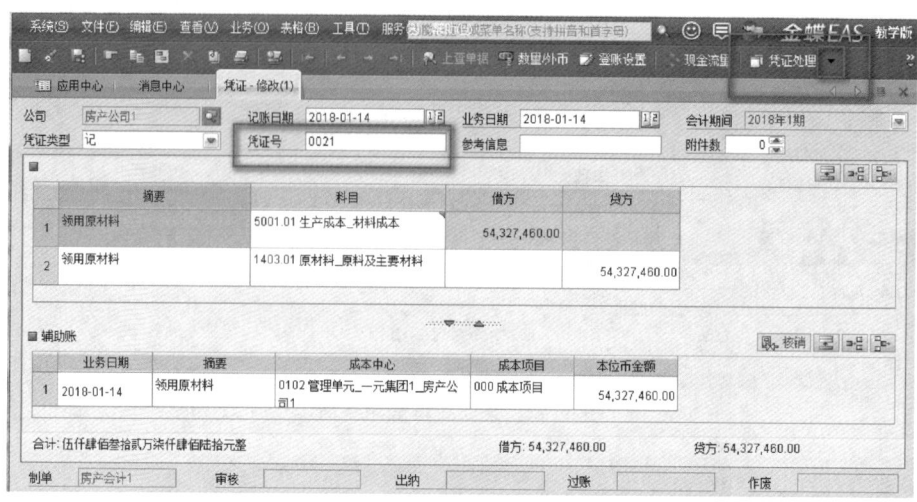

图 6-45　凭证审核

实验十二　结转产品销售成本

(一) 会计新增凭证

1月30日,房产公司根据销售情况结转产品销售成本,房产会计制作会计凭证,结转成本19 220 293.25 元,摘要为结转成本,提交凭证。

(1) 公司会计根据题目要求的用户名、数据中心登录 EAS 客户端,进入应用中心-财务会计-总账-凭证处理-凭证新增,如图 6-46 所示。

(2) 进入凭证新增界面,修改业务日期、记账日期、借方科目为"主营业务成本",贷方科目为"库存商品",录入金额,确认无误后,点击保存并提交,如图 6-47 所示。

图 6-46　凭证新增登录界面

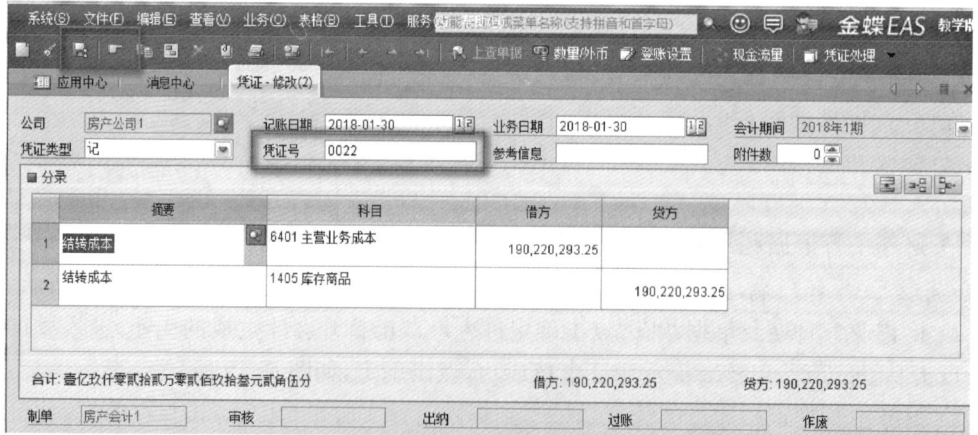

图 6-47　凭证新增界面

（3）凭证提交后系统自动生成凭证号，会计把凭证号抄写到集团管控实验平台中，点击保存答案，凭证新增业务操作完成。

（二）财务主管审核凭证

1月30日，房产公司的财务主管审核结转成本的凭证。

（1）财务主管根据题目要求的用户名、数据中心登录EAS客户端，进入应用中心-财务会计-凭证处理-凭证查询，如图6-48所示。

（2）检查业务日期及单据状态，点击确定进入。双击打开会计生成的凭证，进入凭证查看界面，点击"凭证处理-审核"，提示凭证审核成功，点击确定，如图6-49所示。

图6-48 凭证查询登录界面

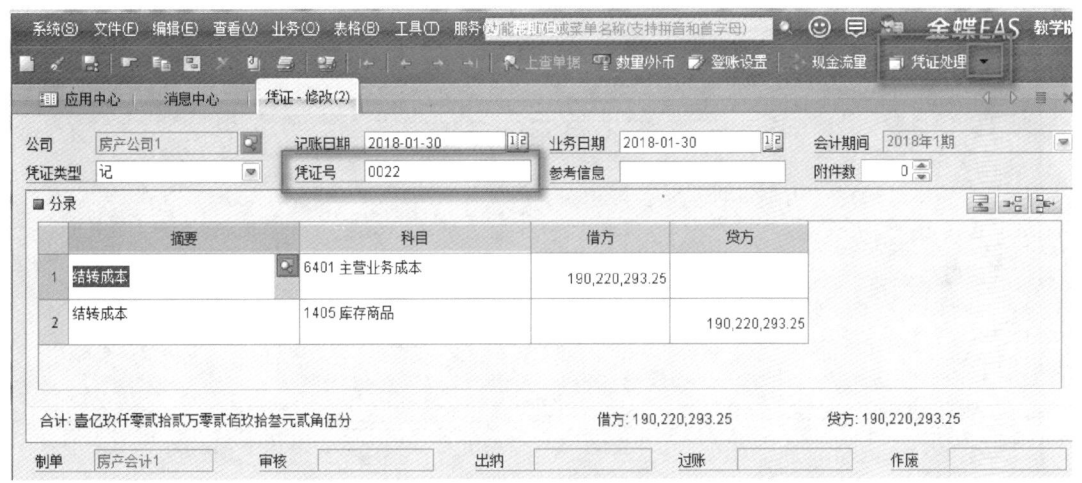

图6-49 凭证审核

（3）财务主管把审核通过的凭证号抄写到集团管控实验平台中，点击保存答案，凭证审核业务操作完成。

实验十三 五金公司结转原材料销售成本

（一）会计新增凭证

1月15日，五金公司根据出库及存货核算结转原材料销售成本，五金会计制作会计凭证，结转成本126 495.73元，摘要为结转成本，提交凭证。

（1）公司会计根据题目要求的用户名、数据中心登录EAS客户端，进入应用中心-财务会计-总账-凭证处理-凭证新增，如图6-50所示。

（2）进入凭证新增界面，修改业务日期、记账日期、辅助账日期，借方科目为"其他业务成本"，贷方科目为"原材料—原材料及主要材料"，点击保存并提交，如图6-51所示。

（3）凭证提交后系统自动生成凭证号，会计把凭证号抄写到集团管控实验平台中，点击保存答案,凭证新增业务操作完成。

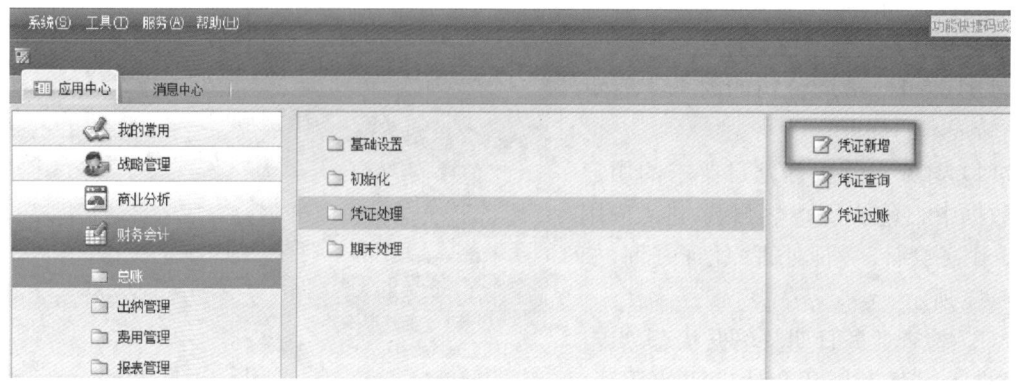

图6-50　凭证新增登录界面

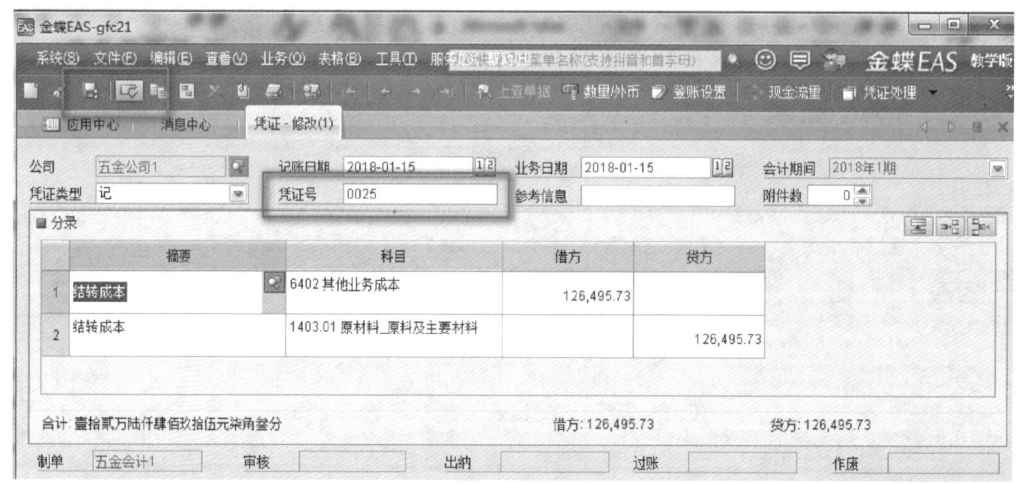

图6-51　凭证新增界面

(二)财务主管审核凭证

1月15日,五金公司的财务主管审核结转成本的凭证。

(1)财务主管根据题目要求的用户名、数据中心登录 EAS 客户端,进入应用中心-财务会计-凭证处理-凭证查询,如图6-52所示。

(2)检查业务日期及单据状态,点击确定进入。双击打开会计生成的凭证,进入凭证查看界面,点击"凭证处理-审核",提示凭证审核成功,点击确定如图 6-53 所示。

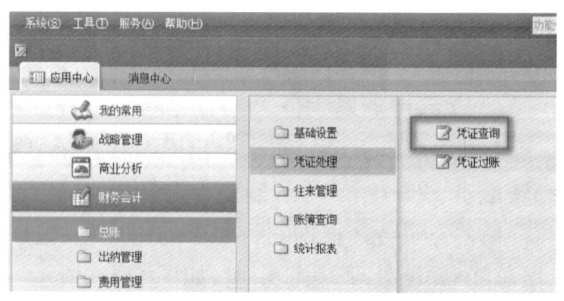

图6-52　凭证查询登录界面

(3)财务主管把审核通过的凭证号抄写到集团管控实验平台中,点击保存答案,凭证审核业务操作完成。

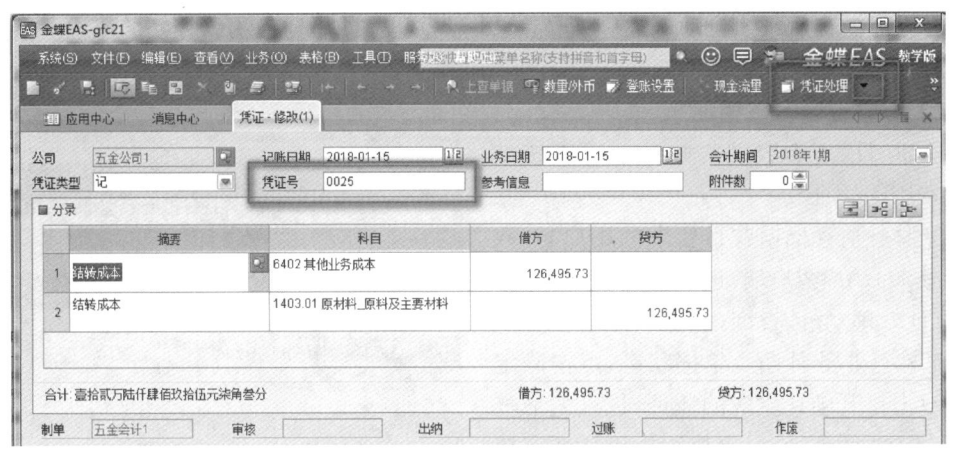

图 6-53 凭证审核

实验十四 五金公司期末结转本月制造费用

(一) 会计新增凭证

1 月 30 日,五金公司的五金会计将制造费用结转到生产成本中,其中折旧费349 624.68 元,水电费 116 911.33 元,新增会计凭证,摘要为结转制造费用,提交凭证。

(1) 公司会计根据题目要求的用户名、数据中心登录 EAS 客户端,进入应用中心-财务会计-总账-凭证处理-凭证新增,如图6-54 所示。

(2) 进入凭证新增界面,根据题目要求填写借贷方科目及金额,维护辅助账信息为

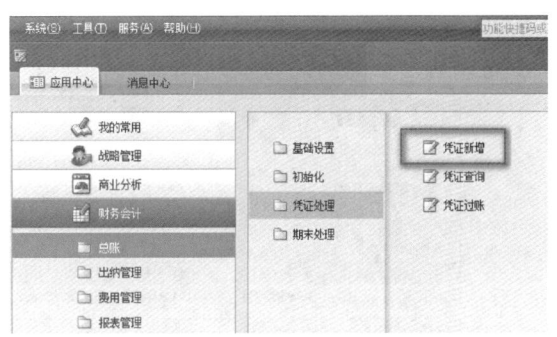

图 6-54 凭证新增登录界面

一元集团五金公司成本中心-变动成本,点击保存并提交,如图 6-55 所示。

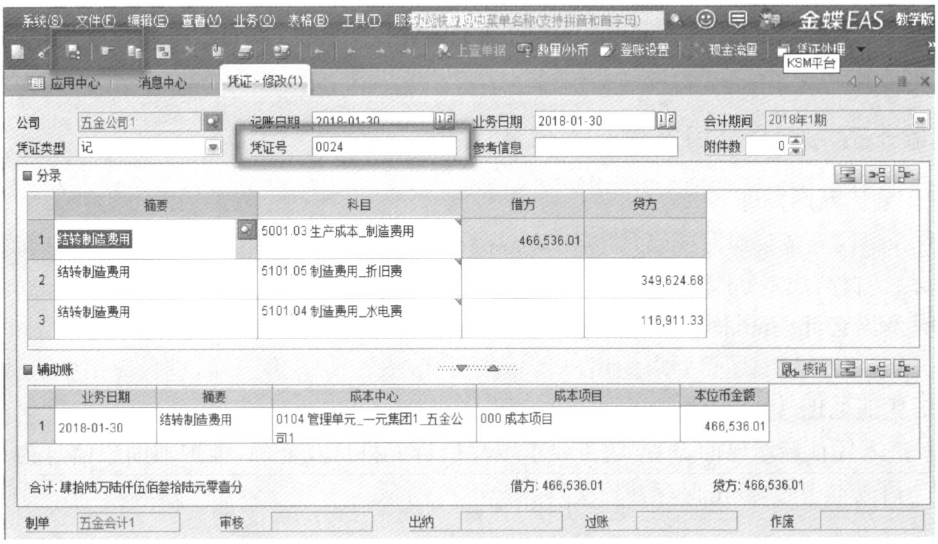

图 6-55 凭证新增界面

（3）凭证提交后系统自动生成凭证号，会计把凭证号抄写到集团管控实验平台中，点击保存答案，凭证新增业务操作完成。

（二）财务主管审核凭证

1月30日，五金公司的财务主管审核结转制造费用的凭证。

（1）财务主管根据题目要求的用户名、数据中心登录EAS客户端，进入应用中心-财务会计-凭证处理-凭证查询，如图6-56所示。

（2）检查业务日期及单据状态，点击确定进入。双击打开会计生成的凭证，进入凭证查看界面，点击"凭证处理-审核"，提示凭证审核成功，点击确定，如图6-57所示。

图6-56　凭证查询登录界面

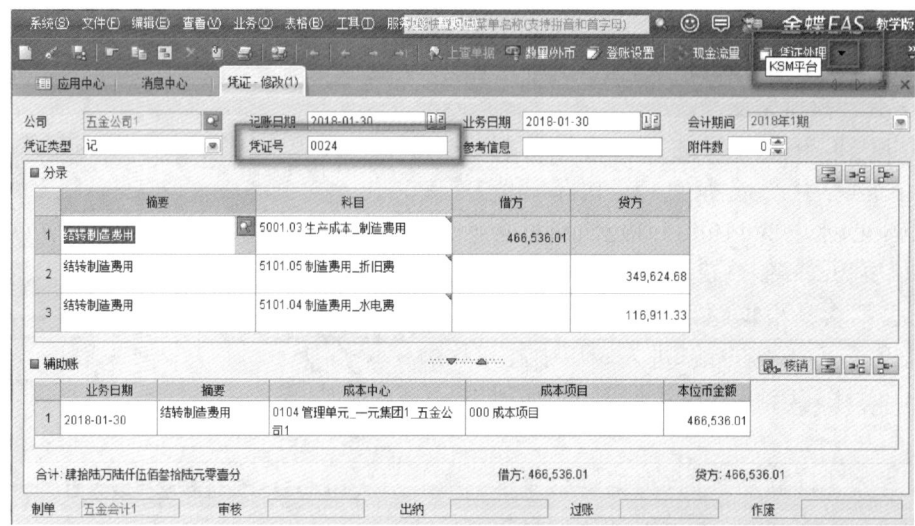

图6-57　凭证审核

（3）财务主管把审核通过的凭证号抄写到集团管控实验平台中，点击保存答案，凭证审核业务操作完成。

实验十五　五金公司产成品入库

（一）会计新增凭证

1月30日，五金公司完成当月生产，产成品全部入库，将本月的生产成本全部结转到库存商品中，结转材料成本53 563 252.93元，直接人工32 252 982.04元，制造费用466 536.01元，五金会计新增会计凭证，摘要为产成品入库，提交凭证。

（1）公司会计根据题目要求的用户名、数据中心登录EAS客户端，进入应用中心-财务会计-总账-凭证处理-凭证新增，如图6-58所示。

（2）进入凭证新增界面，根据题目要求填写借贷方科目及金额，维护辅助账信息为一元集团五金公司成本中心，点击保存并提交，如图6-59所示。

图 6-58　凭证新增登录界面

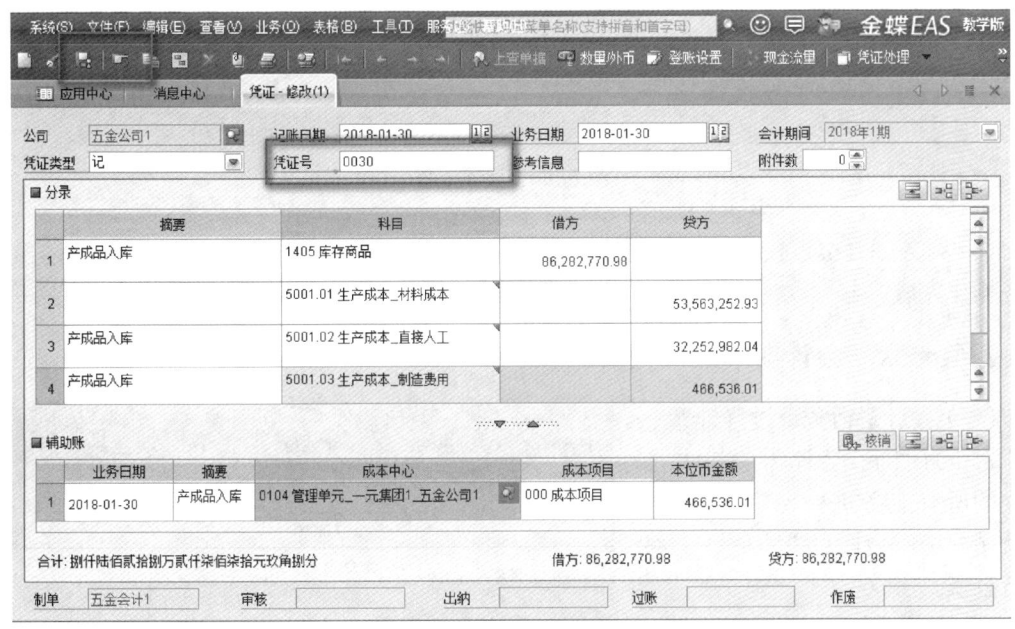

图 6-59　凭证新增界面

（3）凭证提交后系统自动生成凭证号，会计把凭证号抄写到集团管控实验平台中，点击保存答案，凭证新增业务操作完成。

（二）财务主管审核凭证

1月30日，五金公司的财务主管审核产成品入库的凭证。

（1）财务主管根据题目要求的用户名、数据中心登录 EAS 客户端，进入应用中心-财务会计-凭证处理-凭证查询，如图6-60所示。

（2）检查业务日期及单据状态，点击确定进入。双击打开会计生成的凭证，进入凭证查看界面，点击"凭证处理-审核"，提示凭证审核成功，点击确定，如图 6-61 所示。

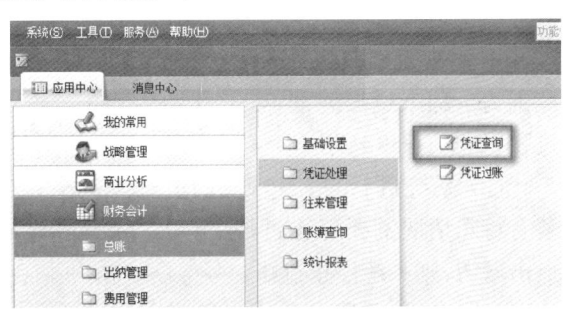

图 6-60　凭证查询登录界面

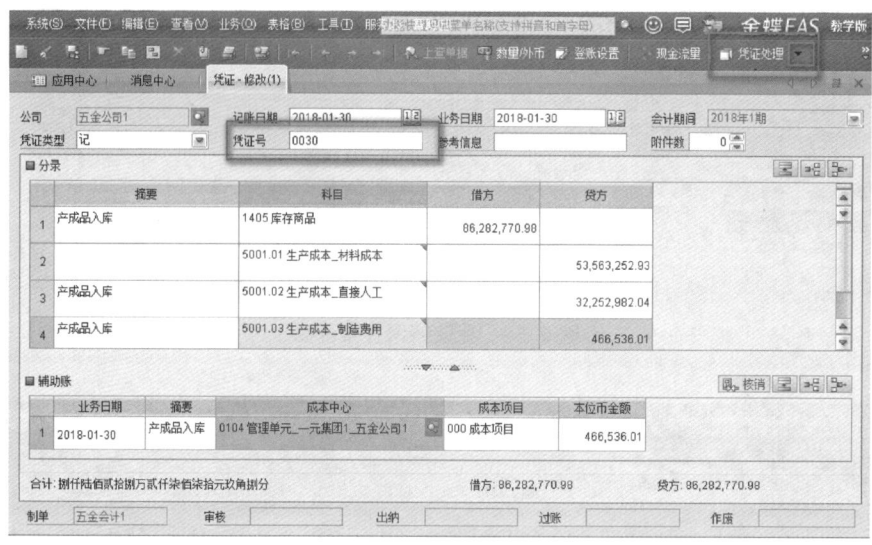

图 6-61　凭证审核

（3）财务主管把审核通过的凭证号抄写到集团管控实验平台中，点击保存答案，凭证审核业务操作完成。

实验十六　会计期末进行凭证过账

（一）会计进行凭证过账处理

每个月月底，会计需要将本月发生的所有业务进行期末处理，房产公司的房产会计需要将凭证全部进行过账。

（1）公司会计根据题目要求的用户名、数据中心登录 EAS 客户端，进入应用中心-财务会计-总账-凭证处理-凭证过账，如图 6-62 所示。

图 6-62　凭证过账登录界面

（2）双击进入凭证过账界面。设置凭证号不连续时，继续过账，过账发生错误时，停止过账，凭证范围为全部未过账凭证，点击开始过账，如图 6-63 所示。

（3）系统进行自动过账进程。若有特殊情况需要停止过账，可以点击取消，则系统停止过账。

过账完成，系统会弹出过账结果，点击确定，则期末凭证过账业

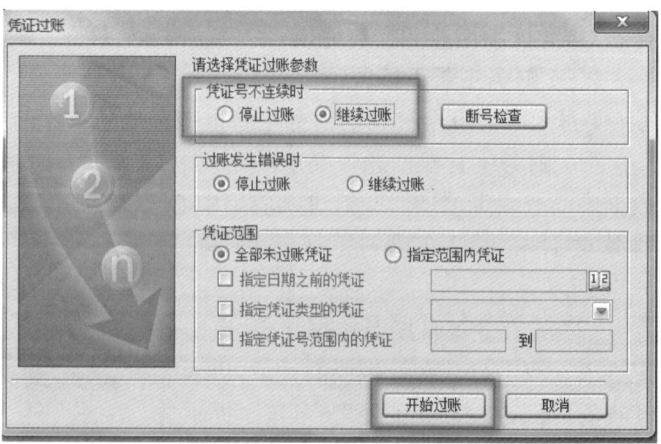

图 6-63　凭证过账

务操作完成。

如果有凭证未审核,系统会提示尚未成功过账凭证数量及过账未成功详情,会计再提醒财务主管对凭证进行审核,审核完毕会计再重新进行凭证过账。确保所有凭证审核并过账完毕,会计再进行期末结转损益操作。

实验十七　期末结转损益

(一)凭证过账后会计进行结转损益

每个月月底,会计进行凭证过账后,进行结转损益,结转损益后将生成一笔结转损益类科目余额至本年利润或利润分配科目的凭证,提交凭证,后续将由财务主管进行凭证审核工作。

(1)公司会计根据题目要求的用户名、数据中心登录 EAS 客户端,进入应用中心-财务会计-总账-期末处理-结转损益,如图 6-64 所示。

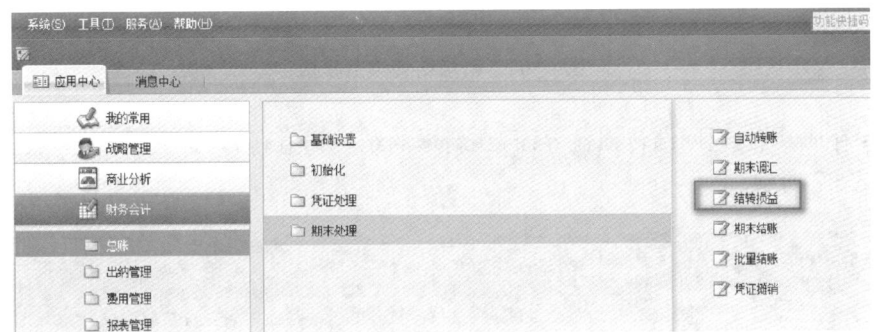

图 6-64　期末结转损益

(2)双击结转损益,在条件查询处检查公司为当前公司名称,点击确定进入结转损益界面,如图 6-65 所示。

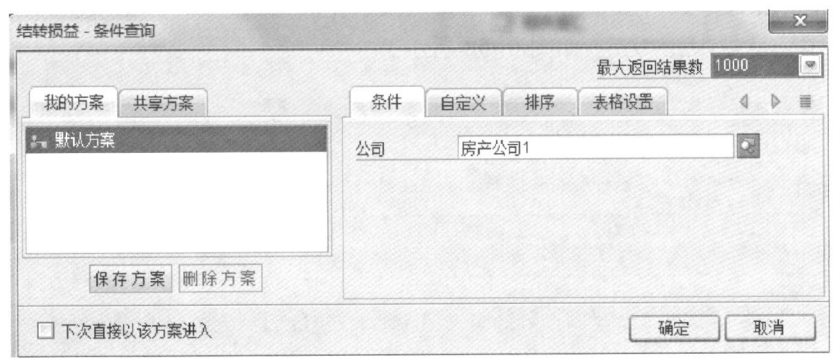

图 6-65　结转损益条件设置

(3)点击新增,进入结转损益方案新增界面,输入编码为"01",名称为"2018 年 1 月结转损益",本年利润科目为(权益类科目 4103)"本年利润",其他内容按默认格式,点击保存,如图 6-66 所示。

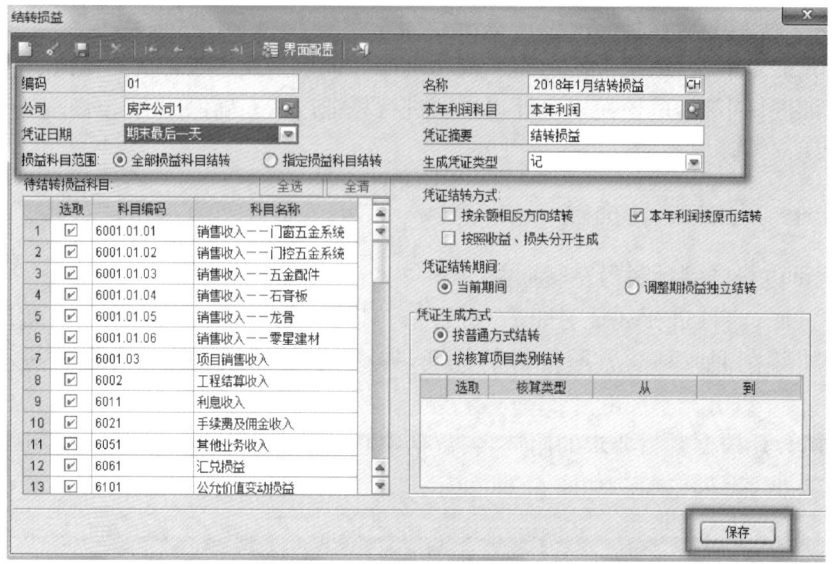

图 6-66　新增结转损益模板

（4）保存成功后，返回结转损益界面，在新增的结转损益行，勾选"选择"框，点击"生成凭证"，如图 6-67 所示。

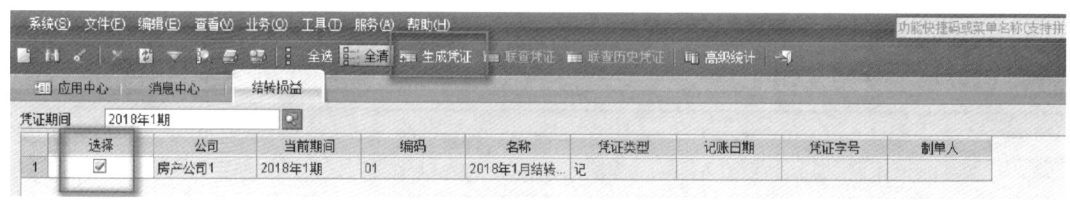

图 6-67　选择结转损益模板生成凭证

（5）弹出的凭证生成信息显示"成功"后，点击确定，即生成结转损益凭证操作完成，凭证生成信息显示凭证号，点击确定，如图 6-68 所示。

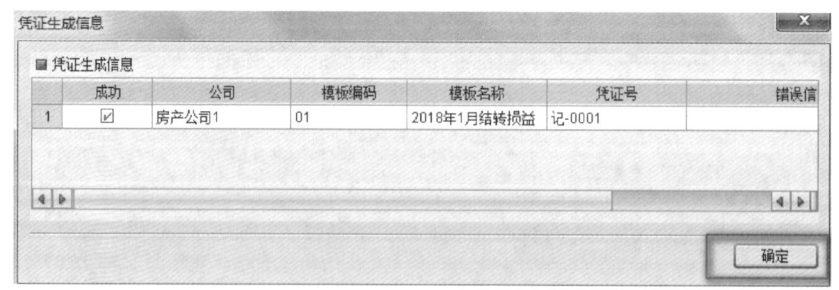

图 6-68　凭证生成信息提示

如果出现部分未过账凭证，此处点击生成凭证失败，系统会在错误信息处提示，会计应返回凭证查询界面查看未审核或未过账凭证并做处理，处理完毕后重新进入结转损益点击生成凭证。

（6）凭证生成成功后处于暂存状态，会计需要返回凭证查询界面，对该凭证进行检查、保存并提交，如图6-69所示。

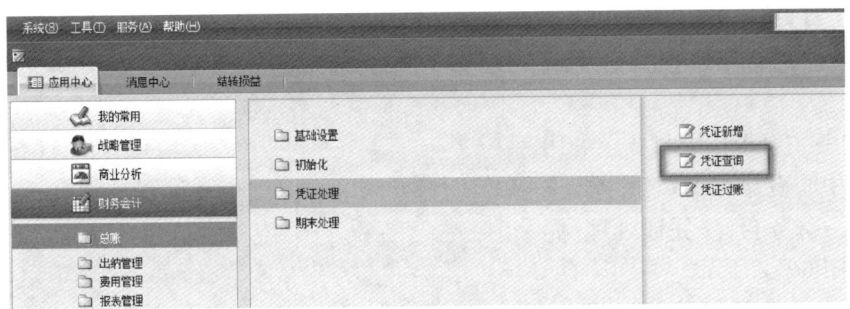

图6-69 凭证查询登录界面

（7）以默认条件进行凭证查询，点击确定进入凭证序时簿，如图6-70所示。

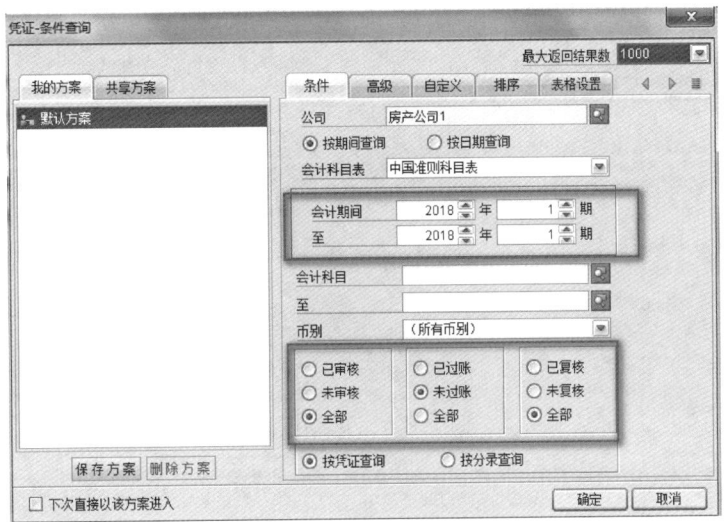

图6-70 凭证查询条件设置

（8）会计选中生成的结转损益凭证并点击提交，如图6-71所示。

图6-71 凭证序时簿

（9）提交后的凭证状态变更为"已提交"，会计通过财务主管对该凭证进行审核。凭证提交后系统自动生成凭证号，会计把凭证号抄写到集团管控实验平台中，点击保存答案，凭证新增业务操作完成。

（二）财务主管审核结转损益生成凭证

1月31日，房产公司财务主管审核由房产会计进行结转损益后生成的凭证。

（1）财务主管根据题目要求的用户名、数据中心登录EAS客户端，进入应用中心-财务会计-凭证处理-凭证查询，如图6-72所示。

（2）检查业务日期及单据状态，点击确定进入，如图6-73所示。

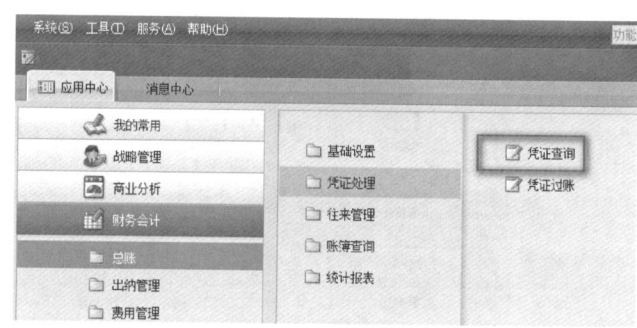

图6-72　凭证查询登录界面

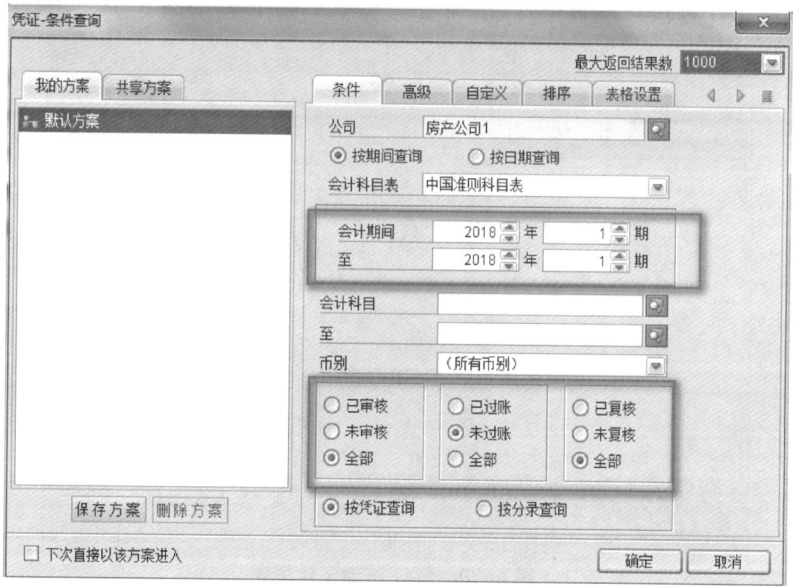

图6-73　凭证查询条件设置

（3）双击打开会计生成的凭证，进入凭证查看界面，点击"凭证处理-审核"，提示凭证审核成功，点击确定，如图6-74所示。

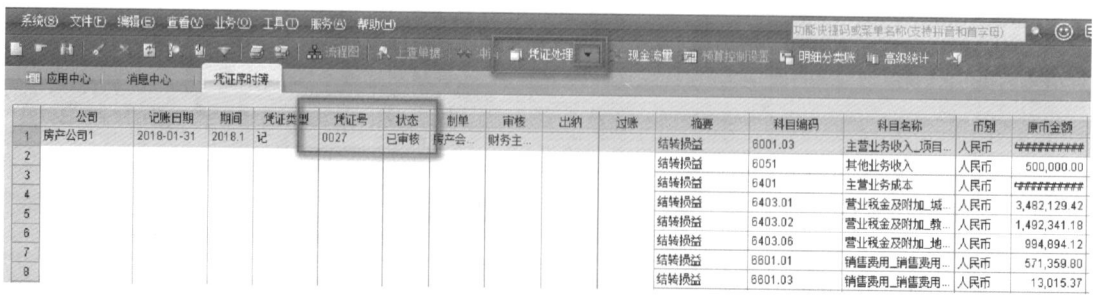

图6-74　凭证序时簿

（4）财务主管把审核通过的凭证号抄写到集团管控实验平台中，点击保存答案，凭证审核业务操作完成。

（三）会计对结转损益凭证进行过账

1月31日，房产公司会计将财务主管审核后的结转损益凭证进行过账处理。

（1）公司会计根据题目要求的用户名、数据中心登录EAS客户端，进入应用中心-财务会计-总账-凭证处理-凭证查询，如图6-75所示。

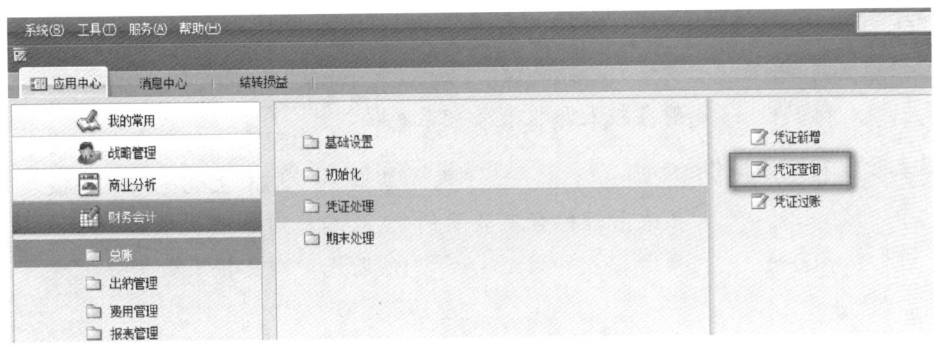

图6-75 凭证查询登录界面

（2）以默认条件进行凭证查询，点击确定进入凭证序时簿。会计选中结转损益凭证，点击"凭证处理-过账"完成结转损益凭证的过账处理，如图6-76所示。

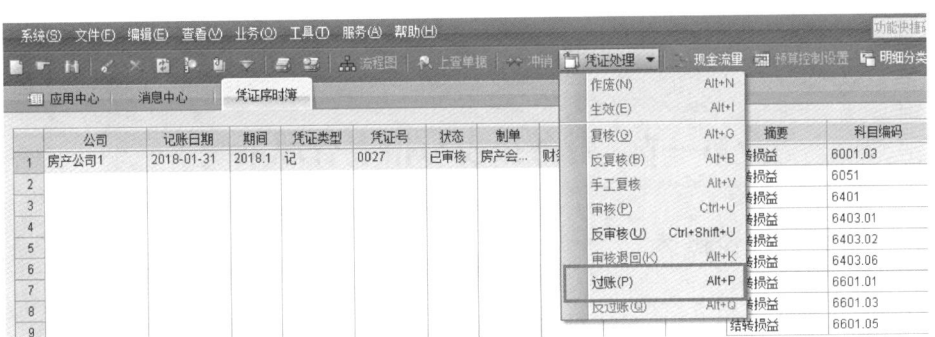

图6-76 凭证序时簿

（3）凭证状态变更为"已过账"。会计完成了期末所有凭证的过账操作，可以进行期末财务报表的新增和计算操作。

本 章 小 结

本章主要介绍了集团企业总账管理信息系统对企业日常账务处理的重要性；介绍了金蝶EAS信息系统中总账管理系统的业务模块及相关功能；介绍了金蝶EAS信息系统中如何进行日常凭证处理、期末凭证审核、过账、结转损益等一系列账务处理工作，介绍各项操作的业务分工及操作步骤。

第七章 报表管理及业务操作

知识导航

报表管理及业务操作 ┤

　财务报表与报表管理系统 ┤ 财务报表理论概述
　　　　　　　　　　　　　　　 报表管理系统的概念与结构

　报表管理综合实验案例 ┤ 实验一 期末生成当期财务报表
　　　　　　　　　　　　　 实验二 财务报表导出
　　　　　　　　　　　　　 实验三 财务报表数据分析

学习目标

◇　了解集团企业报表管理系统架构
◇　了解金蝶 EAS 信息系统中的报表管理系统结构及报表管理操作流程
◇　掌握金蝶 EAS 信息系统中各会计主体根据集团模板生成月财务报表的具体操作流程
◇　熟悉企业财务报表分析的内容、方法与流程

第一节 | 财务报表与报表管理系统

一、财务报表理论概述

财务报表是对企业财务状况、经营成果和现金流量的结构性表述。财务报表至少包括资产负债表、利润表、现金流量表、所有者权益变动表和报表附注。

资产负债表是指反映企业在某一特定日期财务状况的财务报表。它反映企业在某一特定日期所拥有或控制的经济资源、所承担的现时义务和所有者对净资产的要求权。

利润表是反映企业在一定会计期间的经营成果的财务报表。利润表的主要项目包括：营业收入（成本）、营业利润、利润总额、净利润、其他综合收益的税后净额、综合收益总额。利润表数据是损益类科目余额的综合反映，是计提并缴纳企业所得税的重要依据。

现金流量表是指反映企业在一定会计期间现金和现金等价物流入和流出的报表。现金是指随时可用于支付的货币或银行存款。现金等价物是指企业持有的期限短、流动性强、易于转换为已知金额现金、价值变动风险小的投资金融资产。

所有者权益变动表是反映报表年度所有者权益的变动细节与金额。所有者权益是指企业资产扣除负债后由所有者享有的剩余权益价值，包括实收资本或股本、其他权益工具、资本公积、库存股、其他综合收益、盈余公积和未分配利润等。企业会计准则规定，所有者权益变动表

应当反映构成所有者权益的各组成部分当期的增减变动情况。表中综合收益和与所有者(或股东)的资本交易导致的所有者权益变动,应当分别列示。

会计报表附注是对会计报表的编制基础、编制原理和方法及主要项目等所做的解释和进一步说明,以便报表使用者全面、正确地理解会计报表内容。它一般包括企业的一般情况说明、企业的会计政策、会计报表主要项目附注、分行业资料、重要事项的揭示。

二、报表管理系统的概念与结构

报表管理系统是在会计软件其他功能模块日常核算的基础上,通过对会计数据进行加工汇总处理,形成一定综合性的会计数据指标体系,所产生的数据可以总括地反映单位的财务状况和经营核算结果。报表系统的数据来源于总账、工资管理、固定资产管理、成本管理等功能模块,各功能模块的核算数据经过报表管理系统的加工、整理、汇总就形成了符合会计制度要求的报表数

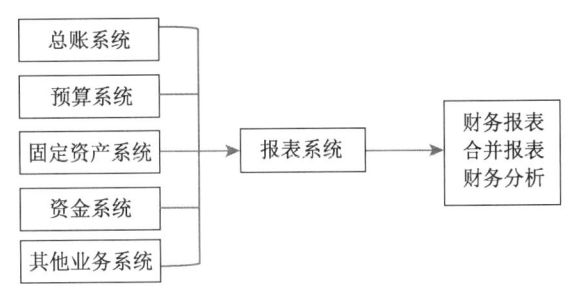

图 7-1　业务模块关联关系图

据。报表管理系统和其他功能模块之间存在着复杂而又紧密的联系,因此,报表管理系统具有很强的综合性,其业务模块及各模块的关联关系如图 7-1 所示。

第二节 | 报表管理综合实验案例

实验一　期末生成当期财务报表

(一)新增当月财务报表

1 月 31 日,公司会计根据集团下发模板新增当月财务报表。

(1) 公司会计根据题目要求的用户名、数据中心登录 EAS 客户端,进入应用中心-财务会计-报表管理-报表编制-报表制作,如图 7-2 所示。

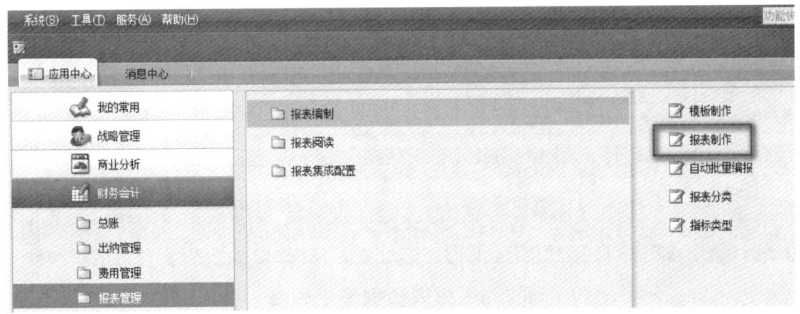

图 7-2　报表制作登录界面

(2) 点击新增,选择"选用集团模板创建报表",在模板选择中,选中"001-三大基础报表",报表编号由系统自动生成,检查报表名称及期间,点击确定,如图 7-3 所示。

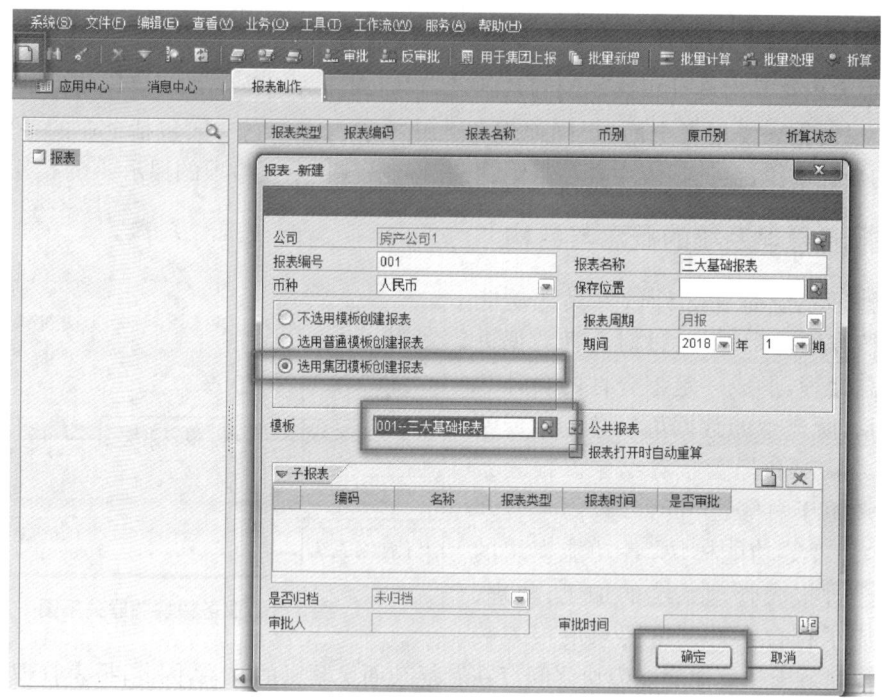

图7-3 报表新增界面

（3）点击确定后，系统进入报表编辑界面，可以查看到系统自动生成三个子报表：资产负债表、利润表、现金流量表，如图7-4所示。

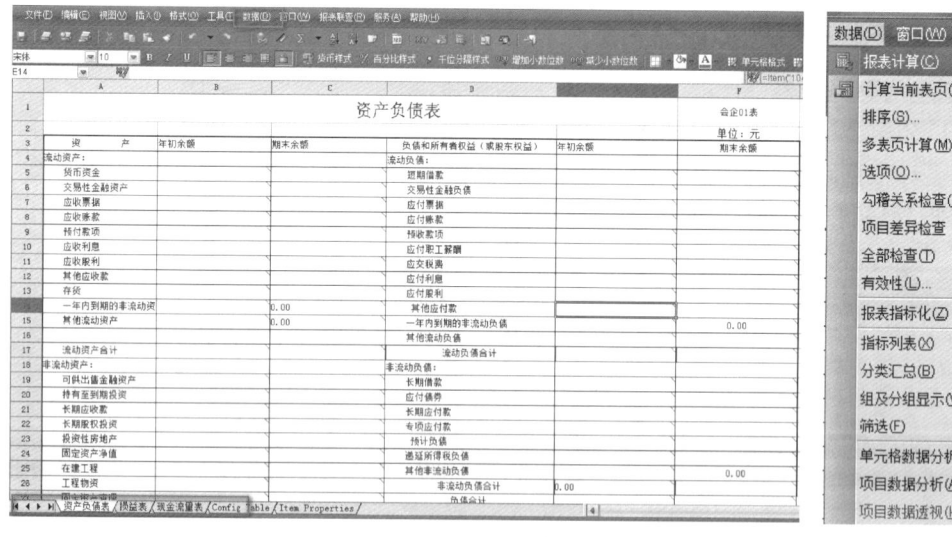
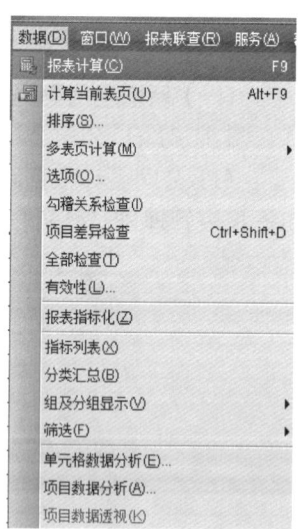

图7-4 报表数据编辑界面

（4）点击报表工具栏中的数据-报表计算，或者直接在键盘上按"F9"，系统自动进行报表数据读取录入。数据读取完成，公司会计查看报表数据，检查资产负债表借贷方数据是否平衡。（图中报表数据非最终答案，公司会计按自行生成报表数据为准），如图7-5所示。

	A	B	C	D	E	F
1	资产负债表					会企01表
2	公司名称：房产公司1		2018年1月31日			单位：元
3	资　　产	年初余额	期末余额	负债和所有者权益（或股东权益）	年初余额	期末余额
4	流动资产：			流动负债：		
5	货币资金	228,157,568.75	140,277,304.83	短期借款		0.00
6	交易性金融资产			交易性金融负债		
7	应收票据	900,000.00	900,000.00	应付票据		0.00
8	应收账款	140,534,994.60	795,163,815.60	应付账款	460,435,843.56	513,206,558.56
9	预付款项	10,365,206.52	10,365,206.52	预收款项	10,365,206.52	10,365,206.52
10	应收利息			应付职工薪酬	968,939.45	605,636.97
11	应收股利	0.00	0.00	应交税费	178,379,214.17	55,708,375.34
	其他应收款	0.00	0.00	应付利息	0.00	0.00
13	存货	320,910,608.36	144,625,405.11	应付股利		0.00
14	一年内到期的非流动资		0.00	其他应付款		77,571,130.97
15	其他流动资产		0.00	一年内到期的非流动负债		0.00
16				其他流动负债	0.00	0.00
17	流动资产合计	700,868,378.23	1,091,331,732.06	流动负债合计	650,149,203.70	657,456,908.36
18	非流动资产：			非流动负债：		
19	可供出售金融资产	0.00	0.00	长期借款		0.00
20	持有至到期投资	0.00	0.00	应付债券		0.00
21	长期应收款	0.00	0.00	长期应付款		0.00
22	长期股权投资	0.00	0.00	专项应付款		0.00
23	投资性房地产	0.00	0.00	预计负债		
24	固定资产净值	5,404,976.52	5,034,284.12	递延所得税负债		
25	在建工程	4,422,014,884.00	2,211,057,442.00	其他非流动负债		0.00

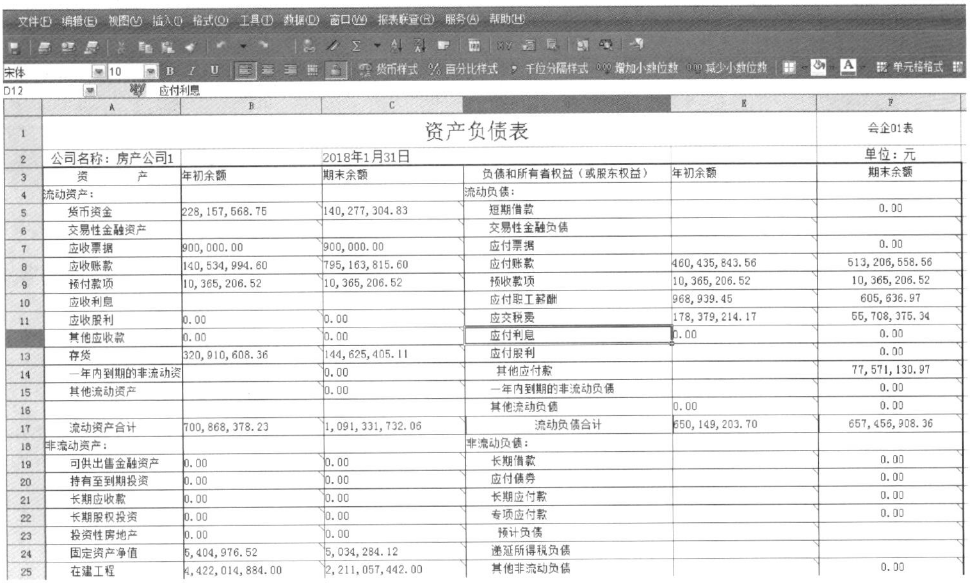

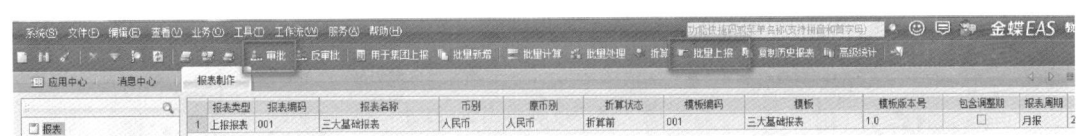

图 7-5　报表编辑界面

(6) 检查各报表数据(图中报表数据非最终答案,学生按自行生成报表数据为准)。点击左上角保存,生成报表操作完成。

(7) 公司会计进入报表制作界面,查看公司当期财务报表,检查相关数据后点击审批,并将财务报表进行“批量上报”,上报集团本部。集团总部会计以同样操作新增集团本部的当期财务报表并点击批量上报,如图 7-6 所示。

图 7-6　报表审批与上报集团

(8) 各子公司及集团总部会计都应在财务报表审批完成后进行“批量上报”,此项操作影响到后续总部会计进行集团合并报表前的“报表接收”,集团总部会计须确保所有会计主体的财务报表均已上报,报表数据均已接收才可进行合并报表工作底稿生成,完成工作底稿后才可生成合并报表。

实验二　财务报表导出

公司会计检查报表数据,确认无误后,即可对生成的财务报表数据进行导出处理,为了完成财务数据分析工作,将报表以 Excel 格式进行导出,方便数据公式编辑、计算、生成图表。

(1) 会计进入财务报表编辑界面,在对报表数据进行保存之后,点击文件-导出,如图 7-7 所示。

(2) 点击“浏览”,选择报表导出文件具体的位置,导出选项中选择“数值和公式”,勾选资产负债表和损益表两个表页,点击确定,如图 7-8 所示。

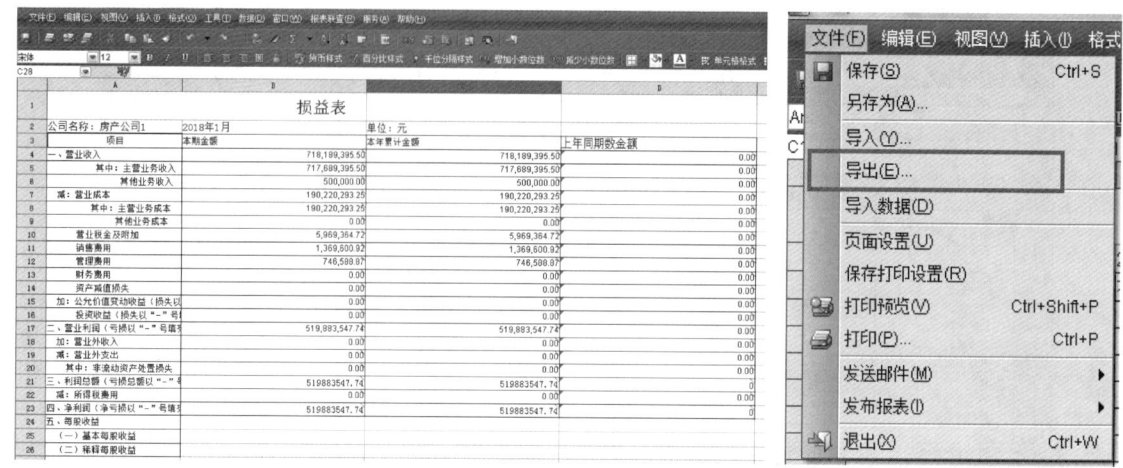

图 7-7　报表编辑界面

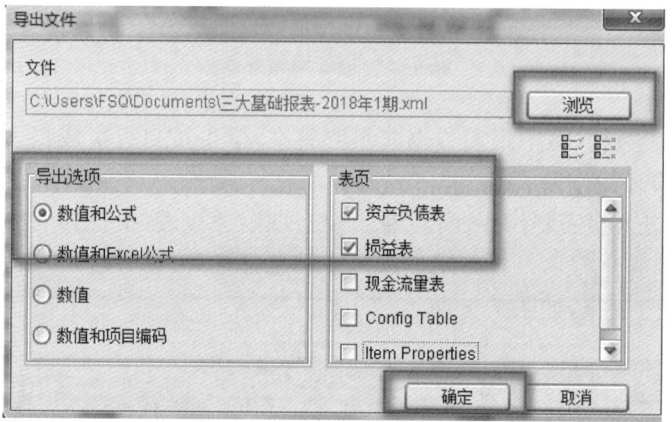

图 7-8　报表导出选项

（3）点击浏览，选择导出文件的位置（查找范围建议选择桌面，方便查找），输入文件名"房产公司 2018 年 2 月份财务报表"，文件类型选择 Excel，点击打开，如图 7-9 所示。

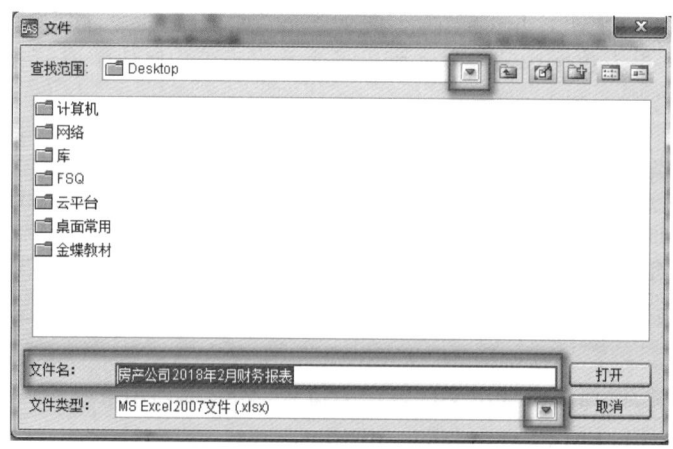

图 7-9　报表导出位置选择

（4）在导出文件对话框点击确定，系统进入报表文件导出流程，如图 7-10 所示。

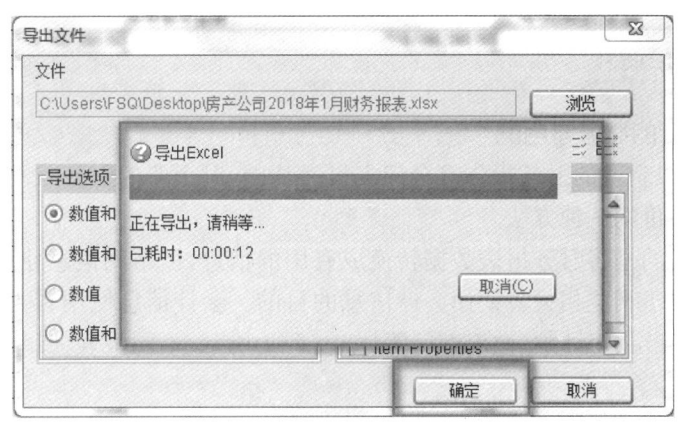

图 7-10　报表导出提示

（5）提示报表成功导出，点击确定。会计可以在报表保存路径处找到由系统导出的财务报表文件，小组成员可以利用导出的报表数据对资产负债表、利润表进行财务分析。

实验三　财务报表数据分析

一、财务分析报告提交系统

财务主管以资产负债表及利润表数据为基础，分别对房产公司的偿债能力、营运能力、盈利能力、发展能力进行分析，借助杜邦分析体系，对公司的整体财务状况进行综合性分析。

财务主管根据会计导出的财务报表数据进行财务数据分析，生成财务分析报告文档，提交集团管控实验平台。

财务主管登录集团管控实验平台，在学生应用-课程总结报告-总结报告处，选择已生成并保存的财务分析报告，点击提交，如图 7-11 所示。

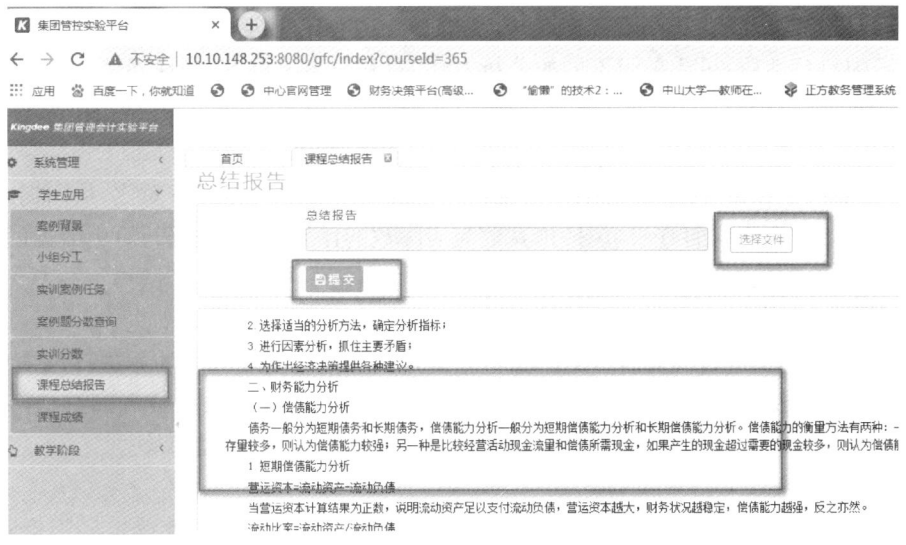

图 7-11　实验平台报告提交界面

系统提示学生端提交报告成功,可以查看到已提交的报告内容,财务分析报告提交任务完成。

二、财务分析概述

(一) 财务分析的概念与目的

财务分析,是以企业的财务报告等会计资料为基础,对企业的财务状况、经验成果和现金流量进行分析和评价的一种方法。

财务分析的目的是将财务报表数据转换成有用的信息,以帮助信息使用者改善决策。财务分析的目的取决于利益相关者使用会计信息的目的。会计信息使用者主要包括债权人、股权投资者、企业管理层、审计师、政府部门等,如表 7-1 所示,不同报表使用者的报表分析目的不同。

表 7-1　　　　　　　　　　　　　　不同分析主体及其目的

分析主体	分析目的
债权人	信贷决策
股权投资者	投资决策
企业管理层	管理、规划和控制
审计师	提高审计报表的可信度
政府部门	宏观调控和管理

从集团管理层进行财务分析的目的出发,常用的财务分析模型有杜邦分析法和哈佛分析框架,分析内容一般包括战略分析、会计分析、财务分析和前景分析四个维度。战略分析,确定主要利润动因及经营风险并定性评估公司盈利能力,包括宏观分析,行业分析和公司竞争策略分析。会计分析,评价公司会计反映其经济业务的程度,包括评估公司会计的灵活性,适当性,修正会计数据。财务分析,主要运用财务数据评价公司当前及过去的业绩,包括比率分析和现金流量分析。前景分析,预测企业未来,包括财务报表预测和公司估值。

(二) 财务分析方法

财务分析一般围绕财务报表数据展开,常用的方法有比较分析法、比率分析法、因素分析法,根据不同科目性质,灵活采用不同的分析方法,有利于突出重点、发现问题、辅助决策,实现财务分析的目标。

1. 比较分析法

财务分析的比较分析法,是对两个或两个以上有关的可比数据进行对比,从而揭示趋势或差异,是财务分析最基本的方法,包括预算数与实际数的比较、当期数据与历史数据的比较、企业与竞争对手某项目同期数据的比较。

2. 比率分析法

比率分析法是指通过计算各种比率指标来确定财务活动变动程度的方法,包括构成比率,如资产结构、负债结构、所有者权益结构、资本结构,各业务模块的收入或利润结构等;效率比率,如各项周转率、资金回收率等;相关比率,如营业利润率、每股收益率等。

3. 因素分析法

因素分析法是指依据财务指标与其驱动因素之间的关系,从数量上确定各因素对指标影响程度的方法。常用的因素分析法有连环替代法和差额分析法两种。

（1）连环替代法。由三项及以上财务指标计算所得的某项财务指标,采用连环替代法,可验证各项指标差异对计算结果差异的影响程度。

（2）差额分析法。验证各个因素对计算结果的影响金额的大小与重要程度,采用差额分析法,突出对结果影响较大的因素并重点分析。

（三）财务分析流程

第一步：确定财务分析范围,搜集有关的经济资料,针对当期发生的业务变化,调整分析策略,找出分析重点与要点,理顺分析思路,明确分析目的。第二步：选择适当的分析方法,确定分析指标,确保分析方法与确定的重点、要点相符合,要求分析指标是根据重要数据计算结果展开的。第三步：进行因素分析,围绕分析目的,抓住主要矛盾,确保分析结果突出要点,发挥效用,促使分析结果能为经济决策提供各种建议。

（四）财务分析内容

1. 结构分析

根据资产结构分析判断企业资产构成,资产流动性情况,资产现金价值与创造价值的能力;根据负债结构分析判断负债偿还压力,企业整体财务风险,资金来源,资本成本;根据所有者权益结构分析判断企业自有资金与经营效益,资本与留存收益的比例反映出的企业资本结构、盈利能力,价值创造能力、收益分红情况等。

1）资产结构分析

资产结构分析重点关注流动资产与非流动资产的占比;存货、应收账款在流动资产中的占比;固定资产、无形资产在非流动资产中的占比;尤其当资产中存在商誉,计算商誉在非流动资产、总资产中的占比。

2）负债结构分析

负债结构分析重点关注流动负债与非流动负债的占比,由于流动负债与企业的短期财务风险息息相关,流动负债中关注应付账款与预收账款（合同负债）的占比。预收账款（合同负债）科目金额体现了市场对企业产品的认可,属于良性负债。

3）所有者权益结构

所有者权益中包含了股东资本与留存收益,分析重点关注资本与留存收益的占比,体现企业的盈利能力与盈余管理能力,同时关注是否存在永续债或优先股,两者既体现了企业资本结构的多样性,又可能造成企业财务风险的增加。

2. 偿债能力分析

债务一般分为短期债务和长期债务,偿债能力分析一般分为短期偿债能力分析和长期偿债能力分析。偿债能力的衡量方法有两种：一种是比较可供偿债资产与债务的存量,资产存量超过债务存量较多,则认为偿债能力较强;另一种是比较经营活动现金流量和偿债所需现金,如果产生的现金超过需要的现金较多,则认为偿债能力较强。

1）短期偿债能力分析

$$营运资本 = 流动资产 - 流动负债$$

当营运资本计算结果为正数,说明流动资产足以支付流动负债,营运资本越大,财务状况越稳定,偿债能力越强,反之亦然。

$$流动比率 = \frac{流动资产}{流动负债}$$

流动比率假设全部流动资产都可用于偿还流动负债,表示每1元流动负债有多少流动资产作为偿债保障。不同行业流动比率不尽相同,一般情况下,流动比率超过1,生产型企业的流动比率大约为2。

$$速动比率 = \frac{速动资产}{流动负债}$$

在流动资产中,资产的变现能力差距明显,如货币、交易性金融资产、应收账款等,可以在短期内变现的,称为速动资产,而存货、预付账款、1年内到期的非流动资产等,称为非速动资产。速动比率假设速动资产均为可偿债资产,表明每1元流动负债有多少资产作为偿债保障。不同行业速动比率不尽相同,一般情况下,保持在1左右,财务状况相对稳定。

2)长期偿债能力分析

$$资产负债率 = \frac{负债总额}{资产总额}$$

资产负债率反映总资产中有多少比例是通过负债取得的,用于衡量企业整体对债权人利益的保障程度。资产负债率越低,保障程度越高,长期偿债能力则越强。一般情况下,资产负债率超过50%越多,债权人的利益保障程度越低,企业财务风险越大。

$$股东权益比率 = \frac{股东权益总额}{资产总额}$$

$$产权比率 = \frac{负债总额}{股东权益总额}$$

$$权益乘数 = \frac{资产总额}{股东权益总额}$$

产权比率和权益乘数是资产负债率的另外两种表现形式,其性质与资产负债率一致,是两种常用的财务杠杆比率。产权比率表明每1元股东权益配套的总负债的金额。权益乘数表明每1元股东权益启动的总资产的金额,用于衡量偿债能力,也是企业进行资本结构分析的基础。

3. 营运能力分析

营运能力比率是衡量公司资产管理效率的财务比率。常用的财务指标有应收账款周转率、存货周转率、流动资产周转率、总资产周转率等。

1)应收账款周转率

应收账款周转率是营业收入与应收账款的比率,用于衡量销售资金回收效率,相关指标有应收账款周转次数、应收账款周转天数和应收账款与收入比三种形式。

$$应收账款周转率 = \frac{营业收入}{应收账款}$$

$$应收账款周转天数 = \frac{365}{营业收入 \div 应收账款}$$

$$应收账款与收入比 = \frac{应收账款}{营业收入}$$

2）存货周转率

存货周转率是营业成本与存货的比率，用于衡量生产型企业或商品流通企业的货物运转效率，相关指标有存货周转次数、存货周转天数、存货与成本比。

$$存货周转率 = \frac{营业成本}{存货余额}$$

$$存货周转天数 = \frac{365}{营业成本 \div 存货余额}$$

$$存货与成本比 = \frac{存货余额}{营业成本}$$

3）流动资产周转率

流动资产周转率是营业收入与流动资产的比率，用于衡量企业收入形成流动资产的效率，也用于衡量流动资产用于创造销售收入的能力，相关指标有流动资产周转次数、流动资产周转天数、流动资产与收入比。

$$流动资产周转率 = \frac{营业收入}{流动资产}$$

$$流动资产周转天数 = \frac{365}{营业收入 \div 流动资产}$$

$$流动资产与收入比 = \frac{流动资产}{营业收入}$$

4）总资产周转率

总资产周转率是营业收入与总资产的比率，用于衡量企业收入形成总资产的效率，也用于衡量总资产用于创造销售收入的能力，相关指标有总资产周转次数、总资产周转天数、总资产与收入比。

$$总资产周转率 = \frac{营业收入}{总资产}$$

$$总资产周转天数 = \frac{365}{营业收入 \div 总资产}$$

$$总资产与收入比 = \frac{总资产}{营业收入}$$

总资产周转次数，表明1年内总资产周转的次数，说明了每1元总资产的投资支持的营业收入，总资产与收入比，表明每1元营业收入需要的总资产投资。

4. 盈利能力分析

1）资产报酬率

$$资产报酬率 = \frac{净利润}{总资产}$$

总资产报酬率是分析公司盈利能力的关键。提高企业权益净利率的基本动力是总资产报酬率。它表明了每1元总资产创造的净利润，可以衡量企业的总体盈利能力。

2）股东权益报酬率

$$股东权益报酬率 = \frac{净利润}{股东权益}$$

股东权益报酬率也称净资产收益率,是净利润与股东权益的比率,反映每1元股东权益能赚取的利润,是股东投资决策过程中最看重的指标。

3）成本费用净利率

$$成本费用净利率 = \frac{净利润}{成本费用}$$

成本费用净利率可用于衡量企业的成本费用控制能力,反映企业每支出1元的成本费用可换取的利润,该指标越高,成本控制能力越强,盈利能力越高。

4）销售毛利率与销售净利率

$$销售毛利率 = \frac{营业利润}{营业收入}$$

销售毛利率是营业利润与营业收入的比率。营业利润是扣除非正常性损益的利润,是企业日常经营产生的利润与营业收入的比率,用于衡量企业日常经营业务的盈利能力。

$$销售净利率 = \frac{净利润}{营业收入}$$

销售净利率是净利润与营业收入的比率。销售净利率可以概括公司的全部经营成果,该比率越大,公司的盈利能力越强。

5. 发展能力分析

1）资产增长率

$$资产增长率 = \frac{本年总资产增加额}{年初资产总额}$$

资产增长率用于衡量当期企业规模扩张的程度和效率,该指标越大,说明当期企业规模增长幅度越大。一般情况下,企业处理不同的发展生命周期阶段,该比率会呈现不同情况,该比率越大,说明企业发展进程越快,但不能代表企业的经济效益。

2）股本资本增长率

$$股本资本增长率 = \frac{本年股东权益增长额}{年初股东权益总额}$$

股本资本增长可能来源于股东增加投资,或来源于当期未分配留存收益的增加,两者结合反映企业权益规模的增长。如果当期未新增股本,则该比率可以衡量企业当期盈余情况,反映企业的投资报酬率。

6. 杜邦分析体系

杜邦分析体系是利用各主要财务比率之间的内在联系,对公司财务状况和经营成果进行综合评价的系统方法。该体系是以权益净利率为核心,以总资产净利率和权益乘数为分散因素,重点揭示公司获利能力及杠杆水平对权益净利率的影响,以及各相关指标间的相互关系。

杜邦分析体系是一个多层次的财务比率分解体系。各项财务比率,可在每个层次上与本公司历史或同业财务比率比较,然后向下一级继续分解。逐级向下分解,逐步覆盖公司经营活动的每个环节,以实现系统、全面评价公司经营成果和财务状况的目的。

权益净利率是杜邦分析体系的核心比率,具有较好的可比性,可应用于不同企业之间的比较。由于资本具有逐利性,总是流向投资报酬高的行业和公司,因此各公司的权益净利润会比较接近。如果一个企业的权益净利率经常低于其他公司,则难以增获资本,说明企业需要进行战略调整或重组整顿。

权益净利率不仅有强可比性,还有强综合性。在杜邦分析体系中,直接影响权益净利率的指标有三个:

$$权益净利率 = 营业净利率 \times 总资产周转率 \times 权益乘数$$

其中,营业净利率反映企业经营成果;总资产周转率反映企业经营效率;权益乘数反映企业财务状况。这三个指标结合,反映企业整体价值创造能力。

本 章 小 结

本章主要介绍了集团企业报表管理系统的业务模块及相关功能,介绍金蝶 EAS 信息系统中企业报表制作、审批流程、报表导出、财务报表数据分析的内容及方法。

第八章 合并报表及业务操作

学习目标

◇ 了解合并报表的基本理论及内容
◇ 了解金蝶 EAS 信息系统中合并报表管理业务模块及操作流程
◇ 掌握合并报表管理的基本业务操作

第一节 | 合并报表理论概述

一、合并报表的概念

合并财务报表(简称法定合并),是指反映母公司和其全部子公司形成的企业集团整体财务状况、经营成果和现金流量的财务报表。

合并财务报表是在对纳入合并范围的母公司和其全部子公司的个别财务报表的数据进行加总的基础上,在合并工作底稿中通过编制抵销分录将内部交易对合并财务报表的影响予以抵销,然后按照合并财务报表的项目要求合并个别财务报表的各项目的数据编制。

二、合并报表信息化的必要性

随着经济发展,企业结构转型升级,现代企业呈现中小型企业集团化、经营规模全球化、资金运营活跃化、分权管理深度化、内部考核多维化趋势,逐步形成了复杂的组织结构、复杂的内部交易、复杂的运营管理、复杂的财务管理,因此完成多组织企业财务合并,生成满足对外报告的对内管理需求的合并报表,对集团企业至关重要。在企业管理中,每期形成完整而正规的合并报表,有利于企业集团实现国际化的标准管理、全面反映企业集团的生产经营情况、有效防止财务信息被操纵或粉饰。

三、EAS 集团财务管理系统合并报表模块

(一) 特点

合并报表模块的特点包括严谨的法定合并编制流程、支持用户自定义编制汇总报表的流程、支持多种类型报表编制(自定义报表)、提供项目数据分析功能(表格和图形分析功能)、与系统的报表管理模块、总账管理模块紧密联系。

法定合并系统中的个别报表模板分配到成员单位公司后,公司可以在报表系统中通过选择集团下发模板进行个别报表编制、审批和上报流程;法定合并系统中个别报表模板可选择检查总账已结账、检查总账反结账控制。

(二) 价值

合并报表体系的实现基于组织股权关系的精准计算、基于内部交易及内部往来对账后的自动抵销。它直接从账套取数,勾稽检查多种数据,形成数据集中,规范管理的操作流程,实现了高效率、低成本、高准确度。

(三) 合并报表业务的前期设置

1. 合并范围设置

合并范围是指纳入合并财务报表的公司范围,根据集团组织结构定制合并公司范围。集团根据需要可以建立一个或多个合并范围,用于对不同成员单位组合的数据汇总结果进行取数,有利于财务管理及分析。系统可实现各个合并范围汇总结果分别存放,相互独立,互不影响。

2. 参数设置

在 EAS 系统合并报表模块中,设置不同的合并方式和内部往来抵销方式。一般情况下,合并方式分为平行法和顺序法,抵销方式分为新准则权益抵销法、大陆权益法、香港成本法、成本法(大陆新准则)。集团企业根据自身具体情况对参数值进行设置,以符合企业合并报表业务操作需求。

3. 股权关系

企业进行报表合并前,需要进行股权关系维护,财务主管可维护完整的股东信息,包括集团内部股东和集团外部股东各自的持股比例。由于股权关系影响内部权益抵销数据,因此只有在股权关系维护好的前提下,合并报表数据才能正确体现在资产负债表和利润表中。

4. 报表项目和项目类型设置

报表项目类型属于会计科目,合并报表以报表项目作为对象记录数据;报表项目用类别、控制属性、借贷方向进行区分。项目类型主要是对报表项目进行分类。

5. 取数类型

合并报表以取数类型为对象记录不同期间、不同类别的数据,如年初数、期初数、期末数、本期发生数、本期累计数、上年同期数。在设置财务报表公式时,需要对每个单元格的取数类型进行设置,这对所生成报表数据的正确性至关重要。

6. 报表模板制作

报表模板是集团合并单位进行报表数据接收、汇总、合并的基础,集团要实现报表的汇总合并,首先需要制作各类报表模板,将各报表模板下发分配给合并对象,各单位录入相关报表数据后提交到合并单位,合并单位可在统一格式下进行数据汇总处理,极大地提高报表数据汇

总效率。

个别报表模板包括普通月报表(资产负债表、利润表、现金流量表)、往来抵销报表、交易类抵销报表、权益类抵销报表。

合并报表模板包括汇总报表模板、工作底稿、合并报表模板。

7. 勾稽关系

勾稽关系是通过设置报表项目间的比较公式,来核对项目数据、检查报表的正确性,它可以用于表间审核,也可以用于项目差异审核,可以审核所有的组织机构的报表。利用勾稽关系功能可以提高报表数据差错更正的效率,提高报表准确度和可信度。勾稽关系可以设置为表间勾稽关系和项目差异勾稽关系两类。

8. 确定调整分录模板、确定抵销分录模板

当母公司与子公司会计政策、会计期间不一致时,需要编制调整分录,以母公司为标准调整子公司报表。

报表合并前,需要将集团内各单位往来、权益、交易业务记录进行抵销,系统操作时,可以建立抵销分录模板组,把往来、权益、交易都放在一个模板组中,将抵销分录模板组分配到合并范围,为避免重复抵销,同一个合并范围内只能有一个抵销分录模板组。

第二节 合并报表业务操作

集团型企业,由于总部与分支机构地域差异,信息交流与数据传递不及时,做账流程与方式不一致,导致期末下属公司上报的财务报告存在不统一、不及时的现象。下属公司难以提供准确上报数据,导致集团母公司财务部门日常工作量大,难以及时、准确地对集团企业信息进行披露,不能进行有效的集团业绩考核和财务决策。因此,集团企业必须建立统一的集团财务报告体系以满足集团对外披露和对内管理的不同要求,并支持集团数据分析与战略决策。集团企业统一财务报告体系可生成同一模板下的财务报表,整合数据形成合并报表,具体业务操作流程如图 8-1 所示。

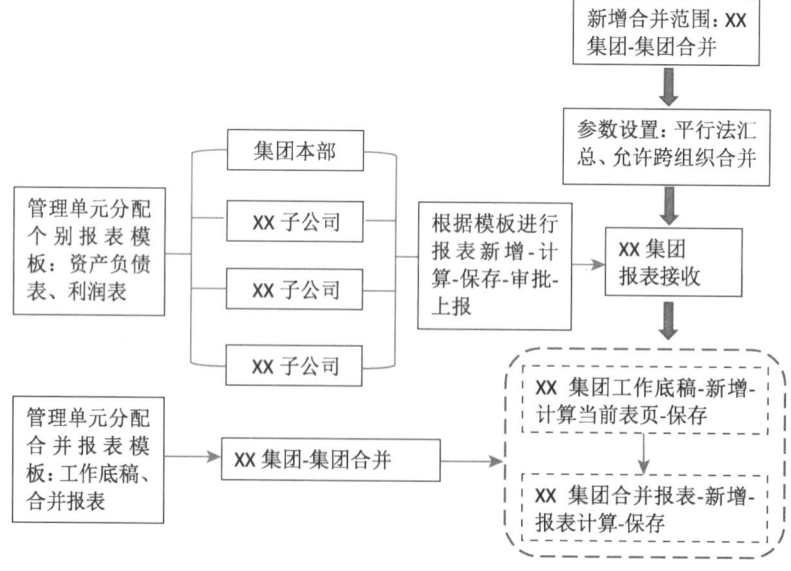

图 8-1 合并报表业务流程图

(一）新增合并范围

1. 合并报表模块基础设置

集团本部需要以集团整体为单位进行合并报表基础设置工作,包括新增合并范围,维护合并范围内容。新增合并单元组"集团合并",再将集团本部与所有子公司全加入该合并单元组中成为一个整体。维护好合并范围内容后启用该合并范围,启用日期与总账启用日期相同。

系统有多次涉及各模块启用日期设置,每一处启用设置都至关重要,影响多项功能的使用,而且业务操作之间互相关联,学生必须在每一处启用日期设置时都谨慎对待认真操作,避免出错。

2. 维护组织范围

维护组织范围及用户权限授予需要以系统管理员的身份登录进行设置。集团企业启用合并报表模块,设置好合并范围及集团合并单元后,集团合并单元会被定义为一个独立的组织单元,需要将该新增的组织单元维护到具体用户的组织范围中,并授予相应的操作权限。由于集团合并报表工作由集团财务主管操作完成,在权限授予过程中,先是把包括合并报表的所有权限赋予财务主管角色,再把财务主管角色所具备的所有权限全部分配给学生自建的用户,这样就有使学生用于登录系统的用户名,具备了集团财务主管所有的操作权限。

(二）参数设置

我国集团企业合并报表的方式一般分为平行法和顺序法,平行法适用于层级较少,组织架构管理模式扁平化的集团企业,合并报表时,将所有下级组织数据全部汇总到集团本部的合并报表。顺序法适用于层级较多,采用垂直化管理模式集团企业,在进行报表合并时,从最基层开始进行各单位数据的层层汇总,最后再到集团报表数据合并。当集团的组织结构较为简单,扁平化的集团可以采用平行法编制合并报表,在 EAS 集团合并报表模块中,系统管理员需要先对与合并报表设置相关的参数进行设置,使其符合集团合并报表数据取数和计算的操作流程。修改参数编码为 GR_CSL_MERGETYPE_004,参数名称为"合并汇总方式"的参数值为"平行法";修改参数编码为 GR_CSL_SupportCrossMerger,参数名称为"支持跨组织合并"的参数值为"是"。

(三）个别报表模板分配

集团总部会计把集团统一内容及格式的标准财务报表作为集团内所有成员单位新增报表时采用的模板进行向下分配。集团报表模板分配,既节省了成员单位新增报表时格式及公式设置的重复性操作,又实现了集团内报表格式的统一和规范。

(四）合并报表模板分配

集团总部会计将管理单元内设置好的集团标准工作底稿模板和合并报表模板进行分配,分配对象为集团合并。合并报表的工作底稿是生成合并报表的基础,工作底稿将集团合并单元接收到的所有成员单位的报表数据进行组合,在工作底稿的基础上,再进行内部往来、交易、权益数据的抵销处理,完成工作底稿的数据整理后,再进行合并报表的生成和计算。

只有管理单元新增的公共模板,才可以分配给下级组织共同查看和使用;如果是财务组织单元建的公共模板,则不具备分配下级使用功能。

(五）个别报表的编制和上报

期末集团本部及各个子公司分别在集团下发的报表模板基础上进行本单位当期资产负债表、利润表的生成、计算、保存、审批、上报工作。各单位财务会计进行当期月报表的新增,报表计算,保存,公司财务主管对报表进行审批并上报集团。各单位的月报表需要上报集团,作为集团生成合并报表的依据。

会计新增报表后进行报表计算,检查资产负债表的借贷方数据是否平等,如果不平,则需要查找原因,做进一步修改处理,再重新进行报表计算,直到确认报表数据无误。如果会计生成报表时没有留意数据出错,财务主管审批时需要谨慎查看,避免在报表数据有误的情况下将报表上报集团。

集团合并报表数据来源于各成员单位的个别报表数据,因此,各成员单位需要认真谨慎做好本单位的财务期末处理工作,避免影响整个集团账务处理效率。

报表出错可按以下顺序进行错误查找:

(1)查看科目余额表的一级科目,确保资产类科目余额在借方,负债类科目余额在贷方,损益类科目除本年利润科目外,其他科目余额为0。

(2)查看明细科目,检查科目余额及记账方向,尤其注意数据金额明细账(库存商品及原材料),确保数量、单价、金额均为正数,大部分情况,同一类商品的单价会基本保持稳定,如果出现异常数据,可能是记账错误导致。

(3)查看凭证过账、结转损益操作的完整性,确保所有凭证均已过账并在结转损益范围内,若出现漏过账,做重新过账处理;结转损益不完整,可将原结转损益凭证删除后,重新进行结转损益,再将重新生成的凭证作审核,过账处理,重新进行报表计算操作。

(六)集团进行报表接收

集团各成员单位完成本单位的当期资产负债表和利润表后上报集团,集团会计对法定合并报表进行接收,报表接收相当于收集各合并主体的财务数据,作为合并工作底稿的数据基础。

(七)集团进行当期财务报表合并

集团财务总监接收各成员单位提交的个别报表,作为新增合并报表工作底稿的数据基础。财务主管先新增工作底稿,将工作底稿进行报表数据读取和计算,保存后,再进行合并报表新增和报表计算,合并报表数据会在工作底稿数据的进一步整合抵销后形成最终的集团整体数据。

合并报表进行报表计算后,查看报表数据和资产负债表的数据,验证借贷方相等。财务主管发现合并资产负债表数据有误时,及时找出原因,如果成员单位报表有一处出错,则可能导致合并报表数据出错,应提醒各成员单位财务主管进一步检查报表。利润表数据一般情况下由成员单位汇总所得,如果出现内部交易,则合并利润表数据小于成员单位利润表数据汇总之和。

(八)财务报表分析

财务主管根据财务分析结果评价当期企业的经营成果及财务状况,以此作为业务经营决策及财务资源分配决策的依据。

第三节 | 合并报表综合实验案例

实验一 报表接收

1月31日,总部会计将集团各会计主体上报集团的当月财务报表进行接收。

(1)集团总部会计根据题目要求的用户名、数据中心登录 EAS 客户端,进入应用中心-战略管理-法定合并-报表接收-报表接收,如图 8-2 所示。

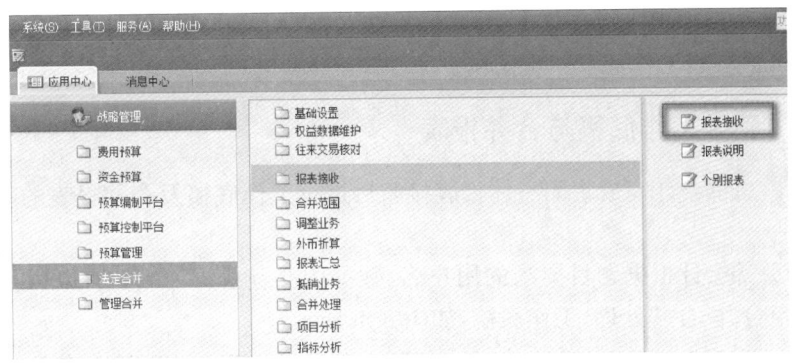

图 8-2　报表接收登录界面

（2）设置报表日期，报表周期为月报，点击确定，如图 8-3 所示。

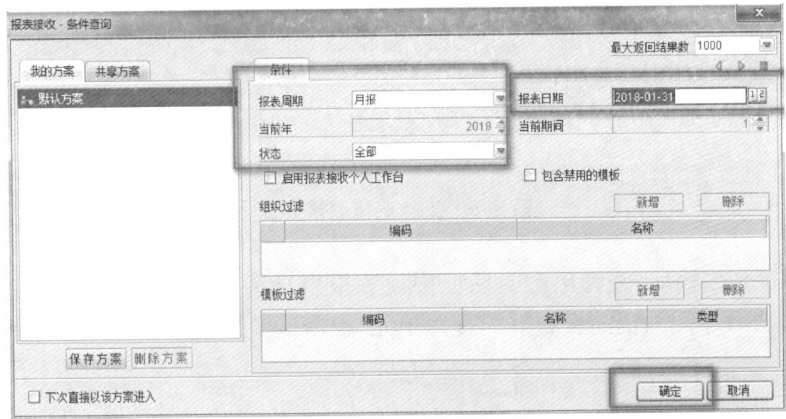

图 8-3　报表接收条件设置

（3）点击确定后，进入报表查看及接收界面，选择所在集团，勾选"包含下级节点"，查看各会计主体当月报表提交情况，确保所有报表都为"已审批"状态，将集团下四个会计主体的报表进行勾选，点击"接收"。报表接收相当于将集团下各会计主体的月报表收集到集团总部，作为总部会计生成合并报表工作底稿的基础数据，如图 8-4 所示。

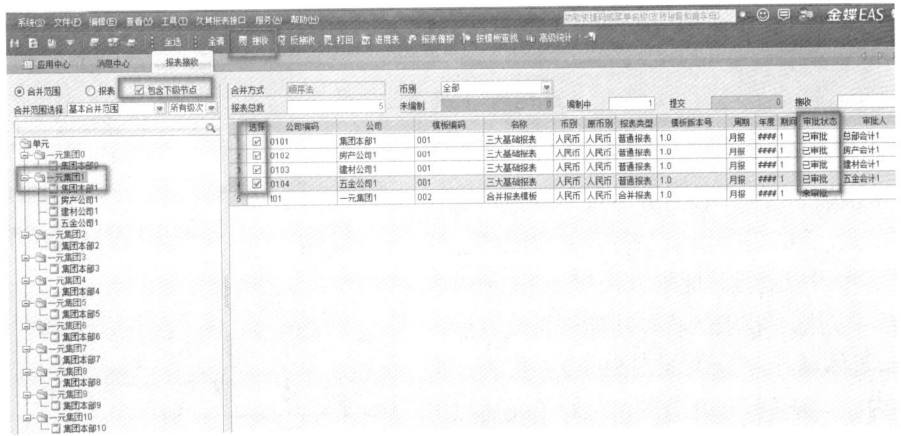

图 8-4　报表接收界面

（4）检查接收后的报表提交状态为"集团确认"，接收人为"总部会计"，说明报表接收数据到位，可进行合并报表工作的下一步操作。

实验二　新增工作底稿与合并报表

1月31日，总部会计完成集团整体报表接收后进行工作底稿及合并报表的新增与数据计算工作。

（1）集团总部会计根据题目要求的用户名、数据中心登录EAS客户端。进入应用中心-战略管理-法定合并-合并处理-工作底稿，如图8-5所示。

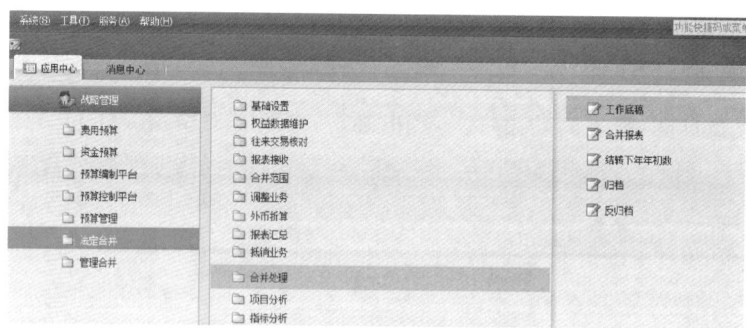

图8-5　工作底稿登录界面

（2）选择工作底稿后，在弹出的对话框中设置报表日期为报表所属日期，合并范围为"基本合并范围"，合并单元为提前设置好的合并单元，点击选中后确定，如图8-6所示。

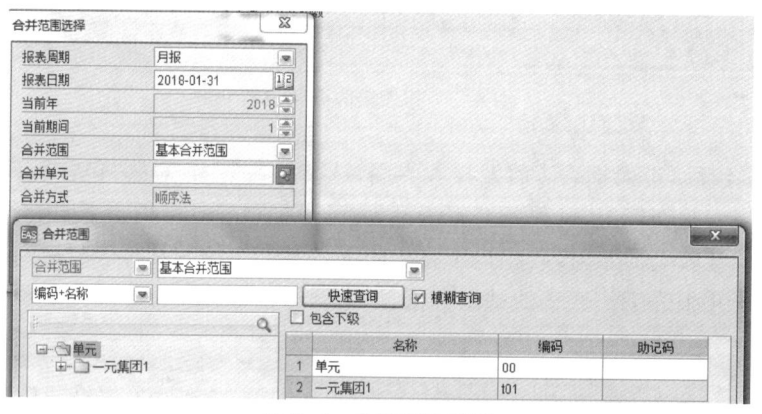

图8-6　合并范围设置

（3）此处合并范围与合并单元的选择，是在合并工作底稿模板的前提下设置并分配完成。该操作是在合并单元、合并范围均已设置；合并权限均已开通的前提下才得以进行。此处如果出现"显示内容为空"，则需要对账套权限的合并功能进行设置后再重新进行，具体可参考本章第二节的合并报表业务操作中的内容。设置好合并范围及合并单元后点击确定，系统提示合并范围已改变，如图8-7所示。

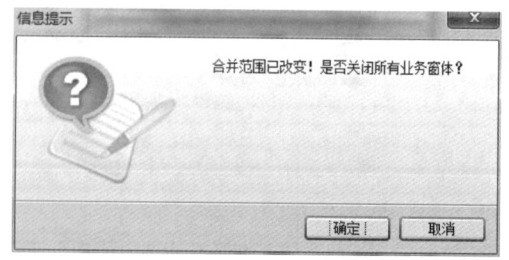

图8-7　合并设置确认提示

（4）在弹出的对话框中点击确定，进入工作底稿新增界面，点击左上角"新增"按钮，进入工作底稿编辑界面。合并报表工作底稿旨在对集团各财务报表数据各科目余额进行汇总，工作底稿模板格式简单直观，是生成合并报表的基础准备。

（5）进入工作底稿编辑界面，点击上方工具栏中"数据-报表计算"按钮，系统自动将当期的财务报表数据进行罗列和汇总，点击"保存"后即可退出，如图8-8所示。

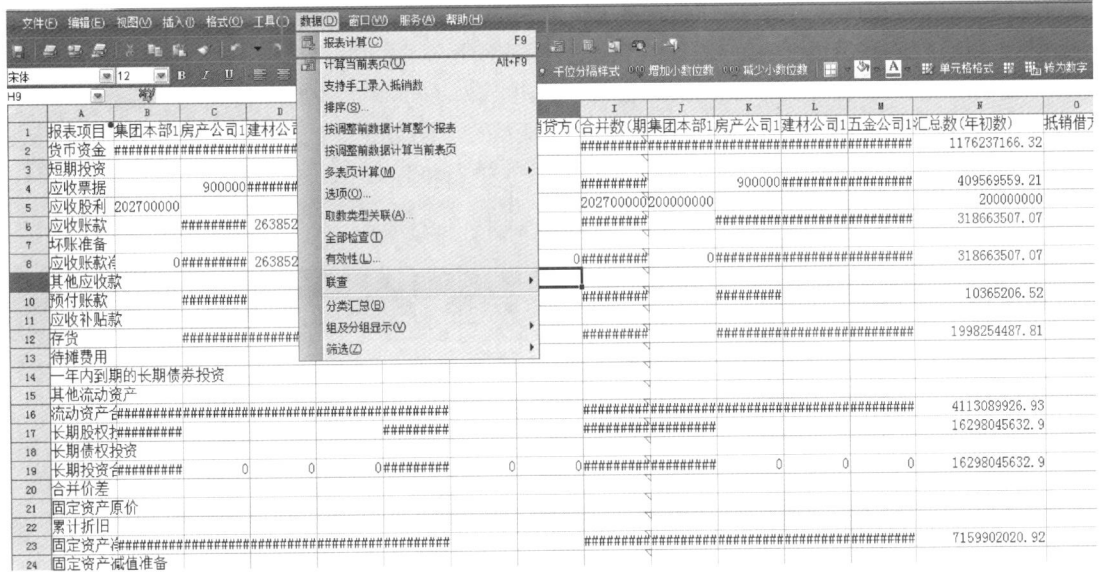

图8-8　工作底稿编辑界面

（6）退出工作底稿编辑界面，进入合并报表新增界面，如图8-9所示。

（7）点击左上角"新增"按钮，选择提前设置并分配好的集团合并报表模板，双击选中，如图8-10所示。

（8）系统显示"新建成功"，点击"确定"，新增合并报表操作完成，在合并报表序时簿可以查看到新增的合并报表，如图8-11所示。

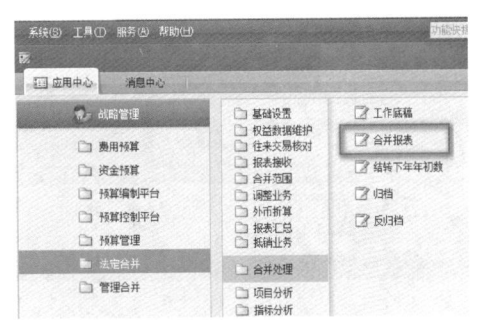

图8-9　合并报表登录界面

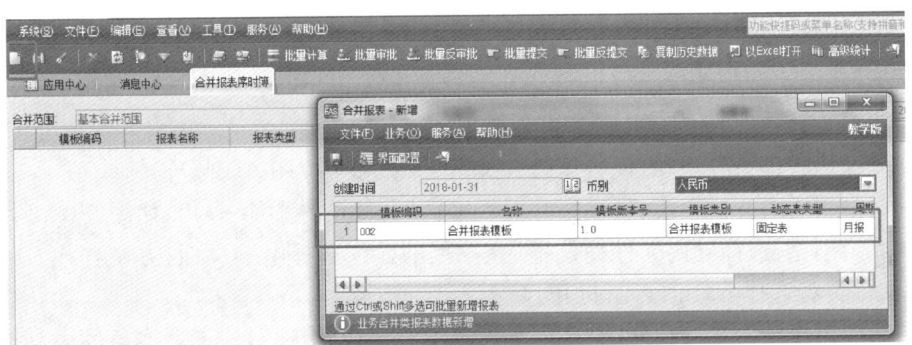

图8-10　合并报表新增界面

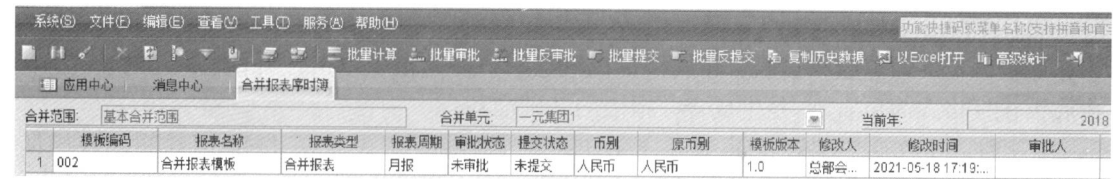

图 8-11　合并报表序时簿

（9）双击进入合并报表编辑界面，点击工具栏中的"数据–报表计算"功能或者直接点击键盘中的"F9"，系统自动将合并报表数据进行计算并填列，如图 8-12 所示。

由于系统公式设置仅限于资产负债表及利润表的当期数据，会计可以在左下方切换报表查看界面。本账套未对集团内部关联交易相关分录进行抵销操作，具体输出数据不尽准确，仅作参考。

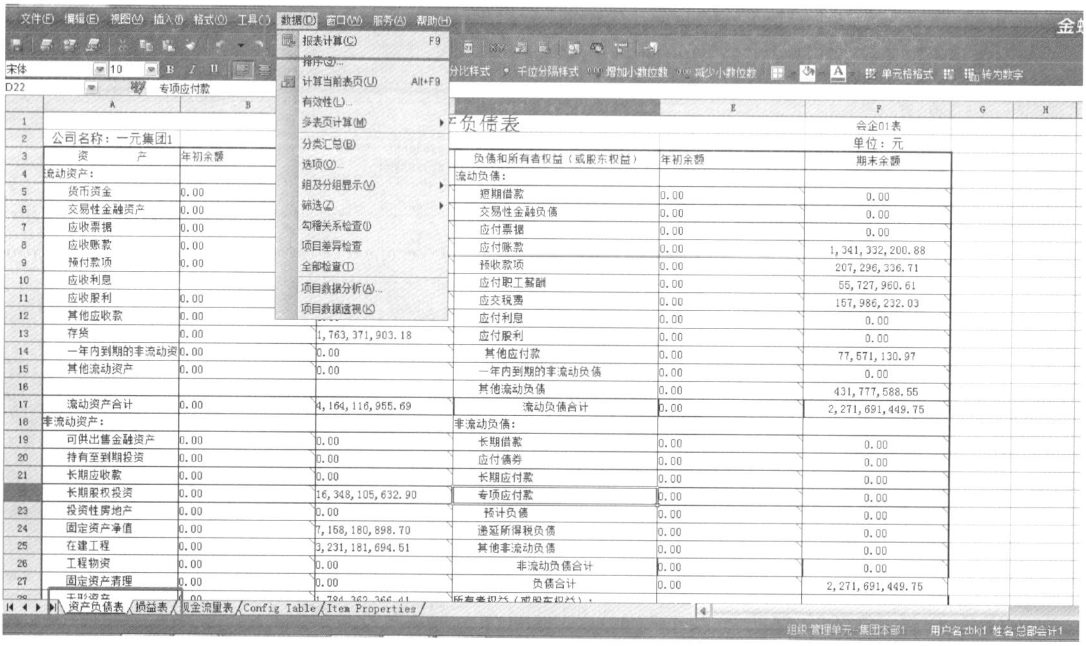

图 8-12　合并报表编辑界面

（10）数据计算完成后，点击左上方"保存"按钮后即可退出，提交集团账务总监进行审批。

实验三　报表导出

总部会计对当期生成的合并财务报表数据进行导出处理，为了完成财务数据分析工作，将报表以 Excel 格式进行导出，方便数据公式编辑、计算和生成图表等操作。

（1）双击新增的合并报表，进入合并报表编辑界面，点击文件–导出，如图 8-13 所示。

（2）点击浏览，选择导出文件的位置（查找范围建议选择电脑桌面，方便查找），输入报表文件名，文件类型选择 Excel，点击打开，如图 8-14 所示。

（3）选择报表导出文件具体的位置，导出选项中选择"数值"，勾选资产负债表和损益表两个表页，点击确定，如图 8-15 所示。

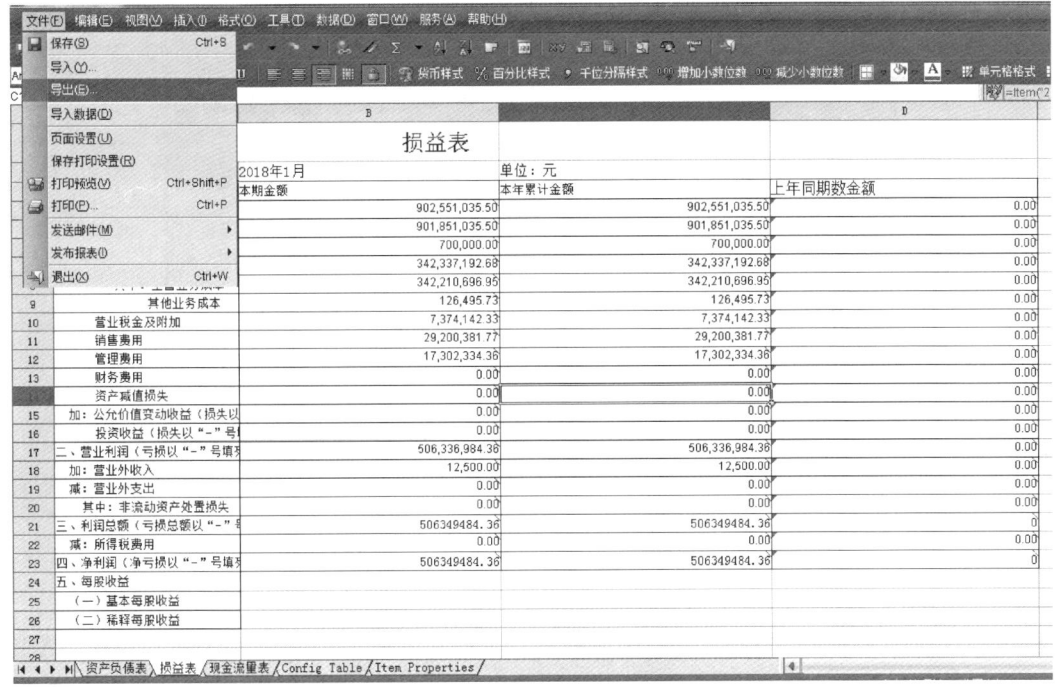

图 8-13　合并报表导出

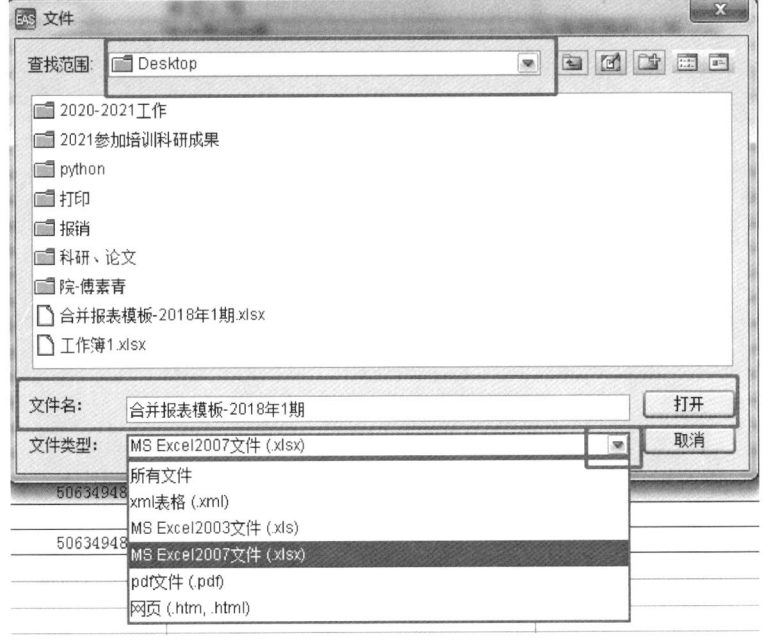

图 8-14　报表导出设置

（4）提示报表成功导出，点击确定。总部会计可以在报表导出时设置的保存路径处找到合并报表文件，以此文件具体数据作为集团本部财务报表分析依据。

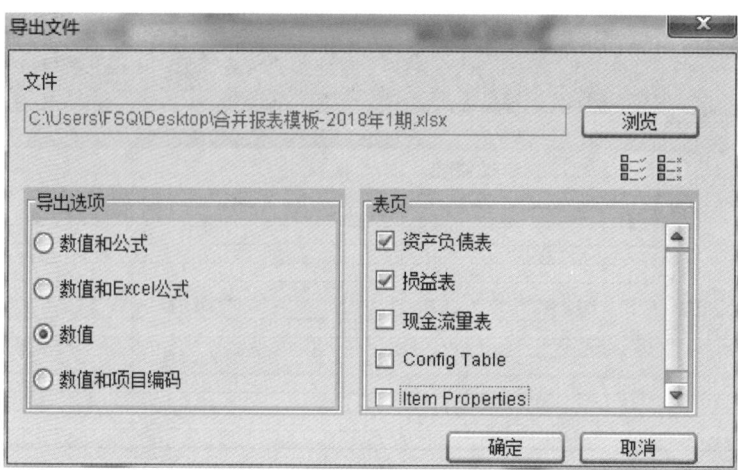

图8-15 报表导出选项设置

本 章 小 结

本章主要介绍了集团企业合并报表的管理框架搭建流程和具体操作;介绍在金蝶 EAS 信息系统中如何进行合并报表系统功能搭建及基础设置;介绍在金蝶 EAS 信息系统中完成集团报表接收、新增工作底稿制作合并报表并导出等具体操作步骤。

第九章　综合实验案例设计与实施

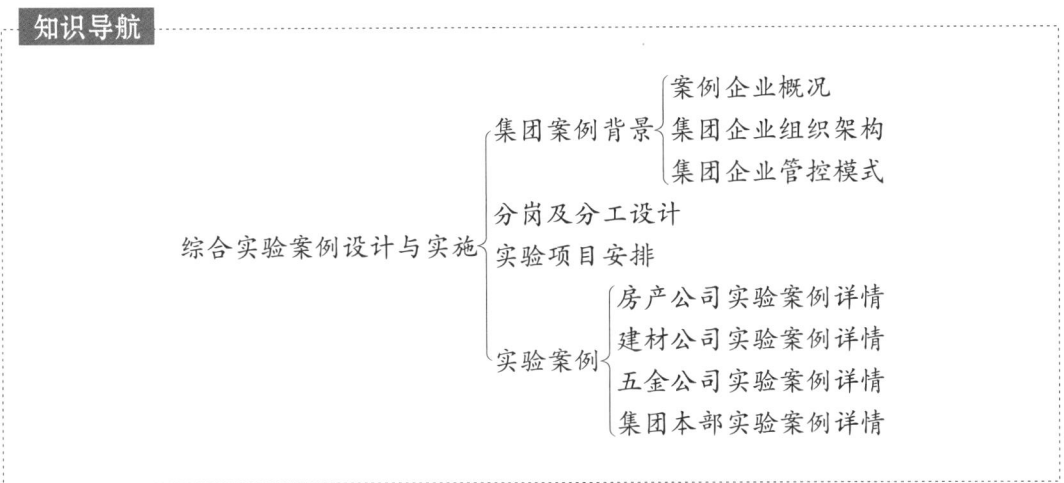
学习目标

◇　了解实验案例背景

◇　了解实验分岗及分工设计

◇　了解实验项目业务内容及操作详情

第一节 ｜ 集团案例背景

一、案例企业概况

一元集团创建于1990年,从五金公司起家,主要经营五金生产及销售,随着业务的不断发展,开始进军地产行业,并成立了一元集团。一元集团目前主要经营的业务包括地产开发业务、五金的生产和营销、建材的运输及营销以及在集团本部开展投资业务。自成立以来,集团便一直坚守透明交易、银行监管、客观公正的原则,为客户实现家园梦想,一直力争缔造值得信赖的服务组织,提供高品质的房产流通服务,成就集团同仁的精彩人生。

二、集团企业组织架构

一元集团目前拥有集团本部、房产公司、建材公司、五金公司四家子公司,其组织架构如图9-1所示。

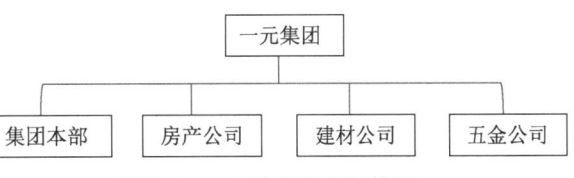

图9-1　一元集团组织架构图

三、集团企业管控模式

一元集团下设四个会计主体,集团本部对其他三个子公司实施预算管控及资金统一监管。五金公司主营五金产品的生产及销售,并向房产公司提供五金产品;建材公司主营建材的批发和营销,并向房产公司提供建筑材料;房产公司主要经营地产项目的开发及营销;集团本部主要负责对其他分、子公司进行预算及资金的管控,并开展投融资业务,负责集团的重大决策。资金集中管理,有效的将闲散资金集中利用,内外部双向投融资活动帮助集团节省资金使用成本,有效避免了财务风险、规避违规付款行为。同时,统一预算监管,收支两条线,系统分配资源,提高资源使用效率。

第二节 | 分岗及分工设计

学生操作进入实训阶段后,按 16 个人为一组,分别担任集团企业四个会计核算主体的财务人员。实训共 16 个岗位,分组分岗方式由系统随机生成,学生根据自己岗位确认 EAS 客户端登录时所用的用户名及工作职责。各小组分别完成一元集团 2018 年 1 月份的集团财务管理业务操作,业务明细如表 9-1 所示。

表 9-1　　　　　　　　　　　　　实训岗位职责明细表

公司名称	岗位名称	用户名	工作职责
集团本部	财务总监	cwzj	业务分析、审核预算、审核投融资
集团本部	预算主管	yszg	年度费用、资金预算制定、预算执行监控
集团本部	资金主管	zjzg	审核子公司的上划下拨申请、投资管理、融资管理
集团本部	财务会计	zbkj	内部往来凭证制作、本部报表编制、合并报表编制
房产公司	财务主管	fczg	审核凭证、机构财务业务分析
房产公司	预算专员	fcys	分公司年度月度预算编制和执行
房产公司	出纳	fccn	资金上划下拨申请、收款付款、生成收付款凭证
房产公司	会计	fckj	过账、费用报销、应收应付单制作、凭证制作
建材公司	财务主管	jczg	审核凭证、机构财务业务分析
建材公司	预算专员	jcys	分公司年度月度预算编制和执行
建材公司	出纳	jccn	资金上划下拨申请、收款付款、生成收付款凭证
建材公司	会计	jckj	过账、费用报销、应收应付单制作、凭证制作
五金公司	财务主管	wjzg	审核凭证、机构财务业务分析
五金公司	预算专员	wjys	分公司年度月度预算编制和执行
五金公司	出纳	wjcn	资金上划下拨申请、收款付款、生成收付款凭证
五金公司	会计	wjkj	过账、费用报销、应收应付单制作、凭证制作

第三节 | 实验项目安排

案例集团共四个会计主体,十六个财务岗位,由学生按照各自岗位要求进行实务操作。由于篇幅限制,书中列举了个别实务内容的详细操作指引。表9-2 和表9-3 字体加粗的题目,在本书各章节综合实验案例业务实操讲解中,可以找到具体操作指导。

表 9-2 实验业务内容明细表

序号	房产公司	建材公司
1	月初申请资金下拨	月初申请资金下拨
2	资金收款	资金收款
3	缴纳上年第四季度企业所得税	缴纳上年第四季度企业所得税
4	缴纳上月增值税	缴纳上月增值税
5	缴纳上月城建税和附加费	缴纳上月城建税和附加税
6	本月采购零星建材	本月采购建材
7	本月采购五金配件	销售零星建材给房产公司
8	项目开发业务处理	销售产品给蔡窗实业
9	项目开发业务处理	销售产品给徐门集团
10	结算销售面积	发上个月工资
11	收到租金	代缴上月个人所得税
12	发上个月工资	报销本月营销运杂费
13	代缴上月个人所得税	报销本月营销广告费
14	报销本月营销办公费	报销本月营销差旅费
15	报销本月营销广告费	报销本月营销业务招待费
16	报销本月营销差旅费	销售本月管理研发支出
17	支付原材料货款	支付货款
18	支付原材料货款	报销本月管理办公费
19	报销本月营销业务招待费	报销本月管理房租费
20	报销本月管理办公费	报销本月管理差旅费
21	报销本月管理中介费	报销本月中介费
22	报销本月管理差旅费	报销本月管理业务招待费
23	报销本月管理业务招待费	收到蔡窗实业结算的货款
24	收到购房客户结算的房款	收到徐门集团结算的货款
25	领用原材料	收到房产公司货款
26	结转产品销售成本	收到政府补助
27	计提本月工资	结转产品销售成本
28	计算本月应代扣代缴个人所得税	计提工资
29	计提本月折旧费	计算本月应代扣代缴个人所得税
30	结转增值税	计提本月折旧费
31	计提本月城建税及附加费	无形资产摊销
32	月末资金上划申请	结转增值税
33	资金上划付款	计提本月城建税及附加费
34	凭证过账、结转损益	月末资金上划申请
35	结转损益	资金上划付款
36	预算专员编辑收入预算报表	凭证过账、结转损益
37	预算专员编辑成本预算报表	结转损益
38	预算专员编辑费用预算报表	预算专员编辑收入预算报表
39	预算专员编辑资金预算报表	预算专员编辑成本预算报表
40	财务主管做本月财务分析报告	预算专员编辑费用预算报表
41		预算专员编辑资金预算报表
42		财务主管做本月财务分析报告

表 9-3 实训业务内容明细表

序号	五金公司	集团本部
1	月初申请资金下拨	资金下拨处理（房产）
2	资金收款	资金下拨处理（五金）
3	缴纳上年第四季度企业所得税	资金下拨处理（建材）
4	缴纳上月增值税	缴纳上年第四季度企业所得税
5	缴纳上月城建税和附加税	购买股票
6	本月采购原材料	发上月工资
7	原材料投入生产	代缴上月个人所得税
8	销售五金配件给房产公司	收到现金股利
9	销售产品给蔡窗实业	报销本月营销办公费
10	销售产品给徐门集团	报销本月营销差旅费
11	销售原材料给宏兴制造	报销本月营销业务招待费
12	发上月工资	报销本月管理办公费
13	代缴上月个人所得税	报销本月管理差旅费
14	支付本月发生的生产用水电费	报销本月管理业务招待费
15	报销本月营销运杂费	报销本月房租费
16	报销本月营销办公费	计提本月工资
17	报销本月营销广告费	计算本月应代扣代缴个人所得税
18	报销本月营销差旅费	计提本月折旧费
19	报销本月营销业务招待费	计提本月无形资产摊销
20	收到蔡窗实业结算的货款	资金上划（房产）
21	收到徐门集团结算的货款	资金上划（建材）
22	收到房产公司货款	资金上划（五金）
23	坏账处理	凭证过账、结转损益
24	收到罚款收入	结转损益
25	报销本月管理研发支出	预算专员编辑费用预算报表
26	报销本月管理办公费	预算专员编辑资金预算报表
27	报销本月管理房租费	财务总监做本月财务分析报告
28	报销本月管理差旅费	
29	报销本月管理业务招待费	
30	支付原材料货款	
31	结转产品销售成本	
32	计提本月工资	
33	计算本月应代扣代缴个人所得税	
34	结转原材料销售成本	
35	计提本月折旧费	
36	无形资产摊销	
37	结转本月制造费用	
38	产成品入库	
39	结转增值税	
40	计提本月城建税及附加费	
41	月末资金上划申请	
42	资金上划付款	

（续表）

序号	五金公司	集团本部
43	凭证过账、结转损益	
44	结转损益	
45	预算专员编辑收入预算报表	
46	预算专员编辑成本预算报表	
47	预算专员编辑费用预算报表	
48	预算专员编辑资金预算报表	
49	财务主管做本月财务分析报告	

第四节 | 实 验 案 例

一、房产公司实验案例详情

业务 1

月份： 1

项目简述： 月初申请资金下拨

题目涉及岗位： 房产公司-出纳

岗位： 房产公司-出纳

1月1日，房产公司计划开发新项目，申请土地使用权需要用到高额资金，房产公司付款账户无法支撑完成开发新项目的计划，月初房产出纳根据资金预算申请资金243 309 275.16元用于缴纳土地出让金、契税、交易费等，预计在1月8日下拨完成，请据此进行下拨申请并处理下拨申请业务。完成下拨申请业务后集团本部资金主管将进行下拨业务处理。

业务 2

月份： 1

项目简述： 资金收款

题目涉及岗位： 房产公司-出纳，房产公司-会计，房产公司-财务主管

岗位： 房产公司-出纳

1月8日，房产公司的房产出纳收到结算中心—集团本部下拨的资金243 309 275.16元，集团本部是使用网银支付此笔资金的，为方便房产公司总账会计生成收款单凭证需要将对方科目维护为结算中心存款，资金流量项目为内部单位转入的现金，将收款单修改后审核并完成收款业务处理，后续将由房产公司总账会计根据收款单登记账务。

岗位： 房产公司-会计

1月8日，房产公司的房产会计根据房产出纳处理完成的收款单生成收款凭证，检查会计分录的正确性后将凭证提交至财务主管审核。

岗位： 房产公司-财务主管

1月8日,经过查看房产会计生成的收款单凭证的正确性,房产公司的财务主管审核房产会计生成的收款凭证。

业务3

月份: 1

项目简述: 缴纳上年第四季度的企业所得税

题目涉及岗位: 房产公司-出纳,房产公司-会计,房产公司-财务主管

岗位: 房产公司-出纳

1月2日,房产公司的房产出纳缴纳上年第四季度的企业所得税 65 951 081.03 元,新增付款单,通过网银支付,收款人类型是其他,收款人名称为税局,对方科目为应交所得税,录入资金流量项目,提交审批并完成付款,成功付款后,告知房产出纳进行会计处理。

岗位: 房产公司-会计

1月2日,房产公司的房产出纳缴纳上年第四季度的企业所得税 65 951 081.03 元后,房产会计根据付款单生成付款凭证,确认分录、金额等信息无误后(如果生成的凭证信息有误,删除凭证并告知房产出纳核对付款单),提交凭证,并交由财务主管审批。

岗位: 房产公司-财务主管

1月2日,房产公司的房产会计提交缴纳企业所得税的凭证后,财务主管核对付款凭证的金额(65 951 081.03 元)和分录等信息无误后,审批通过(如果凭证信息有误,告知房产会计进行修改并重新提交凭证,凭证核查无误后再审批通过)。

业务4

月份: 1

项目简述: 缴纳上月增值税

题目涉及岗位: 房产公司-出纳,房产公司-会计,房产公司-财务主管

岗位: 房产公司-出纳

1月2日,房产公司的房产出纳缴纳上月增值税 100 354 258.10 元,新增付款单,通过网银支付,收款人类型是其他,收款人名称为税局,对方科目为未交增值税,录入资金流量项目,提交审批并完成付款,成功付款后,告知房产出纳进行会计处理。

岗位: 房产公司-会计

1月2日,房产公司的房产出纳缴纳上月增值税 100 354 258.10 元后,房产会计根据付款单生成付款凭证,确认分录、金额等信息无误后(如果生成的凭证信息有误,删除凭证并告知房产出纳核对付款单),提交凭证,并交由财务主管审批。

岗位: 房产公司-财务主管

1月2日,房产公司的房产会计提交缴纳增值税的凭证后,财务主管核对付款凭证的金额(100 354 258.10 元)、会计科目等无误后,审批通过(如果凭证信息有误,告知房产会计进行修改并重新提交凭证,凭证核查无误后再审批通过)。

业务5

月份: 1

项目简述: 缴纳上月城建税、教育费附加及地方教育费附加

题目涉及岗位: 房产公司-出纳,房产公司-会计,房产公司-财务主管

岗位：房产公司-出纳

1月2日，房产公司的房产出纳缴纳上月城建税 7 024 798.07 元、教育费附加3 010 627.74 元及地方教育费附加 2 007 085.16 元，新增付款单，通过网银支付，收款人类型是其他，收款人名称为税局，录入对应的对方科目及资金流量项目，提交审批并完成付款，成功付款后，告知房产出纳进行会计处理。

岗位：房产公司-会计

1月2日，房产公司的房产出纳缴纳上月城建税 7 024 798.07 元、教育费附加3 010 627.74 元及地方教育费附加 2 007 085.16 元后，房产会计根据付款单生成付款凭证，确认分录、金额等信息无误后（如果生成的凭证信息有误，删除凭证并告知房产出纳核对付款单），提交凭证，并交由财务主管审批。

岗位：房产公司-财务主管

1月2日，房产公司的房产会计提交缴纳城建税 7 024 798.07 元、教育费附加3 010 627.74 元及地方教育费附加 2 007 085.16 元的凭证后，财务主管核对付款凭证的金额、科目等无误后，审批通过（如果凭证信息有误，告知房产会计进行修改并重新提交凭证，凭证核查无误后再审批通过）。

业务 6

月份： 1

项目简述： 本月采购零星建材

题目涉及岗位： 房产公司-会计，房产公司-财务主管

岗位：房产公司-会计

房产公司根据第一季度的地产开发计划，需要提前购入一批零星建材，经批准，1 月 3 日，房产公司向供应商建材公司采购零星建材，原材料价税合计 15 409 875.00 元，税率为 9%，房产公司的房产会计新增应付凭证，摘要为采购原材料，提交应付凭证后，告知财务主管审批。

岗位：房产公司-财务主管

1月3日，房产公司的房产会计提交采购原材料(零星建材)15 409 875.00 元的凭证后，财务主管核对应付凭证，核对金额及科目等信息无误后，审批通过（如果凭证信息有误，告知房产会计进行修改并重新提交凭证，凭证核查无误后再审批通过）。

业务 7

月份： 1

项目简述： 本月采购五金配件

题目涉及岗位： 房产公司-会计，房产公司-财务主管

岗位：房产公司-会计

1月4日，房产公司库房被盗，经库管员盘点，原材料五金配件的库存数无法满足当月地产开发需求，当天紧急向供应商五金公司采购一批五金配件，原材料价税合计 37 360 840.00 元，税率为9%，房产公司的房产会计新增应付凭证，摘要为采购原材料，提交应付凭证后，告知财务主管审批。

岗位：房产公司-财务主管

1月4日，房产公司的房产会计提交采购五金配件 37 360 840.00 元的应付凭证后，财务主管核对该笔凭证，无误后，审批通过（如果凭证信息有误，告知房产会计进行修改并重新提交凭

证,凭证核查无误后再审批通过)。

业务 8

月份: 1

项目简述: 项目开发业务处理

题目涉及岗位: 房产公司-出纳,房产公司-会计,房产公司-财务主管

岗位: 房产公司-出纳

1月5日,房产公司接到锦绣花园项目的催款单,要求支付上月楼盘开发工地的照明款 3 200 000.00 元,经理批准后,房产出纳进行付款处理,网银支付照明工程款(属于基础设施费),收款人类型为房产项目,收款人为锦绣花园,录入对方科目及资金流量项目,提交审批并完成付款,付款成功后,告知房产会计进行会计处理。

岗位: 房产公司-会计

1月5日,房产公司的房产出纳支付 3 200 000.00 元的照明工程款后,房产会计根据付款单生成付款凭证,确认分录、金额等信息无误后(如果生成的凭证信息有误,删除凭证并告知房产出纳核对付款单),提交凭证,并交由财务主管审批。

岗位: 房产公司-财务主管

1月5日,房产公司的房产会计提交支付照明工程款 3 200 000.00 元的凭证后,财务主管核对凭证无误后,审批通过(如果凭证信息有误,告知房产会计进行修改并重新提交凭证,凭证核查无误后再审批通过)。

业务 9

月份: 1

项目简述: 项目开发业务处理

项目涉及岗位: 房产公司-出纳,房产公司-会计,房产公司-财务主管

岗位: 房产公司-出纳

按劳务服务合同规定,1月6日,房产公司需结清恒立花园项目的建筑安装工程费 2 000 000.00 元,如违约,将赔付三倍违约金。当天房产公司出纳根据合同要求进行付款处理,支付恒立花园建筑安装工程费,收款人类型为房产项目,收款人为恒立花园,录入对方科目及资金流量项目,提交审批并完成付款,付款成功后,告知房产会计进行会计处理。

岗位: 房产公司-会计

1月6日,房产公司的房产出纳支付建筑安装工程费 2 000 000.00 元后,房产会计根据付款单生成付款凭证,确认金额、科目等信息无误后(如果生成的凭证有误,删除凭证并告知房产出纳核对付款单),提交凭证,并交由财务主管审批。

岗位: 房产公司-财务主管

1月6日,房产公司的房产会计提交支付建筑安装工程费 2 000 000.00 元的凭证后,财务主管核对凭证金额、科目等信息无误后,审批通过(如果有误,告知房产会计修改并重新提交凭证,凭证核查无误后再审批通过)。

业务 10

月份: 1

项目简述: 结算销售面积

项目涉及岗位：房产公司-会计,房产公司-财务主管

岗位：房产公司-会计

1月7日,锦绣花园交付完毕,房产公司结算购房客户购买锦绣花园的金额,结算面积25 999平方米,含税价格为654 628 821.00元,税率为9%,房产公司的房产会计新增对应会计凭证,摘要为销售房产,并提交凭证,当天告知财务主管审批。

岗位：房产公司-财务主管

1月7日,房产公司的房产会计提交结算销售面积,金额为654 628 821.00元的凭证后,财务主管核对金额、科目等信息无误后,审批通过(如果凭证信息有误,告知房产会计修改并重新提交,核对无误后再审批通过)。

业务 11

月份： 1

项目简述： 收到租金

题目涉及岗位： 房产公司-出纳,房产公司-会计,房产公司-财务主管

岗位：房产公司-出纳

根据租赁合同规定,1月10日之前,华晨租赁公司必须付清欠房产公司的不含税租金500 000.00元,税率10%。1月10日当天,房产公司收到该笔租金,房产出纳进行收款处理,收款账户是"房产公司收款账户",结算方式为网银支付,付款人类型选择客户,付款人名称为华晨租赁公司。对方科目分别为其他业务收入和销项税额,资金流量项目都为销售商品、提供劳务收到的现金,提交收款单,并完成审批及收款,收款成功后,告知房产会计进行会计处理。

岗位：房产公司-会计

1月10日,房产公司的房产出纳收到租金收入550 000.00元并进行收款处理后,房产会计根据收款单生成收款凭证,确认金额、分录等信息无误后(如果生成的凭证信息有误,删除凭证后告知房产出纳核对收款单),提交凭证,并交由财务主管审核。

岗位：房产公司-财务主管

1月10日,房产公司的房产会计提交收到租金550 000.00元的凭证后,财务主管核对凭证的金额、科目等信息,核对无误后,审核通过(如果有误,告知财务会计修改并重新提交凭证,凭证信息无误后,再审核通过)。

业务 12

月份： 1

项目简述： 发上月工资

题目涉及岗位： 房产公司-出纳,房产公司-会计,房产公司-财务主管

岗位：房产公司-出纳

1月16日,房产公司的房产出纳支付上月工资968 939.45元,新增付款单,通过网银支付,收款人类型是其他,收款人名称为员工,对方科目为应交付职工薪酬,录入资金流量项目,提交审批,并完成付款。

岗位：房产公司-会计

1月16日,房产公司的房产出纳支付上月工资968 939.45元后,房产会计根据付款单生成付款凭证,确认金额、科目等信息无误后(如果生成的凭证有误,删除凭证后告知房产出纳核

对付款单),提交凭证,并交由财务主管审核。

岗位:房产公司-财务主管

1月16日,房产公司的房产会计提交支付上月工资968 939.45元的凭证后,财务主管核对付款凭证的金额、科目等信息,无误后,审核通过(如果凭证有误,告知房产会计修改并重新提交凭证,凭证无误后再审核通过)。

业务 13

月份:1

项目简述:缴纳上月个人所得税

题目涉及岗位:房产公司-出纳,房产公司-会计,房产公司-财务主管

岗位:房产公司-出纳

1月2日,房产公司的房产出纳缴纳上月应交个人所得税135 651.52元,新增付款单,通过网银支付,收款人类型是其他,收款人名称为税局,对方科目为应交个人所得税,录入资金流量项目,提交审批并完成付款,付款成功后,告知房产会计进行会计处理。

岗位:房产公司-会计

1月2日,房产公司的房产出纳支付上月个人所得税135 651.52元后,房产会计根据付款单生成付款凭证,确认金额、科目等信息无误后(如果凭证有误,删除凭证后告知房产出纳核对付款单),提交凭证,并交由财务主管审核。

岗位:房产公司-财务主管

1月2日,房产公司的房产会计提交支付上月个人所得税135 651.52元的凭证后,财务主管核对付款凭证的金额、科目等信息,无误后,审核通过(如果凭证有误,告知房产会计修改并重新提交,凭证无误后再审核通过)。

业务 14

月份:1

项目简述:报销本月营销办公费

题目涉及岗位:房产公司-预算专员,房产公司-出纳,房产公司-会计,房产公司-财务主管

岗位:房产公司-预算专员

1月30日,房产公司的房产预算专员汇总本月所有营销所支付的办公费,在月底进行统一报销,总报销金额为71 964.70元,经核查,均在预算范围内,房产预算专员提交费用报销单,打开消息中心,对提交的费用报销单通过工作流完成审批并填写费用报销单的原币核定金额为71 964.70元,审批并核定金额后,告知房产出纳进行付款处理。

岗位:房产公司-出纳

1月30日,本月营销办公费费用报销单审批通过后,房产公司的房产出纳根据办公费的费用报销单关联生成付款单,通过房产公司付款账户付款71 964.70元,录入销售费用办公费对应的对方科目,提交审批并完成付款,付款成功后,告知房产会计进行会计处理。

岗位:房产公司-会计

1月30日,房产公司的房产出纳支付本月营销办公费报销款71 964.70元后,房产会计根据付款单生成凭证,确认金额、科目等信息无误后(如果生成的凭证有误,告知房产出纳核对付

款单),提交凭证,并告知财务主管审核。

岗位:房产公司-财务主管

1月30日,房产公司的房产会计提交支付本月营销办公费71 964.70元的凭证后,财务主管核对付款凭证,核对金额、科目等信息无误后,审核通过(如果凭证有误,告知房产会计修改并重新提交,凭证无误后再审核通过)。

业务 15

月份:1

项目简述:报销本月营销广告费

题目涉及岗位:房产公司-预算专员,房产公司-出纳,房产公司-会计,房产公司-财务主管

岗位:房产公司-预算专员

1月份,房产公司两个新楼盘即将开售,为此陆续投入广告费进行宣传,月底,房产公司的房产预算专员汇总本月营销所支付的广告费,1月30日,房产预算专员进行报销,报销金额为647 937.80元,经核对在预算范围内,提交费用报销单,打开消息中心,对提交的费用报销单通过工作流完成审批并填写费用报销单的原币核定金额为647 937.80元,审批并核定金额后,告知房产出纳支付报销款。

岗位:房产公司-出纳

1月30日,本月营销广告费费用报销审批通过后,房产公司的房产出纳根据广告费的费用报销单生成付款单,通过房产公司付款账户付款647 937.80元,录入广告费对应的对方科目,提交审批并完成付款,付款成功后,告知房产会计进行会计处理。

岗位:房产公司-会计

1月30日,房产公司的房产出纳支付本月营销广告费647 937.80元后,房产会计根据付款单生成凭证,确认金额、科目等信息无误后(如果凭证有误,删除凭证后告知房产出纳核对付款单),提交凭证,并交由财务主管审核。

岗位:房产公司-财务主管

1月30日,房产公司的房产会计提交支付本月营销广告费647 937.80元的凭证后,财务主管核对付款凭证的金额、科目等信息无误后,审核通过(如果凭证有误,告知财务会计修改并重新提交,凭证无误后再审核通过)。

业务 16

月份:1

项目简述:报销本月营销差旅费

题目涉及岗位:房产公司-预算专员,房产公司-出纳,房产公司-会计,房产公司-财务主管

岗位:房产公司-预算专员

房产公司销售人员频繁出差,为避免重复性的工作降低经营成本,公司规定,当月发生的差旅费,均汇总至月底统一报销。1月30日,房产公司的房产预算专员汇总本月营销所支付的差旅费,并进行报销处理,报销总金额为13 015.37元,经核对,在预算范围内,提交费用报销单后,打开消息中心,对提交的费用报销单通过工作流完成审批并填写费用报销单的原币核定

金额为 13 015.37 元,审批并核定金额后,告知房产出纳支付本月营销差旅费报销款。

岗位:房产公司-出纳

1 月 30 日,本月营销差旅费报销审批通过后,房产公司的房产出纳根据差旅费的费用报销单关联生成付款单,通过房产公司付款账户付款 13 015.37 元,录入销售费用差旅费对应的对方科目,提交审批并完成付款,付款成功后,告知房产会计进行会计处理。

岗位:房产公司-会计

1 月 30 日,房产公司的房产出纳支付本月营销差旅费 13 015.37 元后,房产会计根据付款单生成凭证,确认金额、科目等信息无误后(如果生成的凭证有误,删除凭证后告知房产出纳核对付款单),提交凭证,并交由财务主管审核。

岗位:房产公司-财务主管

1 月 30 日,房产公司的房产会计提交支付本月营销差旅费 13 015.37 元的凭证后,财务主管核对付款凭证的金额、科目等信息,无误后,审核通过(如果凭证信息有误,告知财务会计修改并重新提交,凭证无误后再审核通过)。

业务 17

月份:1

项目简述:支付原材料货款

题目涉及岗位:房产公司-出纳,房产公司-会计,房产公司-财务主管

岗位:房产公司-出纳

1 月 4 日,房产公司的房产出纳支付货款 19 849 050.00 元给建材公司,新增付款单,录入对方科目及资金流量项目,提交审批并完成付款,付款成功后,告知房产会计进行会计处理。

岗位:房产公司-会计

1 月 4 日,房产公司的房产出纳支付货款 19 849 050.00 元给建材公司后,房产会计根据付款单生成付款凭证,确认金额、科目等信息无误后(如果生成的凭证有误,删除凭证后告知房产出纳核对付款单),提交凭证,并交由财务主管审核。

岗位:房产公司-财务主管

1 月 4 日,房产公司的房产会计提交支付货款 19 849 050.00 元给建材公司的凭证后,财务主管核对付款凭证的金额、科目等信息,无误后,审核通过(如果凭证有误,告知房产会计修改并重新提交,凭证无误后再审核通过)。

业务 18

月份:1

项目简述:支付原材料货款

题目涉及岗位:房产公司-出纳,房产公司-会计,房产公司-财务主管

岗位:房产公司-出纳

1 月 4 日,房产公司的房产出纳支付货款 20 051 460.00 元给五金公司,新增付款单,录入对方科目及资金流量项目,提交审批并完成付款,付款成功后,告知房产会计进行会计处理。

岗位:房产公司-会计

1 月 4 日,房产公司的房产出纳支付货款 20 051 460.00 元给五金公司后,房产会计根据付款单生成付款凭证,确认金额、科目等信息无误后(如果生成的凭证有误,删除凭证后告知房产

出纳核对付款单），提交凭证，并交由财务主管审核。

岗位：房产公司-财务主管

1月4日，房产公司的房产会计提交支付货款 20 051 460.00 元给五金公司的凭证后，财务主管核对付款凭证的金额、科目等信息，无误后，审核通过（如果凭证有误，告知房产会计修改并重新提交，凭证无误后再审核通过）。

业务 19

月份：1

项目简述：报销本月营销业务招待费

题目涉及岗位：房产公司-预算专员，房产公司-出纳，房产公司-会计，房产公司-财务主管

岗位：房产公司-预算专员

1月30日，房产公司的房产预算专员对本月营销所支付的业务招待费进行报销，报销金额为 32 319.25 元，经核对，在预算范围内，对费用报销单进行提交，通过工作流完成审核以及核算金额录入，审核并核定金额后，告知房产出纳支付本月营销业务招待费。

岗位：房产公司-出纳

1月30日，房产公司的房产预算专员报销本月营销业务招待费的申请通过后，房产出纳根据业务招待费的费用报销单生成付款单，通过房产公司付款账户付款 32 319.25 元，录入业务招待费对应的对方科目，提交审批并完成付款，付款成功后，告知房产会计进行会计处理。

岗位：房产公司-会计

1月30日，房产公司的房产出纳支付本月营销业务招待费 32 319.25 元后，房产会计根据付款单生成凭证，确认金额、科目等信息无误后（如果生成的凭证有误，删除凭证后告知房产出纳核对付款单），提交凭证，并交由财务主管审核。

岗位：房产公司-财务主管

1月30日，房产公司的房产会计提交支付本月营销业务招待费 32 319.25 元后，财务主管核对付款凭证的金额、科目等信息，无误后，审核通过（如果凭证有误，告知房产会计修改并重新提交，凭证无误后再审核通过）。

业务 20

月份：1

项目简述：报销本月管理办公费

题目涉及岗位：房产公司-预算专员，房产公司-出纳，房产公司-会计，房产公司-财务主管

岗位：房产公司-预算专员

1月30日，房产公司的房产预算专员对本月管理所支付的办公费进行报销，报销金额为 328 167.47 元，经核对，在预算范围内，对费用报销单进行提交，通过工作流完成审核以及核算金额录入，审核并核定金额后，告知房产出纳支付本月管理办公费。

岗位：房产公司-出纳

1月30日，房产公司的房产预算专员报销本月管理办公费的申请通过后，房产出纳根据办公费的费用报销单生成付款单，通过房产公司付款账户付款 328 167.47 元，录入办公费对应

的对方科目,提交审批并完成付款,付款成功后,告知房产会计进行会计处理。

岗位:房产公司-会计

1月30日,房产公司的房产出纳支付本月管理办公费328 167.47元后,房产会计根据付款单生成凭证,确认金额、科目等信息无误后(如果生成的凭证有误,删除凭证后告知房产出纳核对付款单),提交凭证,并交由财务主管审核。

岗位:房产公司-财务主管

1月30日,房产公司的房产会计提交支付本月管理办公费328 167.47元的凭证后,财务主管核对付款凭证的金额、科目等信息,无误后,审核通过(如果凭证有误,告知房产会计修改并重新提交,凭证无误后再审核通过)。

业务 21

月份: 1

项目简述: 报销本月管理中介费

题目涉及岗位: 房产公司-预算专员,房产公司-出纳,房产公司-会计,房产公司-财务主管

岗位:房产公司-预算专员

房产公司委托中介公司销售楼盘产生的中介费,统一在月底进行报销,1月30日,房产公司的房产预算专员对本月管理所支付的中介费进行报销,报销金额为327 085.31元,经核对在预算范围内,对费用报销单进行提交,通过工作流完成审核以及核算金额录入,审核并核定金额后,告知房产出纳支付本月管理中介费。

岗位:房产公司-出纳

1月30日,房产公司的房产预算专员报销本月管理中介费的申请通过后,房产出纳根据中介费的费用报销单生成付款单,通过房产公司付款账户付款327 085.31元,录入中介费对应的对方科目,提交审批并完成付款,付款成功后,告知房产会计进行会计处理。

岗位:房产公司-会计

1月30日,房产公司的房产出纳支付本月管理中介费327 085.31元后,房产会计根据付款单生成凭证,确认金额、科目等信息无误后(如果生成的凭证有误,删除凭证后告知房产出纳核对付款单),提交凭证,并交由财务主管审核。

岗位:房产公司-财务主管

1月30日,房产公司的房产会计提交支付本月管理中介费327 085.31元的凭证后,财务主管核对付款凭证的金额、科目等信息,无误后,审核通过(如果凭证有误,告知房产会计修改并重新提交,凭证无误后再审核通过)。

业务 22

月份: 1

项目简述: 报销本月管理差旅费

题目涉及岗位: 房产公司-预算专员,房产公司-出纳,房产公司-会计,房产公司-财务主管

岗位:房产公司-预算专员

1月30日,房产公司的房产预算专员对本月管理所支付的差旅费进行报销,报销金额为

142 916.20 元,经核对在预算范围内,对费用报销单进行提交,通过工作流完成审核以及核算金额录入,审核并核定金额后,告知房产出纳支付本月管理差旅费。

岗位:房产公司-出纳

1 月 30 日,房产公司的房产预算专员报销本月管理差旅费的申请通过后,房产出纳根据差旅费的费用报销单生成付款单,通过房产公司付款账户付款 142 916.20 元,录入差旅费对应的对方科目,提交审批并完成付款,付款成功后,告知房产会计进行会计处理。

岗位:房产公司-会计

1 月 30 日,房产公司的房产出纳支付本月管理差旅费 142 916.20 元后,房产会计根据付款单生成凭证,确认金额、科目等信息无误后(如果生成的凭证有误,删除凭证后告知房产出纳核对付款单),提交凭证,并交由财务主管审核。

岗位:房产公司-财务主管

1 月 30 日,房产公司的房产会计提交支付本月管理差旅费 142 916.20 元的凭证后,财务主管核对付款凭证的金额、科目等信息,无误后,审核通过(如果凭证有误,告知房产会计修改并重新提交,凭证无误后再审核通过)。

业务 23

月份:1

项目简述:报销本月管理业务招待费

题目涉及岗位:房产公司-预算专员,房产公司-出纳,房产公司-会计,房产公司-财务主管

岗位:房产公司-预算专员

1 月 30 日,房产公司的房产预算专员对本月管理所支付的业务招待费进行报销,报销金额为 308 350.48 元,经核对在预算范围内,对费用报销单进行提交,通过工作流完成审核以及核算金额录入,审核并核定金额后,告知房产出纳支付本月管理业务招待费。

岗位:房产公司-出纳

1 月 30 日,房产公司的房产预算专员报销本月管理业务招待费的申请通过后,房产出纳根据业务招待费的费用报销单生成付款单,通过房产公司付款账户付款 308 350.48 元,录入业务招待费对应的对方科目,提交审批并完成付款,付款成功后,告知房产会计进行会计处理。

岗位:房产公司-会计

1 月 30 日,房产公司的房产出纳支付本月管理业务招待费 308 350.48 元后,房产会计根据付款单生成凭证,确认金额、科目等信息无误后(如果生成的凭证有误,删除凭证后告知房产出纳核对付款单),提交凭证,并交由财务主管审核。

岗位:房产公司-财务主管

1 月 30 日,房产公司的房产会计提交支付本月管理业务招待费 308 350.48 元的凭证后,财务主管核对付款凭证的金额、科目等信息,无误后,审核通过(如果凭证有误,告知房产会计修改并重新提交,凭证无误后再审核通过)。

业务 24

月份:1

项目简述:收到购房客户结算的房款

题目涉及岗位：房产公司-出纳,房产公司-会计,房产公司-财务主管

岗位：房产公司-出纳

1月25日,房产公司的房产出纳收到购房客户结算的房款117 112 495.50元,收款账户是房产公司收款账户,结算方式为网银支付,录入对方科目和资金流量项目,客户是购房客户,提交收款单,并完成审核及收款,审核并收款后,告知房产会计进行会计处理。

岗位：房产公司-会计

1月25日,房产公司的房产出纳收到购房客户结算的房款117 112 495.50元后,房产会计根据收款单生成收款凭证,确认金额、科目等信息无误后(如果生成的凭证有误,删除凭证后告知房产出纳核对付款单),提交凭证,并交由财务主管审核。

岗位：房产公司-财务主管

1月25日,房产公司的房产会计提交收到购房客户结算的房款117 112 495.50元的凭证后,财务主管核对收款凭证的金额、科目等信息,无误后,审核通过(如果凭证有误,告知房产会计修改并重新提交,凭证无误后再审核通过)。

业务 25

月份：1

项目简述：领用原材料

题目涉及岗位：房产公司-会计,房产公司-财务主管

岗位：房产公司-会计

1月14日,恒立花园建安工程领用原材料合计金额54 327 460.00元,房产公司会计新增凭证,录入信息并提交凭证,交由财务主管审核。

岗位：房产公司-财务主管

1月14日,房产公司的房产会计提交恒立花园建安工程领用原材料54 327 460.00元的凭证后,财务主管核对凭证的金额、科目等信息,无误后,审核通过(如果凭证有误,告知房产会计修改并重新提交,凭证无误后再审核通过)。

业务 26

月份：1

项目简述：结转产品销售成本

题目涉及岗位：房产公司-会计,房产公司-财务主管

岗位：房产公司-会计

1月30日,房产公司根据销售情况结转产品销售成本,房产会计制作会计凭证,结转成本190 220 293.25元,摘要为结转成本,提交凭证。

岗位：房产公司-财务主管

1月30日,房产公司的财务主管审核结转成本的凭证。

业务 27

月份：1

项目简述：计提工资

题目涉及岗位：房产公司-会计,房产公司-财务主管

岗位：房产公司-会计

1月30日,房产公司的房产会计计提本月工资,销售人员工资合计 571 359.80 元,管理人员工资合计 132 869.24 元,房产会计新增凭证,摘要为计提工资,提交凭证,交由财务主管审核。

岗位:房产公司-财务主管

1月30日,房产公司的房产会计提交计提销售人员工资合计 571 359.80 元,管理人员工资合计 132 869.24 元的凭证后,财务主管核对凭证金额、科目等信息,无误后,审核通过(如果凭证有误,告知房产会计修改并重新提交,凭证无误后再审核通过)。

业务 28

月　份: 1

项目简述: 计算出本月应代扣代缴的个人所得税

题目涉及岗位: 房产公司-会计,房产公司-财务主管

岗位: 房产公司-会计

1月30日,房产公司的房产会计计算本月"应付职工薪酬"科目中应代扣代缴的个人所得税为 98 592.07 元,计入"应交税费—应交个人所得税"科目,新增会计凭证,摘要为计算个人所得税,提交凭证,并交由财务主管审核。

岗位: 房产公司-财务主管

1月30日,房产公司的房产会计提交本月应代扣代缴的个人所得税 98 592.07 元的凭证后,财务主管核对计提个人所得税凭证的金额、科目等信息,无误后,审核通过(如果凭证有误,告知房产会计修改并重新提交,凭证无误后再审核通过)。

业务 29

月　份: 1

项目简述: 计提本月折旧费用

题目涉及岗位: 房产公司-会计,房产公司-财务主管

岗位: 房产公司-会计

1月30日,房产公司的房产会计计提本月折旧,其中用于销售的资产折旧 65 323.25 元,用于管理的资产折旧 305 369.15 元,累计折旧房屋建筑物 137 156.18 元,专用设备 37 069.24 元,运输工具 111 207.72 元,其他设备 85 259.26 元,新增会计凭证,摘要为计提折旧,提交凭证,并交由财务主管审核。

岗位: 房产公司-财务主管

1月30日,房产公司的房产会计提交计提本月用于销售的资产折旧 65 323.25 元、用于管理的资产折旧 305 369.15 元、累计折旧房屋建筑物 137 156.18 元、专用设备 37 069.24 元、运输工具 111 207.72 元、其他设备 85 259.26 元的凭证后,财务主管核对计提折旧凭证的金额、科目等信息,无误后,审核通过(如果凭证有误,告知房产会计修改并重新提交,凭证无误后再提交)。

业务 30

月　份: 1

项目简述: 结转增值税

题目涉及岗位: 房产公司-会计,房产公司-财务主管

岗位: 房产公司-会计

1月31日,房产公司的房产会计结转本月增值税,其中销项税额54 101 921.00元,进项税额4 357 215.00元,新增会计凭证,摘要为结转增值税,并提交。

岗位:房产公司-财务主管

1月31日,房产公司的财务主管审核付款凭证。

业务 31

月份:1

项目简述:计提本月城建税、教育费附加及地方教育费附加

题目涉及岗位:房产公司-会计,房产公司-财务主管

岗位:房产公司-会计

1月31日,房产公司的房产会计计提本月城建税3 482 129.42元、教育费附加1 492 341.18元及地方教育费附加994 894.12元,新增凭证,摘要为计提其他税,并提交。

岗位:房产公司-财务主管

1月31日,房产公司的财务主管审核付款凭证。

业务 32

月份:1

项目简述:月末资金上划申请

题目涉及岗位:房产公司-出纳

岗位:房产公司-出纳

1月31日,房产公司的房产出纳根据当月收款,将资金由收款账户上划到母账户,申请资金上划,申请金额117 697 495.50元,新增上划申请单,并提交审批。

业务 33

月份:1

项目简述:资金上划付款

题目涉及岗位:房产公司-出纳,房产公司-会计,房产公司-财务主管

岗位:房产公司-出纳

1月31日,房产公司接收到了资金中心集团本部通过上划确认后发送的付款回单,房产出纳需要登记付款相关业务,采用结算方式为网银支付进行上划,付款单上的对方科目为结算中心存款,对方科目将作为付款单生成凭证的借方科目,资金流量项目为内部单位转出的现金,出纳将对付款单进行付款处理来完成付款登记,后期房产会计将会对付款单生成凭证。

岗位:房产公司-会计

1月31日,房产公司的房产会计将房产出纳处理完成的付款单生成付款凭证,检查会计分录无误后将凭证提交到财务主管进行审核。

岗位:房产公司-财务主管

1月31日,经过检查房产会计生成的凭证,业务登记准确,房产公司的财务主管审核这笔付款凭证。

业务 34

月份:1

项目简述:过账处理、结转损益

题目涉及岗位：*房产公司-会计*

岗位：*房产公司-会计*

每个月月底,会计需要将本月发生的所有业务进行期末处理,房产公司的房产会计需要将凭证全部进行过账后结转损益,结转损益后将生成一笔结转损益类科目余额至本年利润或利润分配科目的凭证,将凭证提交,后续将由财务主管进行凭证审核工作。

业务 35

月份：1

项目简述：结转损益

题目涉及岗位：*房产公司-财务主管,房产公司-会计*

岗位：*房产公司-财务主管*

1 月 31 日,房产公司的财务主管审核由房产会计进行结转损益后生成的凭证。

岗位：*房产公司-会计*

1 月 31 日,房产公司的会计将财务主管审核后的结转损益凭证进行过账处理。

业务 36

月份：1

项目简述：预算专员编辑收入预算报表

题目涉及岗位：*房产公司-预算专员,集团本部-预算主管*

岗位：*房产公司-预算专员*

每个月月底,预算专员会对下一个月的收入预算进行初步编制,在 1 月 31 日,房产公司的预算专员编辑下个月的收入预算表,根据附件提供的房产公司预算案例信息模拟编制收入预算后提交预算表到集团本部的预算主管进行审核。

岗位：*集团本部-预算主管*

1 月 31 日,集团本部的预算主管查看房产预算专员提交的收入预算表,对预算表数据进行综合平衡后予以通过预算并审核预算表。

业务 37

月份：1

项目简述：预算专员编辑成本预算报表

题目涉及岗位：*房产公司-预算专员,集团本部-预算主管*

岗位：*房产公司-预算专员*

根据集团全面预算管理制度,要求集团各下级公司细化月度预算,在 1 月 31 日,房产公司的预算专员根据业务发展需要编辑下个月的成本预算表,模拟数据参见房产公司预算案例文档,编制完成后提交预算表到集团本部预算主管进行审核。

岗位：*集团本部-预算主管*

集团本部的预算主管在 1 月 31 日收到房产预算专员提交的关于成本的预算表,通过与收入预算表的数据进行结合审查,符合公司的收入成本配比,予以审核预算表。

业务 38

月份：1

项目简述：预算专员编辑费用预算报表

题目涉及岗位：房产公司-预算专员,集团本部-预算主管

岗位：房产公司-预算专员

为遵循"有预算才开支、先预算后列支、预算额度内开支、无预算部列支"等原则,需要每个月根据业务情况预计下月费用发生情况,因此在1月31日,房产公司的预算专员需要编辑下个月的费用预算表,并将编制预算的结果交由集团本部预算主管审核。

岗位：集团本部-预算主管

1月31日,结合前期审核过的收入预算表,根据集团颁发的《全面预算管理制度》严格要求费用预算不能脱离收入预算,集团本部的预算主管审核房产预算专员提交的费用预算表。

业务39

月份：1

项目简述：预算专员编辑资金预算报表

题目涉及岗位：房产公司-预算专员,集团本部-预算主管

岗位：房产公司-预算专员

全面预算按照预算期间要求,除了需要编制三年规划预算、年度预算外,需要编制月度预算,因此在1月31日,房产公司的预算专员需要根据预估下月业务情况来编辑下个月的资金预算表,编制完成后将资金预算表提交给集团本部预算主管审核。

岗位：集团本部-预算主管

1月31日,集团本部的预算主管在收入预算前提下对房产预算专员提交的资金预算情况进行审核通过。

业务40

月份：1

项目简述：财务主管做本月财务分析报告

题目涉及岗位：房产公司-财务主管

岗位：房产公司-财务主管

1月31日,房产公司的财务主管做本月财务分析报告。

二、建材公司实验案例详情

业务1

月份：1

项目简述：月初申请资金下拨

题目涉及岗位：建材公司-出纳

岗位：建材公司-出纳

1月1日,建材公司为生产第一季度所需建筑材料,需要提前筹备资金来满足生产建筑材料所需支付的人工费用和材料费用,建材出纳根据资金统筹情况向资金中心申请下拨资金 133 611 270.63元,下拨到建材公司付款账户,预计在1月9日下拨完成,请据此进行下拨申请并处理下拨申请业务。完成下拨申请业务后集团本部资金主管将进行下拨业务处理。

业务 2

月份：1

项目简述：资金收款

题目涉及岗位：建材公司-出纳,建材公司-会计,建材公司-财务主管

岗位：建材公司-出纳

建材公司的建材出纳在 1 月 9 日收到集团本部下拨的资金 133 611 270.63 元,结算方式为网银支付,为生成收款单凭证需要填写对方科目为结算中心存款,此科目将作为收款单的贷方科目,资金流量项目为内部单位转入的现金,请将收款单修改后审核并完成收款,后续建材公司总账会计将根据收款单生成凭证。

岗位：建材公司-会计

建材公司的建材会计在 1 月 9 日将根据建材出纳处理完成的收款单生成收款凭证,查看会计分录无误后将凭证交由财务主管审核。

岗位：建材公司-财务主管

1 月 9 日,经过查看建材会计生成的收款单凭证的正确性,建材公司的财务主管审核收款凭证。

业务 3

月份：1

项目简述：缴纳上年第四季度的企业所得税

题目涉及岗位：建材公司-出纳,建材公司-会计,建材公司-财务主管

岗位：建材公司-出纳

1 月 2 日,建材公司的建材出纳缴纳上年第四季度的企业所得税 57 392 953.00 元,新增付款单,通过网银支付,收款人类型是"其他",收款人名称为"税局",对方科目为"应交所得税",录入资金流量项目,提交审批并完成付款,付款成功后,告知建材会计进行会计处理。

岗位：建材公司-会计

1 月 2 日,建材公司的建材出纳支付上年第四季度的企业所得税 57 392 953.00 元后,建材会计根据付款单生成付款凭证,确认金额、科目等信息无误后(如果凭证有误,删除凭证后告知建材出纳核对付款单),提交凭证,并交由财务主管审核。

岗位：建材公司-财务主管

1 月 2 日,建材公司的建材会计提交支付上年第四季度的企业所得税 57 392 953.00 元的凭证后,财务主管核对付款凭证的金额、科目等信息,无误后,审核通过(如果凭证有误,告知建材会计修改并重新提交,凭证无误后再审核通过)。

业务 4

月份：1

项目简述：缴纳上月增值税

题目涉及岗位：建材公司-出纳,建材公司-会计,建材公司-财务主管

岗位：建材公司-出纳

1 月 2 日,建材公司的建材出纳缴纳上月增值税 2 012 789.80 元,新增付款单,通过网银支付,收款人类型是"其他",收款人名称为"税局",对方科目为"未交增值税",录入资金流量项

目,提交审批并完成付款,付款成功后,告知建材会计进行会计处理。

岗位:建材公司-会计

1月2日,建材公司的建材出纳支付上月增值税2 012 789.80元后,建材会计根据付款单生成付款凭证,确认金额、科目等信息无误后(如果凭证有误,删除凭证后告知建材出纳核对付款单),提交凭证,并交由财务主管审核。

岗位:建材公司-财务主管

1月2日,建材公司的建材会计提交支付上月增值税2 012 789.80元的凭证后,财务主管核对付款凭证的金额、科目等信息,无误后,审核通过(如果凭证有误,告知建材会计修改并重新提交,凭证无误后再审核通过)。

业务5

月份:1

项目简述:缴纳上月城建税、教育费附加及地方教育费附加

题目涉及岗位:建材公司-出纳,建材公司-会计,建材公司-财务主管

岗位:建材公司-出纳

1月2日,建材公司的建材出纳缴纳上月城建税140 895.29元、教育费附加60 383.69元及地方教育费附加40 255.80元,新增付款单,通过网银支付,收款人类型是"其他",收款人名称为"税局",录入对应的对方科目及资金流量项目,提交审批并完成付款,付款成功后,告知建材会计进行会计处理。

岗位:建材公司-会计

1月2日,建材公司的建材出纳支付上月城建税140 895.29元、教育费附加60 383.69元及地方教育费附加40 255.80元后,建材会计根据付款单生成付款凭证,确认金额、科目等信息无误后(如果凭证有误,删除凭证后告知建材出纳核对付款单),提交凭证,并交由财务主管审核。

岗位:建材公司-财务主管

1月2日,建材公司的建材会计提交支付上月城建税140 895.29元、教育费附加60 383.69元及地方教育费附加40 255.80元的凭证后,财务主管核对付款凭证的金额、科目等信息,无误后,审核通过(如果凭证有误,告知建材会计修改并重新提交,凭证无误后再审核通过)。

业务6

月份:1

项目简述:本月采购建材

题目涉及岗位:建材公司-会计,建材公司-财务主管

岗位:建材公司-会计

根据上月销售情况,建材公司将在本月底向房产公司交付一批建材,1月3日,建材公司向供应商旭日建材采购该批建材,其中库存商品-石膏板44 384 000.00元,库存商品-龙骨4 256 000.00,库存商品-零星建材12 160 000.00元,税额7 904 000.00元,价税合计68 704 000.00元,税率为13%,建材公司的建材会计新增应付凭证,摘要为采购原材料,提交凭证后,交由财务主管审核。

岗位:建材公司-财务主管

1月3日,建材公司的建材会计提交采购建材68 704 000.00元的凭证后,财务主管核对应付凭证的金额、科目等信息,无误后,审核通过(如果凭证信息有误,告知建材会计修改并重新

提交,凭证无误后再审核通过)。

业务 7

月份: 1

项目简述: 销售零星建材给房产公司

题目涉及岗位: 建材公司-会计,建材公司-财务主管

岗位: 建材公司-会计

当月,房产公司欲开发锦绣花园二期,欲向建材公司采购一批零星建材。经商定,1月5日,建材公司向房地产公司销售零星建材43 500平方米,价税合计 15 975 375.00 元,税率为13%,建材公司的建材会计新增对应会计凭证,摘要为销售零星建材,提交凭证后,交由财务主管审核。

岗位: 建材公司-财务主管

1月5日,建材公司的建材会计提交销售零星建材 15 975 375.00 元的凭证后,财务主管核对销售凭证的金额、科目等信息,无误后,审核通过(如果凭证信息有误,告知建材会计修改并重新提交,凭证无误后再审核通过)。

业务 8

月份: 1

项目简述: 销售产品给蔡窗实业

题目涉及岗位: 建材公司-会计,建材公司-财务主管

岗位: 建材公司-会计

1月6日,建材公司向蔡窗实业销售石膏板 1 685 000 平方米,价税合计 57 121 500.00 元,税率为13%,建材公司的建材会计新增对应会计凭证,摘要为销售石板膏,提交凭证后,交由财务主管审核。

岗位: 建材公司-财务主管

1月6日,建材公司的建材会计提交销售石膏板 57 121 500.00 元的凭证后,财务主管核对销售凭证的金额、科目等信息,无误后,审核通过(如果凭证有误,告知建材会计修改并重新提交,凭证无误后再审核通过)。

业务 9

月份: 1

项目简述: 销售产品给徐门集团

题目涉及岗位: 建材公司-会计,建材公司-财务主管

岗位: 建材公司-会计

1月7日,建材公司向徐门集团销售龙骨163 200平方米,价税合计 5 163 648.00 元,税率为13%,建材公司的建材会计新增对应会计凭证,摘要为销售龙骨,提交凭证后,交由财务主管审核。

岗位: 建材公司-财务主管

1月7日,建材公司的建材会计提交销售龙骨 5 163 648.00 元的凭证后,财务主管核对销售凭证的金额、科目等信息,无误后,审核通过(如果凭证有误,告知建材会计修改并重新提交,凭证无误后再审核通过)。

业务 10

月份：1

项目简述：发上月工资

题目涉及岗位：建材公司-出纳,建材公司-会计,建材公司-财务主管

岗位：建材公司-出纳

1月16日,建材公司的建材出纳支付上月工资 460 383.50 元,新增付款单,通过网银支付,收款人类型是其他,收款人名称为员工,对方科目为应付职工薪酬,录入资金流量项目,提交审批并完成付款,付款成功后,告知建材会计进行会计处理。

岗位：建材公司-会计

1月16日,建材公司的建材出纳支付上月工资 460 383.50 元后,建材会计根据付款单生成付款凭证,确认金额、科目等信息无误后(如果生成的凭证有误,删除凭证后告知建材出纳核对付款单),提交凭证,并交由财务主管审核。

岗位：建材公司-财务主管

1月16日,建材公司的建材会计提交支付上月工资 460 383.50 元的凭证后,财务主管核对付款凭证的金额、科目等信息,无误后,审核通过(如果凭证有误,告知建材会计修改并重新提交,凭证无误后再审核通过)。

业务 11

月份：1

项目简述：代缴上月员工个人所得税

题目涉及岗位：建材公司-出纳,建材公司-会计,建材公司-财务主管

岗位：建材公司-出纳

1月1日,根据税法规定,建材公司的建材出纳代缴上月员工个人所得税 64 453.70 元,新增付款单,通过网银支付,收款人类型是"其他",收款人名称为"税局",对方科目为"应交个人所得税",录入资金流量项目,提交审批并完成付款,付款成功后,告知建材会计进行会计处理。

岗位：建材公司-会计

1月1日,建材公司的建材出纳支付代缴上月员工个人所得税 64 453.70 元后,建材会计根据付款单生成付款凭证,确认金额、科目等信息无误后(如果生成的凭证有误,删除凭证后告知建材出纳核对付款单),提交凭证,并交由财务主管审核。

岗位：建材公司-财务主管

1月1日,建材公司的建材会计提交代缴上月员工个人所得税 64 453.70 元的凭证后,财务主管核对付款凭证的金额、科目等信息,无误后,审核通过(如果凭证有误,告知建材会计修改并重新提交,凭证无误后再审核通过)。

业务 12

月份：1

项目简述：报销本月营销运杂费

题目涉及岗位：建材公司-预算专员,建材公司-出纳,建材公司-会计,建材公司-财务主管

岗位：建材公司-预算专员

1月30日,建材公司的建材预算专员对本月营销所支付的运杂费进行汇总统一报销,报销金额为72 539.71元,经核对,在预算范围内,提交费用报销单后,打开消息中心,对提交的费用报销单通过工作流完成审批并填写费用报销单的原币核定金额为72 539.71元,审批并核定金额完毕后,告知建材出纳支付本月营销运杂费。

岗位:建材公司-出纳

1月30日,建材公司的建材预算专员报销本月营销运杂费申请通过后,建材出纳根据运杂费的费用报销单生成付款单,通过建材公司付款账户付款72 539.71元,录入销售费用运杂费对应的对方科目,提交审批并完成付款,付款成功后,告知建材会计进行会计处理。

岗位:建材公司-会计

1月30日,建材公司的建材出纳支付本月营销运杂费72 539.71元后,建材会计根据付款单生成凭证,确认金额、科目等信息无误后(如果凭证信息有误,删除凭证后告知建材出纳核对付款单),提交凭证,并交由财务主管审核。

岗位:建材公司-财务主管

1月30日,建材公司的建材会计提交支付本月营销运杂费72 539.71元的凭证后,财务主管核对付款凭证的金额、科目等信息,无误后,审核通过(如果凭证信息有误,告知建材会计修改并重新提交,凭证无误后再审核通过)。

业务13

月份:1

项目简述:报销本月营销广告费

题目涉及岗位:建材公司-预算专员,建材公司-出纳,建材公司-会计,建材公司-财务主管

岗位:建材公司-预算专员

当月,建材公司为推广新产品,拍摄宣传广告,1月30日,建材公司的建材预算专员对本月营销所支付的广告费进行报销,报销金额为69 952.27元,经核对,在预算范围内,提交费用报销单后,打开消息中心,对提交的费用报销单通过工作流完成审批并填写费用报销单的原币核定金额为69 952.27元,审核并核定金额后,告知建材出纳支付本月营销广告费。

岗位:建材公司-出纳

1月30日,建材公司的建材预算专员报销本月营销广告费的申请通过后,建材出纳根据广告费的费用报销单生成付款单,通过建材公司付款账户付款69 952.27元,录入广告费对应的对方科目,提交审批并完成付款,付款成功后,告知建材会计进行会计处理。

岗位:建材公司-会计

1月30日,建材公司的建材出纳支付本月营销广告费69 952.27元后,建材会计根据付款单生成凭证,确认金额、科目等信息无误后(如果生成的凭证有误,删除凭证后告知建材出纳核对付款单),提交凭证,并交由财务主管审核。

岗位:建材公司-财务主管

1月30日,建材公司的建材会计提交支付本月营销广告费69 952.27元的凭证后,财务主管核对付款凭证的金额、科目等信息,无误后,审核通过(如果凭证信息有误,告知建材会计修改并重新提交,凭证无误后再审核通过)。

业务 14

月份：1

项目简述：报销本月营销差旅费

题目涉及岗位：建材公司-预算专员,建材公司-出纳,建材公司-会计,建材公司-财务主管

岗位：建材公司-预算专员

1 月 30 日,建材公司的建材预算专员对本月营销所支付的差旅费进行报销,报销金额为 24 570.28 元,经核对,在预算范围内,提交费用报销单后,打开消息中心,对提交的费用报销单通过工作流完成审批并填写费用报销单的原币核定金额为 24 570.28 元,审批并核定金额后,告知建材出纳支付本月营销差旅费。

岗位：建材公司-出纳

1 月 30 日,建材公司的建材预算专员报销本月营销差旅费申请通过后,建材出纳根据差旅费的费用报销单生成付款单,通过建材公司付款账户付款 24 570.28 元,录入差旅费对应的对方科目,提交审批并完成付款,付款成功后,告知建材会计进行会计处理。

岗位：建材公司-会计

1 月 30 日,建材公司的建材出纳支付本月营销差旅费 24 570.28 元后,建材会计根据付款单生成凭证,确认金额、科目等信息无误后(如果生成的凭证有误,删除凭证后告知建材出纳核对付款单),提交凭证,并交由财务主管审核。

岗位：建材公司-财务主管

1 月 30 日,建材公司的建材会计提交支付本月营销差旅费 24 570.28 元的凭证后,财务主管核对付款凭证的金额、科目等信息,无误后,审核通过(如果凭证信息有误,告知建材会计修改并重新提交,凭证无误后再审核通过)。

业务 15

月份：1

项目简述：报销本月营销业务招待费

题目涉及岗位：建材公司-预算专员,建材公司-出纳,建材公司-会计,建材公司-财务主管

岗位：建材公司-预算专员

1 月 30 日,建材公司的建材预算专员对本月营销所支付的业务招待费汇总,进行统一报销,报销金额为 10 020.89 元,经核对,在预算范围内,提交费用报销单后,打开消息中心,对提交的费用报销单通过工作流完成审批并填写费用报销单的原币核定金额为 10 020.89 元,审批并核定金额后,告知建材出纳支付本月营销业务招待费。

岗位：建材公司-出纳

1 月 30 日,建材公司的建材预算专员报销本月营销业务招待费申请通过后,建材出纳根据业务招待费的费用报销单生成付款单,通过建材公司付款账户付款 10 020.89 元,录入业务招待费对应的对方科目,提交审批,并完成付款,付款成功后,告知建材会计进行会计处理。

岗位：建材公司-会计

1 月 30 日,建材公司的建材出纳支付本月营销业务招待费 10 020.89 元后,建材会计根据

付款单生成凭证,确认金额、科目等信息无误后(如果生成的凭证有误,删除凭证后告知建材出纳核对付款单),提交凭证,并交由财务主管审核。

岗位:建材公司-财务主管

1月30日,建材公司的建材会计提交支付本月营销业务招待费10 020.89元的凭证后,财务主管核对付款凭证的金额、科目等信息,无误后,审核通过(如果凭证信息有误,告知建材会计修改并重新提交,凭证无误后再审核通过)。

业务 16

月份:1

项目简述:报销本月管理研发支出

题目涉及岗位:建材公司-预算专员,建材公司-出纳,建材公司-会计,建材公司-财务主管

岗位:建材公司-预算专员

建材市场的产品同质化愈发严重,建材公司采购的建材销量大不如前,为解决这一问题,建材公司决定自行研发更符合房地产行业的新型建筑材料,并聘请研发人员,对研发人员当月的加班费、交通补贴等记录汇总,月底统一报销。1月30日,建材公司的建材预算专员对本月管理所支付的研发支出进行报销,报销金额为78 200.86元,经核对,在预算范围内,对费用报销单进行提交,打开消息中心,对提交的费用报销单通过工作流完成审批并填写费用报销单的原币核定金额为78 200.86元,审批并核定金额后,告知建材出纳支付本月管理研发支出款。

岗位:建材公司-出纳

1月30日,建材公司的建材预算专员报销本月管理研发支出的申请通过后,建材出纳根据研发支出的费用报销单生成付款单,通过建材公司付款账户付款78 200.86元,录入研发支出对应的对方科目,提交审批并完成付款,付款成功后,告知建材会计进行会计处理。

岗位:建材公司-会计

1月30日,建材公司的建材出纳支付本月管理研发支出款78 200.86元后,建材会计根据付款单生成凭证,确认金额、科目等信息无误后(如果生成的凭证有误,删除凭证后告知建材出纳核对付款单),提交凭证,并交由财务主管审核。

岗位:建材公司-财务主管

1月30日,建材公司的建材会计提交支付本月管理研发支出款78 200.86元的凭证后,财务主管核对付款凭证的金额、科目等信息,无误后,审核通过(如果凭证信息有误,告知建材会计修改并重新提交,凭证无误后再审核通过)。

业务 17

月份:1

项目简述:支付货款

题目涉及岗位:建材公司-出纳,建材公司-会计,建材公司-财务主管

岗位:建材公司-出纳

1月30日,建材公司的建材出纳计划支付剩余货款71 136 000.00元,符合预算,新增付款单,通过网银支付,付款人类型是"供应商",收款人为"旭日建材",录入对方科目及资金流量项

目为"购买商品、接受劳务支付的现金",提交审批并完成付款,付款成功后,告知建材会计进行会计处理。

岗位:建材公司-会计

1月30日,建材公司的建材出纳支付旭日建材的剩余货款 71 136 000.00 元后,建材会计根据付款单生成付款凭证,确认金额、科目等信息无误后(如果生成的凭证有误,删除凭证后告知建材出纳核对付款单),提交凭证,并交由财务主管审核。

岗位:建材公司-财务主管

1月30日,建材公司的建材会计提交支付旭日建材的剩余货款 71 136 000.00 元的凭证后,财务主管核对付款凭证的金额、科目等信息,无误后,审核通过(如果凭证有误,告知建材会计修改并重新提交,凭证无误后再审核通过)。

业务 18

月份:1

项目简述:报销本月管理办公费

题目涉及岗位:建材公司-预算专员,建材公司-出纳,建材公司-会计,建材公司-财务主管

岗位:建材公司-预算专员

1月30日,建材公司的建材预算专员对本月管理所支付的办公费进行报销,报销金额为 113 821.37 元,经核对,在预算范围内,对费用报销单进行提交,通过工作流完成审核以及核算金额录入,审核并核定金额后,告知建材出纳支付本月管理办公费。

岗位:建材公司-出纳

1月30日,建材公司的建材预算专员报销本月管理办公费的申请通过后,建材出纳根据办公费的费用报销单生成付款单,通过建材公司付款账户付款 113 821.37 元,录入办公费对应的对方科目,提交审批并完成付款,付款成功后,告知建材会计进行会计处理。

岗位:建材公司-会计

1月30日,建材公司的建材出纳支付本月管理办公费 113 821.37 元后,建材会计根据付款单生成凭证,确认金额、科目等信息无误后(如果生成的凭证有误,删除凭证后告知建材出纳核对付款单),提交凭证,并交由财务主管审核。

岗位:建材公司-财务主管

1月30日,建材公司的建材会计提交支付本月管理办公费 113 821.37 元的凭证后,财务主管核对付款凭证的金额、科目等信息,无误后,审核通过(如果凭证有误,告知建材会计修改并重新提交,凭证无误后再审核通过)。

业务 19

月份:1

项目简述:报销本月管理房租费

题目涉及岗位:建材公司-预算专员,建材公司-出纳,建材公司-会计,建材公司-财务主管

岗位:建材公司-预算专员

1月30日,建材公司的建材预算专员对本月管理所支付的房租费进行报销,报销金额为

69 356.96 元,经核对,在预算范围内,对费用报销单进行提交,通过工作流完成审核以及核算金额录入,审核并核定金额后,告知建材出纳支付本月管理房租费。

岗位: 建材公司-出纳

1 月 30 日,建材公司的建材预算专员报销本月管理房租费的申请通过后,建材出纳根据房租费的费用报销单生成付款单,通过建材公司付款账户付款 69 356.96 元,录入房租费对应的对方科目,提交审批并完成付款,付款成功后,告知建材会计进行会计处理。

岗位: 建材公司-会计

1 月 30 日,建材公司的建材出纳支付本月管理房租费 69 356.96 元后,建材会计根据付款单生成凭证,确认金额、科目等信息无误后(如果生成的凭证有误,删除凭证后告知建材出纳核对付款单),提交凭证,并交由财务主管审核。

岗位: 建材公司-财务主管

1 月 30 日,建材公司的建材会计提交支付本月管理房租费 69 356.96 元的凭证后,财务主管核对付款凭证的金额、科目等信息,无误后,审核通过(如果凭证有误,告知建材会计修改并重新提交,凭证无误后再审核通过)。

业务 20

月份: 1

项目简述: 报销本月管理差旅费

题目涉及岗位: 建材公司-预算专员,建材公司-出纳,建材公司-会计,建材公司-财务主管

岗位: 建材公司-预算专员

1 月 30 日,建材公司的建材预算专员对本月管理所支付的差旅费进行报销,报销金额为 47 646.04 元,经核对,在预算范围内,对费用报销单进行提交,通过工作流完成审核以及核算金额录入,审核并核定金额后,告知建材出纳支付本月管理差旅费。

岗位: 建材公司-出纳

1 月 30 日,建材公司的建材预算专员报销本月管理差旅费的申请通过后,建材出纳根据差旅费的费用报销单生成付款单,通过建材公司付款账户付款 47 646.04 元,录入差旅费对应的对方科目,提交审批并完成付款,付款成功后,告知建材会计进行会计处理。

岗位: 建材公司-会计

1 月 30 日,建材公司的建材出纳支付本月管理差旅费 47 646.04 元后,建材会计根据付款单生成凭证,确认金额、科目等信息无误后(如果生成的凭证有误,删除凭证后告知建材出纳核对付款单),提交凭证,并交由财务主管审核。

岗位: 建材公司-财务主管

1 月 30 日,建材公司的建材会计提交支付本月管理差旅费 47 646.04 元的凭证后,财务主管核对付款凭证的金额、科目等信息,无误后,审核通过(如果凭证有误,告知建材会计修改并重新提交,凭证无误后再审核通过)。

业务 21

月份: 1

项目简述: 报销本月中介费

题目涉及岗位：建材公司-预算专员,建材公司-出纳,建材公司-会计,建材公司-财务主管

岗位：建材公司-预算专员

1月30日,建材公司的建材预算专员对本月管理所支付的中介费进行报销,报销金额为75 872.36元,经核对,在预算范围内,对费用报销单进行提交,通过工作流完成审核以及核算金额录入,审核并核定金额后,告知建材出纳支付本月中介费。

岗位：建材公司-出纳

1月30日,建材公司的建材预算专员报销本月中介费的申请通过后,建材出纳根据中介费的费用报销单生成付款单,通过建材公司付款账户付款75 872.36元,录入中介费对应的对方科目,提交审批并完成付款,付款成功后,告知建材会计进行会计处理。

岗位：建材公司-会计

1月30日,建材公司的建材出纳支付本月中介费75 872.36元后,建材会计根据付款单生成凭证,确认金额、科目等信息无误后(如果生成的凭证有误,删除凭证后告知建材出纳核对付款单),提交凭证,并交由财务主管审核。

岗位：建材公司-财务主管

1月30日,建材公司的建材会计提交支付本月中介费75 872.36元的凭证后,财务主管核对付款凭证的金额、科目等信息,无误后,审核通过(如果凭证有误,告知建材会计修改并重新提交,凭证无误后再审核通过)。

业务 22

月份：1

项目简述：报销本月管理业务招待费

题目涉及岗位：建材公司-预算专员,建材公司-出纳,建材公司-会计,建材公司-财务主管

岗位：建材公司-预算专员

1月30日,建材公司的建材预算专员对本月管理所支付的业务招待费进行报销,报销金额为38 729.07元,经核对,在预算范围内,对费用报销单进行提交,通过工作流完成审核以及核算金额录入,审核并核定金额后,告知建材出纳支付本月管理业务招待费。

岗位：建材公司-出纳

1月30日,建材公司的建材预算专员报销本月管理业务招待费的申请通过后,建材出纳根据业务招待费的费用报销单生成付款单,通过建材公司付款账户付款38 729.07元,录入业务招待费对应的对方科目,提交审批并完成付款,付款成功后,告知建材会计进行会计处理。

岗位：建材公司-会计

1月30日,建材公司的建材出纳支付本月管理业务招待费38 729.07元后,建材会计根据付款单生成凭证,确认金额、科目等信息无误后(如果生成的凭证有误,删除凭证后告知建材出纳核对付款单),提交凭证,并交由财务主管审核。

岗位：建材公司-财务主管

1月30日,建材公司的建材会计提交支付本月管理业务招待费38 729.07元的凭证后,财

务主管核对付款凭证的金额、科目等信息,无误后,审核通过(如果凭证有误,告知建材会计修改并重新提交,凭证无误后再审核通过)。

业务 23

月份: 1

项目简述: 收到蔡窗实业结算的货款

题目涉及岗位: 建材公司-出纳,建材公司-会计,建材公司-财务主管

岗位: 建材公司-出纳

1月21日,建材公司的建材出纳收到蔡窗实业结算的货款70 972 200.00元,收款账户是建材公司收款账户,结算方式为网银支付,录入对方科目和资金流量项目,提交收款单并完成审核及收款,收款成功后,告知建材会计进行会计处理。

岗位: 建材公司-会计

1月21日,建材公司的建材出纳收到蔡窗实业结算的货款70 972 200.00元后,建材会计根据收款单生成收款凭证,确认金额、科目等信息无误后(如果生成的凭证有误,删除凭证后告知建材出纳核对收款单),提交凭证,并交由财务主管审核。

岗位: 建材公司-财务主管

1月21日,建材公司的建材会计提交蔡窗实业结算的货款70 972 200.00元的凭证后,财务主管核对收款凭证的金额、科目等信息,无误后,审核通过(如果凭证有误,告知建材会计修改并重新提交,凭证无误后再审核通过)。

业务 24

月份: 1

项目简述: 收到徐门集团结算的货款

题目涉及岗位: 建材公司-出纳,建材公司-会计,建材公司-财务主管

岗位: 建材公司-出纳

1月22日,建材公司的建材出纳收到徐门集团结算的货款6 415 718.40元,收款账户是建材公司收款账户,结算方式为网银支付,录入对方科目和资金流量项目,提交收款单并完成审核及收款,收款成功后,告知建材会计进行会计处理。

岗位: 建材公司-会计

1月22日,建材公司的建材出纳收到徐门集团结算的货款6 415 718.40元后,建材会计根据收款单生成收款凭证,确认金额、科目等信息无误后(如果生成的凭证有误,删除凭证后告知建材出纳核对收款单),提交凭证,并交由财务主管审核。

岗位: 建材公司-财务主管

1月22日,建材公司的建材会计提交收到徐门集团结算的货款6 415 718.40元的凭证后,财务主管核对收款凭证的金额、科目等信息,无误后,审核通过(如果凭证有误,告知建材会计修改并重新提交,凭证无误后再审核通过)。

业务 25

月份: 1

项目简述: 收到房产公司货款

题目涉及岗位: 建材公司-出纳,建材公司-会计,建材公司-财务主管

岗位：建材公司-出纳

1月23日，建材公司的建材出纳收到房产公司结算的货款19 849 050.00元，收款账户是建材公司收款账户，结算方式为网银支付，录入对方科目和资金流量项目，提交收款单并完成审核及收款，收款成功后，告知建材会计进行会计处理。

岗位：建材公司-会计

1月23日，建材公司的建材出纳收到房产公司结算的货款19 849 050.00元后，建材会计根据收款单生成收款凭证，确认金额、科目等信息无误后（如果生成的凭证有误，删除凭证后告知建材出纳核对收款单），提交凭证，并交由财务主管审核通过。

岗位：建材公司-财务主管

1月23日，建材公司的建材会计提交收到房产公司结算的货款19 849 050.00元的凭证后，财务主管核对收款凭证的金额、科目等信息，无误后，审核通过（如果凭证有误，告知建材会计修改并重新提交，凭证无误后再审核通过）。

业务 26

月份：1

项目简述：收到政府补助

题目涉及岗位：建材公司-出纳，建材公司-会计，建材公司-财务主管

岗位：建材公司-出纳

1月25日，根据当地政策，建材公司收到政府扶持补助10 000.00元，记为营业外收入，新增收款单，收款账户是建材公司收款账户，结算方式为"网银支付"，付款人类型为"其他"，付款人名称为"政府"。录入对方科目和资金流量项目，提交收款单并完成审核及收款，收款成功后，告知建材会计进行会计处理。

岗位：建材公司-会计

1月25日，建材公司的建材出纳收到政府扶持补助10 000.00元后，建材会计根据收款单生成收款凭证，确认金额、科目等信息无误后（如果生成的凭证有误，删除凭证后告知建材出纳核对收款单），提交凭证，并交由财务主管审核。

岗位：建材公司-财务主管

1月25日，建材公司的建材会计提交收到政府扶持补助10 000.00元的凭证后，财务主管核对收款凭证的金额、科目等信息，无误后，审核通过（如果凭证有误，告知建材会计修改并重新提交，凭证无误后再审核通过）。

业务 27

月份：1

项目简述：结转产品销售成本

题目涉及岗位：建材公司-会计，建材公司-财务主管

岗位：建材公司-会计

1月30日，建材公司根据销售出库及存货核算结转产品销售成本，建材会计制作会计凭证，结转成本60 800 000.00元，摘要为结转成本，提交凭证。

岗位：建材公司-财务主管

1月30日，建材公司的财务主管审核结转成本的凭证。

业务 28

月份： 1

项目简述： 计提工资

题目涉及岗位： 建材公司-会计，建材公司-财务主管

岗位： 建材公司-会计

1 月 30 日，建材公司的建材会计计提本月工资，销售人员工资合计 11 631.72 元，管理人员工资合计 289 864.03 元，建材会计新增凭证，摘要为计提工资，提交凭证，并交由财务主管审核。

岗位： 建材公司-财务主管

1 月 30 日，建材公司的建材会计提交计提本月销售人员工资合计 11 631.72 元，管理人员工资合计 289 864.03 元的凭证后，财务主管核对凭证的金额、科目等信息，无误后，审核通过（如果凭证有误，告知建材会计修改并重新提交，凭证无误后再审核通过）。

业务 29

月份： 1

项目简述： 计算出本月应代扣代缴的个人所得税

题目涉及岗位： 建材公司-会计，建材公司-财务主管

岗位： 建材公司-会计

1 月 30 日，建材公司的建材会计计算本月"应付职工薪酬"科目中应代扣代缴的个人所得税为 42 209.41 元，计入"应交税费—应交个人所得税"科目，新增会计凭证，摘要为计算个人所得税，提交凭证，并交由财务主管审核。

岗位： 建材公司-财务主管

1 月 30 日，建材公司的建材会计提交本月应代扣代缴个人所得税 42 209.41 元的凭证后，财务主管核对凭证的金额、科目等信息，无误后，审核通过（如果凭证有误，告知建材会计修改并重新提交，凭证无误后再审核通过）。

业务 30

月份： 1

项目简述： 计提本月折旧费用

题目涉及岗位： 建材公司-会计，建材公司-财务主管

岗位： 建材公司-会计

1 月 30 日，建材公司的建材会计计提本月折旧，其中用于销售的资产折旧 5 249.26 元，用于管理的资产折旧 180 426.74 元，累计折旧房屋建筑物 35 278.44 元，专用设备 137 400.25 元，运输工具 7 427.04 元，其他设备 5 570.27 元，新增会计凭证，摘要为计提折旧，提交凭证，并交由财务主管审核。

岗位： 建材公司-财务主管

1 月 30 日，建材公司的建材会计提交计提本月用于销售的资产折旧 5 249.26 元、用于管理的资产折旧 180 426.76 元、累计折旧房屋建筑物 35 278.44 元、专用设备 137 400.25 元、运输工具 7 427.04 元、其他设备 5 570.28 元的凭证后，财务主管核对凭证的金额、科目等信息，无误后，审核通过（如果凭证有误，告知建材会计修改并重新提交，凭证无误后再审核通过）。

业务 31

月份：1

项目简述：资金上划付款

题目涉及岗位：建材公司-出纳,建材公司-会计,建材公司-财务主管

岗位：建材公司-出纳

建材公司的建材出纳在 1 月 31 日接收到由集团本部处理上划单后发送的付款回单,需要完成付款业务登记,付款的结算方式为"网银支付",对方科目为"结算中心存款",对方科目将作为付款单生成凭证的借方科目,资金流量项目为内部单位转出的现金,建材出纳将付款单进行付款后完成付款业务登记,后期建材会计将会生成付款单凭证。

岗位：建材公司-会计

1 月 31 日,建材公司的建材会计将建材出纳处理完成的付款单进行凭证的生成,并提交凭证,交由财务主管审核。

岗位：建材公司-财务主管

1 月 31 日,建材公司的财务主管检查建材会计生成的付款凭证的正确性后,进行审核凭证。

业务 32

月份：1

项目简述：过账处理、结转损益

题目涉及岗位：建材公司-会计

岗位：建材公司-会计

建材公司的建材会计在每个月月底都需要对凭证进行过账处理和结转损益处理,结转损益后系统会将损益类科目余额结转到本年利润或利润分配科目上,结转损益成功后系统将生成凭证,建材出纳需要提交结转损益凭证。

业务 33

月份：1

项目简述：结转损益

题目涉及岗位：建材公司-财务主管,建材公司-财务主管

岗位：建材公司-财务主管

1 月 31 日,建材公司的财务主管审核建材会计提交的结转损益凭证。

岗位：建材公司-财务主管

1 月 31 日,建材公司的会计将财务主管审核后的结转损益凭证进行过账处理。

业务 34

月份：1

项目简述：预算专员编辑收入预算报表

题目涉及岗位：建材公司-预算专员,集团本部-预算主管

岗位：建材公司-预算专员

通过对收入进行预算,辅助建材公司推算下个月各类建材的销售情况,同时为完成收入预算目标所采取的措施,1 月 31 日,建材公司的建材预算专员对 2 月的销售收入进行预算,预算完成后,预算主管将会针对预算结果的合理性进行审核。

岗位：集团本部-预算主管

1月31日，集团本部的预算主管查看建材预算专员提交的收入预算表，对预算表数据进行综合平衡后予以通过预算并审核预算表。

业务 35

月份： 1

项目简述： 预算专员编辑成本预算报表

题目涉及岗位： 建材公司-预算专员，集团本部-预算主管

岗位： 建材公司-预算专员

成本预算是预算管控的一个重要手段之一，建材公司十分重视成本预算的编制，因为材料成本是影响建材公司利润的最大因素，在1月31日建材公司的建材预算专员编辑2月的成本预算表，成本预算编制后，交由预算主管审核。

岗位： 集团本部-预算主管

集团本部的预算主管在1月31日收到建材预算专员提交的关于成本的预算表，通过与收入预算表的数据进行结合审查，符合公司的收入成本配比，予以审核预算表。

业务 36

月份： 1

项目简述： 预算专员编辑费用预算报表

题目涉及岗位： 建材公司-预算专员，集团本部-预算主管

岗位： 建材公司-预算专员

1月31日，建材公司的建材预算专员编辑2月的费用预算表，以便清晰每类费用的预算情况，并将预算编制结果交由预算主管审核。

岗位： 集团本部-预算主管

1月31日，结合前期审核过的收入预算表，根据集团颁发的《全面预算管理制度》，严格要求费用预算不能脱离收入预算，集团本部的预算主管审核建材预算专员提交的费用预算表。

业务 37

月份： 1

项目简述： 预算专员编辑资金预算报表

题目涉及岗位： 建材公司-预算专员，集团本部-预算主管

岗位： 建材公司-预算专员

为提高建材公司经营绩效，并配合财务部统筹及灵活运用资金，以充分发挥其经济效用，应逐月编列资金预计表，以达成资金运用的最高效益，1月31日，建材公司的建材预算专员编辑下个月的资金预算表，提交编制结果到预算主管审核。

岗位： 集团本部-预算主管

1月31日，集团本部的预算主管在收入预算前提下对建材预算专员提交的资金预算情况进行审核通过。

业务 38

月份： 1

项目简述： 财务主管做本月财务分析报告

题目涉及岗位：建材公司-财务主管

岗位：建材公司-财务主管

1月31日,建材公司的财务主管做本月财务分析报告。

三、五金公司实验案例详情

业务 1

月份：1

项目简述：月初申请资金下拨

题目涉及岗位：五金公司-出纳

岗位：五金公司-出纳

1月1日,五金公司计划在第一季度完成新产品的研发工作,前期需要大量投入资金来支撑新产品面世,五金出纳查询了五金公司付款账户余额不足,故向集团本部申请158 271 268.02元,预计在1月10日下拨完成,请根据业务场景描述进行下拨申请业务处理。完成下拨申请业务后集团本部资金主管将进行下拨业务处理。

业务 2

月份：1

项目简述：资金收款

题目涉及岗位：五金公司-出纳,五金公司-会计,五金公司-财务主管

岗位：五金公司-出纳

1月10日,五金公司的五金出纳收到结算中心下拨的资金158 271 268.02元,集团本部使用的结算方式为网银支付,填写对方科目为结算中心存款,此科目将作为收款单后续生成凭证使用,资金流量项目为内部单位转入的现金,将收款单修改后审核并收款,处理完成后,五金公司总账会计将会生成收款单凭证。

岗位：五金公司-会计

1月10日,五金公司的五金会计根据五金出纳处理完成的收款单生成收款凭证,查看借贷方无误后,提交凭证,交由财务主管审核。

岗位：五金公司-财务主管

五金公司在1月10日查询到五金会计生成的收款单凭证,登记账务准确,予以审核收款凭证。

业务 3

月份：1

项目简述：缴纳上年第四季度的企业所得税

题目涉及岗位：五金公司-出纳,五金公司-会计,五金公司-财务主管

岗位：五金公司-出纳

1月2日,五金公司的五金出纳缴纳上年第四季度的企业所得税5 687 302元,新增付款单,通过网银支付,收款人类型是其他,收款人名称为税局,对方科目为应交所得税,录入资金流量项目,提交审批并完成付款,付款成功后,告知五金会计进行会计处理。

岗位：五金公司-会计

1月2日,五金公司的五金出纳缴纳上年第四季度的企业所得税 5 687 302 元后,五金会计根据付款单生成付款凭证,确认金额、科目等信息无误后(如果生成的凭证有误,删除凭证后告知五金出纳核对付款单),提交凭证,并交由财务主管审核。

岗位:五金公司-财务主管

1月2日,五金公司的五金会计提交支付上年第四季度的企业所得税 5 687 302 元的凭证后,财务主管核对付款凭证的金额、科目等信息,无误后,审核通过(如果凭证有误,告知五金会计修改并重新提交,凭证无误后再审核通过)。

业务4

月份:1

项目简述:缴纳上月增值税

题目涉及岗位:五金公司-出纳,五金公司-会计,五金公司-财务主管

岗位:五金公司-出纳

1月2日,五金公司的五金出纳缴纳上月增值税 9 693 139.24 元,新增付款单,通过网银支付,收款人类型是其他,收款人名称为税局,对方科目为未交增值税,录入资金流量项目,提交审批并完成付款,付款成功后,告知五金会计进行会计处理。

岗位:五金公司-会计

1月2日,五金公司的五金出纳支付上月增值税 9 693 139.24 元后,五金会计根据付款单生成付款凭证,确认金额、科目等信息无误后(如果生成的凭证有误,删除凭证后告知五金出纳核付款单),提交凭证,并交由财务主管审核。

岗位:五金公司-财务主管

1月2日,五金公司的五金会计提交缴纳上月增值税 9 693 139.24 元的凭证后,财务主管核对付款凭证的金额、科目等信息,无误后,审核通过(如果凭证有误,告知五金会计修改并重新提交,凭证无误后再审核通过)。

业务5

月份:1

项目简述:缴纳上月城建税、教育费附加及地方教育费附加

题目涉及岗位:五金公司-出纳,五金公司-会计,五金公司-财务主管

岗位:五金公司-出纳

1月2日,五金公司的五金出纳缴纳上月城建税 678 519.75 元、教育费附加 290 794.18 元及地方教育费附加 193 862.78 元,新增付款单,通过网银支付,收款人类型是其他,收款人名称为税局,录入对应的对方科目及资金流量项目,提交审批并完成付款,付款成功后,告知五金会计进行会计处理。

岗位:五金公司-会计

1月2日,五金公司的五金出纳缴纳上月城建税 678 519.75 元、教育费附加 290 794.18 元及地方教育费附加 193 862.78 元后,五金会计根据付款单生成付款凭证,确认金额、科目等信息无误后(如果生成的凭证有误,删除凭证后告知五金出纳核对付款单),提交凭证,并交由财务主管审核。

岗位:五金公司-财务主管

1月2日,五金公司的五金会计提交缴纳上月城建税678 519.75元、教育费附加290 794.18元及地方教育费附加193 862.78元的凭证后,财务主管核对付款凭证的金额、科目等信息,无误后,审核通过(如果凭证有误,告知五金会计修改并重新提交,凭证无误后再审核通过)。

业务6

月份: 1

项目简述: 本月采购原材料

题目涉及岗位: 五金公司-会计,五金公司-财务主管

岗位: 五金公司-会计

1月3日,根据当月生产计划,五金公司向供应商杨金工业采购原材料,价税合计60 526 475.81元,税率为13%,五金公司的五金会计新增应付会计凭证,摘要为采购原材料,提交凭证,交由财务主管审核。

岗位: 五金公司-财务主管

1月3日,五金公司的五金会计提交采购原材料60 526 475.81元的凭证后,财务主管核对应付凭证的金额、科目等信息,无误后,审核通过(如果凭证有误,告知五金会计修改并重新提交,凭证无误后再审核通过)。

业务7

月份: 1

项目简述: 原材料投入生产

题目涉及岗位: 五金公司-会计,五金公司-财务主管

岗位: 五金公司-会计

1月4日,五金公司的五金会计进行生产核算,将价值53 563 252.93元的原材料投入生产,记录生产成本,新增凭证,摘要为投料生产,录入信息并提交凭证,交由财务主管审核。

岗位: 五金公司-财务主管

1月4日,五金公司的五金会计提交记录生成成本53 563 252.93元的凭证后,财务主管核对凭证的金额、科目等信息,无误后,审核通过(如果凭证有误,告知五金会计修改并重新提交,凭证无误后再审核通过)。

业务8

月份: 1

项目简述: 销售五金配件给房产公司

题目涉及岗位: 五金公司-会计,五金公司-财务主管

岗位: 五金公司-会计

1月5日,五金公司向房地产公司销售五金配件,价税合计38 731 880.00元,税率为13%,五金公司的五金会计新增对应应收凭证,摘要为销售五金配件,提交凭证,交由财务主管审核。

岗位: 五金公司-财务主管

1月5日,五金公司的五金会计提交销售五金配件38 731 880.00元的凭证后,财务主管核对凭证的金额、科目等信息,无误后,审核通过(如果凭证有误,告知五金会计修改并重新核)。

业务 9

月份：1

项目简述：销售产品给蔡窗实业

题目涉及岗位：五金公司-会计,五金公司-财务主管

岗位：五金公司-会计

1 月 6 日,五金公司向蔡窗实业销售门窗五金系统,价税合计 98 310 000.00 元,税率为 13%,五金公司的五金会计新增对应会计凭证,摘要为销售门窗系统,提交凭证,交由财务主管审核。

岗位：五金公司-财务主管

1 月 6 日,五金公司的五金会计提交销售门窗五金系统 98 310 000.00 元的凭证后,财务主管核对销售凭证的金额、科目等信息,无误后,审核通过(如果凭证有误,告知五金会计修改并重新提交,凭证无误后再审核通过)。

业务 10

月份：1

项目简述：销售产品给徐门集团

题目涉及岗位：五金公司-会计,五金公司-财务主管

岗位：五金公司-会计

1 月 7 日,五金公司向徐门集团销售门控五金系统,价税合计 15 458 400.00 元,税率为 13%,五金公司的五金会计新增对应会计凭证,摘要为销售门控系统,提交凭证,交由财务主管审核。

岗位：五金公司-财务主管

1 月 7 日,五金公司的五金会计提交销售门控五金系统 15 458 400.00 元的凭证后,财务主管核对销售凭证的金额、科目等信息,无误后,审核通过(如果凭证有误,告知五金会计修改并重新提交,凭证无误后再审核通过)。

业务 11

月份：1

项目简述：销售原材料给宏兴制造

题目涉及岗位：五金公司-会计,五金公司-财务主管

岗位：五金公司-会计

五金公司库管员盘点时,发现一批上月遗留原材料,经检查均能使用,1 月 7 日,五金公司向宏兴制造转售了该批原材料,价税合计 226 000.00 元,税率为 13%,五金公司的五金会计新增对应会计凭证,摘要为销售原材料,提交凭证,交由财务主管审核。

岗位：五金公司-财务主管

1 月 7 日,五金公司的五金会计提交销售原材料 226 000.00 元的凭证后,财务主管核对销售原材料凭证的金额、科目等信息,无误后,审核通过(如果凭证有误,告知五金会计修改并重新提交,凭证无误后再审核通过)。

业务 12

月份：1

项目简述：发上月工资

题目涉及岗位：五金公司-出纳,五金公司-会计,五金公司-财务主管

岗位：五金公司-出纳

1月16日,五金公司的五金出纳支付上月扣除个人所得税部分的工资 44 910 447.00 元,新增付款单,通过网银支付,收款人类型是"其他",收款人名称为"员工",对方科目为"应付职工薪酬—工资性薪酬",录入资金流量项目,提交审批并完成付款,付款成功后,告知五金会计进行会计处理。

岗位：五金公司-会计

1月16日,五金公司的五金出纳支付上月工资 44 910 447.00 元后,五金会计根据付款单生成付款凭证,确认金额、科目等信息无误后(如果生成的凭证有误,删除凭证后告知五金出纳核对付款单),提交凭证,并交由财务主管审核。

岗位：五金公司-财务主管

1月16日,五金公司的五金会计提交支付上月工资 44 910 447.00 元的凭证后,财务主管核对付款凭证的金额、科目等信息,无误后,审核通过(如果凭证有误,告知五金会计修改并重新提交,凭证无误后再审核通过)。

业务 13

月份：1

项目简述：代缴上月员工个人所得税

题目涉及岗位：五金公司-出纳,五金公司-会计,五金公司-财务主管

岗位：五金公司-出纳

1月16日,五金公司的五金出纳代缴上月员工个人所得税 7 311 003.00 元,新增付款单,通过网银支付,收款人类型是"其他",收款人名称为"税局",对方科目为"应交个人所得税",录入资金流量项目,提交审批并完成付款,付款成功后,告知五金会计进行会计处理。

岗位：五金公司-会计

1月16日,五金公司的五金出纳支付代缴上月员工个人所得税 7 311 003.00 元后,五金会计根据付款单生成付款凭证,确认金额、科目等信息无误后(如果生成的凭证有误,删除凭证后告知五金出纳核对付款单),提交凭证,并交由财务主管审核通过。

岗位：五金公司-财务主管

1月16日,五金公司的五金会计提交代缴上月员工个人所得税 7 311 003.00 元的凭证后,财务主管核对付款凭证的金额、科目等信息,无误后,审核通过(如果凭证有误,告知五金会计修改并重新提交,凭证无误后再审核通过)。

业务 14

月份：1

项目简述：支付本月发生的生产用水电费

题目涉及岗位：五金公司-出纳,五金公司-会计,五金公司-财务主管

岗位：五金公司-出纳

1月30日,五金公司的五金出纳支付本月发生的生产用水电费 116 911.33 元,新增付款单,新增付款单,通过网银支付,收款人类型是"其他",收款人名称为"水电局",录入对应的对方科目及资金流量项目,提交审批并完成付款,付款成功后,告知五金会计进行会计处理。

岗位：五金公司-会计

1月30日,五金公司的五金出纳支付本月发生的生产用水电费116 911.33元后,五金会计根据付款单生成付款凭证,确认金额、科目等信息无误后(如果生成的凭证有误,删除凭证后告知五金出纳核对付款单),提交凭证,并交由财务主管审核。

岗位:五金公司-财务主管

1月30日,五金公司的五金会计提交支付本月发生的生产用水电费116 911.33元的凭证后,财务主管核对付款凭证的金额、科目等信息,无误后,审核通过(如果凭证有误,告知五金会计修改并重新提交,凭证无误后再审核通过)。

业务 15

月份:1

项目简述:报销本月营销运杂费

题目涉及岗位:五金公司-预算专员,五金公司-出纳,五金公司-会计,五金公司-财务主管

岗位:五金公司-预算专员

五金公司销售产品后,可提供送货上门服务,当月发生的运杂费汇总后,统一在月底进行报销。1月30日,五金公司的五金预算专员对本月营销所支付的运杂费进行报销,报销金额为3 788 124.06元,经核对,在预算范围内,提交费用报销单后,通过工作流完成审核以及核算金额录入,审核并核定金额后,告知五金出纳支付本月营销运杂费。

岗位:五金公司-出纳

1月30日,五金公司的五金预算专员报销本月营销运杂费申请通过后,五金出纳根据运杂费的费用报销单生成付款单,通过五金公司付款账户付款3 788 124.06元,录入运杂费对应的对方科目,提交审批并完成付款,付款成功后,告知五金会计进行会计处理。

岗位:五金公司-会计

1月30日,五金公司的五金出纳支付本月营销运杂费3 788 124.06元后,五金会计根据付款单生成凭证,确认金额、科目等信息无误后(如果生成的凭证有误,删除凭证后告知五金出纳核对付款单),提交凭证,并交由财务主管审核。

岗位:五金公司-财务主管

1月30日,五金公司的五金会计提交支付本月营销运杂费3 788 124.06元的凭证后,财务主管核对付款凭证的金额、科目等信息,无误后,审核通过(如果凭证有误,告知五金会计修改并重新提交,凭证无误后再审核通过)。

业务 16

月份:1

项目简述:报销本月营销办公费

题目涉及岗位:五金公司-预算专员,五金公司-出纳,五金公司-会计,五金公司-财务主管

岗位:五金公司-预算专员

1月份,五金公司销售部举办促销活动,陆续购买了一批办公用品,由于购买时间不一致,决定到本月底再汇总统一报销。1月30日,五金公司的五金预算专员对本月营销所支付的办公费进行报销,报销金额为1 250 341.52元,经核对,在预算范围内,提交费用报销单后,通过

工作流完成审核以及核算金额录入,审核并核定金额后,告知五金出纳支付本月营销办公费。

岗位:五金公司-出纳

1月30日,五金公司的五金预算专员报销本月营销办公费的申请通过后,五金出纳根据办公费的费用报销单生成付款单,通过五金公司付款账户付款1 250 341.52元,录入办公费对应的对方科目,提交审批并完成付款,付款成功后,告知五金会计进行会计处理。

岗位:五金公司-会计

1月30日,五金公司的五金出纳支付本月营销办公费1 250 341.52元后,五金会计根据付款单生成凭证,确认金额、科目等信息无误后(如果生成的凭证有误,删除凭证后告知五金出纳核对付款单),提交凭证,并交由财务主管审核。

岗位:五金公司-财务主管

1月30日,五金公司的五金会计提交支付本月营销办公费1 250 341.52元的凭证后,财务主管核对付款凭证金额、科目等信息,无误后,审核通过(如果凭证有误,告知五金会计修改并重新提交,凭证无误后再审核通过)。

业务17

月份:1

项目简述:报销本月营销广告费

题目涉及岗位:五金公司-预算专员,五金公司-出纳,五金公司-会计,五金公司-财务主管

岗位:五金公司-预算专员

当月,五金公司研发的新品投入市场,为扩大知名度,拍摄宣传广告,1月30日,五金公司的五金预算专员对本月营销所支付的广告费进行报销,报销金额为1 712 853.65元,经核对,在预算范围内,提交费用报销单后,通过工作流完成审核以及核算金额录入,审核并核定金额后,告知五金出纳支付本月营销广告费。

岗位:五金公司-出纳

1月30日,五金公司的五金预算专员报销本月营销广告费的申请通过后,五金出纳根据广告费的费用报销单生成付款单,通过五金公司付款账户付款1 712 853.65元,录入广告费对应的对方科目,提交审批并完成付款,付款成功后,告知五金会计进行会计处理。

岗位:五金公司-会计

1月30日,五金公司的五金出纳支付本月营销广告费1 712 853.65元后,五金会计根据付款单生成凭证,确认金额、科目等信息无误后(如果生成凭证有误,删除凭证后告知五金出纳核对付款单),提交凭证,并交由财务主管审核。

岗位:五金公司-财务主管

1月30日,五金公司的五金会计提交支付本月营销广告费1 712 853.65元的凭证后,财务主管核对付款凭证的金额、科目等信息,无误后,审核通过(如果凭证有误,告知五金会计修改并重新提交,凭证无误后再审核通过)。

业务18

月份:1

项目简述:报销本月营销差旅费

题目涉及岗位： 五金公司-预算专员,五金公司-出纳,五金公司-会计,五金公司-财务主管

岗位： 五金公司-预算专员

因销售部员工出差较为频繁,特规定,销售部的差旅费每月末汇总,统一报销。1月30日,五金公司的五金预算专员对本月营销所支付的差旅费进行报销,报销金额为2 975 196.10元,经核对,在预算范围内,提交费用报销单后,通过工作流完成审核以及核算金额录入,审核并核定金额后,告知五金出纳支付本月营销差旅费。

岗位： 五金公司-出纳

1月30日,五金公司的五金预算专员报销本月营销差旅费的申请通过后,五金出纳根据差旅费的费用报销单生成付款单,通过五金公司付款账户付款2 975 196.10元,录入差旅费对应的对方科目,提交审批,并完成付款,付款成功后,告知五金会计进行会计处理。

岗位： 五金公司-会计

1月30日,五金公司的五金出纳支付本月营销差旅费2 975 196.10元后,五金会计根据付款单生成凭证,确认金额、科目等信息无误后(如果生成的凭证有误,删除凭证后告知五金出纳核对付款单),提交凭证,并交由财务主管审核。

岗位： 五金公司-财务主管

1月30日,五金公司的五金会计提交支付本月营销差旅费2 975 196.10元的凭证后,财务主管核对付款凭证,无误后,审核通过(如果凭证有误,告知五金会计修改并重新提交,凭证无误后再审核通过)。

业务 19

月份： 1

项目简述： 报销本月营销业务招待费

题目涉及岗位： 五金公司-预算专员,五金公司-出纳,五金公司-会计,五金公司-财务主管

岗位： 五金公司-预算专员

临近月底,五金公司的潜在客户来公司实地考察,期间发生的餐饮费等,汇总后统一进行报销。1月30日,五金公司的五金预算专员对本月营销所支付的业务招待费进行报销,报销金额为1 130 851.25元,经核对,在预算范围内,提交费用报销单后,通过工作流完成审核以及核算金额录入,审核并核定金额后,告知五金出纳支付本月营销业务招待费。

岗位： 五金公司-出纳

1月30日,五金公司的五金预算专员报销本月营销业务招待费的申请通过后,五金出纳根据业务招待费的费用报销单生成付款单,通过五金公司付款账户付款1 130 851.25元,录入业务招待费对应的对方科目,提交审批并完成付款,付款成功后,告知五金会计进行会计处理。

岗位： 五金公司-会计

1月30日,五金公司的五金出纳支付本月营销业务招待费1 130 851.25元后,五金会计根据付款单生成凭证,确认金额、科目等信息无误后(如果生成的凭证有误,删除凭证后告知五金出纳核对付款单),提交凭证,并交由财务主管审核。

岗位： 五金公司-财务主管

1月30日,五金公司的五金会计提交支付本月营销业务招待费1 130 851.25元的凭证后,财务主管核对付款凭证的金额、科目等信息,无误后,审核通过(如果凭证有误,告知五金会计修改并重新提交,凭证无误后再审核通过。

业务 20

月份: 1

项目简述: 收到蔡窗实业结算的货款

题目涉及岗位: 五金公司-出纳,五金公司-会计,五金公司-财务主管

岗位: 五金公司-出纳

1月21日,五金公司的五金出纳收到蔡窗实业结算的货款51 012 000.00元,收款账户是五金公司收款账户,结算方式为网银支付,录入对方科目和资金流量项目,提交收款单并完成审核及收款,收款成功后,告知五金会计进行会计处理。

岗位: 五金公司-会计

1月21日,五金公司的五金出纳收到蔡窗实业结算的货款51 012 000.00元后,五金会计根据收款单生成收款凭证,确认金额、科目等信息无误后(如果生成的凭证有误,删除凭证后告知五金出纳核对收款单),提交凭证,并交由财务主管审核。

岗位: 五金公司-财务主管

1月21日,五金公司的五金会计提交收到蔡窗实业结算货款51 012 000.00元的凭证后,财务主管核对收款凭证的金额、科目等信息,无误后,审核通过(如果凭证有误,告知五金会计修改并重新提交,凭证无误后再审核通过)。

业务 21

月份: 1

项目简述: 收到徐门集团结算的货款

题目涉及岗位: 五金公司-出纳,五金公司-会计,五金公司-财务主管

岗位: 五金公司-出纳

1月22日,五金公司的五金出纳收到徐门集团结算的货款94 563 352.80元,收款账户是五金公司收款账户,结算方式为网银支付,录入对方科目和资金流量项目,提交收款单并完成审核及收款,收款成功后,告知五金会计进会计处理。

岗位: 五金公司-会计

1月22日,五金公司的五金出纳收到徐门集团结算的货款94 563 352.80元后,五金会计根据收款单生成收款凭证,确认金额、科目等信息无误后(如果生成的凭证有误,删除凭证后告知五金出纳核对收款单),提交凭证,并交由财务主管审核。

岗位: 五金公司-财务主管

1月22日,五金公司的五金会计提交收到徐门集团结算货款94 563 352.80元的凭证后,财务主管核对收款凭证的金额、科目等信息,无误后,审核通过(如果凭证有误,告知五金会计修改并重新提交,凭证无误后再审核通过)。

业务 22

月份: 1

项目简述: 收到房产公司货款

题目涉及岗位：五金公司-出纳,五金公司-会计,五金公司-财务主管

岗位：五金公司-出纳

1月23日,五金公司的五金出纳收到房产公司结算的货款 20 051 460.00 元,收款账户是五金公司收款账户,结算方式为网银支付,录入对方科目和资金流量项目,提交收款单并完成审核及收款,收款成功后,告知五金会计进行会计处理。

岗位：五金公司-会计

1月23日,五金公司的五金出纳收到房产公司结算货款 20 051 460.00 元后,五金会计根据收款单生成收款凭证,确认金额、科目等信息无误后(如果生成的凭证有误,删除凭证后告知五金出纳核对收款单),提交凭证,并交由财务主管审核。

岗位：五金公司-财务主管

1月23日,五金公司的五金会计提交收到房产公司结算货款 20 051 460.00 元的凭证后,财务主管核对收款凭证的金额、科目等信息,无误后,审核通过(如果凭证有误,告知五金会计修改并重新提交,凭证无误后再审核通过)。

业务 23

月份：1

项目简述：坏账处理

题目涉及岗位：五金公司-会计,五金公司-财务主管

岗位：五金公司-会计

1月24日,五金公司的客户坤金机械经营不善,无力支付五金公司的应收款20 051 460.00 元,五金公司的五金会计对其做坏账处理,新增凭证,摘要为计提坏账,提交凭证,交由财务主管审核。

岗位：五金公司-财务主管

1月24日,五金公司的五金会计提交计提坏账 20 051 460.00 元的凭证后,财务主管核对凭证的金额、科目等信息,无误后,审核通过(如果凭证有误,告知五金会计修改并重新提交,凭证无误后再审核通过)。

业务 24

月份：1

项目简述：收到罚款收入

题目涉及岗位：五金公司-出纳,五金公司-会计,五金公司-财务主管

岗位：五金公司-出纳

1月25日,五金公司的员工陈金金违反公司条例,罚款 2 500.00 元,五金出纳收到陈金金的罚款,记为营业外收入,新增收款单,收款账户是五金公司收款账户,结算方式为网银支付,录入对方科目和资金流量项目,提交收款单并完成审核及收款,收款成功后,告知五金会计进行会计处理。

岗位：五金公司-会计

1月25日,五金公司的五金出纳收到陈金金的罚款 2 500.00 元后,五金会计根据收款单生成收款凭证,确认金额、科目等信息无误后(如果生成的凭证有误,删除凭证后告知五金出纳核对收款单),提交凭证,并交由财务主管审核。

岗位：五金公司-财务主管

1月25日,五金公司的五金会计提交收到陈金金的罚款2 500.00元的凭证后,财务主管核对收款凭证的金额、科目等信息,无误后,再审核通过(如果凭证有误,告知五金会计修改并重新提交,凭证无误后再审核通过)。

业务 25

月份： 1

项目简述： 报销本月管理研发支出

题目涉及岗位： 五金公司-预算专员,五金公司-出纳,五金公司-会计,五金公司-财务主管

岗位：五金公司-预算专员

1月30日,五金公司的五金预算专员对本月管理所支付的研发支出进行报销,报销金额为5 329 185.70元,经核对,在预算范围内,对费用报销单进行提交,通过工作流完成审核以及核算金额录入,审核并核定金额后,告知五金出纳支付本月管理研发支出款。

岗位：五金公司-出纳

1月30日,五金公司的五金预算专员报销本月管理研发支出的申请通过后,五金出纳根据研发支出的费用报销单生成付款单,通过五金公司付款账户付款5 329 185.70元,录入研发支出对应的对方科目,提交审批并完成付款,付款成功后,告知五金会计进行会计处理。

岗位：五金公司-会计

1月30日,五金公司的五金出纳支付本月管理研发支出5 329 185.70元后,五金会计根据付款单生成凭证,确认金额、科目等信息无误后(如果生成的凭证有误,删除凭证后告知五金出纳核对付款单),提交凭证,并交由财务主管审核。

岗位：五金公司-财务主管

1月30日,五金公司的五金会计提交支付本月管理研发支出5 329 185.70元的凭证后,财务主管核对付款凭证的金额、科目等信息,无误后,审核通过(如果凭证有误,告知五金会计修改并重新提价,凭证无误后再审核通过)。

业务 26

月份： 1

项目简述： 报销本月管理办公费

题目涉及岗位： 五金公司-预算专员,五金公司-出纳,五金公司-会计,五金公司-财务主管

岗位：五金公司-预算专员

1月30日,五金公司的五金预算专员对本月管理所支付的办公费进行报销,报销金额为1 211 260.00元,经核对,在预算范围内,对费用报销单进行提交,通过工作流完成审核以及核算金额录入,审核并核定金额后,告知五金出纳支付本月管理办公费。

岗位：五金公司-出纳

1月30日,五金公司的五金预算专员报销本月管理办公费的申请通过后,五金出纳根据办公费的费用报销单生成付款单,通过五金公司付款账户付款1 211 260.00元,录入办公费对应的对方科目,提交审批并完成付款,付款成功后,告知五金会计进行会计处理。

岗位：五金公司-会计

1月30日，五金公司的五金出纳支付本月管理办公费1 211 260.00元后，五金会计根据付款单生成凭证，确认金额、科目等信息无误后（如果生成的凭证有误，删除凭证后告知五金出纳核对付款单），提交凭证，并交由财务主管审核。

岗位：五金公司-财务主管

1月30日，五金公司的五金会计提交支付本月管理办公费1 211 260.00元的凭证后，财务主管核对付款凭证的金额、科目等信息，无误后，审核通过（如果凭证有误，告知五金会计修改并重新提交，凭证无误后再审核通过）。

业务 27

月份：1

项目简述：报销本月管理房租费

题目涉及岗位：五金公司-预算专员，五金公司-出纳，五金公司-会计，五金公司-财务主管

岗位：五金公司-预算专员

五金公司行政办公楼为租赁的形式，每月底报销房租费用。1月30日，五金公司的五金预算专员对本月管理所支付的房租费进行报销，报销金额为173 289.50元，经核对，在预算范围内，对费用报销单进行提交，通过工作流完成审核以及核算金额录入，审核并核定金额后，告知五金出纳支付本月管理房租费。

岗位：五金公司-出纳

1月30日，五金公司的五金预算专员报销本月管理房租费的申请通过后，五金出纳根据房租费的费用报销单生成付款单，通过五金公司付款账户付款173 289.50元，录入房租费对应的对方科目，提交审批并完成付款，付款成功后，告知五金会计进行会计处理。

岗位：五金公司-会计

1月30日，五金公司的五金出纳支付本月管理房租费173 289.50元后，五金会计根据付款单生成凭证，确认金额、科目等信息无误后（如果生成的凭证有误，删除凭证后告知五金出纳核对付款单），提交凭证，并交由财务主管审核。

岗位：五金公司-财务主管

1月30日，五金公司的五金会计提交支付本月管理房租费173 289.50元的凭证后，财务主管核对付款凭证的金额、科目等信息，无误后，审核通过（如果凭证有误，告知五金会计修改并重新提交，凭证无误后再审核通过）。

业务 28

月份：1

项目简述：报销本月管理差旅费

题目涉及岗位：五金公司-预算专员，五金公司-出纳，五金公司-会计，五金公司-财务主管

岗位：五金公司-预算专员

1月30日，五金公司的五金预算专员对本月管理所支付的差旅费进行报销，报销金额为173 289.50元，经核对，在预算范围内，对费用报销单进行提交，通过工作流完成审核以及核算

金额录入,审核并核定金额后,告知五金出纳支付本月管理差旅费。

岗位:五金公司-出纳

1月30日,五金公司的五金预算专员报销本月管理差旅费的申请通过后,五金出纳根据差旅费的费用报销单生成付款单,通过五金公司付款账户付款173 289.50元,录入差旅费对应的对方科目,提交审批并完成付款,付款成功后,告知五金会计进行会计处理。

岗位:五金公司-会计

1月30日,五金公司的五金出纳支付本月管理差旅费173 289.50元后,五金会计根据付款单生成凭证,确认金额、科目等信息无误后(如果生成的凭证有误,删除凭证后告知五金出纳核对付款单),提交凭证,并交由财务主管审核。

岗位:五金公司-财务主管

1月30日,五金公司的五金会计提交支付本月管理差旅费173 289.50元的凭证后,财务主管核对付款凭证的金额、科目等信息,无误后,审核通过(如果凭证有误,告知五金会计修改并重新提交,凭证无误后再审核通过)。

业务 29

月份:1

项目简述:报销本月管理业务招待费

题目涉及岗位:五金公司-预算专员,五金公司-出纳,五金公司-会计,五金公司-财务主管

岗位:五金公司-预算专员

1月30日,五金公司的五金预算专员对本月管理所支付的业务招待费进行报销,报销金额为27 282.20元,经核对,在预算范围内,对费用报销单进行提交,通过工作流完成审核以及核算金额录入,审核并核定金额后,告知五金出纳支付本月管理业务招待费。

岗位:五金公司-出纳

1月30日,五金公司的五金预算专员报销本月管理业务招待费的申请通过后,五金出纳根据业务招待费的费用报销单生成付款单,通过五金公司付款账户付款27 282.20元,录入业务招待费对应的对方科目,提交审批并完成付款,付款成功后,告知五金会计进行会计处理。

岗位:五金公司-会计

1月30日,五金公司的五金出纳支付本月管理业务招待费27 282.20元后,五金会计根据付款单生成凭证,确认金额、科目等信息无误后(如果生成的凭证有误,删除凭证后告知五金出纳核对付款单),提交凭证,并交由财务主管审核。

岗位:五金公司-财务主管

1月30日,五金公司的五金会计提交支付本月管理业务招待费27 282.20元的凭证后,财务主管核对付款凭证的金额、科目等信息,无误后,审核通过(如果凭证有误,告知五金会计修改并重新提交,凭证无误后再审核通过)。

业务 30

月份:1

项目简述:支付原材料货款

题目涉及岗位:五金公司-出纳,五金公司-会计,五金公司-财务主管

岗位：五金公司-出纳

1月30日，五金公司的五金出纳计划支付剩余原材料货款62 669 005.93元，超出预算，支付预算范围内的货款61 700 000元，新增付款单，录入对方科目及资金流量项目，提交审批并完成付款，付款成功后，告知五金会计进行会计处理。

岗位：五金公司-会计

1月30日，五金公司的五金出纳支付剩余原材料货款62 669 005.93元后，五金会计根据付款单生成付款凭证，确认金额、科目等信息无误后（如果生成的凭证有误，删除凭证后告知五金出纳核对付款单），提交凭证，并交由财务主管审核。

岗位：五金公司-财务主管

1月30日，五金公司的五金会计提交支付剩余原材料货款62 669 005.93元的凭证后，财务主管核对付款凭证的金额、科目等信息，无误后，审核通过（如果凭证有误，告知五金会计修改并重新提交，凭证无误后再审核通过）。

业务 31

月　份：1

项目简述：结转产品销售成本

题目涉及岗位：五金公司-会计，五金公司-财务主管

岗位：五金公司-会计

1月30日，五金公司根据销售出库及存货核算结转产品销售成本，五金会计制作会计凭证，结转成本91 190 403.70元，摘要为结转成本，提交凭证。

岗位：五金公司-财务主管

1月30日，五金公司的财务主管审核结转成本的凭证。

业务 32

月　份：1

项目简述：计提工资

题目涉及岗位：五金公司-会计，五金公司-财务主管

岗位：五金公司-会计

1月30日，五金公司的五金会计计提本月工资，生产车间工资合计32 252 982.04元，销售人员工资合计15 840 313.80元，管理人员工资合计6 188 841.20元，五金会计新增凭证，摘要为计提工资，提交凭证，并交由财务主管审核。

岗位：五金公司-财务主管

1月30日，五金公司的五金会计提交计提本月生产车间工资合计32 252 982.04元、销售人员工资合计15 840 313.80元、管理人员工资合计6 188 841.20元的凭证后，财务主管核对凭证的金额、科目等信息，无误后，审核通过（如果凭证有误，告知五金会计修改并重新提交，凭证无误后再审核通过）。

业务 33

月　份：1

项目简述：计提本月折旧费用。

题目涉及岗位：五金公司-会计，五金公司-财务主管

岗位：五金公司-会计

1月30日,五金公司的五金会计计提本月折旧,其中用于生产的资产折旧349 624.68元,用于销售的资产折旧125 012.56元,用于管理的资产折旧358 547.35元,累计折旧房屋建筑物224 959.84元,专用设备458 251.53元,运输工具33 327.38元,其他设备116 645.84元,新增会计凭证,摘要为计提折旧,提交凭证,并告知财务主管审核。

岗位：五金公司-财务主管

1月30日,五金公司的五金会计提交计提本月用于生产的资产折旧349 624.68元、用于销售的资产折旧125 012.56元、用于管理的资产折旧358 547.35元、累计折旧房屋建筑物224 959.84元、专用设备458 251.53元、运输工具33 327.38元、其他设备116 645.84元的凭证后,财务主管核对凭证的金额、科目等信息,无误后,审核通过(如果凭证有误,告知五金会计修改并重新提交,凭证无误后再审核通过)。

业务 34

月份：1

项目简述：无形资产应摊销

题目涉及岗位：五金公司-会计,五金公司-财务主管

岗位：五金公司-会计

1月30日,五金公司的五金会计进行无形资产摊销,金额为168 880.18元,新增会计凭证,摘要为无形资产摊销,提交凭证。

岗位：五金公司-财务主管

1月30日,五金公司的财务主管审核无形资产摊销的凭证。

业务 35

月份：1

项目简述：结转本月制造费用

题目涉及岗位：五金公司-会计,五金公司-财务主管

岗位：五金公司-会计

1月30日,五金公司的五金会计将制造费用结转到生产成本中,其中折旧费349 624.68元、水电费116 911.33元,新增会计凭证,摘要为结转制造费用,提交凭证。

岗位：五金公司-财务主管

1月30日,五金公司的财务主管审核结转制造费用的凭证。

业务 36

月份：1

项目简述：产成品入库

题目涉及岗位：五金公司-会计,五金公司-财务主管

岗位：五金公司-会计

1月30日,五金公司完成当月生产,产成品全部入库,将本月的生产成本全部结转到库存商品中,结转材料成本53 563 252.93元、直接人工32 252 982.04元、制造费用466 536.01元,五金会计新增会计凭证,摘要为产成品入库,提交凭证。

岗位：五金公司-财务主管

1月30日,五金公司的财务主管审核产成品入库的凭证。

业务 37

月份: 1

项目简述: 结转增值税

题目涉及岗位: 五金公司-会计,五金公司-财务主管

岗位: 五金公司-会计

1月31日,五金公司的五金会计结转本月增值税,其中销项税额17 570 280.00元、进项税额6 963 222.88元,新增会计凭证,摘要为结转增值税,并提交。

岗位: 五金公司-财务主管

1月31日,五金公司的财务主管审核付款凭证。

业务 38

月份: 1

项目简述: 计提本月城建税、教育费附加及地方教育费附加

题目涉及岗位: 五金公司-会计,五金公司-财务主管

岗位: 五金公司-会计

1月31日,五金公司的五金会计计提本月城建税742 494.00元、教育费附加318 211.71元及地方教育费附加212 141.14元,新增凭证,摘要为计提其他税,并提交。

岗位: 五金公司-财务主管

1月31日,五金公司的财务主管审核付款凭证。

业务 39

月份: 1

项目简述: 月末资金上划申请

题目涉及岗位: 五金公司-出纳

岗位: 五金公司-出纳

1月31日,五金公司的五金出纳根据当月收款,将资金由收款账户上划到母账户,申请资金上划,申请金额为165 629 312.88元,新增上划申请单,并提交审批。

业务 40

月份: 1

项目简述: 资金上划付款

题目涉及岗位: 五金公司-出纳,五金公司-会计,五金公司-财务主管

岗位: 五金公司-出纳

1月31日,五金公司的五金出纳,将资金中心资金主管完成的资金上划发送回单产生的付款单进行修改,付款的结算方式为"网银支付",对方科目为"结算中心存款",对方科目将作为五金会计后期生成付款单凭证的借方,资金流量项目为内部单位转出的现金,五金出纳将付款单进行付款业务登记,登记完成则此笔业务完成。

岗位: 五金公司-会计

1月31日,五金公司的五金会计根据五金出纳处理完成的付款单生成付款凭证,检查凭证分录结算中心存款科目作为借方科目后,将凭证交由财务主管审核。

岗位：五金公司-财务主管

1月31日,五金公司的财务主管检查付款单生成凭证的业务合理性后,将付款单对应的凭证进行审核。

业务 41

月份：1

项目简述：过账处理、结转损益

题目涉及岗位：五金公司-会计

岗位：五金公司-会计

每个月月底最后一天,五金公司的五金会计会对本月所有凭证进行过账处理后结转损益处理,结转损益后系统会生成一笔将损益类科目结转至本年利润或利润分配科目的凭证,将生成的凭证进行提交即可。

业务 42

月份：1

项目简述：结转损益

题目涉及岗位：五金公司-财务主管,五金公司-财务主管

岗位：五金公司-财务主管

1月31日,五金公司的财务主管审核五金会计通过结转损益自动生成的凭证。

岗位：五金公司-财务主管

1月31日,五金公司的会计将财务主管审核通过的结转损益凭证做过账处理。

业务 43

月份：1

项目简述：预算专员编辑收入预算报表

题目涉及岗位：五金公司-预算专员,集团本部-预算主管

岗位：五金公司-预算专员

五金公司销售的五金品类相对固定,因此可以使用固定预算编制法,五金公司的五金预算专员结合历史销售情况在1月31日编辑2月份的收入预算表,收入预算编制作为预测基础费用率起至关重要的作用,预算专员编制完成收入预算表交由预算主管进行审核工作。

岗位：集团本部-预算主管

1月31日,集团本部的预算主管查看五金预算专员提交的收入预算表,对预算表数据进行综合平衡后,予以通过预算并审核预算表。

业务 44

月份：1

项目简述：预算专员编辑成本预算报表

题目涉及岗位：五金公司-预算专员,集团本部-预算主管

岗位：五金公司-预算专员

企业成本预算管理是增强企业竞争力的重要保证,同时也是促进企业全面发展的重要前提。五金公司的预算专员在1月31日编辑下一个月的成本预算表后,将成本预算表提交到预算主管进行审核。

岗位：集团本部-预算主管

集团本部的预算主管在1月31日收到五金预算专员提交的关于成本的预算表，通过与收入预算表的数据进行结合审查，符合公司的收入成本配比，予以审核预算表。

业务 45

月份：1

项目简述：预算专员编辑费用预算报表

题目涉及岗位：五金公司-预算专员，集团本部-预算主管

岗位：五金公司-预算专员

对费用进行管控是实现企业利润最大化的有效措施之一。1月31日，五金公司的五金预算专员对4月的销售费用和管理费用进行预算编制，并将预算编制结果提交至预算主管进行审核。

岗位：集团本部-预算主管

1月31日，结合前期审核过的收入预算表，根据集团颁发的《全面预算管理制度》，严格要求费用预算不能脱离收入预算，集团本部的预算主管审核五金预算专员提交的费用预算表。

业务 46

月份：1

项目简述：预算专员编辑资金预算报表

题目涉及岗位：五金公司-预算专员，集团本部-预算主管

岗位：五金公司-预算专员

五金公司编制资预算使得资金要匹配公司的发展战略，确保公司在经营活动产生的现金流入和流出能够匹配公司总体发展需求。1月31日，五金公司的五金预算专员编辑2月份的资金预算表，对资金流量项目进行预算编制后提交到预算主管进行审核。

岗位：集团本部-预算主管

1月31日，集团本部的预算主管在收入预算前提下对五金预算专员提交的资金预算情况进行审核通过。

业务 47

月份：1

项目简述：财务主管做本月财务分析报告

题目涉及岗位：五金公司-财务主管

岗位：五金公司-财务主管

1月31日，五金公司的财务主管做本月财务分析报告。

四、集团本部实验案例详情

业务 1

月份：1

项目简述：资金下划

题目涉及岗位：集团本部-资金主管，集团本部-总部会计，集团本部-财务总监

岗位：集团本部-资金主管

集团本部资金主管接收到房产出纳的下拨申请需求,下拨申请需求合理,经资金主管查询,房产公司内部账户明细账余额充足,在1月8日进行下拨处理,计划使用网银支付房产公司申请的下拨款 243 309 275.16 元,资金流量项目归属于内部单位转出的现金,检查单位账号和单位内部账号后,处理下拨单业务并将下拨单业务处理结果发送到房产公司,后续分别由集团本部会计根据下拨单登记账务和房产公司出纳进行收款业务处理。

岗位：集团本部-总部会计

1月8日,集团本部的本部会计根据资金主管处理完成的下拨单来生成凭证,检查会计分录的正确性后,将凭证交由财务总监审核。

岗位：集团本部-财务总监

1月8日,经过查看本部会计生成的下拨单凭证的正确性,集团本部的财务总监将本部会计根据下拨单生成的凭证进行审核。

业务 2

月份： 1

项目简述： 资金下划

题目涉及岗位： 集团本部-资金主管,集团本部-总部会计,集团本部-财务总监

岗位： 集团本部-资金主管

集团本部资金主管接收到建材出纳的下拨申请需求,下拨申请的事项符合集团要求,同时建材公司存放在结算中心的内部账户余额足以下拨,集团本部的资金主管在1月9日计划使用网银支付建材公司申请的下拨款 133 611 270.63 元,资金流量项目属于内部单位转出的现金,检查下拨单相关信息后审批、下拨确认并将下拨结果发送到建材公司,后续分别由集团本部会计根据下拨单登记账务和建材公司出纳进行收款业务处理。

岗位： 集团本部-总部会计

1月9日,集团本部的本部会计根据资金主管处理完成的下拨单来生成凭证,检查根据下拨单生成的凭证无误后,将凭证交由财务总监审核。

岗位： 集团本部-财务总监

1月9日,经过查看本部会计生成的下拨单凭证的正确性,集团本部的财务总监将审核本部会计根据下拨单生成的凭证。

业务 3

月份： 1

项目简述： 资金下划

题目涉及岗位： 集团本部-资金主管,集团本部-总部会计,集团本部-财务总监

岗位： 集团本部-资金主管

集团本部资金主管接收到五金公司提出的下拨申请需求,统一进行下拨业务处理,经过确认,五金公司存放在结算中心资金充足,在1月10日,资金主管计划使用网银支付五金公司申请的下拨款 158 271 268.02 元,资金流量项目属于内部单位转出的现金,检查下拨单据的各个字段无误后,将下拨单业务处理结果发送到五金公司,后续分别由集团本部会计根据下拨单登记账务和五金公司出纳进行收款业务处理。

业务 4

月份: 1

项目简述: 审核下拨单凭证

题目涉及岗位: 集团本部-总部会计,集团本部-财务总监

岗位: 集团本部-总部会计

1月10日,集团本部的本部会计根据资金主管处理完成的下拨单来生成凭证,检查凭证分录的正确性后,将凭证交由财务总监审核。

岗位: 集团本部-财务总监

1月10日,经过查看本部会计生成的下拨单凭证的正确性,集团本部的财务总监根据财务会计生成的下拨单凭证进行审核。

业务 5

月份: 1

项目简述: 缴纳上年第四季度的企业所得税

题目涉及岗位: 集团本部-资金主管,集团本部-总部会计,集团本部-财务总监

岗位: 集团本部-资金主管

1月2日,集团本部资金主管缴纳上年第四季度的企业所得税 4 936 433.43 元,新增付款单,付款账户为资金管理母账号,通过网银支付,收款人类型是其他,收款人名称为税局,对方科目为应交所得税,录入资金流量项目,提交审批并完成付款,付款成功后,告知总部会计进行会计处理。

岗位: 集团本部-总部会计

1月2日,集团本部资金主管缴纳上年第四季度的企业所得税 4 936 433.43 元后,总部会计根据付款单生成付款凭证,确认金额、科目等信息无误后(如果生成的凭证有误,删除凭证后告知资金主管核对付款单),提交凭证,并交由集团本部财务总监审核。

岗位: 集团本部-财务总监

1月2日,集团本部的总部会计提交缴纳上年第四季度的企业所得税 4 936 433.43 元的凭证后,财务总监核对付款凭证的金额、科目等信息,无误后,审核通过(如果凭证有误,告知总部会计修改并重新提交,凭证无误后再审核通过)。

业务 6

月份: 1

项目简述: 购买股票

题目涉及岗位: 集团本部-资金主管,集团本部-总部会计,集团本部-财务总监

岗位: 集团本部-资金主管

1月5日,以银行存款购买恒易公司发行的普通股股票 1 000 万股,持有恒易公司 70% 的股权,每股买价 5.3 元(其中含已宣告但尚未发放的股利 0.3 元),另支付相关税费 60 000 元。将其划分为长期股权投资。集团本部的资金主管新增付款单,收款人类型为其他,收款人为恒易公司,录入对方科目及资金流量项目,提交审批并完成付款,付款成功后,告知总部会计进行会计处理。

岗位: 集团本部-总部会计

1月5日,集团本部资金主管支付购买股票53 060 000元后,总部会计根据付款单生成付款凭证,确认金额、科目等信息无误后(如果生成的凭证有误,删除凭证后告知资金主管核对付款单),提交凭证,并交由财务总监审核。

岗位:集团本部-财务总监

1月5日,集团本部的总部会计提交购买股票53 060 000元的凭证后,财务总监核对付款凭证的金额、科目等信息,无误后,审核通过(如果凭证有误,告知总部会计修改并重新提交,凭证无误后再审核通过)。

业务7

月份:1

项目简述:发上月工资

题目涉及岗位:集团本部-资金主管,集团本部-总部会计,集团本部-财务总监

岗位:集团本部-资金主管

1月16日,集团本部资金主管支付上月工资810 514.46元,新增付款单,通过网银支付,收款人类型是其他,收款人名称为员工,对方科目为应交付职工薪酬,录入资金流量项目,提交审批并完成付款,付款成功后,告知总部会计进行会计处理。

岗位:集团本部-总部会计

1月16日,资金主管支付上月工资810 514.46元后,集团本部公司的总部会计根据付款单生成付款凭证,确认金额、科目等信息无误后(如果生成的凭证有误,删除凭证后告知资金主管核对付款单),提交凭证,并交由财务总监审核。

岗位:集团本部-财务总监

1月16日,集团本部公司的总部会计提交支付上月工资810 514.46元的凭证后,财务总监核对付款凭证的金额、科目等信息,无误后,审核通过(如果凭证有误,告知总部会计修改并重新提交,凭证无误后再审核通过)。

业务8

月份:1

项目简述:缴纳上月个人所得税

题目涉及岗位:集团本部-资金主管,集团本部-总部会计,集团本部-财务总监

岗位:集团本部-资金主管

1月2日,集团本部资金主管缴纳上月应交个人所得税131 944.22元,新增付款单,通过网银支付,收款人类型是其他,收款人名称为税局,对方科目为应交个人所得税,录入资金流量项目,提交审批并完成付款,付款成功后,告知总部会计进行会计处理。

岗位:集团本部-总部会计

1月2日,集团本部资金主管缴纳上月个人所得税131 944.22元后,总部会计根据付款单生成付款凭证,确认金额、科目等信息无误后(如果生成的凭证有误,删除凭证后告知资金主管核对付款单),提交凭证,并交由财务总监审核。

岗位:集团本部-财务总监

1月2日,集团本部的总部会计提交缴纳上月个人所得税131 944.22元的凭证后,财务总监核对付款凭证的金额、科目等信息,无误后,审核通过(如果凭证有误,告知总部会计修改并

重新提交,凭证无误后再审核通过)。

业务 9

月份:1

项目简述:收到现金股利

题目涉及岗位:集团本部-资金主管,集团本部-总部会计,集团本部-财务总监

岗位:集团本部-资金主管

月初,集团本部以银行存款购买恒易公司发行的普通股股票1 000万股,每股买价5.3 元(其中含已宣告但尚未发放的股利0.3元),1 月25 日,收到恒易公司分派的现金股利3 000 000 元,资金主管新增收款单,付款人类型为其他,付款人为恒易公司,对方科目为应收股利,录入现金流量项目,提交审批并完成收款,收款成功后,告知总部会计进行会计处理。

岗位:集团本部-总部会计

1 月25 日,集团本部资金主管收到现金股利3 000 000 元后,总部会计根据收款单生成收款凭证,确认金额、科目等信息无误后(如果生成的凭证有误,删除凭证后告知资金主管核对收款单),提交凭证,并交由财务总监审核。

岗位:集团本部-财务总监

1 月25 日,集团本部的总部会计提交收到现金股利3 000 000 元的凭证后,财务总监核对收款凭证的金额、科目等信息,无误后,审核通过(如果凭证有误,告知总部会计修改并重新提交,凭证无误后再审核通过)。

业务 10

月份:1

项目简述:报销本月营销办公费

题目涉及岗位:集团本部-预算主管,集团本部-预算主管,集团本部-预算主管,集团本部-资金主管,集团本部-总部会计,集团本部-财务总监

岗位:集团本部-预算主管

1 月30 日,集团本部预算主管对本月营销所支付的办公费进行报销,报销金额为13 000.58 元,经核对,超出预算1 000.00 元,无法提交费用报销单,故新增预算调整单,设置销售费用-办公费调整后的金额为13 000.58 元。

岗位:集团本部-预算主管

预算主管接收并确认提交的预算调整单调整内容,即销售费用-办公费2018 年1 月调整后预算数为13 000.58 元,确认无误后进行审批。

岗位:集团本部-预算主管

集团本部预算主管新增费用报销单进行提交,通过工作流完成审核以及核算金额录入,审核并核定金额后,告知集团本部资金主管支付本月营销办公费13 000.58 元。

岗位:集团本部-资金主管

1 月30 日,预算主管审核通过的本月营销办公费的报销申请后,集团本部资金主管根据办公费的费用报销单生成付款单,通过集团本部公司付款账户付款13 000.58 元,录入办公费对应的对方科目,提交审批并完成付款,付款成功后,告知总部会计进行会计处理。

岗位:集团本部-总部会计

1月30日,集团本部资金主管支付本月营销办公费13 000.58元后,总部会计根据付款单生成凭证,确认金额、科目等信息无误后(如果生成的凭证有误,删除凭证后告知集团本部资金主管核对付款单),提交凭证,并交由财务总监审核。

岗位:集团本部-财务总监

1月30日,集团本部的总部会计提交报销本月营销办公费13 000.58元的凭证后,财务总监核对付款凭证的金额、科目等信息,无误后,审核通过(如果凭证有误,告知总部会计修改并重新提交,凭证无误后再审核通过)。

业务 11

月份:1

项目简述:报销本月营销办公费

题目涉及岗位:集团本部-预算主管,集团本部-预算主管,集团本部-预算主管,集团本部-资金主管,集团本部-总部会计,集团本部-财务总监

岗位:集团本部-预算主管

1月30日,集团本部预算主管对本月营销所支付的办公费进行报销,报销金额为13 000.58元,经核对,超出预算1 000.00元,无法提交费用报销单,故新增预算调整单,设置销售费用-办公费调整后的金额为13 000.58元。

岗位:集团本部-预算主管

预算主管接收并确认提交的预算调整单调整内容,即销售费用-办公费2018年1月调整后预算数为13 000.58元,确认无误后进行审批。

岗位:集团本部-预算主管

集团本部预算主管新增费用报销单进行提交,通过工作流完成审核以及核算金额录入,审核并核定金额后,告知集团本部资金主管支付本月营销办公费13 000.58元。

岗位:集团本部-资金主管

1月30日,预算主管审核通过的本月营销办公费的报销申请后,集团本部资金主管根据办公费的费用报销单生成付款单,通过集团本部公司付款账户付款13 000.58元,录入办公费对应的对方科目,提交审批并完成付款,付款成功后,告知总部会计进行会计处理。

岗位:集团本部-总部会计

1月30日,集团本部资金主管支付本月营销办公费13 000.58元后,总部会计根据付款单生成凭证,确认金额、科目等信息无误后(如果生成的凭证有误,删除凭证后告知集团本部资金主管核对付款单),提交凭证,并交由财务总监审核。

岗位:集团本部-财务总监

1月30日,集团本部的总部会计提交报销本月营销办公费13 000.58元的凭证后,财务总监核对付款凭证的金额、科目等信息,无误后,审核通过(如果凭证有误,告知总部会计修改并重新提交,凭证无误后再审核通过)。

业务 12

月份:1

项目简述:报销本月营销差旅费

题目涉及岗位:集团本部-预算主管,集团本部-资金主管,集团本部-总部会计,集团本

部-财务总监

岗位：集团本部-预算主管

1月30日,集团本部预算主管对本月营销所支付的差旅费进行报销,报销金额为14 749.7元,经核对,在预算范围内,对费用报销单进行提交,通过工作流完成审核以及核算金额录入,审核并核定金额后,告知资金主管支付本月营销差旅费。

岗位：集团本部-资金主管

1月30日,集团本部的预算主管报销本月营销差旅费的申请通过后,集团本部资金主管根据差旅费的费用报销单生成付款单,通过集团本部公司付款账户付款14 749.70元,录入差旅费对应的对方科目,提交审批并完成付款,付款成功后,告知总部会计进行会计处理。

岗位：集团本部-总部会计

1月30日,集团本部资金主管支付本月营销差旅费14 749.70元后,总部会计根据付款单生成凭证,确认金额、科目等信息无误后(如果生成的凭证有误,删除凭证后告知集团本部资金主管核对付款单),提交凭证,并交由财务总监审核。

岗位：集团本部-财务总监

1月30日,集团本部的总部会计提交支付本月营销差旅费14 749.70元的凭证后,财务总监核对付款凭证的金额、科目等信息,无误后,审核通过(如果凭证有误,告知总部会计修改并重新提交,凭证无误后再审核通过)。

业务 13

月份：1

项目简述：报销本月营销业务招待费

题目涉及岗位：集团本部-预算主管,集团本部-资金主管,集团本部-总部会计,集团本部-财务总监

岗位：集团本部-预算主管

1月30日,集团本部预算主管对本月营销所支付的业务招待费进行报销,报销金额为28 735.75元,经核对,在预算范围内,对费用报销单进行提交,通过工作流完成审核以及核算金额录入,审核并核定金额后,告知集团本部资金主管支付本月营销业务招待费。

岗位：集团本部-资金主管

1月30日,集团本部预算主管报销本月营销业务招待费的申请通过后,集团本部资金主管根据业务招待费的费用报销单生成付款单,通过集团本部公司付款账户付款28 735.75元,录入业务招待费对应的对方科目,提交审批并完成付款,付款成功后,告知总部会计进行会计处理。

岗位：集团本部-总部会计

1月30日,集团本部资金主管支付本月营销业务招待费后,总部会计根据付款单生成凭证,确认金额、科目等信息无误后(如果生成的凭证有误,删除凭证后告知集团本部资金主管核对付款单),提交凭证,并交由财务总监审核。

岗位：集团本部-财务总监

1月30日,集团本部总部会计提交支付本月营销业务招待费28 735.75元的凭证后,财务总监核对付款凭证的金额、科目等信息,无误后,审核通过(如果凭证有误,告知总部会计修改

并重新提交,凭证无误后再审核通过)。

业务 14

月份: 1

项目简述: 报销本月管理办公费

题目涉及岗位: 集团本部-预算主管,集团本部-资金主管,集团本部-总部会计,集团本部-财务总监

岗位: 集团本部-预算主管

1月30日,集团本部预算主管对本月管理所支付的办公费进行报销,报销金额为10 700.00元,经核对,在预算范围内,对费用报销单进行提交,通过工作流完成审核以及核算金额录入,审核并核定金额后,告知集团本部资金主管支付本月管理办公费。

岗位: 集团本部-资金主管

1月30日,集团本部预算主管报销本月管理办公费的申请通过后,资金主管根据办公费的费用报销单生成付款单,通过集团本部公司付款账户付款10 700.00元,录入办公费对应的对方科目,提交审批并完成付款,付款成功后,告知总部会计进行会计处理。

岗位: 集团本部-总部会计

1月30日,集团本部资金主管支付本月管理办公费10 700.00元后,总部会计根据付款单生成凭证,确认金额、科目等信息无误后(如果生成的凭证有误,删除凭证后告知集团本部资金主管核对付款单),提交凭证,并交由财务总监审核。

岗位: 集团本部-财务总监

1月30日,集团本部总部会计提交支付本月管理办公费10 700.00元的凭证后,财务总监核对付款凭证的金额、科目等信息,无误后,审核通过(如果凭证有误,告知总部会计修改并重新提交,凭证无误后再审核通过)。

业务 15

月份: 1

项目简述: 报销本月管理差旅费

题目涉及岗位: 集团本部-预算主管,集团本部-资金主管,集团本部-总部会计,集团本部-财务总监

岗位: 集团本部-预算主管

当月,集团本部管理人员到外地学习培训,发生的差旅费统一月底进行报销。1月30日,集团本部公司的集团本部预算主管对本月管理所支付的差旅费进行报销,报销金额为60 793.34元,经核对,在预算范围内,对费用报销单进行提交,通过工作流完成审核以及核算金额录入,审核并核定金额后,告知集团本部资金主管支付本月管理差旅费。

岗位: 集团本部-资金主管

1月30日,集团本部预算主管报销本月管理差旅费的申请通过后,集团本部资金主管根据差旅费的费用报销单生成付款单,通过集团本部公司付款账户付款60 793.34元,录入差旅费对应的对方科目,提交审批并完成付款,付款成功后,告知总部会计进行会计处理。

岗位: 集团本部-总部会计

1月30日,集团本部资金主管支付本月管理差旅费后,总部会计根据付款单生成凭证,确

认金额、科目等信息无误后(如果生成的凭证有误,删除凭证后告知集团本部资金主管核对付款单),提交凭证,并交由财务总监审核。

岗位:集团本部-财务总监

1月30日,集团本部总部会计提交支付本月管理差旅费60 793.34元的凭证后,财务总监核对付款凭证的金额、科目等信息,无误后,审核通过(如果凭证有误,告知总部会计修改并重新提交,凭证无误后再审核通过)。

业务 16

月份: 1

项目简述: 报销本月管理业务招待费

题目涉及岗位: 集团本部-预算主管,集团本部-资金主管,集团本部-总部会计,集团本部-财务总监

岗位:集团本部-预算主管

1月30日,集团本部公司的集团本部预算主管对本月管理所支付的业务招待费进行报销,报销金额为25 955.80元,经核对,在预算范围内,对费用报销单进行提交,通过工作流完成审核以及核算金额录入,审核并核定金额后,告知集团本部资金主管支付本月管理业务招待费。

岗位:集团本部-资金主管

1月30日,集团本部预算主管报销本月管理业务招待费的申请通过后,集团本部资金主管根据业务招待费的费用报销单生成付款单,通过集团本部公司付款账户付款25 955.80元,录入业务招待费对应的对方科目,提交审批并完成付款,付款成功后,告知总部会计进行会计处理。

岗位:集团本部-总部会计

1月30日,集团本部资金主管支付本月管理业务招待费25 955.80元后,总部会计根据付款单生成凭证,确认金额、科目等信息无误后(如果生成的凭证有误,删除凭证后告知集团本部资金主管核对付款单),提交凭证,并交由财务总监审核。

岗位:集团本部-财务总监

1月30日,集团本部的总部会计提交支付本月管理业务招待费25 955.80元的凭证后,财务总监核对付款凭证的金额、科目等信息,无误后,审核通过(如果凭证有误,告知总部会计修改并重新提交,凭证无误后再审核通过)。

业务 17

月份: 1

项目简述: 报销本月房租费

题目涉及岗位: 集团本部-预算主管,集团本部-资金主管,集团本部-总部会计,集团本部-财务总监

岗位:集团本部-预算主管

1月30日,集团本部预算主管对本月管理所支付的房租费进行报销,报销金额为172 956.80元,经核对,在预算范围内,对费用报销单进行提交,通过工作流完成审核以及核算金额录入,审核并核定金额后,告知集团本部资金主管支付本月房租费。

岗位：集团本部-资金主管

1月30日,集团本部预算主管报销本月房租费的申请通过后,集团本部资金主管根据费用报销单生成付款单,通过集团本部公司付款账户付款172 956.80元,录入业务招待费对应的对方科目,提交审批并完成付款,付款后,告知总部会计进行会计处理。

岗位：集团本部-总部会计

1月30日,集团本部资金主管支付本月房租费172 956.80元后,总部会计根据付款单生成凭证,确认金额、科目等信息无误后(如果生成的凭证有误,删除凭证后告知集团本部资金主管核对付款单),提交凭证,并交由财务总监审核。

岗位：集团本部-财务总监

1月30日,集团本部的总部会计提交支付本月房租费172 956.80元的凭证后,财务总监核对付款凭证的金额、科目等信息,无误后,审核通过(如果凭证有误,告知总部会计修改并重新提交,凭证无误后再审核通过)。

业务 18

月份：1

项目简述：计提工资

题目涉及岗位：集团本部-总部会计,集团本部-财务总监

岗位：集团本部-总部会计

1月30日,集团本部公司的总部会计计提本月工资,销售人员工资合计616 856.44元,管理人员工资合计252 540元,总部会计新增凭证,摘要为计提工资,提交凭证,并交由财务总监审核。

岗位：集团本部-财务总监

1月30日,集团本部的总部会计提交计提本月销售人员工资合计616 856.44元、管理人员工资合计252 540元的凭证后,财务总监核对凭证的金额、科目等信息,无误后,审核通过(如果凭证有误,告知总部会计修改并重新提交,凭证无误后再审核通过)。

业务 19

月份：1

项目简述：计算出本月应代扣代缴的个人所得税

题目涉及岗位：集团本部-总部会计,集团本部-财务总监

岗位：集团本部-总部会计

1月30日,集团本部公司的总部会计计算本月"应付职工薪酬"科目中应代扣代缴的个人所得税为131 944.22元,计入"应交税费—应交个人所得税"科目,新增会计凭证,摘要为计算个人所得税,提交凭证,并交由财务总监审核。

岗位：集团本部-财务总监

1月30日,集团本部的总部会计提交本月应代扣代缴个人所得税131 944.22元的凭证后,财务总监核对凭证的金额、科目等信息,无误后,审核通过(如果凭证有误,告知总部会计修改并重新提交,凭证无误后再审核通过)。

业务 20

月份：1

项目简述：计提本月折旧费用

题目涉及岗位：集团本部-总部会计,集团本部-财务总监

岗位：集团本部-总部会计

1月30日,总部会计计提本月折旧,其中用于销售的资产折旧180 426.76元、用于管理的资产折旧151 142.47元、累计折旧房屋建筑物330 242.95元、专用设备994.71元、运输工具331.57元,新增会计凭证,摘要为计提折旧,提交凭证,并交由财务总监审核。

岗位：集团本部-财务总监

1月30日,集团本部的总部会计提交计提本月用于销售的资产折旧180 426.76元、用于管理的资产折旧151 142.47元、累计折旧房屋建筑物330 242.95元、专用设备994.71元、运输工具331.57元的凭证后,财务总监核对凭证的金额、科目等信息,无误后,审核通过(如果凭证有误,告知总部会计修改并重新提交,凭证无误后再审核通过)。

业务 21

月份：1

项目简述：计提本月无形资产摊销

题目涉及岗位：集团本部-总部会计,集团本部-财务总监

岗位：集团本部-总部会计

1月30日,集团本部公司的总部会计将本月无形资产累计摊销计入管理费用,总计348 636.58元,新增凭证,摘要为资产摊销,提交凭证,并交由财务总监审核。

岗位：集团本部-财务总监

1月30日,集团本部的总部会计提交计提本月无形资产摊销348 636.58元的凭证后,财务总监核对凭证的金额、科目等信息,无误后,审核通过(如果凭证有误,告知总部会计修改并重新提交,凭证无误后再审核通过)。

业务 22

月份：1

项目简述：资金上划

题目涉及岗位：集团本部-资金主管,集团本部-总部会计,集团本部-财务总监

岗位：集团本部-资金主管

1月31日,结算中心在每个月月底需要对各成员单位现有资金进行归集,集团本部的资金主管将房产公司收款账户内117 697 495.50元上划到资金管理母账号,归集房产公司资金的结算方式为网银支付,资金流量项目为内部单位转入的现金,收款方银行在广东省深圳市,请据此进行上划业务处理并将处理结果发送到房产公司,房产公司出纳后续将对发送回单后产生的付款单进行付款处理。

岗位：集团本部-总部会计

1月31日,集团本部的总部会计根据资金主管接收房产公司收款账户共计117 697 495.50的上划单来生成凭证,检查上划单凭证会计分录无误后,将凭证交由财务总监审核。

岗位：集团本部-财务总监

1月31日,查询未审核的凭证,集团本部的财务总监确认总部会计提交关于房产公司的上划单业务凭证登记准确,予以审核凭证。

业务 23

月份：1

项目简述：资金上划

题目涉及岗位：集团本部-资金主管,集团本部-总部会计,集团本部-财务总监

岗位：集团本部-资金主管

1月月底最后一天集团本部的资金主管确认从建材公司收款账户内上划 97 436 968.40 元到资金管理母账号,结算方式为网银支付,资金流量项目为内部单位转入的现金,收款方银行在广东省深圳市,根据相关信息在 EAS 系统中进行上划业务处理并将上划结果发送到建材公司,建材公司出纳后续将会对发送回单后产生的付款单进行付款处理。

岗位：集团本部-总部会计

1月31日,集团本部的总部会计根据资金主管处理完成的关于从建材公司收款账户上划 97 436 968.40 元的上划单,生成凭证,确认凭证借贷方分录的准确性后,交由财务总监审核。

岗位：集团本部-财务总监

1月31日,集团本部的财务总监审核总部会计提交的关于上划建材公司的 97 436 968.40 元到资金管理母账号的上划凭证。

业务 24

月份：1

项目简述：资金上划

题目涉及岗位：集团本部-资金主管,集团本部-总部会计,集团本部-财务总监

岗位：集团本部-资金主管

1月31日,集团本部的资金主管确认从五金公司收款账户上划 165 629 312.80 元到资金管理母账号,上划的结算方式为网银支付,资金流量项目为内部单位转入的现金,收款方银行在广东省深圳市,据此在 EAS 系统中进行上划业务处理并将上划结果返回到五金公司,五金公司出纳后续将会对发送回单后产生的付款单进行付款处理。

岗位：集团本部-总部会计

1月31日,集团本部的总部会计根据资金主管处理完成的关于五金公司收款账户上划 165 629 312.80 元到资金管理母账号的上划单,生成凭证,并交由财务总监审核。

岗位：集团本部-财务总监

1月31日,集团本部的财务总监审核总部会计提交的上划金额为 165 629 312.80 元的上划单生成的凭证。

业务 25

月份：1

项目简述：过账处理、结转损益

题目涉及岗位：集团本部-总部会计

岗位：集团本部-总部会计

1月月底,集团本部的总部会计对本月发生的业务产生的凭证进行过账处理,过账处理后进行结转损益处理,系统将损益类科目结转到本年利润和利润分配后产生一笔凭证,将凭证提交到总部会计进行后期的过账处理。

业务 26

月份：1

项目简述：结转损益

题目涉及岗位：集团本部-财务总监,集团本部-财务总监

岗位：集团本部-财务总监

1 月 31 日,集团本部的财务总监审核总部会计通过结转损益后提交的凭证。

岗位：集团本部-财务总监

1 月 31 日,集团本部的总部会计将财务主管审核通过的结转损益凭证进行过账处理。

业务 27

月份：1

项目简述：预算主管编辑费用预算报表

题目涉及岗位：集团本部-预算主管,集团本部-预算主管

岗位：集团本部-预算主管

1 月 31 日,集团本部的集团本部预算主管根据增量预算法编制 2 月份的费用预算表,提交预算表。

岗位：集团本部-预算主管

集团本部的预算主管在 1 月 31 日审核费用预算表。

业务 28

月份：1

项目简述：预算主管编辑资金预算报表

题目涉及岗位：集团本部-预算主管,集团本部-预算主管

岗位：集团本部-预算主管

1 月 31 日,集团本部的预算主管编辑下个月预计购入固定资产的资金预算表,提交预算表。

岗位：集团本部-预算主管

集团本部的预算主管在 1 月 31 日审核资金预算表。

业务 29

月份：1

项目简述：财务总监做本月财务分析报告

题目涉及岗位：集团本部-财务总监

岗位：集团本部-财务总监

1 月 31 日,集团本部的集团财务总监做本月财务分析报告。

本 章 小 结

本章主要介绍了金蝶集团财务管理实验平台中的实验案例背景,业务设计及实施细节,学生分组分岗安排,登录数据中心、账号及密码设置;介绍集团企业中各会计主体的业务往来、实验项目业务流程及岗位分工详情。

参 考 文 献

［1］马盛蕾.基于财务管理信息化的风险管控对策研究［J］.中国产经,2021(08)：141-142.

［2］孙连才.企业集团管控［M］.北京：经济科学出版社,2009.

［3］田西杰.基于资源观的企业集团财务控制研究［M］.北京：经济管理出版社,2013.

［4］陈良华.管理控制系统［M］.北京：科学出版社,2014.

［5］陈少华,陈菡,赵文超.企业集团风险管控会计内部报告［M］.厦门：厦门大学出版社,2016.

［6］李倩,谢付杰.销售服务公司集团管控探讨：基于信息化视角［M］.四川：西南财经大学出版社,2016.

［7］朱华建.企业财务管理能力与集团财务管控［M］.四川：西南交通大学出版社,2015.

［8］张瑞君.企业集团财务管控［M］.北京：中国人民大学出版社,2015.